田径裁判晋级教程

闫俊涛　主编

北京体育大学出版社

策划编辑 潘 帅 王晶晶
责任编辑 吴光远 李志诚
责任校对 原子茜
版式设计 小 小

图书在版编目(CIP)数据

田径裁判晋级教程/闫俊涛主编. —北京:北京体育大学出版社,2018.7
ISBN 978-7-5644-3003-0

Ⅰ.①田… Ⅱ.①闫… Ⅲ.①田径运动-裁判员-水平考试-教材 Ⅳ.①G820.4

中国版本图书馆 CIP 数据核字(2018)第 178193 号

田径裁判晋级教程 闫俊涛 主编

出版发行:北京体育大学出版社
地　　址:北京市海淀区农大南路1号院2号楼4层办公B-421
邮　　编:100084
网　　址:http://cbs.bsu.edu.cn
发 行 部:010-62989320
邮 购 部:北京体育大学出版社读者服务部 010-62989432
印　　刷:北京虎彩文化传播有限公司
开　　本:710 毫米×1000 毫米 1/16
成品尺寸:170 毫米×240 毫米
印　　张:23.25
字　　数:410 千字
版　　次:2020 年 4 月第 1 版
印　　次:2020 年 4 月第 1 次印刷
定　　价:128.00 元

教材编委会

前　言

自国家体育总局令第 21 号《体育竞赛裁判员管理办法》颁布以来，体育竞赛裁判员已经在全国范围内实行分级认证、分级注册和分级管理。田径是运动项目之母，随着世界经济的发展，田径赛事不断增加，对田径裁判的需求也大量增加。中国田径协会制定了《田径竞赛裁判员管理办法实施细则》的有关规定，希望培养出更多的德才兼备、技术全面、高质量、高水平的田径裁判队伍。但目前田径裁判培养参考书籍较少，尤其是对田径裁判规则和方法全面整合的书籍更少，影响了培养的质量。为了积极响应国家体育总局令第 21 号，提高田径裁判的培养质量，丰富国内田径裁判晋级书籍，北京体育大学中国田径运动学院召集相关领域教授、专家组建编写工作组编写《田径裁判晋级教程》。

参加本教材的编写人员有（以章节顺序为序）：李铁录（第一章）；王磊磊（第二章，第三章第五节）；闫俊涛（第三章第一节，第三章第三节一、二、三，第三章第七节，第六章）；张怀川（第三章第二节一）；马雪君（第三章第二节二，第三章第四节十一）；邓茹（第三章第三节四）；何庆忠（第三章第三节五）；章碧玉（第三章第四节一、二、三、四）；许占鸣（第三章第四节五）；李玲（第三章第四节六）；武文雪（第三章第四节七）；曲淑华（第三章第四节八、九）；甄文华（第三章第四节十）；赵文姜（第三章第四节十二）；姚国强（第三章第六节，第五章）；厉素霞（第四章）；刁艾莉（第七章）。

闫俊涛、李铁录负责全书的统筹策划、串编和审改工作；李佩佩、白欣瑞负责收集、整理工作。

由于时间紧促，书中难免存在不妥之处，如发现问题，望提出意见和建议，以便我们修订时予以完善。另，本书相关规则节选自《国际田联裁判法》（张英波，孙南，译．北京体育大学出版社，2011 年），在此表示由衷感谢！

目　录

第一章 田径裁判员晋级

第一节 田径裁判员的管理和技术等级

我国的田径裁判工作，是田径运动发展的重要组成部分。自中华人民共和国成立以来，经历了不同时期的发展和完善，裁判队伍不断壮大，执裁水平不断提高，特别是成功举办2008年北京奥运会后，我国田径裁判水平已经达到了国际化标准，在裁判员培养和管理方面优于国外水平。

一、田径裁判员管理制度

为保证各级、各类田径竞赛公平、公正、有序地进行，规范竞赛裁判员资格认证、培训、考核、注册、选派、执裁、奖惩等监督管理工作，国家体育总局于2015年颁布了《体育竞赛裁判员管理办法》（即第21号令），并已于2016年1月起施行。国家体育总局田径运动管理中心根据国家体育总局《体育竞赛裁判员管理办法》的有关规定，于2016年初，组织起草了《田径竞赛裁判员管理实施细则》，并在全国推广实施。并确定中国田径协会（以下简称中国田协）对在我国正式开展的田径竞赛活动的裁判员管理工作进行监管。各省、自治区、直辖市各级地方田径主管部门负责相应等级裁判员的监管工作。中国田协及各省、自治区、直辖市各级地方田径协会负责本地区田径相应技术等级裁判员的资格认证、培训、考核、注册、选派、奖励和处罚等监督管理工作。

二、田径裁判员技术等级

根据《田径竞赛裁判员管理实施细则》全国田径裁判员实行分级认证、分级注册、分级管理。将田径裁判员的技术等级分为国家级（A、B）、一级、二级、三级。对获得国际田联有关裁判技术等级认证者，统称为田径国际级裁判员。

三、田径裁判员培训周期

1. 技术官员、裁判员讲师：在偶数年每4年进行全国范围的培训和认证。为了满足田径裁判队伍的培养需要，建立规范化的管理与培训制度，在全国范围内培养竞赛技术官员及裁判员讲师团队，2016年11月，中国田径协会在湖南长沙举行了首届全国田径竞赛技术官员及裁判员讲师培训班。

2. 国家级裁判员：在奇数年每2年进行全国范围的培训和认证。其他等级裁判员每1年根据情况由地方主管部门组织培训认证。

3. 电子测量裁判员：在偶数年每2年进行全国范围的培训和认证；2016年8月在成都体育学院举办首届全国田径电子测量裁判员培训班。

4. 竞走裁判员：在偶数年每2年进行全国范围的培训和认证。

5. 田径国际级裁判员：目前仅培训认证过1次。

四、田径裁判员监管制度

我国田径裁判员的技术等级资格认证、培训、考核、注册、选派、奖励和处罚等监督管理工作，分别由中国田协及相应的各省、自治区、直辖市、各级地方田径协会或组织负责管理，但要遵从中国田径协会制定的有关规定。

中国田协负责对田径各级裁判员的技术等级认证等工作的管理，具体负责对田径国家级裁判员进行技术等级认证等管理工作，负责对田径一级以下裁判员的技术等级认证等工作进行监管和业务指导。另外，中国田协还负责我国田径国际级裁判员注册和日常管理工作，并对我国国际级裁判员在国内举办的体育竞赛中的执裁工作进行监管。国际田联对所属国际级裁判管理有其他规定的按其规定办理。

我国其他等级的裁判员由中国田协委托各省、自治区、直辖市田径协会负责本地区田径一级以下裁判员的技术等级认证等管理工作。各地（市）田径协会负责田径二、三级裁判员技术等级认证等工作。

五、田径裁判员选派和监督

目前，全国田径赛事的裁判员的选派，是以省、市推荐为主，每年由省、市体育主管部门按照要求向中国田协提交推荐名单。由竞赛委员会常委会根据比赛性质及需求，本着公开、择优与就近选派的原则，制订各个比赛裁判选派计划，由中国田协批准并备案。全国田径竞赛裁判员监督工作，是由主办单位负责在赛前审核裁判员的注册登记情况。如裁判员未能出示符合规定的裁判员证书，竞赛组委员会立即停止其裁判工作，所有费用赛区不予承担。在技术会议上要公布并介绍技术官员的级别、单位等信息。裁判员参加竞赛执裁实行回避制度。每场比赛结束后，由竞赛委员会根据各方面情况对选派裁判员给予评定，并对优秀裁判员予以表彰。

第二节 田径裁判员晋级和工作职责

一、田径裁判员等级认证要求和考试内容

我国竞赛裁判员等级认证要求裁判员须具备良好的思想道德和业务素质，热爱田径裁判工作，能适应田径裁判工作特点，须具有良好的身体素质和心理素质，且须具备良好的视力和反应能力。

裁判员技术等级认证考核内容包括：最新的田径竞赛规则和裁判法；有必要时可增加临场执裁考核和职业道德的考察；晋升国家级裁判员应适当加试外语作为资格认证的参考。

二、不同等级裁判员晋级的技能要求

1. 三级裁判员技术等级认证标准

身体健康，年满 18 周岁的中国公民，具备高中以上学历，能够掌握和运用田径竞赛规则和裁判法，经培训并考核合格。

2. 二级裁判员技术等级认证标准

身体健康，具有一定的裁判工作经验，曾担任区、县级田径竞赛裁判 3 次以上，任三级裁判员满 1 年，能够掌握和正确运用田径竞赛规则和裁判法，经培训并考核合格。

3. 一级裁判员技术等级认证标准

身体健康，具有一定的裁判工作经验，曾担任省、市级田径竞赛主裁判 3 次以上，任二级裁判员满 2 年，能够掌握和准确运用田径竞赛规则和裁判法，经培训并考核合格。

4. 国家级（B）技术等级认证标准

身体健康，具有较高的裁判理论水平，有执裁全国性田径竞赛经验，能够独立

组织和执裁裁判工作，曾担任全国田径竞赛裁判岗位2次以上（或省级田径竞赛主裁判3次以上），任一级裁判员满3年，年龄一般不超过50岁，经培训并考核合格。

5. 国家级（A）技术等级认证标准

身体健康，在国家级（B）裁判员岗位执裁10年（含）以上，并在国家级、国际级田径竞赛中担任过裁判长以上职务，年龄一般不超过65周岁。

6. 报考国际级裁判员要求

报考田径国际级裁判员的人选，须具备国家级裁判员资格，在各省、自治区、直辖市田径协会推荐的基础上，由中国田协根据国际田联的相关要求择优推荐。

三、田径裁判员工作职责

我国《田径竞赛裁判员管理实施细则》中，对裁判员工作职责从不同方面提出了具体要求，主要集中在以下几方面。

1. 全国田径竞赛裁判员要严格执行竞赛规程、规则，坚持“恪守职业道德、公正准确执行”的原则，为运动队提供公平竞赛环境，保证竞赛公平、稳定、有序地进行。

2. 裁判员要坚决遵守和执行中国田协发布的有关规定，加强自身的修养，培养良好的职业道德和敬业精神，坚持原则、严于律己、服从大局、保持公正，自觉抵制各种不正之风和腐败现象。

3. 裁判员要努力学习和钻研业务，精通田径竞赛规程、规则。

4. 裁判员须严格遵守赛区的各项规章制度。加强组织观念，接受技术代表和裁判长的领导，服从分配，维护团结。

5. 临场裁判员要排除干扰，不徇私情，秉公执裁，做到公正、准确、积极、稳定。

6. 裁判员要坚持原则，保持廉洁，严禁收受贿赂、超标准酬金或变相索贿。在赛区期间谢绝一切宴请、馈赠礼品或高消费娱乐活动。

7. 认真开好赛前准备会；比赛中坚持“执裁公平，尺度一致”的原则；赛后认真总结，及时总结经验、教训。

第二章　国际比赛、国际官员及赛事官员

第一节　国际比赛

一、本规则适用的国际比赛　第1条

1.1　下列比赛为国际比赛

（a）（1）世界田径系列赛所包含的比赛；（2）奥林匹克运动会中的田径比赛。

（b）地区、区域性或集团性运动会中的田径比赛，这类比赛 IAAF 不具有独辖权。

（c）不限于单个地区参赛的区域性或集团性锦标赛中的田径比赛。

（d）来自不同地区的不同会员协会、地区或联合代表队之间举行的对抗赛。

（e）经过 IAAF 理事会批准的，并被列为 IAAF 全球赛事体系的国际邀请赛和比赛。

（f）地区锦标赛和由地区联合会组织的地区内的比赛。

（g）地区、区域性或集团性运动会中的田径比赛，以及只限于来自一个单独地区参赛的区域性或集团性的田径锦标赛。

（h）同一地区的两个或两个以上的不同会员协会，或联合代表队之间举行的对抗赛，青年和少年年龄段比赛除外。

（i）除规则 1.1（e）外，出场费、奖金和非现金奖励价值总额超过 50000 美元，或任何单项数额超过 8000 美元的国际邀请赛和比赛。

（j）同规则 1.1（e）所述的地区性比赛计划。

1.2　规则适用范围

（a）运动员资格、争议、技术规则适用于所有的国际比赛。其他 IAAF 认可的

国际组织可以在自己的权限范围内，对竞赛的管理提出或者采取更多的限制性要求。

（b）反兴奋剂规则适用于所有国际比赛（反兴奋剂中声明保留的除外）。但如果国际奥委会或 IAAF 认可的其他国际组织，在一个比赛中要根据他们的规则实施兴奋剂控制，如奥运会比赛，那些规则可以扩展适用范围。

（c）国际赛事的广告和展示规则适用于所有国际比赛，如规则 1.1（a）（c）（d）（e）和（i）所述；地区联合会可以公布自己的广告规定以适用于国际比赛，如规则 1.1（f）（g）（h）（i）和（j）所述，如无特别规则，则应适用 IAAF 广告规定。

（d）规则 2 至规则 7 和规则 9 应适用于所有国际比赛，除非有其他规则特定限制的适用范围。

下列国内田径比赛也必须使用本规则。

1. 全国运动会、全国城市运动会中的田径比赛和中国田径协会主办的国内、国际田径比赛。

2. 全国工人运动会、农民运动会、少数民族运动会、全军运动会、全国大学生运动会、全国中学生运动会、全国体育院校运动会的田径比赛。

3. 中国田径协会特许或审批的田径比赛。

4. 各省、自治区、直辖市、计划单列市、各行业体协、直属和共建体育院校举办的田径比赛，以及上述各单位举办的田径邀请赛。

5. 地、市级田径比赛。

6. 县（市）级及以下的田径比赛。

二、举办国际比赛的授权　第 2 条

2.1　IAAF 同地区联合会合作负责对全球竞赛系统进行管理。IAAF 与各地区联合会一起协调竞赛日程计划，以避免或减少时间上的冲突。按照规则 2 的规定，所有国际比赛必须经 IAAF 或地区联合会授权。任何国际比赛如需整合或与 IAAF 系列赛、巡回赛或联赛结合，都必须经过 IAAF 理事会或相关地区联合会批准，申请时需提供举办该活动必要的比赛规程和合约性条款。该活动的具体运行可以委派给第三方。对于地区联合会未能按照规则进行适当的管理和控制的国际比赛，IAAF 有权进行干涉并采取其认为有必要的措施。

2.2　IAAF 独自有权组织奥运会田径比赛和世界田径系列赛所包含的比赛。

2.3　IAAF 应在每个奇数年举办一届世界锦标赛。

2.4　各地区联合会有权举办地区锦标赛及举办其认为合适的区域内比赛。

需经 IAAF 准许的比赛

2.5　（a）凡规则 1.1（b）（c）（d）和（e）所述的国际比赛须经 IAAF 准许。

（b）凡申请举办国际比赛的国家或地区的会员协会必须至少提前 12 个月向 IAAF 提出申请，或者遵照 IAAF 规定的具体截止时间。

需要由地区联合会准许的比赛

2.6（a）凡规则 1.1（g）（h）（i）和（j）所述的国际比赛必须经地区联合会准许。对于出场费、奖金和非现金奖励价值总额超过 250000 美元，或任何单项的数额超过 25000 美元的国际邀请赛或比赛，批准之前，地区联合会应事先与 IAAF 协商竞赛日期。

（b）上述国际比赛的申办国家或地区的会员协会必须至少提前 12 个月向地区联合会提出申请，或者遵照地区联合会规定的具体截止日期。

由会员协会授权的比赛

2.7　会员协会可以授权举办全国比赛，外国运动员可以根据下文规则 4.2 和 4.3 的规定参加这些比赛。如果有外国运动员参加这样的比赛，给所有运动员的出场费、奖金和非现金奖励价值总额不得超过 50000 美元，单项数额不得超过 8000 美元。按照 IAAF、主办国/地区协会，或其所属的国家/地区协会的相关规则，如果运动员不具备参加田径比赛的资格，则该运动员不能参加此类比赛。

三、承办及组织国际比赛的规定　第 3 条

3.1　理事会可制定规程以管理按 IAAF 规则举办的国际比赛，规范运动员、运动员代理人、比赛组织者和会员协会之间的关系。理事会在认为合适的情况下可修改或增补这些规程。

3.2　IAAF 和地区联合会可指派 1 名或多名代表参加所有经过批准的国际比赛，以确保比赛按适用的相关规则和规程举行。该代表应根据 IAAF 或地区联合会的各自要求，在国际比赛结束后 30 天之内提交一份情况报告。

四、参加国际比赛的要求　第 4 条

4.1　不符合以下要求，运动员不能参加国际比赛。

(a) 运动员所在俱乐部隶属于某会员协会。

(b) 运动员自己隶属于某会员协会。

(c) 同意遵守相关会员协会规则。

(d) 在 IAAF 负责兴奋剂检查的比赛中（见规则 35.7），运动员须签署一份由 IAAF 拟订的协议书，保证其本人同意遵守 IAAF 有关规则、规程和程序指南（时常有修改），并保证在与 IAAF 或会员协会发生争议时，仅按照 IAAF 规则提请仲裁裁决，而不向 IAAF 规则未涉及的任何法庭或权力机构申诉。

4.2　会员协会可以要求其所属运动员或俱乐部在未得到书面批准之前，不能参加在本国/地区以外举行的田径比赛。在这种情况下，主办比赛的会员协会不可允许任何没有参赛许可证明的外国运动员或俱乐部参加比赛。相关会员协会应向 IAAF 通报其有这种约束要求。为了便于执行这条规则，IAAF 将在其官方网站上公布有这种要求的会员协会名单。

4.3　没有所属会员协会的批准，任何运动员不得加入另外一个会员协会，如果会员协会的规则要求这种授权，那么未得到运动员所属国家/地区会员协会的事先批准，不得在其他国家/地区为该运动员报名。在涉及该规则的任何情况下，运动员现定居的国家/地区协会都必须向其原属国家/地区协会发出书面申请，而运动员原属国家/地区协会须在 30 天之内对该请求予以书面答复。相关国家/地区协会所发出的这两个文件都必须有一种方式能确认对方已收到文件。因此，具有收到确认功能的电子邮件在此是可行的。如果运动员原属国家/地区协会未在 30 天内答复，则可认为允许运动员参加比赛。

如果运动员原属的国家/地区协会对此请求予以否定答复，则必须有足够的理由。运动员及其现定居国家/地区的会员协会可就此向 IAAF 申诉。IAAF 将会出版此类申诉事件的指南，并将其公布在网站上。为了便于执行这条规则，IAAF 将会在其官方网站上公布有这种批准要求的国家/地区协会名单。

注：规则 4.3 适用于在出现问题当年 12 月 31 日时年满 18 岁以上的运动员。此规则不适用于无国籍人员及政治难民。

五、代表会员协会参赛的资格　第 5 条

5.1　在按规则 1.1 (a) (b) (c) (f) 或 (g) 规定举办的国际比赛中，各会员协会只能由其所属国家/地区的公民代表该国家/地区参赛，并遵守本规则 5 关于资格要求的规定。

5.2　从未参加过规则 1.1（a）（b）（c）（f）或（g）国际比赛的运动员有资格代表某一会员协会参加规则 1.1（a）（b）（c）（f）或（g）的国际比赛，但须满足以下条件。

（a）运动员在某一国家/地区出生，或由于其父母、祖父母在该国家/地区出生而成为该国家/地区的公民。

（b）运动员获得新公民身份的，获准新公民资格 1 年后方可代表新的国家/地区。如按以下条件可以减少或取消这 1 年期限。

（1）凡运动员在该国家或领地连续居住已满 1 整年且立即办理国际比赛申请的，即可取消 1 年期规定。

（2）如果得到理事会的特殊认可也可减、免规定期限，但有关会员协会必须在举办国际赛事的 30 天前向 IAAF 办公室递交书面减免申请。

5.3　根据规则 5.4 的规定，运动员已经代表了一个会员协会参加了符合规则 1.1（a）（b）（c）（f）或（g）的国际比赛，则不能代表另外一个会员协会参加该比赛。

5.4　运动员代表了某个会员协会参加了符合规则 1.1（a）（b）（c）（f）或（g）的国际比赛，只有满足了下列条件，方可代表另外一个会员协会参加该比赛（立即生效，除非另有说明）。

（a）如果该会员协会的国家（地区）随后被合并到另一个国家或者成为另一个会员协会。

（b）如果该会员协会的国家或领地不复存在，通过签署条约或得到国际社会的认可成为新组建国家，随后成为新的会员协会，该运动员成为新组建国家或地区的公民。

（c）如果会员协会所在的领地没有国家奥委会，而该运动员已获得资格代表该领地的祖国参加奥运会，在此种情况下，该运动员代表其领地祖国参加奥运会的资格不影响他继续代表相关领地会员协会的资格参加规则 1.1（a）（b）（c）（f）或（g）所述的国际比赛。

（d）获得新国籍的运动员，只有在其申请并获得新国籍之日起 3 年后，方可代表新的会员协会参加规则 1.1（a）（b）（c）（f）或（g）所述的国际比赛。如果出现以下情况，此期限可缩短或取消。

（1）如果相关会员协会之间同意，此期限可缩短至 12 个月，时间可从 IAAF 收到相关会员协会之间签署协议的通知算起。

（2）凡运动员在该国家或领地以新会籍的身份连续居住满3年且立即办理国际比赛申请的，即可取消这个限期。

（3）在确实特殊的情况下，如果得到IAAF理事会的批准，该期限可进一步缩短或取消。此类情况应当在所涉及的国际比赛至少30天前向IAAF办公室递交申请。

（e）双重国籍的运动员：如果运动员拥有或法律允许拥有两个或两个以上国家公民身份，则可选择代表其中任何一个国家（地区）参加比赛。但是，运动员一旦代表某个会员协会参加规则1.1（a）（b）（c）（f）或（g）所述的比赛后，3年内不得代表另一个会员协会参加规则1.1（a）（b）（c）（f）或（g）的国际比赛。如果出现以下情况，此3年期限可缩短或取消。

（1）如果相关会员协会之间同意，此期限可缩短至12个月，时间可从IAAF收到相关会员协会之间签署协议的通知算起。

（2）在确实特殊的情况下，如果得到IAAF理事会的批准，该期限可进一步缩短或取消。此类情况应当在所涉及的国际比赛至少30天前向IAAF办公室递交申请。

关于涉及规则5.4（e）的申请，仅限于出生时就具有双重国籍的运动员。由于取得新国籍（如通过婚姻），同时没有放弃出生地国籍而具有双重国籍的运动员，将按规则5.4（e）的规定执行。

5.5　根据规则21.2规定，运动员所注册的会员协会要保证运动员始终符合参赛资格。根据本规则5的规定，相关协会和运动员负责提供运动员是否符合资格的证明。会员协会必须向IAAF提供有效、合法的证明文件，以及可以证明该运动员资格身份的必要资料。如果IAAF要求，会员协会还要提供一份证明文件，以证明其所有资料的可靠性。

六、向参赛运动员支付费用　第6条

田径是一项公开的体育运动，有其自身的规则和规程。运动员可以参加任何田径比赛或从事他们所参加的田径活动的其他商业活动，运动员可以收取以现金或实物方式支付的适当的出场费、参赛费或成绩奖金。

七、运动员代理人　第7条

7.1　运动员可以利用运动员代理人的服务，协助其制订计划、安排和协商田径活动日程，以及其他认同的事务。当然，运动员也可自己处理以上事务。

7.2　凡进入每年年末 IAAF 各项标准前 30 名名单的运动员，在次年，不能与无授权资质的代理人签署服务合同。

7.3　会员协会应负责运动员代理人的授权。每个会员协会对代表其所属运动员利益的代理人和在其境内活动的运动员代理人，或者具有会员国国籍的运动员代理人具有管辖权。

7.4　为帮助会员协会做好此项工作，IAAF 理事会出版了管理运动员代理人的规定。该规定将提供强制性要求，这些要求应该包含在每个会员协会管理运动员代理人的规定中。

7.5　成为会员协会的条件之一是应当在协会章程中包括以下条款，即运动员与其代理人之间的一切协议都应该符合相关规则和运动员代理人的管理规定。

7.6　运动员代理人需要具备诚信和良好的声誉。他应当通过按照有关规定进行和举办的运动员代理人考试，并展现出足够的教育背景和运动员代理人活动的相关知识。

7.7　各会员协会每年要向 IAAF 提供所有经授权的运动员代理人名单，IAAF 将每年正式公布经授权的运动员代理人名单。

7.8　根据规则和规定，任何不遵守规定和规则的运动员或者运动员代理人都可能受到制裁。

八、国际赛事的广告和展示　第 8 条

8.1　根据规则 1.2（c）的规定，在所有国际比赛中，只要符合本条款及据此制定的有关规定，则允许采用宣传性质的广告和展示。

8.2　对于国际比赛期间的广告宣传方式或其他可以展示的材料，理事会可以不定期地通过制定规则给予具体的指导。这些规则应至少符合下列原则。

（a）在依照 IAAF 规则举办的比赛中，只允许商业或慈善性质的广告。任何旨在推进政治主张或势力集团利益的广告，无论来自国内还是国外，均应禁止。

（b）凡是 IAAF 认为不雅的、扰人的、带有攻击性的、诽谤性的或与比赛性质在观念上不相宜的广告，都不允许出现。凡是部分或全部阻碍转播比赛的电视摄像画面的广告，都不允许出现。所有广告都必须符合切实可行的安全规定。

（c）禁止烟草类产品的广告。酒精类产品的广告也是受禁止的，除非理事会有特别许可。

8.3 IAAF 理事会随时可以修改本条款。

九、赌博和其他反腐败的规定　第 9 条

9.1 本规定适用于所有参加或参与国际比赛的人员，每一位参与者自动受本规定的约束，并被要求遵守。此规定为参与人员的道德准则。

9.2 悉知并遵守本规定是每位参与者的个人责任，包括明白什么是构成违规的行为。

9.3 每位参赛者都要服从 IAAF 道德委员会的专业裁决，按照 IAAF 道德准则由 IAAF 和道德委员会专门机构审理和裁决各项申诉。

关于赌博和其他反腐败违规行为

9.4 按照本规定，参与者的以下行为为违规（在各事件中，无论是直接的还是间接的影响）。

9.5 赌博。

（a）利用比赛或活动，参与、支持或推广任何形式的赌博，包括对赛事/比赛成绩、进程、结果或其他方面与其他人进行打赌的行为。

规则 9.5（a）适用于利用比赛进行任何形式的赌博，即参与人员直接参加比赛或替代别人参赛，或在重大赛事组织者举办的比赛中利用报名参赛替代参加其他项目的比赛。

（b）引导、指使、促使或鼓励参与人员违犯规则 9.5 之规定。

9.6 操纵比赛结果。

（a）对成绩、进程、结果、行为，以及赛事或比赛的其他方面进行任何形式的设定或策划，或进行不合适的干涉影响，或者被设定或策划，或被不适宜地干涉影响。

（b）在比赛或赛事中，制造或寻求特殊事故，这种事故使参与者达到赌博的目的，以使他或其他人员期望从中获取利益。

（c）在比赛或赛事中，作为利益交换（或期望得到合理的利益，无论这种利益是否有事实上的给予或得到），运动员的能力表现失常。

（d）引导、指使、促使或鼓励参与人员违犯规则 9.6 之规定。

9.7 行贿、受贿。

（a）接受、提供、允诺接受，或提供任何贿赂或利益（或期望得到合理的利益，无论这种利益是否有事实上的给予或得到）进行任何形式的设定或策划，或对

成绩、进程、结果及行为，或赛事/比赛的其他方面进行不合适的干涉影响。

（b）引导、指使、促使或鼓励参与人员违犯规则 9.7 之规定。

9.8 礼品。

（a）提供、奉送、给予、索要或得到任何礼品或好处（或期望得到合理的利益，无论这种利益是否有事实上的给予或得到），在某些场合参与者可能会期望得到好处，其行为会对他或对田径运动造成声名狼藉的影响。

（b）引导、指使、促使或鼓励参与人员违犯规则 9.8 之规定。

9.9 泄露（利用）内部情况。

（a）以赌博为目的或与赌博有关系的利用内部情况。

（b）透露内部情况给任何期望知道内部情况的人（不管是有利益还是无利益的），这些信息在某些情况下会被赌博所利用。

（c）引导、指使、促使或鼓励参与人员违犯规则 9.9 之规定。

9.10 其他违规行为。

（a）参与者的任何企图，或参与者与他人签订任何协议，其行为触犯本规定的将被视为违规。如果违规行为发生，无论这样的企图和协议事实上有无违反规定，依照本规定，参与者均应在被第三方发现之前声明他的企图或协议不会违反有关规定。

（b）协助、掩盖或同谋的任何行为，或者参与者犯有疏忽规则 9 有关规定的行为。

（c）不向 IAAF 或其他主管当局报告（无不当的拖延）任何涉及，或被邀请从事有可能违反本规定的活动的全部详情。

（d）不向 IAAF 或其他主管当局报告（无不当的拖延）任何事故、事实或事件，使参与者的注意力被第三方证明有可能违反本规定，包括（无限制）涉及或任何其他方收到邀请从事有可能违反本规定的行为。

（e）不能配合（无逼迫辩护）协助正常的调查，对可能触犯本规定的行为执行调查，包括不予提供任何有关调查需要的情况或有关文件。

9.11 依照本规定，以下行为与裁定违规无关。

（a）无论参与者是否参加了比赛，还是运动员由别的参与者协助参加具体赛事或比赛的。

（b）任何赌博事件的性质或结果。

（c）赌博所涉及项目或比赛的结果。

（d）无论在赛事或比赛中参与者是否努力或作假（如有的话），其行为或疏忽出现问题（或可能会有问题）。

（e）无论赛事或比赛的任何结果是否有问题，其行为或疏忽出现问题（或可能会有问题）。

对认为违规事件进行调查和听证

9.12 规则9中的任何认为违规或可疑行为，应书面通知IAAF秘书长，并由他向IAAF执委会汇报，由执委会指定专人负责对违规或可疑行为进行调查，依此决定是否提出指控。

9.13 违犯本规则的听证会由IAAF道德委员会主持，并按IAAF道德准则制定听证程序。

证词的标准

9.14 本规定要求的各项证词标准应依IAAF道德委员会是否满意为标准，做到对违规的严重程度心中有数。在任何情况下证词的标准应充分可信，少些可疑和推断。违犯规则9的举证应与IAAF有关。

9.15 IAAF道德委员会不应仅依赖规则处理证据的采集。违犯规则9的事实依据可利用各种可靠手段，包括但不限于到场者、第三方的证据、目击者、专家报告、文字记录和分析报告或资料。

9.16 IAAF道德委员会应认真考虑接受法院或权威司法机构的专业纪律法庭依照各项事实做出的决定，以不致成为悬案为目的，那些事实证据会影响到对相关参与者的裁决，除非参与者证实相关决定违反自然正义原则。

9.17 IAAF道德委员会对被认为违规者在拒绝接受的情况下，可以做出反向推理，但不得强迫辩护，在听证会之前在合理的时间提出要求后，要出席听证会（直接由IAAF道德委员会指定本人或电话）或回答各种有关问题。

处　罚

9.18 发生违反规则9的运动员，在参加比赛期间或接着参加另一个赛事时，即自动取消该运动员的比赛资格及宣告取消比赛中的所有成绩，对该运动员的全部处理结果包括丧失所有头衔；没收所有奖品、奖牌、积分和出场费。

9.19 参加接力赛的运动员违反规则9，该队即被自动淘汰。对该队的全部处理结果，包括宣告取消比赛中的所有成绩；丧失所有头衔；没收所有奖品、奖牌、积分和奖金及出场费。

9.20　在其他所有事件中，IAAF 道德委员会应对违反规则 9 是否取消比赛资格或比赛成绩做出决定并对具体情况下的违规问题进行考虑。

9.21　除做出违反规则 9 的决定外，IAAF 道德委员会还应该对参与者制定恰当的处罚决定，规定见表 2－1－1。

表 2－1－1　处罚规定

违反	处罚程度
规则 9.5（赌博）	停赛最少 2 年，最多 4 年
规则 9.6（操纵比赛结果）	停赛最少 2 年，最多 4 年
规则 9.7（行贿、受贿）	停赛最少 2 年，最多 4 年
规则 9.8（送礼）	停赛最少 2 年，最多 4 年
规则 9.9（泄露、利用内部情况）	停赛最少 2 年，最多 4 年
规则 9.10（b）和（c）（其他违规行为）	停赛最少 2 年，最多 4 年
规则 9.10（d）和（e）（其他违规行为）	停赛最少 2 年，最多 4 年

除以上处罚停赛期限规定外，IAAF 道德委员会还可根据参与者获利的价值数额或违犯规则 9 的有关条款，自行决定罚款的最高数额。

9.22　为对每起事件做出适度的处罚决定，IAAF 道德委员会应评估违规的严重程度，包括鉴定每个认为要加重或减轻违反规定的真相的相关事实。

（a）加重的事实可能包括但不限于：参与者是否在多种场合违规、是否多次违反规定、是否有前科（发现以前犯有类似的违规行为）；违规行为是否涉及多名参与者；参与者对其调查不予合作，并表现出对违规行为毫无痛悔感；参与者直接或间接获得任何利益；参与者的违规是否影响到相关赛事或比赛其中部分的成绩或结果，以及 IAAF 道德委员会认为有关或适于加重的其他事实。

（b）减轻的事实可能包括但不限于：参与者是否参与违规；参与者有良好的纪律记录；参与者年龄尚小或缺少经验；参与者的违规是否影响或潜在影响相关赛事或比赛及其中部分的成绩或结果；参与者是否积极配合对事件进行的调查，以及 IAAF 道德委员会认为有关和适于减轻的其他事实。

9.23　任何对参与者的处罚期均应从宣布做出处罚决定之日开始，如果听证会是不确定的，即从接受或实施处罚之日始。对参与者实施的临时停止会籍的处罚期限（无论是强制实施还是自愿接受的）应抵扣实施处罚的总期限。

9.24　在处罚期间，受处罚人不得参加任何田径比赛，无论是直接还是间接的，或其他任何活动，除非是允许举办的反赌博和反腐败教育活动，或被允许、组织、批准的平反计划，或由 IAAF、地区联合会、会员协会支持的活动。

9.25　在处罚期间，受处罚人必须遵从规则 9 的规定，如果他在此期间触犯规则 9 的规定，即按另外的违规程序予以处理。

9.26　如果他较好地完成了 IAAF 的反腐败教育，或对他的整改教育；按本规定交清处罚金和有关费用；同意在他今后的活动中遵守 IAAF 相关规定，处罚期限一旦到期，他即可自动恢复参赛资格。

申　诉

9.27　根据本条规定，IAAF 和相关人员均可提出上诉，IAAF 道德委员会可据此做出以下决定。

（a）对违犯规则 9 规定的处理，做出解除司法程序的决定。

（b）做出违犯规则 9 规定的决定。

（c）做出没有违犯规则 9 规定的决定。

（d）做出给予处罚，包括依据规则 9 规定取消比赛资格和比赛成绩的任何处罚决定。

（e）做出并非依据规则 9 规定给予处罚的决定。

（f）做出不予处罚的决定。

9.28　做出上诉决定要保证上诉的有效性，否则按本规定裁决。

9.29　IAAF 是否上诉的决定应由 IAAF 执委会决定。IAAF 执委会决定上诉的同时，应就在司法处理期间是否中止参与者会籍做出决定。

9.30　除非 IAAF 执委会另有决定，如果 IAAF 是上诉人，上诉方应有 45 天时间在司法受理书上准备好上诉文书。

9.31　在司法受理申诉听证之前，陪审团对相关法庭可能错判的裁决应能做出替换决定，陪审团在任何情形下能够对有争议决定的处罚做出补充或增加。

9.32　司法申诉使用适用规则时，应以 IAAF 规则和 IAAF 道德准则为依据。

9.33　司法上诉适用法律为“蒙内卡斯奎法律（Monegasque law）”，语言为英语，除非双方同意使用其他语言。

9.34　司法裁决为最终判决，对所有各方和所有成员均具有约束力，不得上诉。司法判决即刻生效，各方成员要采取必要措施确保其裁决有效。

承认重大活动组织者的裁决

9.35　IAAF 在收到相关通知后，承认并尊重重大活动组织者依据相同或同类规则，如规则 9 对参与者做出的最终决定。超出重大活动组织者处罚规定的处罚决定，应由 IAAF 道德委员会根据道德准则和本规则 9 列出的处罚条例做出处罚决定。

解　释

9.36　本规定自 2012 年 5 月 1 日起生效，为处理在此日期以后的相关事务的有效文件。该规定自新修订的道德准则于 2014 年 1 月 1 日开始生效后终止。

9.37　本规定的标题和副标题仅为使用方便，不能作为本规定的依据，也不能依所译译文为准则。

第二节　官　员

一、国际官员　第 110 条

举办规则 1.1（a）（b）（c）和（f）的比赛，应从国际上任命下列官员。

（a）组织代表 1 名或多名。

（b）技术代表 1 名或多名。

（c）医务代表。

（d）兴奋剂检查代表。

（e）国际技术官员若干/国际越野跑、路跑、山地赛跑及山径越野赛跑官员若干。

（f）国际竞走裁判员若干。

（g）国际公路赛道丈量员。

（h）国际发令员。

（i）国际终点摄像裁判员。

（j）仲裁委员会。

现行国际田联（或地区联合会）技术规程中应规定任命各类官员的数量（名额）、类别、时间和方式。

举办规则第 1.1（a）和（e）的比赛，国际田联可以任命 1 位广告管理官员。举办规则第 1.1（c）（f）和（j）的比赛，应由相关地区协会任命此官员。举办规则第 1.1（b）的比赛，应由有关的组织任命。举办规则第 1.1（d）（h）和（i）的比赛，应由有关的国际田联会员协会任命。

注1：国际官员应穿戴易区别的服装、徽章。

注2：在（e）至（j）的国际职员，依据国际田联相关政策可区分为国际田联级（IAAF Level）和洲地区级（Area Level）。

由国际田联或地区协会按照此规则或规则第3.2指派的官员之旅费和食宿费，应由赛事组织者按国际田联相关规定支付给个人。

注：举办国内全国性田径比赛，由中国田径协会指派与上述（a）至（j）相应的官员。

二、组织代表　第111条

组织代表应自始至终与组委会保持密切联系，定期向国际田联（地区协会）理事会或其他相应管理组织报告。必要时，还应处理组织者和组委会的有关职责和财务责任问题。组织代表应与技术代表相互协作。

注：举办国内全国性田径比赛，一般不设组织代表，而是由技术代表兼任。

三、技术代表　第112条

在组委会提供一切必要的帮助下，技术代表应与组委会共同保证所有技术性安排必须完全符合国际田联《田径竞赛规则》和《田径场地设施标准手册》的规定。

技术代表应在适当时间提交比赛准备情况的书面报告，并与组织代表相互合作。

此外，技术代表还应该：

（a）向有关组织提交竞赛日程、报名标准的建议方案。

（b）决定比赛使用的器械和运动员是否可以使用自备器械或由供应商提供器械。

（c）确保在赛前适当时候向所有参赛的会员协会发布技术规程。

（d）负责各田径项目其他必要的技术性准备工作。

（e）对报名进行管控，并有权因技术原因或根据规则146.1不接受报名（如非技术性原因而否定报名，则应由国际田联或相关的地区协会理事会做出裁定）。

（f）决定田赛项目的及格标准和径赛项目各轮的录取原则。

（g）安排全能项目的轮次和分组。

（h）举办规则1.1（a）（b）（c）和（f）所述的比赛时，主持技术会议，并给技术官员作指示。

注：举办国内全国性田径比赛，技术代表一般由中国田径协会的官员担任。

四、医务代表 第113条

医务代表对所有医务工作具有最高权威。他应确保在赛场有足够的设施用于医疗检查、治疗和急救，并在运动员住地提供医疗服务。

注：举办国内全国性田径比赛，一般由赛区或承办单位在赛场设立医疗救护点。

五、兴奋剂检查代表 第114条

兴奋剂检查代表应与组委会建立联系，以保证有足够的设施用于兴奋剂检查。他应负责所有关于兴奋剂检查的事宜。

注：举办国内全国性田径比赛，一般由国家反兴奋剂机构安排相关兴奋剂检查代表到达赛区，他们将和赛后裁判团队配合做好相关检查工作。

六、国际技术官员，国际越野跑、路跑、山地跑官员 第115条

115.1 如果事先没有任命，技术代表将在已任命的国际技术官员（ITOs）中任命1人为国际技术官员组长。

如果可能，该组长（ITOs）必须与技术代表合作，为比赛日程中的每个项目指派至少1名国际技术官员。该国际技术官员也应是该项目的裁判长。

115.2 在国际越野赛、路跑赛、山地赛跑及山径越野赛跑中，指派的官员（ITOs）要对比赛组织者提供所有必要支持，在所负责比赛的项目进行时，指派人员必须在场，并确保比赛中的组织完全遵从国际田联技术规则、规定，以及技术代表所作的相关决定。

七、国际竞走裁判员 第116条

国际田联竞走委员会按照国际田联理事会批准的标准成立一个国际竞走裁判员小组。

被指派担任规则1.1（a）的所有国际比赛的竞走裁判员，都必须是国际田联竞走裁判员IAAF级小组的成员。

注：举办规则1.1（b）（c）（e）（f）（g）和（j）所述的比赛时，指派的竞走裁判员应是国际级或地区级竞走裁判员。

八、国际公路赛丈量员　第 117 条

举办规则 1.1 的比赛时，须任命国际公路赛道丈量员，核实完全或部分在体育场外举行的公路项目的路线。

被任命的国际公路赛道丈量员，应是国际田联/国际路跑协会（AIMS）国际公路赛道丈量员小组的成员（A 级或 B 级）。应在比赛前适当的时间内丈量赛道。

丈量员要检查和核准赛道是否如符合国际田联公路赛规则（见规则 240.3 和 240.4 及其他相关备注）。他应在路线的安排上与组委会合作，并应监督比赛的进行，以确保比赛所用路线是他丈量和批准的路线。他要将核准的证书提供给技术代表。

九、国际发令员和国际终点摄影裁判员　第 118 条

规则 1.1（a）（b）（c）和（f）所述的所有在体育场举行的比赛，将分别由国际田联或相关地区联合会或相关管理组织指派国际发令员和国际终点摄影裁判员。由技术代表指派国际发令员为比赛发令（和执行其他职责）。国际终点摄影裁判员将监督所有终点摄影裁判工作及担任终点摄影裁判长。

十、仲裁委员会　第 119 条

凡举办规则 1.1（a）（b）（c）和（f）所述的比赛，将任命一个仲裁组，仲裁组通常由 3、5 或 7 名仲裁人员组成。其中一人为主席，另一人为秘书。在条件适当的时候应在仲裁组之外另聘一位秘书。

当申诉涉及规则 230 时，仲裁委员会中应至少有 1 人为现任国际田联（或地区）级的国际竞走裁判员。

仲裁委员会成员不能出席任何与自己协会运动员有关的、直接或间接影响申诉的解决过程。在相关仲裁委员没有这样做的情况下，仲裁主席应按本规定所指的有关成员回避。国际田联或其他负责比赛的机构应指定 1 名或多名替补仲裁委员替换任何不能参加申诉的仲裁委员。

此外，在其他比赛中，如果组织者有此愿望或认为对保证比赛的正常进行有必要时，也可设置仲裁委员会。

仲裁委员会的基本职责是：处理规则 146 中提及的所有抗议，并对比赛期间发生的需要仲裁的其他事宜做出裁决。

第三节　赛事官员

第120条

赛事组委会应按赛事主办国家/地区会员协会的规程任命全部赛事官员。凡举办规则1.1（a）（b）（c）和（f）所述的比赛，都应根据有关国际组织的规则和程序任命所有官员。

举办大型国际赛事时，必须考虑设置下列赛事官员，组委会可以根据当地情况，酌情变动。

一、管理官员

——竞赛主任1人。

——竞赛主管1人。

——技术主管1人。

——比赛展示主管1人。

二、竞赛官员

——检录裁判长1人（或多人）。

——径赛裁判长1人（或多人）。

——田赛裁判长1人（或多人）。

——全能项目裁判长1人（或多人）。

——外场项目裁判长1人（或多人）。

——录像裁判长1人（或多人）。

——径赛主裁判1人，适当数量的径赛裁判员。

——田赛每个项目，主裁判1人和适当数量的田赛裁判员。

——场地竞走每项主裁判1人和适当数量的助理，以及竞走裁判员5人。

——公路竞走每项主裁判1人和适当数量的助理，以及竞走裁判员8人。

——其他竞走比赛官员，根据需要安排包括记录员、犯规显示牌操作员等。

——主检查裁判1人和适当数量的检查员。

——主计时裁判 1 人和适当数量的计时员。

——主终点摄像裁判 1 人和适当数量的助理。

——主感应计时裁判 1 人和适当数量的助理。

——发令协调员 1 人和适当数量的发令员与召回员。

——助理发令员 1 人（或多人）。

——主记圈员 1 人和适当数量的记圈员。

——竞赛秘书 1 人和适当数量的助理。

——技术信息中心（TIC）主管 1 人和适当数量的助理。

——主赛区指挥员 1 人和适当数量的指挥员。

——风速测量操作员 1 人（或多人）。

——电子测量主裁判 1 人和适当数量的助理。

——检录主裁判 1 人和适当数量的检录裁判员。

三、其他裁判员

——宣告员 1 人（或多人）。

——统计员 1 人（或多人）。

——广告管理专员 1 人。

——正式测量员 1 人。

——医生 1 人（或多人）。

——服务员（为运动员、官员和媒体服务）若干人。

裁判长和主裁判应穿着或佩戴易于识别的服装或袖标。必要时可指派助理，但应尽可能减少赛场内工作人员的人数。

举行女子项目比赛时，应设法安排 1 名女医生。

注：参加国内田径比赛工作时，裁判员应统一着装，佩戴等级徽章。

第三章　田径竞赛规则及裁判方法

田径场地　第140条

任何坚固、匀质、符合［国际田联田径场地设施标准手册］中有关规定的地面均可用于田径运动。

凡规则1.1（a）中的室外比赛，只准在获得国际田联批准的、有效的一级证书的场地上举行。如具备此种场地，建议规则第1.1（b）～（j）的室外比赛也应在该场地上举行。

任何情况下，举办规则第1.1（b）～（j）室外比赛使用的所有田径场地，均应获得国际田联的二级证书。

注1：可从国际田联秘书处得到《国际田联田径场地设施标准手册》，该手册详细规定了田径场地的设计与施工的技术要求，其中包括跑道测量和标记的标绘图。

注2：可从国际田联办公室或国际田联网站上获取设施认证申请的标准表格和设施测量报告书。

注3：在公路上举行的竞走、跑、越野跑和山地跑等项目，参看规则230.11，规则240.2、240.3，规则250.1～3，规则251.1，规则252.1。

注4：室内田径运动场地设施参看规则211。

凡举办国内正式田径比赛的场地，均应符合国际田联的有关规定，并获得中国田径协会批准的证书。

第一节 运动员

一、年龄组和性别分类 第141条

年龄分类

141.1 在使用本规则的比赛中可分为以下年龄组。

18岁以下（U18）男子和女子组：凡在比赛当年12月31日为16或17周岁者。

20岁以下（U20）男子和女子组：凡在比赛当年12月31日为18或19周岁者。

老将男子和女子组：年满35周岁（当年生日）者。

注1：所有有关老将比赛的事宜请查阅IAAF/WMA理事会批准的IAAF/WMA手册。

注2：参赛资格，包括参加国际田联比赛的最小年龄须符合有关技术规程。

141.2 如果运动员属于相应的年龄组分类，他就有资格参加本规则规定的年龄组的比赛。运动员必须能提供证明他年龄的材料，如竞赛规程所规定的有效护照或者其他形式的证据。如果运动员不能或拒绝提供这些材料，他将没有资格参加比赛。

性别组

141.3 使用本规则的比赛分为男子组和女子组。但男、女混合的外场比赛或根据规则第147条规定的比赛，男、女比赛成绩要分别公布或要有标注。

141.4 如果他在法律上被认为是男性，并且符合规则和规程，则有资格参加男子组比赛。

141.5 如果她在法律上被认为是女性，并且符合规则和规程，则有资格参加女子组比赛。

141.6 IAAL理事会将通过规程确定以下参加女子组比赛的资格。

（a）经过由男性至女性的性别重新分类的女性。

（b）雌性激素亢进症的女性。

如果运动员没有获得批准或拒绝遵守相关规程，将无资格参加比赛。

注：规则22.2的制裁不适用于规则141条。

二、报　名　第142条

142.1　只有符合IAAL资格规定的运动员，方可报名参赛。

142.2　运动员按规则4.2的规定可获得参加所属国家/地区之外比赛的资格。所有国际比赛，均应接受符合资格的运动员参赛，除非技术代表受到对其身份提出异议的反对意见（详见规则146.1）。

兼　项

142.3　如果一名运动员同时报名参加1项径赛和1项田赛或多项同时比赛的田赛，有关裁判长可以允许该运动员在某一轮次的比赛中，或在跳高和撑竿跳高的每次试跳中，以不同于赛前抽签排定的顺序进行试跳（掷）。如果该运动员后来在轮到其试跳（掷）时未到，一旦该次试跳（掷）时限已过，将视其该次试跳（掷）为免跳（掷）。

注：在超过3轮试跳（掷）的比赛中，裁判长不得允许运动员在最后一轮不按排定的顺序进行试跳（掷），但可以允许运动员在前面的轮次中不按抽签或排定的顺序进行试跳（掷）。

三、服　装　第143条

服　装

143.1　各项目参赛的运动员必须穿着干净的服装，其设计式样和穿着方式应无碍观瞻，服装的材料浸湿时不得透明。运动员不得穿着可能有碍于裁判员观察的服装。运动员的比赛上衣应前后颜色一致。

运动员在参加规则1.1（a）（b）（c）（f）和（g）所述的比赛，以及代表本国/地区参加规则1.1（d）和（b）的比赛时，应穿着本国/地区主管部门正式批准的统一服装。颁奖仪式和运动员获胜后绕场活动均应被视为该比赛的一部分，也应执行本规则的规定。

注：相关管理组织可以在比赛规程中规定，运动员比赛上衣的前后颜色必须一致。

鞋

143.2　运动员比赛时可以赤脚、单脚或双脚穿鞋参加比赛。穿鞋比赛的目的是为了使双脚得到保护和稳定并牢固地抓住地面。不得使鞋的构造为运动员提供任何额外的助力，鞋中不得附加任何种类的技术装置，以使穿着者得到任何不公正的有利条件。允许在鞋上面增设加固鞋带。各种类型的比赛用鞋必须得到 IAAF 的批准。

鞋钉数量

143.3　鞋掌和鞋跟的构造至多可安装 11 枚鞋钉。凡不超过 11 枚鞋钉的运动鞋均可使用，但鞋钉座不应超过 11 个。

鞋钉尺寸

143.4　在塑胶跑道上举行的比赛，鞋钉在鞋掌或鞋跟外突出的部分，其长度不得超过 9 毫米。跳高和掷标枪鞋钉的突出部分，长度不应超过 12 毫米。鞋钉靠近尖端的 50% 必须能插在边长为 4 毫米的正方形标尺内。

假若跑道制造商或运动场主管要求较低的标准，此规则仍然适用。

注：跑道地面需能承受在此规则所允许下的鞋钉尺寸。

鞋掌与鞋跟

143.5　鞋掌和/或鞋跟可能有沟、脊、花纹和突起，但这些部分均应采用鞋掌底部相同或类似的材料制成。

跳高和跳远比赛用鞋的鞋掌最大厚度为 13 毫米，跳高的比赛用鞋鞋跟最大厚度为 19 毫米。其他项目比赛用鞋的鞋底厚度不限。

注：测量鞋底的厚度必须从鞋内最高处量至鞋底外部的最高处，还要包括上述提到的构造因素和各种形式的鞋垫。

鞋的填充物和附加物

143.6　运动员不得在鞋内或鞋外使用任何装置，使鞋掌超过上述允许的最大厚度，或使穿鞋者获得任何规定用鞋得不到的利益。

运动员号码布

143.7　应为每名运动员提供两块号码布，将其分别佩戴在胸前和后背的显著位置。但在跳跃项目比赛中，运动员可在胸前或背后佩戴一块号码布。号码必须与秩序册中的号码一致。比赛中的各种运动服，均必须按相同的规定佩戴号码。可在号码布上印运动员的名字或其他标志。

143.8　佩戴号码布必须依其原样，不得以任何形式剪裁、折叠或遮挡。在长距离项目中，可在号码布上打孔以利于空气流通，但不得在号码布的文字或数字上穿孔。

143.9　凡采用终点摄影装置，大会组委会应要求运动员在短裤或者躯干较低部分的侧面佩戴胶贴式号码。不按规定佩戴号码者，不得参加比赛。

143.10　不按规定佩戴号码布或身份信息者不得参加比赛。

143.11　假若运动员以任何形式不遵守此规则及规程，他将会被取消资格。

（a）拒绝服从相关裁判长指示。

（b）参加了比赛。

四、运动员资格（中立运动员）　第20～22条

（一）合格运动员的定义　第20条

愿意遵守IAAF各项规则，未被宣布为不合格的参赛运动员。

（二）对合格运动员参赛的限制　第21条

21.1　在会员协会管辖之下并符合规则规定的合格运动员，才有资格参加按IAAF各项规则举办的比赛。

21.2　参加按IAAF规则举办的比赛，须由相关会员协会保证其参赛运动员为合格运动员。

21.3　各会员协会所制定的有关运动员资格的规定，必须符合IAAF的相关规则。任何会员协会的章程、规定中，不得有与IAAF有关运动员资格的规则相冲突的内容。如果会员协会关于运动员资格问题的规定与IAAF的相关规则相冲突，则以IAAF的规则为准。

（三）失去参加国际或国内比赛资格　第22条

22.1　下列人员不能参加按照本规则或按地区联合会、会员协会规定举办的比赛。

任何运动员、运动员辅助人员或其他人员。

（a）该国家/地区协会正在被IAAF处罚暂停会籍之中。这不适用于受处罚国家/地区协会为其公民举办的国内（地区）比赛。

（b）根据该国家/地区协会规定，被暂停或者宣布为没有资格参加该国家/地区协会管辖的比赛，而且这样的处罚也符合IAAF现行规则的规定。

（c）按现行规则规定，目前正处在停赛期间。

（d）根据规则141的规定，或者根据比赛规则要求，该运动员不符合参赛要求。

(e) 因违反反兴奋剂规定(见第三章)而被宣布为不合格的运动员。

(f) 因违反根据规则 60.4 规定而制定的其他有关规则或规程被宣布为不合格的运动员。

22.2 根据规则 141 的规定，如果不符合相关参赛要求的运动员参加了比赛，按照规则应给予其他纪律处分，在尚未处分之前，该运动员及其团队将被取消该比赛的资格，同时取消该运动员和其团队的所有比赛所得，包括所有的头衔、奖牌、积分和奖品，以及出场费用等。

22.3 根据第三章反兴奋剂规则规定，不合格参赛的运动员(或运动员辅助人员、其他参与人员)参加了无论是按 IAAF 规则还是按地区联合会、会员协会规定举办的比赛，将按规则 40.11 的规定处理。

22.4 如果根据其他规则规定为不合格参赛的运动员(或运动员辅助人员、其他参与人员)参加了无论是按 IAAF 规则还是按地区联合会、会员协会规定举办的比赛，则应视为该运动员自上一次比赛起被取消比赛资格，在此之前已执行的受罚时间不予计算。

五、取消比赛资格　第 145 条

如果运动员在某项比赛中因违反规则而被取消比赛资格，则应在正式成绩单中注明他所违犯的具体规则条款。

145.1 如果运动员在某项比赛中因违反技术规则而被取消比赛资格(除了规则 125.5 或规则 162.5)，那么他在该项目本轮中取得的成绩被视为无效，但此前取得的成绩应为有效。这一事实不应妨碍该运动员参加其他所有后续项目的比赛。

145.2 运动员违反体育道德或有不正当行为，将在正式成绩中注明被取消参赛资格的原因。按规则 125.5 的规定，如果运动员在一项比赛中由于违反体育道德或有不正当行为，或根据规则 162.5 而得到第二次警告，应该取消该项目的资格。如果第二次警告发生在其他的项目中，则只取消其第二次警告所在项目的资格。他在被取消资格的该项目该轮中取得的成绩被视为无效，但此前项目或此前全能项目的个人成绩应考虑有效。如果运动员因违反体育道德或有不正当行为或依据规则 162.5，则他在此赛会期间往后的所有比赛项目(包括全能项目的个人项目、同时参赛的其他项目及接力赛)，将被裁判长取消参赛资格。如认为该次犯规性质严重，竞赛主任要向有关主管部门报告，考虑进一步的纪律处分。

六、抗议和申诉　第146条

146.1　对运动员的参赛资格提出抗议，必须在比赛开始之前向技术代表提出。技术代表做出裁定后，相关人员有权向仲裁委员会提出申诉。如果在比赛开始之前未能圆满解决该抗议，则应允许该运动员“在抗议下”参加比赛，并将此案提交IAAF理事会或相关管理组织。

146.2　如果抗议涉及某项比赛成绩或进程，则应在正式宣告该项目成绩后的30分钟内提出。

大会组委会应确保宣告所有成绩的时间被记录下来。

146.3　所有抗议均应由运动员本人、运动员代表或运动队代表向有关裁判长口头提出，运动员或运动队所提抗议（或由此产生的仲裁）必须涉及原规则中有其正在参加的同一项目的同一轮比赛（或正在参加的涉及原规则中有该队积分的比赛）。为了做出公正裁决，在裁判长认为有必要时，应考虑任何有效的证据，包括由大会正式摄像机拍摄的录像、照片和其他录像材料。裁判长可就抗议做出裁决，也可将该问题提交仲裁。裁判长做出裁决后，运动员有向仲裁申诉的权利。当裁判长不在或不能及时向相关裁判长提出时，可以通过技术信息中心向裁判长提交抗议。

146.4　在径赛项目中按以下规则执行。

（a）如果运动员对起跑犯规的判罚立即做出口头抗议，径赛裁判长对此存在疑问，可以让该运动员“在抗议下”比赛，以便保留所有有关的权利。但是，如该次起跑犯规是经由国际田联批准的起跑信息系统（Start Information System）检测到的，则不能接受其口头抗议，除非裁判长有理由认为该起跑信息系统提供的信息明显不准确。

（b）可根据规则162.5的规定对发令员未能召回的起跑犯规或取消的起跑进行抗议。抗议只能由完成了该项比赛的运动员或其代表提出，如果抗议成立，则任何在本项比赛中负有起跑犯规责任或行为，应导致起跑取消和根据规则162.5或规则162.7应给予警告或取消比赛资格的运动员将被警告或取消资格，无论是否有运动员被警告或取消资格的情况发生，为公平起见，裁判长有权宣布比赛或比赛的一部分无效，该比赛或比赛的一部分应该重新进行。

注：无论比赛中是否使用起跑信息系统（Start Information System），运动员都可引用本规则（b）提出抗议、申诉。

146.5　在田赛项目中，如果运动员对试跳（掷）失败的判罚立即做出口头抗议，则该项目的裁判长可以在其权限内下令测量并记录该此试跳（掷）的成绩，以便保留所有相关的真相。

如果发生以下抗议，裁判长如有任何疑义，可允许该运动员在抗议下继续比赛并保留所有相关真相。

（a）在远度项目前3轮次比赛中，有8名以上的运动员比赛，并且运动员将进入最后3轮次比赛，如发生抗议或者随后的申诉。

（b）在高度项目比赛中，运动员将进入后8个高度的比赛，如发生抗议或者随后的申诉。

146.6　只有当裁判长做出裁决，认为成绩有效或仲裁委员会裁决申诉成立时，有争议的成绩和运动员在抗议下取得的成绩才将成为有效成绩。

146.7　凡上交仲裁的申诉，都必须在下列情况发生的30分钟内做出。

（a）裁判长做出更正比赛成绩的结果正式公告后。

（b）告知申诉者不能更改任何比赛成绩后。

申诉应以书面形式，由运动员本人或由其代表或者运动队的官员签名，并附上100美元或其他等值货币的申诉费，如果该申述被驳回，则申诉费不予退还。运动员或运动队所提申诉必须涉及原规则中有其正在参加的同一项目的同一轮比赛（或正在参加的涉及原规则中有该队积分的比赛）。

注：有关裁判长应该在做出裁决后立即通知技术信息中心其做出裁决的时间。如果裁判长不能口头通知相关运动员或运动队，则以TIC张贴裁决结果或更正成绩的时间为正式公告时间。

146.8　仲裁组须与所有有关人员商议。如果仲裁组有疑问，可以考虑其他有效的证据。如果根据此类证据，包括任何有效的录像，仍无法裁定，将认可有关裁判长或仲裁主裁判的判决。

146.9　如果出现新的有效证据并条件许可，仲裁组可以重新做出裁决。通常，这种重新裁决应在相关项目的颁奖仪式开始之前做出。除非相关管理组织认为重新裁决仍有必要。

146.10　当裁决涉及规则以外的情况时（如比赛积分），将由仲裁主席随后向国际田联秘书长汇报。

146.11　仲裁组的决定为最终决定（当没有设置仲裁组，或没有抗议上诉至仲裁组时，裁判长的决定为最终决定），没有进一步的申诉权，包括不得向体育仲裁法庭申诉。

七、对运动员提供帮助　第144条

医疗检查及协助

144.1　新规则（a）可在比赛区域对运动员进行必要的医学检查、治疗或理疗，以使运动员能够参加或继续参加比赛。此类医学检查、治疗或理疗可由组委会任命的佩戴手袖标志或背心，或身着其他明显服装的医务官在比赛区域进行，也可由注册随队医务人员经医务代表或技术代表的专门批准，在比赛区域外的医务治疗区进行。但不得延误比赛的进程或该运动员按既定的顺序进行试跳或试掷。一旦运动员离开检录处，无论是在比赛中还是比赛开始前，其他任何人对运动员进行此类护理或治疗，均被认为是对运动员提供帮助。

新规则（b）假若医务代表、大会医务官（佩戴手袖标志或背心，或身着其他明显服装）命令运动员须退出比赛时，他必须立即离开比赛场地。

注：这里所说的比赛区域被定义为比赛进行的场地，并且只有参赛运动员或相关规则和规定授权的工作人员能够进入的场地。这样的场地通常设有物理隔离。

144.2　有关裁判长应对在比赛中、在比赛区域内提供或接受帮助的任何运动员给予警告，并告诫他如果重犯将取消其该项目的比赛资格。如果运动员随后在该项目中被取消比赛资格，那么他在该项目该轮中取得的成绩被视为无效。但此前取得的成绩被视为有效。

注：如规则144.3（a）的案例，不必警告，就可直接判取消资格。

144.3　根据本条款的规定，下列情况应被认为是给运动员提供帮助，应该禁止。

（a）比赛中，由非参加同一比赛者、已被超圈者或将被超圈者提供速度分配帮助，或使用其他任何技术设备的［规则144.4（d）允许的除外］。

（b）运动员在比赛区域内拥有或使用录像机、盒式录音机、收音机、CD机、无线通信机、移动电话或类似装置。

（c）除了使用符合规则143的比赛鞋外，使用为运动员提供有利条件的任何技术或设备。

（d）使用任何机械辅助器材，除非运动员能证实使用的器材不会使他比非使用者获得更多的竞赛优势。

（e）由该比赛项目不相关的赛会官员或在该比赛项目有特定职责的工作人员，提供指导或其他建议（如技术指导、跳跃类项目中指出起跳点，但在水平跳跃项目中指出失败的起跳位置、在径赛项目中提示时间或距离信息除外）。

（f）帮助摔倒的运动员恢复站立不被认为是提供帮助。

144.4　根据本条款的规定，下列情况不被认为是提供帮助。

（a）运动员与其教练员在非比赛区进行交流。为便于这种交流，并且不干扰比赛进行，在靠近每一项田赛比赛地点最近的看台上，应给该项参赛运动员的教练员保留座位。

（b）依据规则144.1在比赛区域对运动员进行必要的医学检查、治疗和/或理疗，以使运动员能够参加或继续参加比赛。

此类医学检查、治疗和/或理疗可由组委会任命的佩戴袖标或背心，或身着其他明显服装的医务官在比赛区域进行，也可由注册的随队医务人员经医务代表或技术代表的专门批准，在比赛区域外的医务治疗区进行。但不得延误比赛的进程或该运动员按既定的顺序进行试跳或试掷。一旦运动员离开检录处，无论是在比赛中还是比赛开始前，其他任何人对运动员进行此类护理或治疗，均被认为是对运动员提供帮助。

（c）出于保护或医疗目的任何种类的个人保护（如绷带、带子、腰带、支持物等）。裁判长与医务代表一起合作，有权核实任何使用上述物品的情况是否合理（见规则187.4）。

（d）假如这些装置没有用于与其他人联系，在比赛中运动员可以携带个人装置，如心率仪、速度距离监控器、步幅传感器或类似装备。

（e）运动员在田赛中观看比赛回放，由运动员的代表在非比赛区摄录的前面试跳（掷）的影像（见规则144.1的备注）。拍摄设备及影像资料不得带入比赛区域。

风向、风力信息

144.5　在各个跳跃项目、掷标枪和掷铁饼项目的合适位置应设置一个或多个风向袋，以便向运动员显示大致的风向和风力。

饮用水/海绵块

144.6　（a）在5000米及以上的径赛项目中，根据天气情况，组委会可向运动员提供饮用水和海绵块。

（b）在10000米以上的径赛项目中，将设置饮水/海绵、饮料供应站。饮料可以由组委会提供或运动员自备，并放置在运动员方便拿取的位置，或由授权人员递送至运动员。由运动员提供的饮品，自该运动员或其代表上交之时起，应始终处于组委会指派人员的监管之下。

八、成绩有效性　第149条

149.1　运动员只有在符合国际田联规则的正式比赛中创造的成绩方为有效。

149.2　如果符合以下所有条件，通常在体育场举行的比赛项目、在室外传统的田径运动场地（如在城市广场、其他运动场地、海滩等）所创造的成绩，如果符合以下条件，应为有效并被认可。

（a）按规则1~规则3规定，相应管理机构签发了赛事许可。

（b）任命一批有资格的国家级技术官员在比赛中执裁。

（c）使用符合规则要求的器材和器械。

（d）在符合规则规定的场地、设施上举行比赛，并按规则135规定，具备由场地正式测量员在比赛当天测量后颁发的证书。

注：报告符合场地、设施最新标准的表格和要求可从IAAF办公室获得，也可从IAAF网站下载。

九、男女混合比赛　第147条

完全在体育场内举行的所有比赛，一般不得有男女混合参赛项目。

但是，除国际田联规则1.1（a）~（h）的比赛外，可在体育场内举行田赛以及5000米以上的混合比赛。

国际田联规则1.1（i）和（j）的比赛可在经相关地区或国家主管机构特别批准后，在特定比赛中举行混合比赛。

注1：在田赛项目男女混合比赛中，成绩记录单将被分开记录，并且分别为每个组别宣告成绩。关于比赛，每位运动员的性别必须标示在成绩记录单上。

注2：依此规则，在径赛项目当一种或两种性别的运动员人数不足以进行分别比赛时，允许进行混合比赛。

注3：无论任何情况，在竞赛项目进行混合比赛时，绝不允许任何一性别的运动员做速度分配调整或由其他性别的运动员提供协助。

十、放弃比赛　第142条4

在规则1.1（a）（b）（c）和（f）的所有比赛中，如下所述，有关运动员应被拒绝参加该次比赛所有后续的项目（以及其兼项的其他项目）包括接力跑。

（a）某运动员已最后确认参赛，但没有参加其应该参加的比赛。

注：应该提前公布最后确认参赛的时间。

（b）运动员在预赛中获得某项目后续比赛的资格，但未继续参加比赛。

（c）运动员消极参赛。有关裁判长将判定其是否为消极比赛，并必须在正式成绩中做相应的注释。

注：规则 142.4（c）所描述的情况不适用于全能比赛中的各个单项。

按规则 113 规定由指派的医务代表对运动员进行医疗检查，如果没有指派的医务代表则由组委会的医疗官员代替，只有医务代表签发的医疗证明，方可作为充分的理由接受该运动员在最后确认后或者在上一轮比赛后不能继续参加比赛，但是可以参加后续其他项目的比赛（全能项目的单项除外）。其他合理理由（如不是运动员自身的原因，而是官方交通系统的问题），并被确证，也可被技术代表接受。

第二节　检录（赛前控制中心）和赛后控制中心

一、检　录

（一）任　务

按照竞赛日程排定的各项比赛时间和技术手册规定的各项检录时间，召集运动员到赛前控制中心检录。按照规则规定，对运动员做好各项检查工作。按照合理路线将运动员准时、安全地带到比赛场地交该项主裁判控制。

（二）人员设置及职责

1. 人员设置

（1）裁判长	1 名
（2）主裁判	2 名
（3）入口检查员	2 名
（4）广播员	2 名
（5）大屏显示操作员	1 名
（6）计算机终端操作员	2 名
（7）物品保管员	1 名

（8）裁判员　　　　　　　　20 名（一检 16 名/二检 4 名）

（9）助理裁判员　　　　　　3 名

（10）引导员　　　　　　　 若干名

2. 职　责

（1）检录裁判长

受赛事总管领导，负责赛前控制中心的全面工作，与竞赛秘书组（编排记录组）密切联系。赛前准备好工作所需的各种物品和各种设施。准确掌握检录开始、结束时间和运动员到达比赛场地的时间。以及督导广播、物品保管、终端、大屏显示、入口、引导等工作。

（2）检录主裁判

第一主裁判负责第一检录处的裁判工作。负责领取秩序册、流程表、各种表格，分配检录任务；统计运动员缺席情况，审核检录单并签字；每单元结束将运动员缺席情况统计表交竞赛秘书组。重点负责广播、物品保管、终端、大屏显示。

第二主裁判负责第二检录处的裁判工作。负责参赛小号码的分发，控制运动员离开第二检录处的时间，确保运动员准时到达比赛场地。

（3）入口检查员

检查每一名进入赛前控制中心人员的 ID 卡（身份卡）及号码，并做好记录，确保无关人员不得进入中心。

允许进入人员：国际官员（组织代表、技术代表、医务代表、兴奋剂检查代表、技术官员、仲裁委员、裁判长和有关裁判员）、工作人员及已通知来检录的运动员。

（4）广播裁判员

根据竞赛日程，预先制订广播计划；赛前准备好设备，广播各项检录信息和注意事项（用英语、法语、汉语广播）。

（5）大屏显示操作员

提前拟定显示内容、格式（英汉对照），负责显示工作。赛前检查显示系统是否正常，按时将检录开始时间、结束时间和到达比赛场地时间等显示在屏幕上，公告于众。显示内容包括项目、赛次、检录开始时间、检录结束时间、到达赛场时间、比赛时间、第几检录室。（表 3－2－1）

表 3 -2 -1　各项目检录时间表

项目	检录开始时间（分钟）	检录结束时间（分钟）	到达赛场时间（分钟）
径赛（除跨栏、接力）	40	30	10
竞走	40	30	10
跨栏、接力	45	35	15
跳高	70	60	40
撑竿跳高	90	80	60
其他项目	60	50	30

（6）计算机终端操作员

赛前做好计算机系统检查，保证运转流畅。比赛中负责竞赛项目检录单的输出；检录单的修正、确认和提取确认后的检录单（径赛 1 人、田赛 1 人）。

（7）物品保管员

负责接收不允许运动员带进场地的物品，审核物品保管收据、签字，将该物品收据中的一联转交运动员，另两联与编号装袋的物品交助理裁判员及时送到赛后控制中心，并做好交接手续，其中一联返回物品保管员。（单据如表 3 -2 -2、表 3 -2 -3）

表 3 -2 -2　物品签收单

日期	项目	赛次	组次	道次	运动员号码	姓名	交物品名称及数量	送物人	接收人	运动员签收

注：印制在 16 开纸上。

表 3－2－3　Receipt of Personal Belongings　　物品保管收据

<table>
<tr><td colspan="4">Item (s)
物品名称</td></tr>
<tr><td>No.
运动员号码</td><td></td><td>Event
比赛项目</td><td></td></tr>
<tr><td colspan="4">Storekeeper
Signature
保管员签名　　Athlete
Signature
运动员签名　　m. ________ 2017
2017 年　月　日　午</td></tr>
</table>

注：1 式 3 联可复写。1 联收存，2 联交赛后，3 联交运动员。

（8）裁判员

根据竞赛的要求和主裁判分配的任务，负责引导运动员按比赛项目、组次进入各自的检录室。按照规则规定认真、仔细、耐心地对运动员的所有物品进行逐项检查并验收其参赛证件。对不符合规则规定的物品请运动员送物品保管处保管，按时将检录情况向主裁判通报。严格按照检录流程表的时间规定，认真填写运动员缺席情况统计表和检录流程表。（表 3－2－4、表 3－2－5）

表 3－2－4　运动员缺席情况统计表

日期	项目	赛次	组次	道次	号码	姓名	单位	原因

注：印制在 16 开纸上。

表 3－2－5　检录流程表

序号	比赛项目	赛次	组次	检录时间	结束时间	到达时间	比赛时间	检录员

注：印制在 16 开纸上。

(9) 助理裁判员

在主裁判领导下做好赛前控制中心的服务工作，如场地布置、比赛前后的卫生、联络、处理不允许运动员带进场地的物品等。

(10) 引导员

负责引导运动员进入检录室，担任外语翻译工作。

(三) 工作方法

1. 赛前工作

(1) 检录裁判长带领赛前控制中心全体裁判员，认真学习竞赛规则和规程及规定的检录工作要求，制定并讨论工作细则。

(2) 检查布置赛前控制中心场地、器材及用具（如裁判桌、安全别针、夹板、铅笔等），熟悉工作环境。

(3) 完成各裁判工作岗位的精细分工，明确职责，熟悉各自裁判的工作方法及流程。

(4) 与起点裁判员、终点裁判员、检查裁判员进行现场联调，检查比赛时可能出现的问题，明确并熟悉比赛时工作流程。

(5) 对引导员及志愿者进行培训，确保高质量完成任务。

2. 赛中工作

(1) 赛前每单元提前 90 ~ 120 分钟到达赛前控制中心，与竞赛秘书组协调配合做好各项准备工作，布置单元工作任务，裁判员根据分工进入各自岗位。

(2) 广播员按预先制订的广播计划，在每单元第一个项目开始检录前 15 分钟广播单元比赛项目、比赛时间、检录时间和注意事项等信息。在项目开始检录前 10 分钟、5 分钟、1 分钟可分别进行预检通知的广播、广播要严格按照“竞赛检录流程表”控制时间广播。

(3) 检录时间播出后，大屏显示操作员及时配合，显示该项检录时间、结束时间等。

(4) 开始检录时，入口检查员开始检查该项参赛运动员的证件、比赛号码、比赛服并做好记录，将运动员交引导员，引导员指引运动员进入第一检录厅内的检录地点。

(5) 运动员进入检录指定地点后，检录组按事先的分工，分别检查运动员的号码、比赛鞋等各项内容，各项工作就绪，与计算机终端操作员核实检录情况，修改、确认后输出 1 份检录单，检录员签字，检录主裁判签字。2 名检录员一前一后，按时带运动员到第二检录厅。

（6）由第二检录厅的裁判员提供小号码，发给运动员后要督促、检查小号码佩戴情况，确保正确佩戴。

（7）由第一检录厅的2名检录员一前一后，按选定的路线和规定的时间，将运动员安全、准时地带到比赛地点。径赛检录表、运动员、身份卡应交给助理发令员（基层比赛应将一式8份的检录表分别送给助理发令员和终点、计时、检查、宣告及3个接力区的检查员）。检录员返回，向检录主管报告，准备执行下一项任务。

（8）全能项目每单元的第一项由赛前控制中心负责检录。后继项目由全能裁判员负责检录。赛前控制中心应为全能裁判组准备道次小号码，并提醒每项检录情况都必须到计算机终端进行检录的最后确认。

（9）将各队4×100米和4×400米的棒次表最少提前一个比赛单元，直接交竞赛秘书组入网。

3. 赛后工作

（1）单元比赛结束后，主裁判统计运动员出勤情况，报竞赛秘书组。

（2）整理内务，全组工作小结。做好下一单元检录的准备工作。

（3）向赛事主管汇报本单元检录工作情况。

（4）归还所借器材物品。

（四）工作重点与难点

1. 工作重点

（1）协调与配合：与编排记录公告组领取当日秩序册、检录流程表、物品签收单、物品保管收据、运动员缺席情况统计表等；每单元比赛结束后，交运动员缺席情况统计表。

（2）与起点和检查组确定交接人员、地点、时间和方法等；与田赛管理裁判员田赛项目检录的协作；向全能裁判组进行每天的每个单元第一项的检录及后继项目提示并提供所需物品。

（3）与赛后控制中心交接物品、回收小号码；与场地器材组交接所需物品；与安保人员和工作人员协作、配合；向赛事主管反映、请示与配合。

2. 工作难点

（1）4×100米接力应根据规定时间、接力区远近，分先后带各棒入场。除第一棒运动员交助理发令员外，二、三、四棒运动员交各接力区检查员。

（2）马拉松、公路竞走、公路越野赛、公路接力赛的检录区设在起点线附近，根据参赛人数多少，检录分若干组进行，重点检查号码、参赛人数。根据起点的宽度、人数和比赛时间，确定运动员集合的时间和排列方案。第一次检录时，运动员必须在比赛开始前30分钟到检录区报到，之后于发令前10分钟到起点线处报到。运动员根据参赛国家和地区缩写英文字母顺序从左至右排列在起点线后。检录员要召集运动员，检查号码，统计人数，维持秩序，排列队伍。

（3）公路接力赛按单位棒次检录，检查运动员号码、服装等。第一棒运动员带至起点，其余各棒分别带到各接力区，交接力区主裁判。

（五）赛前控制中心位置

赛前控制中心的位置，应设在比赛场地外，一般距100米起点较近，旁边应有练习场地、厕所、医疗和饮水等条件。

赛前控制中心的布局，根据面积大小，分为第一检录厅（包括若干个检录室）和第二检录厅。

（六）所需器材和物品

表格：检录流程表（每日15份）、物品签收单（30份）、物品保管收据（1式3联200套）、运动员缺席情况统计表（30份）。（表3－2－6）

表3－2－6　检录裁判物品

物品	数量	物品	数量
计算机终端	2套	粘贴式道次小号码1～8号	1000套
大屏幕显示设备	1套	长跑顺序小号码1～30号	200套
大屏幕彩电	2套	卡尺	5把
打印机	2套	塑料袋	100个
广播扩音设备	1套	安全别针	5大盒
项目标志牌	1套	针线盒	6个
电子大钟	8座	宽胶带纸	10卷（盖广告）
裁判桌	6张	大信封	30个
手提喇叭	3只	夹板、铅笔等文具	30套
椅子	20把	记号笔	2支
长椅	20条	空白大号码布	30块
对讲机	2部	空调或电扇	若干
电话	1部		

（七）工作流程图

赛前控制中心工作流程见图 3－2－1。

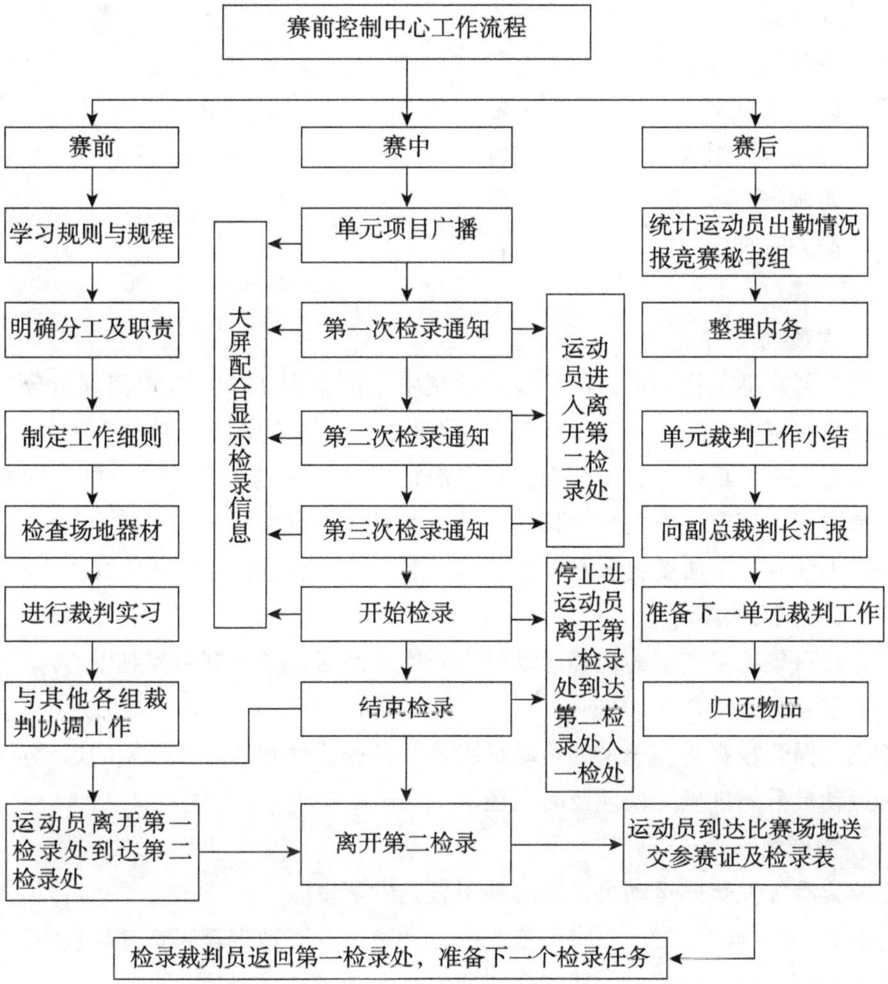

图 3－2－1　赛前控制中心工作流程图

二、赛后控制中心工作

（一）任　务

迅速有序地将赛场上已完成比赛任务的运动员引领进入赛后控制中心，确保赛场的良好秩序。接收和归还运动员的服装、身份卡及有关的个人物品。正确无误地将各项比赛前三名运动员引领到发奖室，协助兴奋剂检查站、新闻中心，做好对已结束比赛运动员的管理工作。

（二）人员设置及职责

1. 人员设置

（1）主裁判	2 名
（2）终点管理组	4 名
（3）物品归还组	3 名
（4）协调组	4 名
（5）服务管理组	2 名

2. 职　责

（1）主裁判

①受 1 名赛事主管领导，负责赛后控制中心的全面工作。负责裁判员分工，指导安排赛后控制中心各项工作，检查赛后控制中心所需的设施、器材、物品。

②负责与有关裁判组、发奖组、兴奋剂检查站、新闻中心、医务站、指挥中心的联系和协调，商定工作配合的具体方法，及时解决有关问题。

一名主裁判分管协调组和服务组，另一名主裁判分管物品归还组和终点管理组。

（2）终点管理组

引导和召集比赛完毕的径赛运动员离开终点区域，进入赛后控制中心。

（3）物品归还组

签收、保管径赛起点送来的运动员服装、参赛证件和检录处送来的运动员物品，赛后按运动员号码准确无误地及时归还。

（4）协调组

①召集参加发奖的运动员，及时地引领到发奖室。

②召集和控制需要接受兴奋剂检查的运动员，及时地带至兴奋剂检查室。

③根据新闻中心的要求，适时合理地安排运动员接受采访。

④及时疏导无关运动员离开赛后控制中心。

（5）服务管理组

根据主裁判安排，负责准备器材，整理场地，维持中心秩序，提取饮料、饮水等，协助各组工作。

（三）工作方法

1. 赛　前

（1）主裁判组织学习竞赛规程和规则，根据各位裁判员的经验和能力进行分工，明确各自的职责和任务，做到定岗定位，责任到人。

（2）主裁判带领全组裁判员了解竞赛日程和各项参赛运动员情况，共同制定工作细则，并按细则要求落实本组间的协调配合以及与其他组的联系，进行分组实习。

（3）检查落实赛后控制中心所需场地设施、器材用品，如运动员休息的椅子、充足的饮用水，并具备较好的通风条件；裁判员工作用的桌椅、扩音器、文具用品等。

（4）了解熟悉比赛现场指挥中心、检录处、竞赛秘书组、发奖组、兴奋剂检查站、新闻中心、医务站等所在的位置。

①与检录处、发令组联系，落实运动员物品、服装的交接方法。

②与田赛裁判长、全能裁判长联系，确定运动员退场的交接方法。

③与竞赛秘书组联系，了解各参赛队运动员的成绩水平，落实公告单的传送方法。

④与发奖组联系，确定参加发奖运动员的交接方法。

⑤与兴奋剂检查站联系，落实需要接受兴奋剂检查的运动员的交接方法。

⑥与大会有关部门联系，解决饮料或饮用水的供应和提取方法。

⑦与医务站联系，落实在赛后控制中心的运动员出现伤病时的救治方法。

（5）确定全组进出场的路线，统一规范裁判用语，检查服装仪表。

（6）在赛后控制中心附近张贴必要的标记，如路标（入口、出口等）、物品归还处、男女运动员休息室、饮水处、座位上贴名次号或道次号等标志。

2. 赛　中

（1）主裁判

领导全体工作人员在每个单元比赛开始前 60 分钟到达赛后控制中心，整理场地，进行工作准备。比赛前 30 分钟到达指定地点准备入场。

（2）物品归还组

①在比赛开始后，接收由起点送来的运动员服装、参赛证件和由检录处送来的运动员物品等，并与秩序册核对，如无误即可让裁判员（或服务员）离开，如发现问题，要及时处理。按道次、顺序将运动员的个人物品摆好。

②当运动员比赛后进入赛后控制中心，径赛运动员凭道次号码布或顺序号码布，领取个人物品和服装等，田赛运动员按项目和号码布领取个人物品和服装等。

③非决赛，赛次的运动员领取个人物品、服装和参赛证等物品之后由裁判员及时引导他们离开赛后控制中心；决赛运动员领取个人物品、服装等待正式公布成绩。

之后与协调组配合运动员的发奖、新闻发布会、兴奋剂检测等，剩余无关运动员由裁判员及时引导离开赛后控制中心。

（3）终点管理组

①终点管理组应等候在终点前外侧，当竞赛运动员到达终点后，迅速礼貌有序地召集运动员通过混合区进入赛后控制中心；当优胜运动员绕场一周时，应留 1 位裁判员等候，待其归来后，马上引导至赛后控制中心。

②长距离比赛，可让运动员在赛后控制中心外侧一带休息，待运动员基本调整呼吸后再引导进入赛后控制中心。

③4 ×100 米接力比赛时，应派 3 名裁判员分别到第一接力区、第二接力区、第三接力区，将前 3 棒次的运动员引导成一路纵队带回赛后控制中心，第四棒次的运动员到达终点后立即召集运动员进入赛后控制中心。

（4）协调组

①协助兴奋剂检查人员进行工作，核实需要进行兴奋剂检查的运动员，交检查人员，并做好签收手续。

②依据成绩公告，核实获奖运动员名单，将获得前三名的运动员带至发奖处参加发奖仪式，并做好签收手续。

③根据新闻中心的采访要求，协助需要接受采访的运动员接受新闻采访。

④将接受新闻采访结束后的运动员，及时疏散出赛后控制中心。

（5）服务管理组

①督促比赛完毕的运动员离开赛后控制中心。

②及时整理场地，补充饮料、饮用水，维持赛后控制中心的秩序。

（6）田赛项目比赛结束后，接收由田赛有关项目管理裁判员带至赛后控制中心的运动员，工作方法同径赛。

3. 赛　后

（1）整理赛后控制中心的工作场地，清点物品，如发现有运动员遗留物品，立即送交大会有关方面归还。

（2）每单元比赛结束后，召集全组裁判员认真总结，同时落实下一单元工作任务。

（3）全部比赛结束后，清点归还所有物品和器材，根据大会要求，写出书面总结。

（四）赛后控制中心位置

赛后控制中心一般应设在径赛终点附近的外侧，先通过混合区才能到达赛后控制中心。

（五）重点与难点

1. 准确迅速地将获奖运动员引领至发奖室参加领奖。
2. 将需要接受兴奋剂检查的运动员控制好，并及时带至兴奋剂检查室。
3. 协调安排既需要参加领奖又要接受兴奋剂检查和新闻采访的运动员。
4. 准确无误地归还运动员的注册证及个人物品。

（六）所需物品

见表3－2－7。

表3－2－7　赛后控制中心裁判所需物品

物品	数量	物品	数量
裁判桌、椅子、柜子	若干	饮水机	1台
运动员休息用长条凳（包括田赛）	若十	写字白板	若干
对讲机	若干	贵重物品保藏柜	若干
折叠床	若干	计算机终端	若干
塑料袋	若干	打印机	若干
“中心”通往场地的通道或过道应铺有塑胶皮或人造草皮		屏风（隔离男、女控制中心）	若干
电话	1部	垃圾桶	4个
电视	1台		

（七）工作流程图

赛后控制中心工作流程见图 3－2－2。

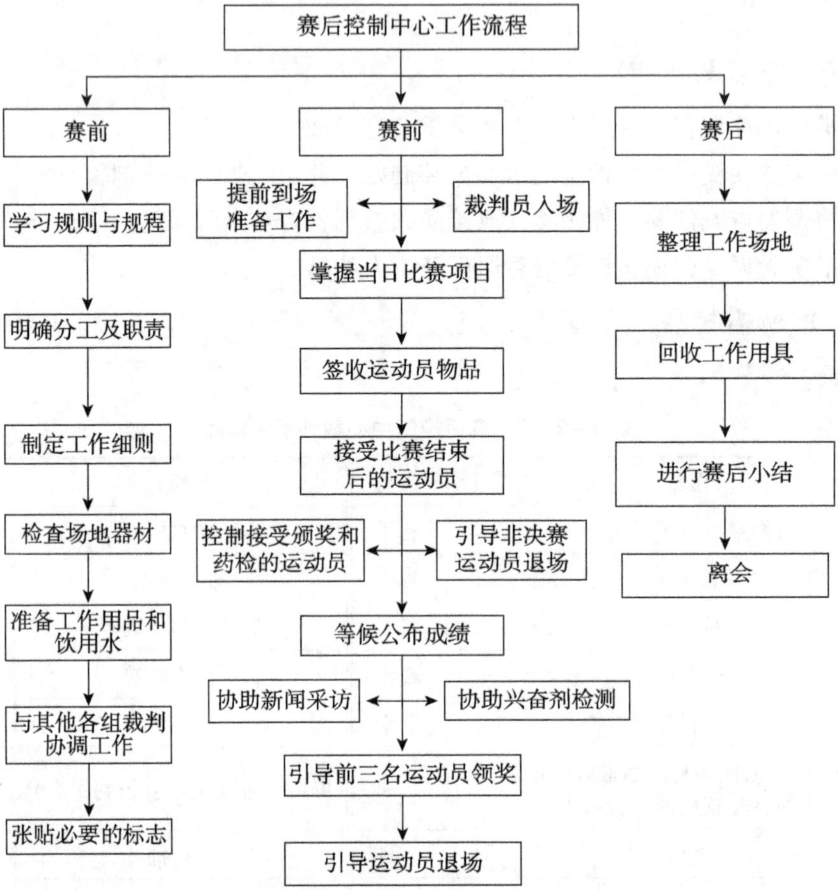

图 3－2－2　赛后控制中心工作流程图

第三节　径　赛

一、径赛项目规则

（一）跑道测量　第 160 条

160.1　标准跑道全长应为 400 米，应由两个平行的直道和两个半径相等的弯道组成。跑道内侧应用适宜材料制成的突沿加以分界。突沿高 5～6.5 厘米，宽至少

5～25 厘米，并漆成白色。2 条直道上的突沿可以不放，并用 5 厘米宽的白线代替。

如因举行田赛项目比赛而需临时移动突沿的一部分，则应用 5 厘米宽的白线在突沿下方的地面标出原有突沿位置，并在白线上放置锥形物或小旗，其高度至少 20 厘米，间隔至多 4 米，锥形物的底座边沿或小旗的旗杆应与白线外沿重合，以防止运动员在白线外跑（标志旗应朝向跑道内侧与地面成 60°角）。本条款同样适用于 3000 米障碍赛跑中运动员从主跑道转向跨越水池所跑的那部分跑道，也适用于根据规则 162. 10 进行起跑时的外侧跑道，也可选择在直道上放置标志物，间隔至多 10 米。

160. 2　应在跑道内侧突沿外沿以外 0. 30 米处测量跑道长度。如无内突沿，则应在标志线外沿以外 0. 20 米处进行测量。

160. 3　赛跑的距离应从起跑线后沿（距离终点线较远的外沿）量至终点线后沿（距离起跑线较近的边沿）。

160. 4　400 米及 400 米以下各项径赛，每位运动员应占有 1 条分道，分道宽应为 1. 22 米 ±0. 01 米，包括右侧的分道线。分道线宽为 50 毫米的白线，所有分道宽应相同。应按上述第 2 款的规定测量第一分道的长度，其他分道的长度应在其内侧分道线外沿以外 20 厘米处进行测量。

注：在 2004 年 1 月 1 日以前建设的场地，其分道最大宽度可为 1. 25 米。

160. 5　在规则第 1. 1（a）（b）（c）和（f）的国际比赛中，径赛跑道应设至少 8 条分道。

160. 6　跑道的左右倾斜度最大不得超过 1∶100（1%），除非在特殊情况下国际田联证明合法提供豁免的除外，在跑进方向上的向下倾斜度不得超过 1∶1000（0. 1%）。

注：建议新建跑道应向里侧倾斜。

160. 7　在《国际田联田径场地设施标准手册》中包含全部有关道结构、设计和标记的技术信息。本规则给出了应该遵循的基本原则。

（二）抢道线　第 163 条

163. 5　在规则 1. 1（a）（b）（c）和（f）的比赛中，800 米跑是在第一个弯道末端的抢道线前沿之前为分道跑，当运动员越过此线后即可切入里道。

抢道线应为一条弧线标记在第一个弯道末端，宽 5 厘米，横跨除了第 1 道外的所有跑道。为了帮助运动员确认抢道线，可在各分道线与抢道线的交界处之后放置锥形物或棱柱体（5 厘米 ×5 厘米），这些标志物最大高度为 15 厘米，应与抢道线和分道线的颜色不同。假若运动员不遵守此规则，他或其接力队将被取消资格。

注：在规则 1.1（d）及（h）的比赛中，参赛国可商定采用不分道跑。

（三）长距离两组同时起跑 第 162 条 10

在 1000 米、2000 米、3000 米、5000 米和 10000 米等这些项目的比赛中，如果运动员人数超过 12 人，可将他们分成 2 组同时起跑。大约 2/3 的运动员为第一组，在常规起跑线处起跑。其余运动员为第二组，在另一条弧形起跑线处同时起跑，该起跑线画在外侧一半跑道上。第二组运动员应沿着外侧半跑道跑至第一弯道末端，该段跑道将用规则 101 中所描述的旗子或锥形物标出。

画第二条弧形起跑线时，应使所有运动员跑进的距离相等。

在 2000 米和 10000 米跑时，如有两组同时起跑，则外道组起跑的运动员应在越过规则 163.5 所述的 800 米抢道线后切入里道。在 1000 米、3000 米、5000 米跑时，如有两组同时起跑，则应在进入终点直道处标明外道组运动员的抢道线。该标记可为位于第四、五分道之间（如有 6 条分道，则在第三、四分道之间）的 50 毫米 × 50 毫米的标记，在该标记后放置一个锥形物或小旗，直到两组合并。

（四）阻挡 第 163 条

163.2 如果运动员在比赛中被挤撞或被阻挡，从而妨碍其走或跑进时，以下两种情况，这些运动员（队）通常应经过真诚努力完成该项目的比赛。

（a）如果挤撞或阻挡被认为是运动员非故意的行为，或者由其他方式引起的，裁判长认为运动员因此受到了严重的影响，可以命令比赛重赛，或者允许受影响的运动员（队）参加下一轮的比赛。

（b）如果裁判长发现其他运动员应该对此负责，该运动员（或其所属队）应被取消比赛资格。裁判长认为运动员因此受到了严重的影响，可以命令除被取消资格以外的运动员重赛，或者允许受到严重影响的运动员（队）参加下一轮的比赛（被取消资格的运动员除外）。

（五）风速测量 第 163 条

163.8 凡使用的风速仪都应经 IAAF 认证，其精确度应由国家测量部门认证的有关机构鉴定，以确保测量结果可以用国家和国际测量标准复查。

163.9 在规则 1.1（a）～（h）所述的国际比赛，以及申请承认世界纪录（根据规则 260.8）的比赛中应使用非机械式风速仪。机械式风速仪应有适当的防护装置，以减小侧风的影响。当风速仪为圆筒状时，测速部分的两端长度均应至少为圆筒直径的两倍。

163.10　测量径赛项目风速时，径赛裁判长必须确保风速仪应置于直道一侧，靠近第一分道，距终点线 50 米。风速仪的高度为 1.22 米，离跑道边沿的距离不超过 2 米。

163.11　风速仪可自动和/或遥控开机、关机，并能将数据直接传送到计算机系统。

163.12　应按下列规定时间从发令枪的闪光/枪烟开始测定风速：100 米测量 10 秒、100 米栏测量 13 秒、110 米栏测量 13 秒。在 200 米比赛中，应从第一名运动员进入直道时开始测量风速，测量时间为 10 秒钟。

163.13　风速的判读单位为米/秒，进位到坐标轴正向的 10 米/秒，除非小数点后第二位数字是 0（即 +2.03 米/秒记录为 +21 米/秒，-2.03 米/秒记录为 -2.0 米/秒）。显示单位为 1/10 米/秒的数字显示式风速仪应具备自动进位的功能，以与本规则相符。

（六）分道跑犯规　第 163 条

163.3　（a）在分道跑的比赛中，运动员应自始至终在自己的分道内跑进。此规则也适用于部分分道跑项目。

（b）所有不分道跑的比赛（或部分赛段不分道），当运动员在弯道上、根据规则 162.10 的外侧一半跑道上，或在障碍赛水池变更道的弧线段上跑进时，不能踏在或跑出突沿或实际分道线上或内侧（指跑进突沿内侧、由外侧跑进内侧一半跑道或者跑进障碍赛水池弧形变更道的内侧的任何部位）。

除 163.4 表述的外，如果相关裁判长确认了裁判员、检查员或其他人员关于某运动员跑出了自己分道的报告，则该运动员应被取消比赛资格。

163.4　下列情况运动员不应被取消资格。

（a）运动员被他人推、挤、被迫踏或跑出自己的分道，或踏在实际分道线和突沿上或其内侧。

（b）在直道上、在障碍赛水池的变更道的直道上的任何部位踏在分道线上或跑出分道，或者在弯道上踏在或跑出自己分道的外侧分道线。

注：实际利益包括通过任何方式提高名次，包括使自己在比赛中为摆脱“被包夹”而踏在或跑入跑道边缘内侧。

163.5　在规则 1.1（a）（b）（c）和（f）的比赛中，800 米跑是在第一个弯道末端的抢道线前沿之前为分道跑，当运动员越过此线后即可切入里道。

抢道线应为一条弧线标记在第一个弯道末端，宽 5 厘米，横跨除了第 1 道外的所有跑道。为了帮助运动员确认抢道线，可在各分道线与抢道线的交界处之后放置锥形物或棱柱体（5 厘米×5 厘米），这些标志物的最大高度为 15 厘米，应与抢道线和分道线的颜色不同。假如运动员不遵守此规则，他或其接力队将被取消资格。

注：在规则 1.1（d）～（h）的比赛中，参赛国可商定采用不分道跑。

（七）做标记　第 163 条

163.7　除所有分道跑或接力跑的第一棒分道跑外，运动员不可在跑道上或跑道沿线做标记或放置对其有帮助的标志物。

（八）中途报时　第 163 条

163.14　可以正式宣告和显示比赛的中途时间和领先运动员的参考时间。除此之外，未经有关裁判长事先批准，在比赛场内的任何人都不得向运动员传递此类时间信息。只有当相应地点没有向运动员显示时间，并且保证中途时间向所有运动员显示的情况下，才能批准这样做。

运动员所得的中途报时讯息违反此规则，将被视为已经得到帮助，以及将依据规则 144.2 规定处理。

注：这里所说的比赛场地被定义为，比赛进行的场地，并且只有参赛运动员或相关规则和规定授权的工作人员能够进入的场地。这样的场地通常设有物理隔离。

（九）饮用水/海绵块　第 163 条

163.15　（a）在 5000 米及以上的径赛项目中，根据天气情况，组委会可向运动员提供饮用水和浸水的海绵块。

（b）在 10000 米以上的径赛项目中，将设置饮用水或浸水的海绵块、特殊饮料供应站。特殊饮料可以由组委会提供或运动员自备，并放置在运动员方便拿取的位置，或由授权人员递送给运动员。由运动员提供的特殊饮料，自该运动员或其代表上交之时起，应始终处于组委会指派人员的监管之下。

注：运动员可以相互接受或传递由起点或沿途官方供应站提供的饮料、饮用水或海绵块，但由一名运动员连续向另一名或多名运动员递送上述物品则被视为是不公平的援助，应给予警告或取消其比赛资格。

（十）成绩相等（并列）　第 167 条

167.1　如果裁判员或终点计时裁判员不能够根据规则 164.2、规则 165.18、规则 165.21 或规则 165.24 判定任何排位，（如果实际情况允许）则可以判定将成绩相等。

167.2　如遇运动员成绩相等，涉及根据规则 166.3（2），确定来自不同组运动员的排名或最后一个按成绩录取进入下一赛次名额的情况时，终点摄影主裁判应考虑有关运动员的 0.001 秒的实际时间。如果成绩仍相等（或根据规则 167.1），并涉及运动员的排名时，应抽签决定排名。当涉及最后一个按成绩或排位录取进入下一赛次名额的情况时，成绩相等的运动员将进入下一轮次，如果实际条件不允许，将通过抽签决定进入下一轮次的运动员。

注：当按照排名和成绩录取下一轮选手时（例如，2 组中的每组前 3 名，再加上其余成绩最好的 2 名），在以名次录取下一轮选手的最后一个资格出现成绩相等时，将按名次录取，名次相等时应减少以成绩录取的人数。

二、项　目

（一）跨栏跑项目和设置　第 168 条

168.1　标准比赛距离。

男子、男子（U18）和（U20）：110 米，400 米。

女子、女子（U18）和（U20）：100 米，400 米。

每条分道按下表设置 10 个栏架，各项目栏架设置如下。（表 3－3－1 ~ 表 3－3－3）

表 3－3－1　男子、男子（U20）和（U18）栏架的设置

全程距离	起点至第一栏	栏间距离	最后一栏至终点
110 米	13.72 米	9.14 米	14.02 米
400 米	45.00 米	35.00 米	40.00 米

表 3－3－2　女子、女子（U20）和（U18）栏架的设置

全程距离	起点至第一栏	栏间距离	最后一栏至终点
100 米	13 米	8.50 米	10.50 米
400 米	45.00 米	35.00 米	40.00 米

表 3-3-3　少年栏架的设置

组别	全程距离（米）	栏价数量（个）	栏价高度（米）	起点至第一栏	栏间距离	最后一栏至终点
男少	200	10	0.762	16	19	13
女少	200	10	0.762	16	19	13
男少乙	110	10	0.914	13.72	8.70	17.98
	300	8	0.762	15	35	40
女少乙	100	10	0.762	13	8	15
	300	8	0.762	15	35	40

放置在跑道上的栏架底座的支架应指向运动员跑来的方向。放置栏架时，栏板后沿应与跑道上放置栏架的标记后沿重合。

168.2　栏架应使用金属或其他适宜的材料制成，顶横木系木料或其他非金属材料。栏架应包括两个底座支架和用一条或数条横木加固的、用以支撑长方形框架的两根立柱，立柱固定于底座的末端。合格栏架的横木顶端中央至少要承受水平方向3.6千克的撞击力才能使栏架倒下，栏架高度可按不同项目进行调整并按栏架的不同高度调整栏架配重，使各种高度的栏架均需承受3.6千克最多不超过4千克的撞击力方可被推倒。当中心受到相当于10千克的外力时，栏板的最大水平偏移（包括立柱的偏移）不应超过35毫米。

168.3　栏架规格、栏架的标准高度如下。（表3-3-4）

表 3-3-4　栏架规格、栏架的标准高度

全程距离	男子	男子（U20）	男子（U18）	女子（U20）	女子（U18）
110米/100米	1.067米	0.991米	0.914米	0.838米	0.762米
400米	0.914米	0.914米	0.838米	0.762米	0.762米

注：由于制造的差异，男子（U20）110米栏架高度最高为1.000米也可使用。

制作栏架时，栏架高度的允许误差为±3毫米。栏架宽度应为1.18~1.20米，栏架底座最长为70厘米。栏架总重量不得少于10千克。

168.4　栏顶横木宽70毫米±5毫米、厚10~25毫米，边缘应圆滑，两端应固定。

168.5　栏顶横木应漆成黑白相间的颜色，或涂以其他强烈醒目的对比颜色（要与周围环境的颜色区分开），两端为浅色条纹，其宽度至少0.225米。

168.6　所有跨栏跑项目均为分道跑，运动员应自始至终在各自分道内跑进并跨越每一个栏架（规则 163.4 提及的情况除外）。如果运动员直接或间接撞倒另一分道的栏架或致其明显偏移，也将被取消资格，但在没有违反规则 168.7（a）和并未对比赛中的其他运动员造成影响或阻碍时不应处罚。

168.7　运动员应跨越每一个栏架，如果没有做到将被取消比赛资格。此外，如果出现下列情况的运动员也将被取消比赛资格。

（a）在过栏瞬间其脚或腿在栏架两侧外（任意一边）低于栏顶水平面。

（b）裁判长认为运动员有意撞倒栏架。

168.8　除规则 168.7（b）所述外，运动员碰倒栏架不应取消其比赛资格，也不妨碍承认其纪录。

168.9　创造世界纪录时使用的栏架，必须完全符合本规则的规定。

（二）障碍跑　第 169 条

169.1　标准距离应为 2000 米和 3000 米。

169.2　3000 米障碍跑，应越过 28 次栏架和 7 次水池。2000 米障碍跑，应越过 18 次栏架和 5 次水池。

169.3　在第一次过终点线后，障碍跑每整圈应设 5 个障碍，水池栏架为其中第四个障碍。障碍应均匀分布，各个障碍之间的距离约为 1 圈标准长度的 1/5。

注 1：为了保证在终点线前后，障碍间的距离/起点至障碍的距离为安全距离，可以根据《国际田联场地设施标准手册》对障碍间距离做适当调整。

注 2：2000 米障碍跑，如水池设在跑道内，则在通过终点两次后每个整圈设 5 个障碍。

169.4　在 3000 米障碍跑中，从起点至第一圈开始处之间不放置障碍栏架，待运动员进入第一圈后再在这段距离内放置。在 2000 米障碍跑中，主要跨越的是常规圈中的第三个障碍栏架。此前的栏架在运动员第一次跑过时要移开。

169.5　障碍栏架高度，男子应为 0.914 米 ±0.003 米，女应为 0.762 米 ±0.003 米。男女栏架宽度至少为 3.94 米。所有栏架顶端横木的横截面应为 0.127 米 × 0.127 米。

栏架重量为 80 ~ 100 千克。栏架两边各装有一个底座支架，其长度为 1.20 ~ 1.40 米。

水池边栏架的宽度应为 3.66 米 ±0.02 米，应牢固地固定于地面，栏架不能有任何水平方向的移动。

障碍栏架的顶端横木应漆成黑白相间的条纹或其他强烈醒目的对比颜色（要与周围的颜色区分开），横木两端为浅色条纹，宽度至少 0.225 米。

放置栏架时，应使顶端横木的一端伸入跑道内沿以内 30 厘米。

注：建议比赛中第一个障碍栏架宽至少 5 米。

169.6　水池，包括水池边栏架，长度应为 3.66 米 ±0.02 米，水池宽度应为 3.66 米 ±0.02 米。

水池底部应铺设有足够厚度的人工合成材料或垫子，保证落地安全并使鞋钉抓牢地面。靠近栏架一侧的池底深 0.70 米，池壁前为 0.30 米宽的水平池底，然后均匀地升高呈斜坡状，直至远端与跑道地面齐平。在比赛开始阶段，水面应与跑道表面齐平，最多不能低于 20 毫米。

注：水池的深度可以从 70 厘米减少到 50 厘米，水下的跑道呈斜坡，水池底部的均匀倾斜度（12.4 度 ±1 度），建议以后新建水池的深度都为浅的深度。

169.7　运动员必须越过或涉过水面，并且跨越每个栏架，否则将被取消比赛资格。

此外，出现下列情况也将被取消比赛资格。

(a) 踏上水池两边的任意一边。

(b) 在过栏瞬间其脚或腿在栏架侧面以外（任意边），低于栏顶水平面。只要遵守本规则的规定，运动员可用任何方式跨越栏架。

（三）接力赛跑　第 170 条

170.1　比赛标准距离应该为：4×100 米，4×200 米，100 米—200 米—300 米—400 米异程接力，4×400 米，4×800 米，400 米—800 米—1200 米—1600 米的长距离异程接力，4×1500 米。

注：异程接力赛可以不同的棒次顺序进行比赛，在此种情况下，规则 170.14、18、19 和 20 的运用应当有适当的调整。

170.2　应在跑道上画出 50 毫米宽的横线标明各段之间的距离和接棒区中心线。

170.3　4×100 米、4×200 米接力和混合接力的第一、第二接力区，每个接力区的长度为 30 米，中心线距接力区起点线 20 米。混合接力的第三接力区、4×400 米接力和更长距离的接力，每个接力区的长度为 20 米，在中心线前后各 10 米。接力区的开始和结束都从接力区分界线的跑进方向后沿算起。在每次分道的交接棒过程中，专门指定 1 名裁判员以确保运动员在各自接力区内位置的正确性，并尚且意识到相应的预跑区。这名指定的裁判应保证规则 170.4 的执行。

170.4　做标志：当接力的全程或第一棒为分道跑时，运动员可在自己分道内用胶布做一个标志，其最大尺寸为5厘米×40厘米，颜色应明显区别于跑道上其他永久性标志。不得使用其他标志物。

170.5　接力棒为光滑的空心圆管，由整段木料、金属或其他适宜的坚固材料制成，长度为0.28~0.30米，外部直径为40毫米±2毫米，重量至少50克。接力棒应涂成彩色，以便在比赛中明显可见。

170.6（a）完全在体育场内举行的所有接力赛跑必须使用接力棒，运动员必须手持接力棒跑完全程。至少在举办规则1.1（a）（b）（c）和（f）的比赛，每支接力棒必须有编号及用不同的颜色，还可包括带有传感器。

注：假如可行，在检录名单中标示出每条分道分配的颜色或起跑排序位置。

（b）不允许运动员戴手套或在手上放置某种材料［规则1444（c）被允许的除外］或物质以便更好地抓握接力棒。

（c）如发生掉棒，必须由掉棒运动员捡起。允许掉棒运动员离开自己的分道捡棒，但不得因此缩短比赛距离。此外，接力棒掉在跑道两侧或跑进方向时（包括终点线后），掉棒的运动员在捡回棒后，必须回到至少在他上次手持棒的位置继续跑进。如果遵守上述程序，并未侵犯其他运动员，不得因掉棒取消比赛资格。

如果运动员没有遵守规则，则其所属的接力队将被取消比赛资格。

170.7　所有接力跑，都必须在接力区内交接接力棒。接力棒的交接从接力棒初次触及接棒运动员开始到完全由接棒运动员手持才算完成传递。仅以接力棒的位置决定是否在接力区内完成接力。在接力区外交接棒将被取消比赛资格。

170.8　运动员在接棒之前和/或传棒之后，应留在各自分道或接力区内，保持自己的位置直到跑道畅通，以免阻挡其他运动员。规则163.3、规则163.4的规定不适用于这些运动员。如果运动员在其分段终点处跑离所在位置或跑出分道而故意阻碍其他接力队队员，则应取消该接力队的比赛资格。假如任何运动员在终点处跑离所在位置或跑出分道而阻碍其他接力队队员时，规则163.2应当适用。

170.9　在比赛过程中，任何运动员手拿或捡拾其他接力队的接力棒时，该接力队将被取消资格。其他接力队将不受到惩罚，除非从中获得利益。

170.10　接力队的每位成员只能参加接力比赛的其中一棒，4名运动员可以是报名参加其他项目比赛的运动员。然而，一旦开始比赛，每队只允许有2名替补队员参加比赛。如果违反此款规定，将取消该队比赛资格。

170.11　接力队的队员和各棒顺序，须在每一赛次第一组的第一次检录前至少

1 小时正式申报。如再次变动，必须经由组委会任命的一名医务官员进行验证，但也只能在该接力队所在组的最后一次检录之前提出。接力队必须依正式申报名单及各棒顺序参加比赛。如果违反此款规定，将取消该队比赛资格。

170.12　4×100 米接力跑应为全程分道跑。

170.13　4×200 米接力跑可以下列任何一种方式进行。

（a）如可能，应为全程分道跑（4 个弯道均为分道跑）。

（b）前 2 棒分道跑，第三棒运动员可按规则 163.5 离开他自己的分道（3 个弯道为分道跑）。

（c）第一棒运动员分道跑至抢道线近端，按规则 163.5 所述，运动员可离开自己的分道（1 个弯道为分道跑）。

注：如果参赛队不超过 4 队，并且没有条件选择本款方式（a）比赛，建议按本款（c）进行比赛。

170.14　异程接力赛，前两棒为分道跑，第三棒运动员可按规则 163.5 规定在越过抢道线后即可切入里道（2 个弯道为分道跑）。

170.15　4×400 米比赛可以使用以下任何一种方式进行。

（a）第一棒分道跑，第二棒分道跑至规则 163.5 所述的抢道线后，可离开自己的分道（3 个弯道为分道跑）。

（b）第一棒分道跑至规则 163.5 所述的抢道线近端，运动员可离开自己的分道（1 个弯道为分道跑）。

注：如果参赛队不超过 4 队，建议使用本款（b）进行比赛。

170.16　4×800 米比赛可以使用以下任何一种方式进行。

（a）第一棒分道跑至规则 163.5 所述的抢道线近端，运动员即可离开自己的分道（1 个弯道为分道跑）。

（b）不采用分道跑。

170.17　长距离异程接力及 4×1500 米比赛不采用分道跑。

170.18　除第一棒外，4×100 米、4×200 米，以及异程接力的第二、第三棒运动员可从接力区以外（见规则 170.3）不超过 10 米的范围内起跑，应在每条分道上清楚地标明预跑的限制线。如果运动员没有遵守本规则，其所属接力队将被取消比赛资格。

170.19　异程接力比赛的最后一次交棒和 4×400 米、4×800 米，长距离异程接力和 4×1500 米的所有接力比赛，运动员不允许在接力区之外起跑，必须在接力区内起跑。如果运动员没有遵守本规则，他的接力队将被取消比赛资格。

170.20　异程接力最后一棒运动员和4×400米比赛的第三、第四棒运动员，应在指定裁判员的指挥下按照同队传棒运动员进入最后一个弯道时的先后顺序（由内向外）排列各自的接棒位置。一旦传棒运动员跑过该点，接棒运动员须保持其排列顺序，不能改变其在接力区开始的位置。任何运动员不遵守本规定，均取消其接力队的比赛资格。

注：4×200米接力比赛（如不是全程分道跑时）前一棒为非分道跑，运动员应（由内向外）按照检录单的顺序排列。

170.21　在所有不分道跑的接力赛中，如适用，包括4×200米接力、异程接力和4×400米接力，接棒运动员在同队传棒队员即将到达时，可移向跑道内侧的位置接棒，但不得冲撞、阻挡其他运动员妨碍其跑进。4×200米接力、异程接力和4×400米接力比赛，接棒运动员须按规则170.20的规定保持他们的顺序。如果运动员没有遵守本规则，其所属接力队将被取消比赛资格。

助理发令员　第130条

130.1　助理发令员应负责检查运动员参赛的项目组次、号码佩戴是否正确。

130.2　助理发令员必须正确安排各位运动员的道次或站位，使运动员在起跑线后约3米处排列好（如为梯形起跑，则站在各自分道起跑线后约3米处），完成这项工作后，应向发令员示意一切准备就绪。当下令重新起跑时，助理发令员应重新准确安排运动员。

130.3　接力跑时，助理发令员负责为第一棒运动员准备接力棒。

130.4　发令员对运动员发出“各就位”的口令时，助理发令员必须保证规则162.3和规则162.4的规定得到落实。

130.5　当发生起跑犯规时，助理发令员将根据规则162.8的规定执行。

（四）公路赛跑　第240条

距　离

240.1　标准比赛距离：10千米、15千米、20千米、半程马拉松、25千米、30千米、马拉松（42.195千米）、100千米和公路接力跑。

注：建议公路接力跑套用马拉松的距离，理想的路线为一条5千米的环形路线，各棒的距离分别为5千米、10千米、10千米、5千米、7.195千米。青年组的公路接力跑，建议比赛距离为半程马拉松，各段距离分别为5千米、5千米、5千米、6.098千米。

赛 道

240.2 此类赛跑应在铺装路面上进行。如果交通或类似环境不允许，赛跑路线可设在路旁的自行车道或人行道上，并加以适当的标志，但不得通过路旁草地等柔软地段。比赛起、终点可设在田径场内。

注1：建议按标准距离举行公路赛跑，其起、终点之间的直线距离不应超过比赛距离的50%。如果要审批纪录，请参看规则260.28（b）。

注2：比赛的起点、终点及其他部分赛段可以在草地或其他非铺装地面上进行，但应尽量避免。

240.3 赛道应沿运动员所能跑的路段的最短路线进行丈量。在规则1.1（a）的比赛中，可能时也包括规则1.1（b）（c）和（f）的比赛，应用区别于赛道上其他标志的醒目颜色沿跑道标出丈量线。

路线长度不得短于该项目的正式距离。规则1.1（a）（b）（c）和（f）比赛路线的丈量误差不得超过0.1%（如马拉松为42米），该路线的长度在赛前应经过一名国际田联批准的路线丈量员认证。

注1：应采用“经过标定的自行车丈量法”进行赛道丈量注。

注2：为防止在以后丈量时发生路线长度不够的问题，建议设计路线时，加入一个“防止路线缩短系数”作为自行车丈量时使用，该系数应为0.1%，这意味着每1千米的路线要有1001米的“丈量长度”。

注3：如果计划在比赛当天使用诸如锥形物、栅栏等临时性设备标明部分路线的界限，则最迟在丈量路线时就必须确定此类设备安放的位置，并在丈量报告中附有此类设置的成文规定注。

注4：在公路上举行的标准距离赛跑，建议起、终点之间海拔高度下降不超过千分之一，即每千米下降不超过1米（0.1%）。如要申请纪录，请参看规则260.28（c）注。

注5：赛道的测量认证有效期为5年，5年后即使该赛道没变化也应复量。

240.4 应以千米（km）为单位，向所有运动员显示赛程的距离。

240.5 举行公路接力赛跑，应在所跑公路上画出50毫米宽的横线作为每段距离的标记和接力区中心线在各中心线前后10米处各画一条5厘米宽的横线作为接力区的标志。必须在接力区内完成所有交接程序，除非组织者另有规定。交接程序须是交、接棒运动员的身体接触。

起　跑

240.6　比赛可以通过鸣枪、鸣炮、号角或相似设备开始起跑。超过400米以上的比赛起跑应按规则162.2（b）的规定，当参赛运动员人数较多时，应在出发前5分钟、3分钟、1分钟时给予倒计时提示。运动员应按照组委会决定的方式在起跑线上集合，“各就位”口令发出后，发令员应确保任何运动员的脚（或者身体任何部分）没有触及起跑线或起跑线前的地面，然后发令开赛。

安全和医务

240.7　（a）公路比赛的组委会应保证运动员和官员的。凡举办规则1.1（a）（b）（c）和（f）的比赛组委会须保证比赛所使用的道路上，禁止所有方向的机动车通行。

（b）由组委会指派佩戴明显标志（如佩戴袖标或穿着背心，或其他类似易识别的服饰）的医务人员进行现场医务检查，这些检查不应被认为是对运动员的帮助。

（c）在比赛中，医务代表或大会医务人员命令某运动员退出比赛时，该运动员应立即执行。

饮水/海绵和饮料食品供应站

240.8　（a）各比赛的起点和终点应设置饮用水和适宜的食品补给。所有项目，应在大约5千米的适当间隔设置饮水用水站。超过10千米以上的项目，除了提供水外，还应在这些站点提供饮料食品。

注1：如条件允许，可根据比赛性质、天气情况和大多数参赛者的身体情况，在赛道沿途设置更规范的饮料站和/或用水站注。

注2：组委会根据条件或/和天气情况，也可设置喷淋站。

（b）能量补给可以包括饮料、能量补充品、食品或其他除水以外的食物。组委会将根据情况决定提供何种饮料及食品。

（c）通常情况下，饮料食品由组委会提供，但也允许运动员自备。当运动员自备饮料时，运动员须标明放置饮料的站点。由运动员提供的饮料，自该运动员或其代表上交之时起，应始终处于组委会指派人员的监视之下。被指派人员应保证这些饮料不能以任何方式被改变或调换。

（d）组委会应在赛道适当的位置安排递水人员、设置饮料桌便于运动员拿到，被批准人员可以将饮料递到运动员手中，但他们必须保留在指定区域内，不可以进入赛道，也不可以阻挡任何运动员。无论在什么情况下，当运动员取水或取食品时，任何官员或授权人员都不能在运动员身边陪跑。

(e) 举办规则 1.1 (a) (b) (c) 和 (f) 的比赛时，在每个饮水供应站点，允许一个国家或地区最多可有 2 名官员进入。

注：每项比赛一个国家/地区的参赛运动员超过 3 人时技术规程可允许增加进入饮料供应站的人员。

(f) 允许运动员从起点或任何时候手持或随身携带饮品或食品，或从任何一个官方饮品、食品供应站获取。

(g) 除医疗原因或有竞赛官员的指令，运动员如在非官方饮品供应站获取饮品、食品或拿取其他运动员的饮品，第一次裁判长通常将出示黄牌警告，第二次将出示红牌取消其比赛资格，运动员必须立即离开赛道。

比赛进程

240.9　在公路比赛中，在得到裁判员的许可并在 1 名裁判员的监督下，运动员可以离开比赛路线，但不得因此缩短比赛距离。

240.10　如果裁判长认可裁判员、检查员或其他人的报告，或通过其他方式得知运动员离开了标明的路线而缩短了比赛距离，他将被取消比赛资格。

注：公路接力赛跑除执行规则 240 外，还应执行如下规定。

1. 准备接力区：准备接力区长度为 50 米，在距离起点较近的接力区分界线后沿向后 50 米处画一条 5 厘米宽的白色横线，以标明准备接力区的位置。

2. 接力带（简称“带”）：宽 10 厘米、长 180～200 厘米。运动员必须将“带”由肩上斜背至异侧腋下，进入准备区后方可取下拿在手中。亦可采用其他经批准的传接器材和方法。

3. 传接“带”：接“带”运动员应在裁判员指挥下，按照同队传“带”运动员跑至准备线时的先后顺序，在接力区内自左至右排列在各自的接“带”位置上。一旦传“带”运动员跑进准备区，接“带”运动员不得改变其原来排列的顺序。

传接“带”必须在接力区完成，以“带”为准。交完“带”的运动员从接力区右侧退出比赛路线，退出接力区时不得妨碍其他跑进的运动员。

4. 以各段距离的分界线作为分段计时的终点线。

5. 除计算比赛的团体名次外，还应按成绩计算每段距离的个人名次。如果有一名运动员犯规，则取消全队和犯规运动员的录取资格。但该队跑完各段距离的其他运动员的个人成绩仍然有效。

传感器系统　第 165 条

165.24　在举行规则 230（不是全部在体育场进行的比赛项目）、规则 240 和规则250的比赛中，使用经国际田联批准的感应系统计时必须符合下列条件。

（a）使用的设备不得在跑进路线，或起、终点给运动员的行进造成明显阻挡或障碍。

（b）佩戴在运动员服装、号码布或鞋上的传感器重量应轻便。

（c）该系统须由发令员的发令枪开启，或与起跑信号同步。

（d）该系统不需要运动员在比赛中，或在终点和任何成绩处理阶段采取任何动作。

（e）在所有比赛中成绩要判读到0.1秒，但记录到整秒。当判读时间的末位数不为零时，要进位到秒，例如，2∶09∶44.3，应记为2∶09∶45。

注：正式成绩为从发令枪发出信号（或同步的起跑信号）至运动员抵达终点线之间的时间。可以将运动员通过起点线和终点线所用时间告诉该运动员，但这个时间不能成为正式成绩。

（f）当确定运动员通过终点的正式顺序和时间为正式成绩时，如需要，可按规则164.2和规则165.2处理。

注：建议裁判员和影像录像也可被提供协助判定运动员及其终点名次。

165.25　主感应计时裁判应该负责感应器计时系统的正常工作。在比赛开始前，他要与技术工作人员见面，参与熟悉设备。他应监督感应器计时装置的测试，以及确保终点线的感应器记录下运动员到达终点的时间。与裁判长合作，确保按照规则165.24判读成绩和名次。

世界纪录　第260条

260.28　公路项目世界纪录。

（a）赛道路线必须经由1名或多名按规则117规定的IAAF和国际路跑协会批准的A级或B级丈量员丈量。

（b）起、终点之间的直线距离不应超过比赛距离的50%。

（c）起、终点之间的下降坡度不应超过千分之一即每千米1米。

（d）一名负责丈量此赛道的丈量员或另一名拥有完整丈量数据和地图的A级或B级丈量员，必须证实比赛中先导车行驶的路线就是丈量的路线。

（e）必须在比赛前、比赛当天或比赛之后立即进行路线现场证实（即再次丈量），最好由不是原来丈量路线的A级丈量员进行。

注：如果赛道在初次丈量时，由至少2名A级丈量员或1名A级和1名B级丈量员丈量，并且至少他们其中的1人根据规则260.28（d）的要求监督整个比赛的

过程，则不需要根据本条规则对赛道进行再次丈量。

(f) 在一个项目的分段距离中，创造公路项目世界纪录必须符合规则260的条件。分段距离必须在丈量路线中丈量、做出标记，并且根据260.28（e）的规定进行复核。

(g) 公路接力项目必须按5千米、10千米、5千米、10千米、5千米、7.195千米的段落跑进。此段落必须是经过测量和做过标记的，在测量段落中允许有±1%的误差，并且必须按照规则260.28（e）的规定经过验证。

(五) 越野赛跑　第250条

总　则

250.1　在世界各地举行越野赛跑和山地赛跑的条件差异极大，很难通过立法制定这项运动的国际标准。应该承认的是，非常成功和不成功之间的差异，在于比赛地点的自然环境和路线设计者的能力。但下列规则可用来指导和推动各国/地区开展越野赛跑和山地赛跑。

赛　道

250.2　(a) 比赛必须在旷野或林地上举行，尽量被草地覆盖，有天然障碍物，使设计者能设计出一个有挑战性及有趣的比赛路线。

(b) 必须有足够地方容纳赛道及其他所需设施。

250.3　举办世界锦标赛及国际比赛时，如可能举办其他比赛时，都应按下列要求设计路线。

(a) 比赛路线必须设计成环形赛道（Loop Course），每圈长度在1500米与2000米之间。如有必要，可加上一个小环形赛道（Small Loop）以补足不同项目所需的距离，比赛时应先跑小圈。建议大圈最少有10米的上坡。

(b) 可采用天然障碍物，但应避免很高的障碍物、深坑、危险的上下坡、密茂矮林等。总之，应避免一切给比赛带来困难而违背比赛宗旨的障碍物。不宜设置人工障碍，如因不能避免而仍须采用，则应仿真旷野中的自然障碍物。若参加比赛人数较多，在起跑后的1500米内不应有狭窄地段或其他障碍物，以免造成阻滞。

(c) 应避免或尽量减少横过公路或碎石路面，当不能避免时，该等路面应铺上草、泥土或垫子。

(d) 除在起点及终点外，不能有太长的直道，一个天然起伏、弯道顺滑及有小直道的场地，是最理想的。

250.4　(a) 路线的两旁应用带子做出明显的标记，提议在整个路线一边设有

1 米宽的走廊，在外围加设栅栏，只准大会职员及传媒进入（重要的锦标赛时才采用）。人多聚集的地方要加固栅栏，特别在起点（包括运动员热身区域及召集处）及终点（包括接待区），只有持有特别证件的人员才可进出。

（b）观众只可在比赛初段指定的地方，在大会职员指挥下横越赛道。

（c）除起点及终点的范围外，赛道及障碍物区应有 5 米宽。

比赛距离

250.5 IAAF 世界越野赛跑锦标赛的大约距离。

成年男子 10 千米，成年女子 10 千米。

青年男子（U20）8 千米，青年女子（U20）6 千米。

少年比赛的大约距离。

少年男子（U18）6 千米，少年女子（U18）4 千米。

建议其他国际和国家比赛也采用类似的比赛距离。

起 跑

250.6 须鸣枪开始比赛，超过 400 米的比赛应按规则 162.2（b）的规定发令。参赛运动员人数较多时，起跑前 5 分钟、3 分钟、1 分钟时，应给予倒计时的提示。出发时，应为各团队提供起跑区域位置，各队队员应在起点处排成一路纵队。其他比赛中，运动员应按照组织者制定的方式列队起跑。“各就位”后发令员应确保运动员的脚（或身体任何部位）没有触及起跑线或起跑线前的地面后，方可鸣枪发令。

安全及医务检查

250.7 （a）越野跑比赛的组委会应保证运动员和官员的安全。

（b）由组委会指派佩戴明显标志（如佩戴袖标或安全。穿着背心或其他类似易识别服饰）的医务人员进行现场医务检查，这些检查不应认为是对运动员的帮助。

（c）在比赛中，医务代表或大会医务人员命令某运动员退出比赛时，该运动员应立即执行。

饮水/海绵和饮料食品供应站

250.8 所有比赛的起、终点均应提供水和其他适宜的饮料及食品，在所有项目的比赛中，如果天气条件需要，每圈应设置饮水/海绵供应站。

比赛进程

250.9 如果裁判长认可裁判员、检查员或其他人的报告，或通过其他方式得知运动员离开了标明的路线而缩短了比赛距离，将取消该运动员继续比赛的资格。

（六）山地赛跑　第251条

赛　道

251.1　（a）山地赛跑的主要路段应离开公路在山野中进行。除非在赛道上有明显的高度提升，在此种情况下赛道可以为柏油碎石路面。

（b）赛道不应包括危险路段。

（c）运动员不能使用额外的辅助手段，以帮助他们在赛道上行进。

（d）赛道包括一定数量的上坡（主要是上坡）或（起终点在同一高度的）上坡/下坡跑。

（e）赛道平均坡度最小为5%（或每千米50米），最大不能超过20%（或每千米200米）。

（f）赛道最高点不应超过海拔300米。

（g）整个赛道应标示清楚，包括千米数的标示。

（h）赛道中的天然障碍或挑战性的路段应特别标示。

（i）必须提供详细的赛道图和海拔图，应用以下比例尺标明。

海拔高度：1/10000（10毫米=100米）

距离：1/50000（10毫米=500米）

山地赛跑的类型

251.2　（a）经典山地赛跑。

山地赛跑举行锦标赛，建议距离和总体上坡见表3-3-5。

表3-3-5　山地赛跑建议距离和总体上坡情况表

	主要为上坡的赛道		上/下坡赛道	
	距离	上坡	距离	上/下坡
成年男子	12千米	1200米	12千米	600/750米
成年女子	8千米	800米	8千米	400/500米
青年男子（U20）	8千米	800米	8千米	400/500米
青年女子（U20）	4千米	400米	千米	200/250米
少年男子（U18）	5千米	500米	5千米	250/300米
少年女子（U18）	3千米	300米	3千米	150/200米

（b）长距离山地赛跑。

长距离山地跑赛道包括20千米至42.195千米的距离，最大提升高度为4000米。18岁以下的参赛者不应参加25千米以上距离的比赛。

（c）接力山地赛跑。

（d）计时山地赛跑。

以个人间隔时间起跑的山地跑应被视为计时跑。成绩应以个人完成比赛的时间排名。

起　跑

251.3　须鸣枪开始比赛，超过400米以上的比赛须按规则162.2（b）的规定发令。参赛运动员较多时，起跑前5分钟、3分钟、1分钟应给予倒计时提示。

出发时，应为各队设置起跑区位置，各队队员应在起跑区内排成一路纵队。其他比赛时，运动员应按照组织者制定的方式列队起跑。“各就位”后，发令员应确保运动员的脚（或身体任何部位）没有触及起跑线或起跑线前的地面后，方可鸣枪发令。

安全和医务检查

251.4　（a）山地跑比赛的组委会应保证运动员和官员的安全。

（b）由组委会指派佩戴明显标志（如佩戴袖标或穿着背心，或其他类似易识别服饰）的医务人员进行现场医务检查，这些检查不应被认为是对运动员的帮助。

（c）在比赛中，医务代表或大会医务人员命令某运动员退出比赛时，该运动员应立即执行。

饮水/海绵和饮料食品供应站

251.5　所有比赛的起、终点均应提供水和其他适宜的饮料及食品。如果根据天气条件、比赛难度和比赛长度的需要，应在赛道沿途适宜的位置增设饮水/海绵供应站。

比赛进程

251.6　如果裁判长认可裁判员、检查员或其他人的报告，或通过其他方式得知运动员离开了标明的路线而缩短了比赛距离，将取消该运动员继续比赛的资格。

（七）竞走　第230条

距　离

230.1　标准比赛距离。

室内体育场：3000米及5000米。

室外：5000 米、10 千米、10000 米、20 千米、20000 米、50 千米、50000 米。

定 义

230.2 竞走是运动员用双脚向前行走的方式保持与地面的接触，没有（人眼）可见的腾空。前腿从脚触地瞬间至垂直部位应该伸直（即膝关节不得弯曲）。

裁判员

230.3 （a）如果事先未任命竞走主裁判，则应在指派裁判员中选定一人为主裁判。

（b）所有竞走裁判员均应独立行使其工作职责以人眼观察为依据进行判罚。

（c）举办规则 1.1（a）的比赛，所有裁判员均应是国际竞走裁判员。举办规则 1.1（b）（c）（e）（i）（g）和（j）的比赛，所有裁判员均应是地区竞走裁判员或国际竞走裁判员。

（d）公路竞走比赛，通常情况下，包括主裁判在内的裁判员至少是 6 人，至多 9 人。

（e）场地竞走比赛时，包括主裁判在内的裁判员通常应为 6 人。

（f）在规则 1.1（a）的比赛中，一个国家或地区最多只能有 1 名裁判员（除主裁判外）上场判罚。

主裁判

230.4 （a）在规则 1.1（a）（b）（c）（d）和（f）的比赛中，主裁判有权在比赛最后 100 米时取消运动员的比赛资格。当运动员的行进方式明显违反规则 230.1 的竞走定义时，无论他此前已收到过几张红卡，在此种情况下被主裁判取消比赛资格的运动员可允许其完成本次比赛。主裁判或主裁判助理应在该运动员完成比赛后的最早时间向该运动员出示红卡，以告知该运动员被取消比赛资格。

（b）竞走主裁判应行使比赛监督官的权力，并仅在上述规则 230.3（a）的特殊情况时行使裁判员的权力。在举办规则 1.1（a）（b）（c）和（f）的比赛时，可任命 2 名或多名竞走主裁判助理，该助理仅帮助通知取消比赛资格，不能行使竞走裁判员的权力。

（c）在举办规则 1.1（a）（b）（c）（d）和（f）的所有比赛时，须任命 1 名官员负责红卡公告牌和 1 名主裁判的记录员。

黄 牌

230.5 当竞走裁判员认为运动员的动作不完全符合本规则 230.2 的规定时，裁判员应向运动员出示两面都有犯规标志的黄牌予以警告。同一名裁判员不能对同一运动员给予第二张黄牌。对运动员出示黄牌后该裁判员须在事后报告竞走主裁判。

红　卡

230.6　当裁判员在比赛的任何阶段观察到运动员的行进方式不符合规则 230.2 的规定，表现出可见的腾空或膝关节弯曲时，该裁判员须将一张红卡送交主裁判。

取消比赛资格

230.7　（a）除规则 230.7（3），当 3 个不同竞走裁判员对同一运动员发出的 3 张红卡送交到竞走主裁判之后，将取消该运动员的比赛资格，并由主裁判或主裁判助理向该运动员出示红牌告知该运动员。如未能通知，也不得恢复已被取消的比赛资格。

（b）在规则 1.1（a）（b）（c）和（e）的比赛中无论在什么情况下，同一国家的 2 名裁判的红卡没有取消运动员比赛资格的权力。

（c）相关主管部门或组委会可在比赛规程中决定使用竞走罚时区（Pit Lane）。在使用此规则的比赛中，当任何运动员接到 3 张红卡时，主裁判或其代表将会告知该运动员需进入竞走罚时区（Pit Lane）及停留的判罚时限（依据竞赛条例或大会规定）。假如该运动员接到另一张红卡，而该红卡并非出原先 3 张红卡的裁判任何一人出示，该运动员将会被取消比赛资格。任何拒绝进入竞走罚时区（Pit Lane）的运动员，或不停留其必须时限，将被主裁判取消比赛资格。

（d）场地竞走时，运动员被取消比赛资格后应立即离开跑道。公路竞走时，运动员被取消比赛资格后应立即取下其佩戴的号码布，并离开比赛路线。被取消比赛资格的运动员若不离开跑道或赛道，或不遵守规则 230.7（3）的要求进入竞走罚时区（Pit Lane）及停留的规定时限，根据规则 145.2 规定，将导致对该运动员有进一步的纪律处罚。

（e）在比赛路线上和靠近终点处应设置 1 块或多块红卡公告牌，以使运动员被告知已送交主裁判的每位运动员的红卡数量及告示每次犯规类型。

（f）在规则 1.1（a）的所有比赛中，竞走裁判员都必须使用有传送功能的掌上电脑，以便将所有红卡传送给记录员和公告牌。在所有其他比赛中，不能采用类似系统时，主裁判应在比赛结束后立即向裁判长报告根据规则 230.3（a）或规则 230.6（a）的规定，取消比赛资格的运动员身份，报告运动员号码、通知时间和犯规种类，同时向接到红卡的运动员通告以上信息。

起　跑

230.8　须鸣枪开始比赛，超过 400 米以上的起跑应按规则 162.2（b）的规定。

当参赛运动员人数较多时，应在起跑前 5 分钟、3 分钟和 1 分钟时给予倒计时提示。“各就位”指令发出后，运动员应按照组委会决定的方式在起跑线上集合。发令员应确保没有任何运动员的脚（或者身体任何部分）触及起跑线或起跑线前的地面，然后发令开赛。

安全和医务

230.9 （a）竞走比赛的组委会应保证运动员和官员的安全。凡举行规则 1.1（a）（b）（c）和（f）的比赛，组委会必须保证比赛所使用的道路上禁止所有方向的机动车通行。

（b）在竞走比赛中，由组委会指派并佩戴明显标志（如佩戴袖标或穿着背心，或其他类似能识别的服装）的医务人员进行现场医务检查，不应被认为是对运动员的帮助。

（c）在比赛中，医务代表或大会医务人员命令某运动员退出比赛，该运动员应立即执行。

饮水/海绵和饮料食品供应站

230.10 （a）所有比赛的起、终点均应备有水和其他适宜的饮料、食品。

（b）5 千米或长至 10 千米，包括 10 千米的竞走比赛，根据天气情况，应以适当间隔设置仅限饮水用水的供水站。

注：根据竞赛组织和天气情况，可以安排喷淋站。

（c）10 千米以上的竞走比赛，应每圈设置饮料食品供应站。此外，可根据天气状况，在饮料食品供应站之间设置一个或多个饮水用水站。

（d）饮料、食品可由组委会提供或由运动员自备，均放在大会指定的饮料食品供应站，以便于运动员拿取或由经批准的人员递送到运动员手中。

（e）这些经批准的人员不能进入赛道或阻挡运动员，他们可以从饮料桌后或赛道两侧不超过 1 米的位置向运动员递送饮料，但不能在桌前递送。

（f）在规则 1.1（a）（b）（c）和（d）的比赛中，在放置自备饮料的桌子后面，每个国家每次最多可站两名官员。当运动员拿取水或食品时，任何情况下都不得有官员或者经批准人员在运动员旁边伴跑。

注：一个国家超过 3 名运动员参加同一项目比赛时，竞赛规程可允许在饮料食品供应站安排额外的官员。

（g）任何时候都允许运动员手持或随身携带饮料或食品，无论是从出发时还是从官方供应站拿取。

(h) 除医疗原因或有竞赛官员的指示外，运动员如在官方供应站以外的其他地方接受或拿取饮料或拿取其他运动员的饮品，第一次裁判长通常将出示黄牌警告，第二次将出示红牌取消其比赛资格，运动员必须立即离开赛道。

公路赛道

230.11　(a) 环形赛道的长度，每圈最长为2千米，不能少于1千米。起、终点设在体育场内的公路比赛，环形赛道应尽可能设在距体育场较近的地方。

(b) 应根据规则240.3的规定对赛道进行测量。

比赛进程

230.12　在20千米及20千米以上的项目中，在得到裁判员的许可并在1名裁判员的监督下，运动员可以离开比赛公路或跑道，但不得因此缩短比赛距离。

230.13　如果裁判长认可裁判员、检查员或其他人的报告，或通过其他方式，得知运动员离开了标明的路线而缩短了比赛距离，将取消该运动员继续参赛的资格。

230.14　凡举办规则1.1 (a) (b) (c) 和 (f) 比赛，竞走比赛的开始和结束应安排在白天。

三、起　点

(一) 起跑器　第161条

161.1　400米及400米以下（包括4×200米、异程接力和4×400米接力的第一棒）各项径赛的起跑器。其他竞赛项目的起跑不应使用起跑器。在跑道上安放起跑器时，起跑器的任何部分不得触及起跑或延伸至其他分道，但如果没有对其他运动员造成阻碍，起跑器的后部可以延伸到外侧的分道线之外。

起跑器应符合下列综合性具体要求。

(a) 起跑器的结构应十分坚固，而不应给运动员带来不公平的优势。

(b) 应使用钉子或钉鞋将起跑器固定在跑道上，把对跑道的损坏降至最低限度。安放起跑器后应能快速、方便地撤掉。钉子的数量、直径、长度应根据跑道的结构而定。安放起跑器时，应使其在起跑时不能移动。

(c) 运动员使用起跑器时，应符合 (a) (b) 的规定。起跑器的设计样式和结构不限，但不得妨碍其他运动员。

(d) 由组委会提供的起跑器，还应符合下列规格。

起跑器应包括两块地脚板，供运动员起跑时蹬踏。地脚板应固定在坚固的框架上，不应妨碍运动员的双脚蹬离起跑器。地脚板应倾斜，以适应运动员的起跑姿势。地脚板板面可稍平，也可稍成凹形。地脚板板面上可有槽子或覆盖适宜物质，以有利运动员使用鞋钉。

可对固定在框架上的地脚板角度进行调整，但在起跑时不能移动。无论地脚板处于任何角度，两块地脚板的相对位置可以前后调整，调整后，应使用坚固的夹具或锁扣进行固定，操作方式应简便、快速。

161.2　在规则1.1（a）（b）（c）和（f）的比赛中，以及申请承认为世界纪录的成绩时，起跑器应与国际田联批准的起跑信息系统（Start Information System）连接。强烈建议在所有其他比赛中使用这套系统。

注：此外，也可使用符合规则规定的自动召回系统。

161.3　在规则1.1（a）～（f）所述的比赛中，运动员必须使用组委会提供的起跑器。在塑胶跑道上举行的其他比赛中，组委会可规定只准运动员使用赛事组委会提供的起跑器。

（二）起　跑　第162条

162.1　应用5厘米宽的白线标出起跑线。所有不分道跑的径赛项目，起跑线应为弧线，从而使所有运动员从至终点相同的距离处开始起跑。所有项目的出发位置应面对跑进方向，从左到右编号。

注1：体育场外项目的起点，起点线可以用0.30米宽的白线画出，也可以用任何区别于起跑区地面不同颜色标记。

注2：1500米项目的起跑线或其他弧形起跑线可以从外侧弯道延伸至相同层面的跑道上。

162.2　在所有国际比赛中（本条“注”中的比赛除外），发令员应用本国语言或英语、法语中的一种语言发令。

（a）400米及400米以下（包括4×200米，以及规则170.1定义的异程接力和4×400米）起跑时应使用“各就位”和“预备”口令。

（b）400米以上的各个径赛项目（除4×200米、异程接力和4×400米），起跑时应使用“各就位”口令。

在正常的情况下所有比赛应以发令员发枪朝天鸣放的信号为起跑信号。

注：在举行规则1.1（a）（b）（c）（e）和（i）的比赛中，发令员只能用英语发令。

（c）在任何比赛中，根据规则162.5，若发令员对运动员各就位后的准备起跑的过程不满意，或认为应中止起跑，其口令为“起立（Stand up）”。

162.3　400米及400米以下的各项径赛（包括4×200米、异程接力和4×400米接力的第一棒），规定采用蹲踞式起跑和使用起跑器。在“各就位”口令之后，运动员应走向起跑线，完全在自己的分道内和起跑线后做好准备姿势。各就位后，运动员不应用双手和脚连接起跑线或起跑线前的地面。发出“预备”口令时，运动员应立即抬高身体重心做好最后的起跑姿势，此时运动员的双手仍须与地面接触，两脚不得离开地脚板。一旦发令员认为所有运动员的起跑姿势稳定后，即可鸣枪。

162.4　400米以上的各项径赛（除4×200米、异程接力和4×400米），所有起跑均应采用站立姿势。在“各就位”口令之后，运动员应走向起跑线，并在起跑线后做好起跑姿势（在分道起跑项目比赛中，应完全在各自分道内）。各就位后，运动员不应用手和脚接触起跑线或起跑姿势稳定后，即可鸣枪。

162.5　在“各就位”或“预备”口令发出之后，所有运动员均应做好准备姿势，不得延误。无论何种原因，如果发令员对运动员各就位的过程不满意，他应命令所有运动员从起跑线撤回，助理发令员重新召集运动员（见规则130）。

运动员如有下列行为，发令员应中止起跑。

（a）当运动员听到“各就位”或“预备”之后，在发令枪发出信号之前，导致起跑失败，如在蹲踞式起跑中举手和或站立、坐下，无有效理由（由相关裁判长评估）。

（b）没有执行“各就位”或“预备”口令，或未能在有效时间内做好最后的起跑动作。

（c）下达“各就位”或“预备”口令后，运动员用声音或其他方式干扰该项比赛中的其他运动员。

对于上述行为，裁判长可根据规则125.5和规则145.2，以不正当行为为由对该运动员进行警告（同一比赛中第二次违规即被取消比赛资格），在此情况下，或者认为由于其他外部原因导致起跑失败，或者裁判长不同意发令员决定时，则应向所有运动员出示绿卡表示本次起跑失败不是由运动员导致的。

起跑犯规

162.6　（1）运动员在做好最后预备姿势之后，只能在接收到发令枪发出的信号之后开始起跑。如果发令员或召回发令员认为有任何在发枪发出信号之前开始起跑的情况，都将判为起跑犯规。

(2) 当使用IAAF批准的起跑信息系统（Start Information System）时，发令员和/或指定的召回员应头戴耳机，以便清楚听见监测系统发出的犯规提示声音信号(也就是说，反应时小于0.100秒)。发令枪响后，当发令员和/或指定的召回员听到声音信号应召回本次参赛运动员，并且发令员立即检查起跑器犯规监测仪上的反应，已确认哪位运动员对本次召回负责。

注1：任何没有导致运动员的脚/双脚离开起跑器踏板，或运动员的手/双手离开地面的动作不应视为起跑的开始。如有这种情况，可能会给予运动员纪律警告或取消资格的处罚。

注2：当运动员采用站立式姿势起跑时即将要失去平衡，如果这种情况被认为是偶然性的，起跑应视为“不稳定”。在比赛起跑前，如果运动员在起跑线上被推搡，他不可被判罚。任何导致这种犯规的运动员可能招致警告或者取消比赛资格的纪律性处罚。

注3：通常情况下，当使用国际田联批准的起跑信息系统（Start Information System）时，该设备所提供的数据应被发令员认可为结论性的证据。

162.7　除全能项目外，任何对起跑犯规负责的运动员将被取消该项目的比赛资格。在全能比赛中，对第一次起跑犯规的运动员应给予警告。每项比赛只允许运动员有一次起跑犯规而不被取消资格，之后1名或多名运动员每次起跑犯规均应被取消该项目的比赛资格。

有关全能项目比赛，见规则200.8（3）。

162.8　出现起跑犯规的情况后，助理发令员应当依下列情况进行判罚。

除全能比赛外，应取消对起跑犯规负有责任的1名或多名运动员的比赛资格，并在该运动员面前出示红黑牌（用对角线分为两半)，分别在各自分道的道次墩上做出相应的标志。

在全能比赛中，应给予对第一次起跑犯规负有责任的1名或多名运动员警告，并在该运动员面前举起黄黑牌（用对角线分为两半)，分别在各自分道的道次墩上也做出相应的标志。同时，其他参加比赛的运动员也将被警告，并有1名或多名助理发令员在运动员面前举起黄黑牌，已通知他们如果任何运动员再次起跑犯规负有责任的1名或多名运动员的比赛资格，并在该运动员面前举起红黑牌，分别在各自分道的道次墩上做出相应的标志。

在没有道次墩的情况下，应当使用基本通知系统（在对起跑犯规负有责任的运动员面前举牌)。

162.9　若发令员或任何一位召回员认为本次起跑不公允，将鸣枪召回运动员。

1000 米、2000 米、3000 米、5000 米和 10000 米跑

162.10　在这些项目的比赛中，如果运动员人数超过 12 人，则可将他们分成两组同时起跑。大约 2/3 的运动员为第一组，在常规起跑线处起跑。其余运动员为第二组，在另一条弧形起跑线处同时起跑，该起跑线画在外侧一半跑道上。第二组运动员应沿着外侧一半跑道跑至第一弯道末端，该段跑道将用规则 160.1 中所描述的旗子或锥形物标出。

画第二条弧形起跑线时，应使所有运动员跑进的距离相等。

在 2000 米和 10000 米跑时，如有两组同时起跑，则外道组起跑的运动员应在越过规则 163.5 所述的 800 米跑抢道线后切入里道。在 1000 米、3000 米、5000 米跑时，如有两组同时起跑，则应在进入终点直道处标明外道组运动员的抢道线。该标记可为位于第四、第五分道之间（如有 6 条分道，则在第三、第四分道之间）的 50 毫米 ×50 毫米的标记，在该标记后放置一个锥形物或小旗，直到两组合并。

（三）任　务

主要任务是根据田径竞赛规则的规定以及赛事的比赛日程，组织各项径赛运动员合理的、机会均等的起跑，准时开始比赛。

（四）分工及职责

1. 分工（编制）

起点服务员的多少根据比赛规格和规模大小，以及比赛的实际需要而定。（图 3－3－1）

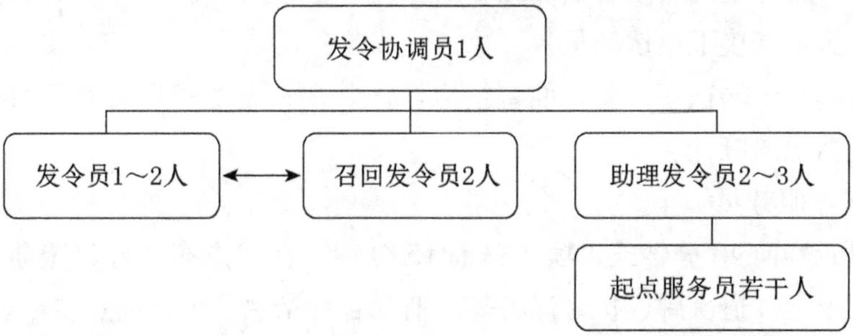

图 3－3－1　起点裁判工作分工

2. 职　责

起点的一切裁判工作应按田径规则 162 中各条款执行。

（1）发令协调员

①负责组织全组成员学习规则和规程，制定工作细则，协调和商议与其他有关裁判组的工作方法，组织好赛前实习。

②接受径赛裁判长管辖，并对其负责。

③其余详见规则 129.1（1 ~6 条）规定。

（2）发令员

根据竞赛日程安排，在发令协调员指挥下准时发令，有权对起跑犯规运动员提出警告或取消比赛资格。

（3）召回发令员

协助发令员监督参赛运动员起跑是否符合规则的规定，如遇犯规情况，应及时鸣枪召回（在发令员枪响前提下），并向运动员说明犯规的具体情况，但以发令员的决定作为最终裁决。

（4）助理发令员

①1 号助理发令员负责在与检录处事先协商的有关项目交接点，从检录员处接收参赛运动员。组织运动员在指定地点休息和进行赛前练习。根据检录单核对运动员参赛项目、组别、组次、号码、道次、道次号，将运动员安排到各自的位置（起跑线后 3 米处排好）。一切准备就绪后，向发令员示意。如重新起跑，需重新组织召集运动员。

②2 号助理发令员负责督促运动员停止练习，脱外衣上道，并提示服务员列队将运动员衣物及时送往赛后控制中心。当发令员执行发令时，查看运动员是否有违例现象，对不符合规则要求者当即提示纠正，符合规则要求立即向发令员示意。（3 号助理发令员负责接下组运动员）

③维持起点区的秩序；负责准备接力棒，并在每组赛完后及时回收；必要时做好起跑犯规情况的统计。

（5）起点服务员

①每单元赛前 40 分钟或每项比赛前 15 分钟，在起点布置好起跑器、起跑犯规监测仪、发令台、道次牌、扩音设备等，清除各种杂物，保持起点整洁。

②负责将运动员衣物及时、迅速、安全地按预定路线送往赛后控制中心。

③按发令协调员要求，及时完成赛中急需的各种服务性工作。

（五）起点工作方法（赛前、赛中、赛后）

1. 赛　前

（1）在发令协调员的领导下，学习规则、规程中有关起点部分内容和要求，明确分工、研究制定裁判工作方法（国际比赛还须学习和掌握必要的常用外语）。

（2）与有关裁判组确定联络方法，解决工作中的协调配合问题（与检录处确定各径赛项目运动员交接时间和地点；与终点摄影、终点、现场指挥、广播确定发令前联络方法和工作程序；与终点摄影组的起点工作人员配合，熟悉传感器、无线话筒、耳机、监跑器等的性能和使用方法）。

（3）组织现场实习，检查和熟悉场地，了解各起点位置、器械情况，利用运动员熟悉场地和赛前训练机会，现场给运动员发令，了解他们的起跑技术特点，使双方达到和谐统一。最后径赛大组统一进行几次联合实习（联调），及时发现并解决问题。

（4）对起点服务员进行培训，做到姿态优美，步伐整齐，摆、端筐动作划一、规范，行进路线安全、快捷。

（5）赛前须严格检查发令枪、子弹性能。试枪了解摄影计时器与起点感应器的连接情况。向大会提交发令组比赛所用物品的清单。

（6）助理发令员负责准备接力棒。

2. 赛　中

（1）负责布置场地的服务员在每单元比赛前 40 分钟或每项赛前 15 分钟（跨栏 20 分钟）入场，迅速将起跑器、道次牌、扩音设备、发令台等起点设备布置好。检查清除起点附近障碍物，在运动员入场前及时就近退场。

（2）发令员必须在赛前 30 分钟到达赛场，检查本单元所进行各径赛项目起点的准备工作，同时落实起点设备正确到位。与终点摄影工作人员联系，确保工作无误。

（3）终点摄影和起点工作人员，首先提前布置好各起点与终点摄影计时的连接电缆，赛前 20 分钟安装好传感器，确保畅通。

（4）助理发令员，在每项赛前 15 分钟进场，进一步检查起点器材准备情况，在赛前 10 分钟，在规定地点从引领员处接收运动员，并带入场，核实运动员号码和道次是否准确，组织他们安装起跑器和进行赛前练习。

（5）赛前 10 分钟，起点服务员入场，按道次摆放衣物筐，并整齐站在各自道次牌后面（根据气候等情况，服务员摆放衣物筐后，可集体整队退场，赛前 4 分钟再整队入场站位）。

（6）赛前5分钟，发令员和召回发令员入场，在各自岗位上就位，并做好准备工作。

（7）赛前3分钟，助理发令员通知运动员停止练习，脱去外衣裤，组织运动员站在起跑线后各自道次集合线上候令，同时助理发令员督促服务员持筐退场，将衣服迅速送往赛后控制中心。

（8）赛前2分钟，指挥中心发出比赛即将开始的信号，大屏显示本组运动员的检录表，同时宣告介绍运动员。召回发令员和助理发令员站在各自的工作位置上。

（9）宣告介绍运动员完毕，发令员看到传感器指示灯“亮”，约在赛前30秒钟发出“各就位”口令，此时1号助理发令员观察1~4道运动员，2号助理发令员观察5~8道运动员的“各就位”动作，是否触压起跑线，当各道运动员没有违例动作即迅速向发令员举旗或举手示意（也可两人前后交叉走动检查）。发令员则发出“预备”口令，待全体运动员的“预备”动作稳定后即鸣枪。在400米以上没有“预备”口令的项目，发令员发出“各就位”口令后，助理发令员在两侧观察运动员脚是否触起点线，单、双手是否触地，没有违例动作即迅速向发令员举手示意。待全体运动员“各就位”动作稳定后即鸣枪。当长距离比赛人员超过12人，分2组同时起跑时，则1号助理发令员和1号召回发令员负责内侧起点运动员的上道，负责检查犯规和召回工作，而2号助理发令员和2号召回发令员重点负责外侧起点运动员的各项工作，协调配合。

（10）在梯形起跑时，“各就位”口令后，2名助理发令员应由4道、5道分头迅速向两侧逐一检查运动员动作是否符合要求，手是否有超出起跑线和右侧分道线外沿的情况，检查完迅速回到自己的位置并向发令员示意准备就绪。

（11）起跑时，遇下列情况之一者，应判为犯规，并在该运动员的道次牌上显示犯规信号（道次牌上安放黄牌或红牌）。

①发令员发出“各就位”或“预备”口令后，没有按规格要求迅速做好预备姿势，故意拖延时间。

②鸣枪前，运动员的手或脚离开地面或起跑器。

③“各就位”或“预备”口令后，运动员用声响或动作影响其他运动员起跑。

④鸣枪之前，运动员的手或脚触及起点线或线前地区。

当犯规出现时还未鸣枪，则用声音召回，重新组织比赛。当犯规出现时已鸣枪，则用鸣枪召回，重新组织比赛。

（12）遇下列情况，应予以提示和纠正，不作犯规论处。

①“各就位”的动作过程中，手或脚触及起点线或线前地面。

②接力比赛起跑时，接力棒触及起点线或线前地面。分道跑时，手、脚或起跑器超出了各自的分道线。

③站立式起跑单（双）手触地。

（13）遇有下列情况之一者，应召回重新起跑。

①鸣枪不响或不太响，造成起跑不公允。

②“预备”口令发出后，因外界干扰，使运动员起跑受到影响。

（14）如果出现第一次起跑犯规，犯规运动员（1名或多名）将受到黄牌警告，黄牌将安放在其所在跑道的道次牌上。同时，助理发令员（1名或多名）向所有其他参赛运动员出示黄牌以示警告。

如果再出现起跑犯规，犯规运动员（1名或多名）将被取消比赛资格，同时将红牌放在其所在跑道的道次牌上。

在全能项目中，起跑犯规1次者将受到黄牌警告，黄牌将被放在其所在跑道道次牌上；起跑犯规2次者将被取消比赛资格，并将红牌放在其道次牌上。

（15）为了保留相关运动员的所有有关权利，径赛裁判长可以允许被判起跑犯规但提出口头抗议的运动员在抗议下参加比赛（监测仪测出的犯规除外）。

（16）发令员喊“预备”口令时，要把枪举到烟屏的中下部，枪距传感器10～15厘米。可以先举枪再发出“预备”口令，或发出“预备”口令再举枪。举枪的时机应以计时员感到舒适为宜，不可过早或过晚。枪要举平并保持稳定，鸣枪后应稍停片刻再放下。

（17）发令员的最佳位置是能清楚地看到运动员、计时员的活动，也能使自己的活动被计时员、终点摄影看到。发令员的良好站位，应使运动员保持在发令员最小的视角内，这样发令员无须移动双眼就可以观察到所有运动员的起跑动作。

（18）发令员在组织运动员上道比赛时，是运动员的全权支配者，只有发令员有权实施规则162.7、规则162.8中警告和取消比赛资格的处分。

（19）发令员“各就位”口令要清晰、洪亮，“预备”口令要平稳，声调柔和，声音稍短，不带有任何刺激性声调。应使用“话筒”，通过设置在起跑器上的扩音器，向运动员下达口令。如未使用扩音器，则发令员的位置应与各运动员之间的距离大致相等。当使用犯规指示器时，发令员须戴耳机（接、发送器），以便能清楚地听到起跑犯规时发出的音响信号。

（20）严格掌握发令时间，不拖延，更不能擅自提前。更换起点时，全体起点裁判员应列队，步伐整齐地前往下一地点。

（21）跨栏项目比赛时，应给运动员适量的练习时间。一旦停止练习，及时向检查员示意，检查栏高和栏距，准备比赛。

（22）当遇到后一组运动员入场练习与前一组发生重叠时，助理发令员应组织后一组运动员在不影响比赛的地区进行练习。

（23）在竞走比赛时，助理发令员须提前3分钟令运动员上道，请竞走主裁判宣布注意事项。

（24）400米、400米跨栏、4×100米接力，运动员出发后，起点服务员应迅速将1~4道（4×400米接力1~8道）起跑器、道次牌等设备撤出跑道，并在前组比赛结束、下组比赛开始前重新布置好起点所需设备。

（25）在接力项目比赛时，助理发令员应为各道运动员准备接力棒，并在接力比赛第四棒运动员到达终点后负责收回收力棒。

在4×400米接力比赛中，发令组还应负责后三棒运动员上道。当第一棒运动员出发后，助理发令员应迅速组织第二棒运动员上道，站在接力区内。发令员和召回发令员组织第三、第四棒运动员以本队运动员跑入第二弯道时的先后顺序，由内向外排列在距终点线后10米的接力区内。当里道运动员跑出后，外道运动员在不犯规的情况下，可移向里道传接棒。

当最后一棒运动员都出发后，起点裁判员要维持终点秩序，不让无关人员通过终点，以免影响电计时正常工作。

（26）妥善、及时、正确处理起跑时规则中无明文规定的问题。

3. 赛后工作

（1）每单元比赛结束后认真进行小结。研究发生的问题，提出改进意见。

（2）经常征求赛前、检查、终点、计时、电计裁判组及教练员、运动员对发令工作的意见。

（3）大会结束后，进行全面讲评与总结，并向大会提交书面小结。

（4）归还所借器材和用品。

（六）场地布置及场地布置及站位

起跑场地布置及裁判站位见图3－3－2~图3－3－4。

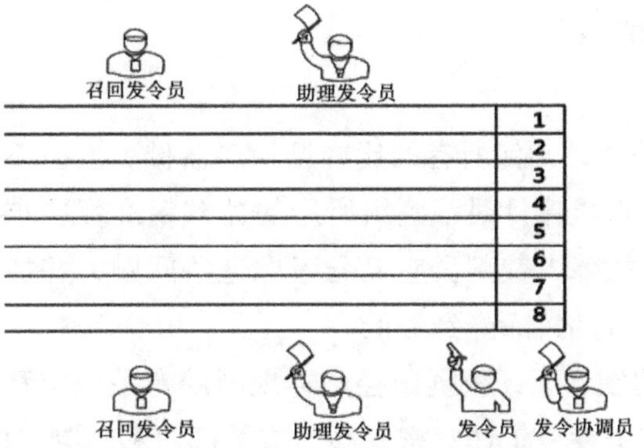

图 3 –3 –2　直线起跑场地布置及裁判站位图

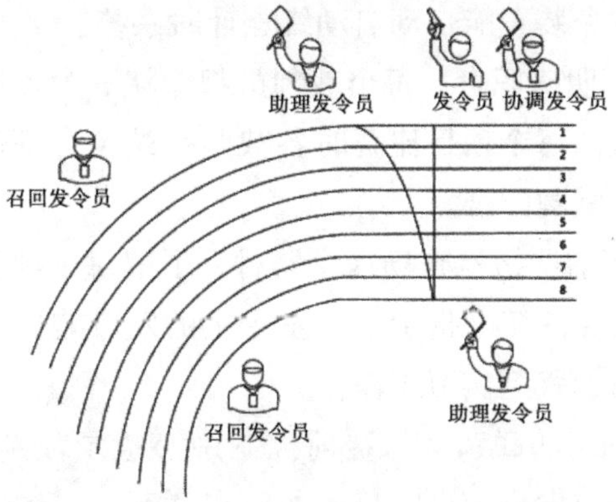

图 3 –3 –3　弧线起跑场地布置及裁判站位图

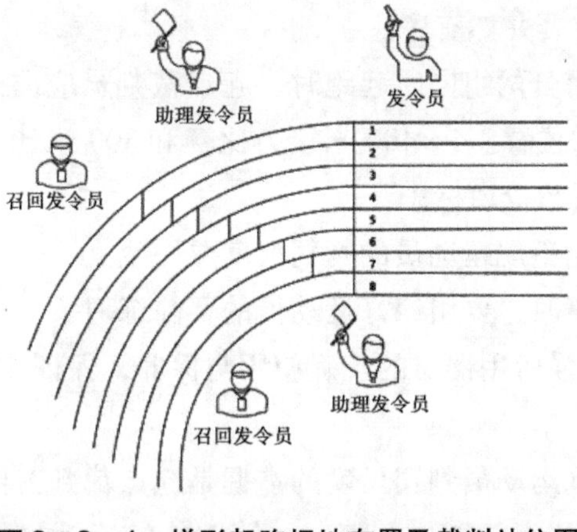

图 3 –3 –4　梯形起跑场地布置及裁判站位图

（七）重点与难点

1. 工作重点

（1）掌握比赛进度，确保所有的比赛场地、器械、设备不发生故障时竞赛工作中的难点。发令与终点摄像计时裁判组所用的器械精准度要求更高。有些器械设备在使用中难免会发生故障，裁判员应充分考虑这些问题，并加强防范措施，使裁判工作的失误和器械设备的故障降到最低。

（2）在发令员的领导下，根据田径竞赛规则的有关规定和精神，以及竞赛规则的要求，协调并做好与发令工作紧密联系的有关部门和裁判组的工作。

（3）裁判长与发令员和终点摄影主裁判配合，对全自动计时装置进行调整，确保发令枪或经批准的发令装置能自动启动终点计时系统。

（4）起点裁判员要明确职责，每个裁判员都应认真学习起点裁判工作的有关规则，共同研究裁判方法。每个项目比赛时各裁判员站位合理，发令员、召回发令员和助理发令员在比赛中默契配合。

（5）起点裁判员赛前严格检查场地、器材，了解每个项目比赛的起点位置。检查起跑器和起跑器上安装的犯规指示器，发令员的发令装置能否启动终点全自动计时装置，认真做好赛前的裁判实习工作。

（6）加强与各裁判组的联系：与赛前控制中心检录裁判联系，了解检录情况；与宣告联系，商定宣告与发令配合时机；与终点联系，了解终点准备的情况及比赛中联络方式；与终点摄影计时处的裁判员联系，了解传感器与终点摄影计时器是否准备就绪，确保整个比赛井然有序。

（7）当长距离项目分两组同时起跑时，起点裁判员应向外道运动员详细说明起跑的路线及进入里道的位置。4×400 米接力比赛和 800 米比赛，要向运动员讲清抢道位置，提醒运动员看清抢道标志。

（8）发令员对起跑犯规运动员的判罚尺度要一致。

（9）跨栏项目比赛时，要组织好运动员的赛前练习。

（10）发令员应加强所用器材的正确使用与保养，保证比赛进程不受影响。

2. 工作难点

（1）发令员对犯规运动员判罚尺度的掌握是起点裁判工作的难点。

（2）在 4×400 米接力比赛中，第三、第四接棒运动员的顺序安排是起点裁判工作的难点，虽然规则没有将此职责落实到具体的起点裁判员，但是这项工作也必须由起点裁判员完成。

(3) 召回发令员在什么情况下召回运动员也是起点裁判工作中的难点。按照规则162.8款规定："若发令员或任何一位召回发令员认为起跑不公允，应鸣枪召回运动员。"此时的发令员和召回发令员的召回枪都属正常，如果起跑时运动员犯规在发令员没有鸣枪的前提下召回发令正常。如果起跑时运动员犯规，在发令员没有鸣枪的前提下，召回发令员虽然看到了某运动员的犯规情况也不能鸣枪，防止召回发令员的召回枪被运动员误认为是发令信号。

(八) 所需物品

起点裁判所需物品见表3-3-6。

表3-3-6　起点裁判所需物品

物品	数量	物品	数量
发令台	4个	起跑犯规监测仪	1~2套
发令枪（器）	4支	电瓶车	1~2辆
子弹	500发（据实际需要定）	套袖	4个
起跑器	27~32副	白手套	16副
道次牌	3套	对讲机	1部
衣物筐	40个	起跑犯规登记表若干	若干
接力棒	16支		

（九）工作流程图

起点裁判工作流程见图 3－3－5。

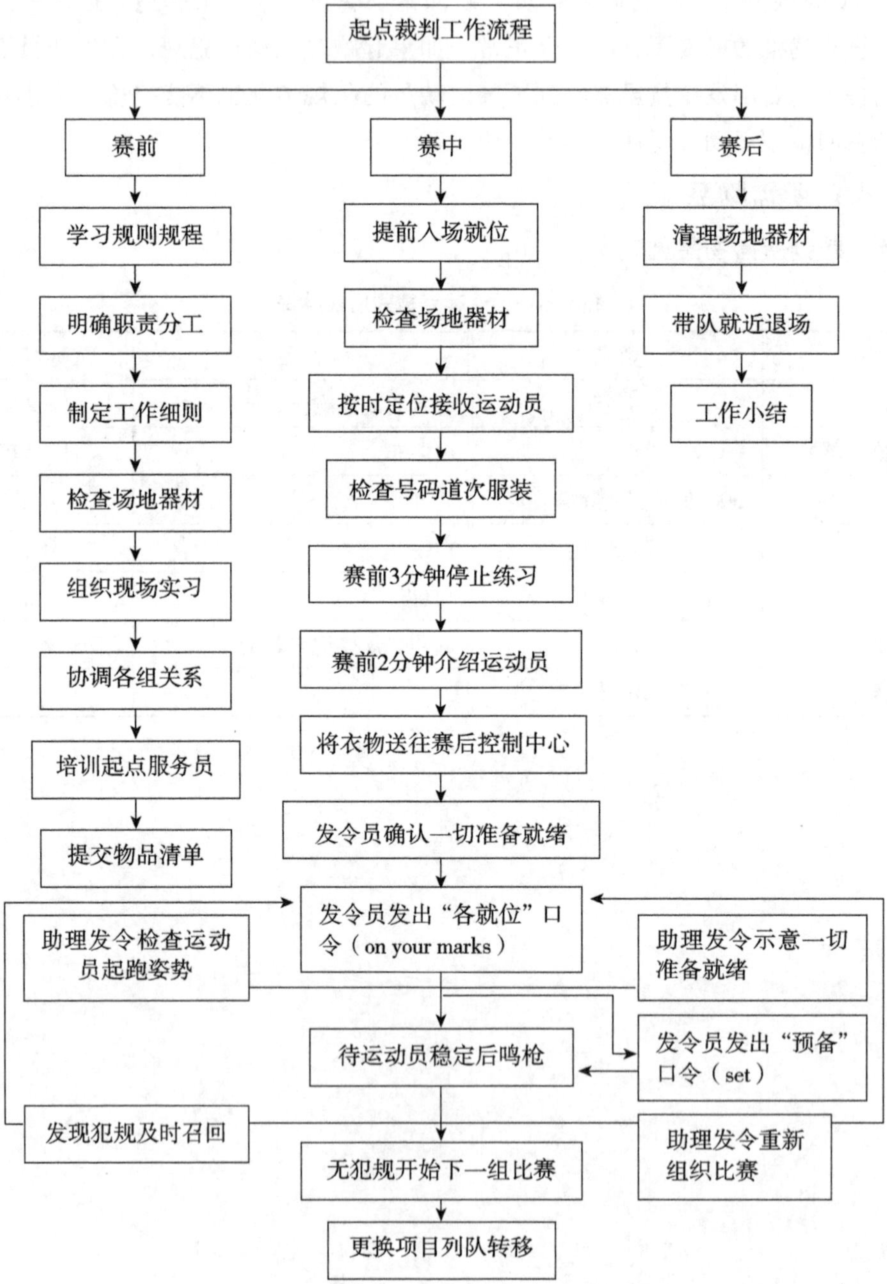

图 3－3－5　起点裁判工作流程图

四、检查　第127条

（一）任　务

检查裁判组在径赛裁判长领导下开展工作，检查员是裁判长的助手，无权做最后的裁决。为确保各径赛项目的比赛符合田径竞赛规则，检查主裁判要全面了解掌握比赛规程及技术代表对径赛项目的分组、赛次及录取原则的决定。

检查主裁判全面负责和具体领导检查组各项工作的进行。检查工作直接涉及运动员的录取资格，检查工作难度大，对检查员裁判水平的要求也较高。因此，检查员必须全面学习掌握田径规则，准确把握判罚尺度，公正准确、一丝不苟地进行工作。

比赛中的工作任务。

1. 检查径赛运动员有关犯规情况。

2. 在跨栏跑和障碍跑项目比赛前要检查栏数、栏位、栏高、配重是否符合规则要求。长距离比赛人数过多分两组起跑、障碍跑等的跑道标志和800米抢道标志（小旗或锥形物体）是否摆放到位。

3. 在4×100米接力比赛时，检查员要对第二、第三、第四棒运动员进行管理和有秩序的组织上道。

4. 在非直道径赛项目（200米以上）与跳高、标枪比赛同时进行时，检查员应与该项管理裁判员配合管理好径赛运动员，确保比赛安全、顺畅。

有关裁判长应指定检查员站在能仔细观察比赛的地方。如果发现运动员或其他人员违规或违例时，应立即向有关裁判长提交书面报告。检查员应按工作程序将该运动员的犯规情况准确记录下来，并及时报告检查主裁判，为主裁判提出判罚建议和径赛裁判长的判罚决定提供准确的材料和证据。

（二）人员设置及职责

1. 人员设置

（1）主裁判　2人

（2）检查员　48人或24人

第一组：组长1人　　　　（1号）

　　　　检查员15人或7人（2~16号）或（2~8号）

第二组：组长 1 人　　　　　　（17 号）或（9 号）

　　　　检查员 16 人或 8 人（17～32 号）或（10～16 号）

第三组：组长 1 人　　　　　　（33 号）或（17 号）

　　　　检查员 16 人或 8 人（34～48 号）或（18～24 号）

说明：检查组的人员编制应根据比赛实际情况的规模再确定。

①国际大型赛事：主要依据 4×100 米接力比赛检查工作需要，每名检查员只负责检查一个接力区一条道的前沿或后沿，因此每个接力区 8 条道前、后沿各 1 人，共需 16 人，3 个接力区共需 48 人。

②国内大赛：每个检查员可观察相邻的两条跑道，则每个接力区人员可缩编为 8 人，共需 24 人。

③根据检查员人数的多少再确定各项比赛的人员位置。

2. 职　责

（1）主裁判

①赛前

（a）组织全体检查员学习竞赛规则、比赛规程、技术手册和裁判工作手册，统一认识和判罚尺度。

（b）负责对检查员的分组，指派组长，分配各组负责的区域和每个检查员的工作位置。

（c）制定检查工作细则，组织对细则的学习、讨论和修订。

（d）在场地器材组的协助下，带领检查员对跑道的接力区预跑线、抢道标志物、抢道标志旗、障碍架及栏点的位置进行确认，熟悉栏架高度升降、配重调整方法。

（e）制订各项径赛检查组出场计划及出场、换项的路线和联络方法。

（f）与场地器材组联系，落实检查组所需器材。

（g）与终点主裁判商定赛中的联络方法。

（h）在明确分组分工（任务）、上岗位置和学习细则的基础上，组织从实战出发的现场实习，通过实习发现问题及时调整和完善细则，改进工作。

②赛中

（a）主裁判分工：主裁判 A 负责全面工作，在终点处理比赛中出现的问题，与有关裁判组协调配合联系工作；主裁判 B 负责途中检查工作，及时到现场处理问题。

（b）处理犯规：主裁判 B 看到信号及时到达犯规现场（终点附近出现问题则由

主裁判 A 去处理）了解、察看犯规情况，处理问题，在检查报告单上签署意见（同时与主裁判 A 保持联系，使主裁判 A 了解全局情况，以便掌握比赛进程）。立即报送径赛裁判长（必要时请径赛裁判长到现场处理问题）。

（c）观看比赛：主裁判必须认真观察各项径赛的全过程，掌握运动员犯规的第一手材料，使判罚准确，尽量减少失误。

③赛后

（a）进行单元工作小结，提出新要求。

（b）比赛全部结束后，归还器材、组织评选和总结工作。

（2）检查员

①明确工作任务，清楚进、出场，换位路线及工作位置。

②熟悉各种旗示、器材的使用方法、规格及检查报告单的填写方法。

③清楚各个接力区、预跑线、抢道线的准确位置，以及栏架的升降和摆放方法，适时放置抢道线上的锥形物。

④在主裁判领导下进行现场实习，落实细则。统一裁判方法及判罚原则，即区分运动员犯规是主动还是被动、有意还是无意、有利还是无利、是否影响他人。

⑤报告单内容包括组别、项目、赛次、组次、道次、号码、情况简述。（表 3－3－7）

表 3－3－7　径赛检查报告

组别：　　　　　项目：　　　　　　　　　　赛次：　　　　　　组次：

犯规运动员				被影响运动员			
道次		号码		道次		号码	
犯规情况 及违反规则条款							
检查主裁判意见						签字	
径赛裁判长意见						签字	
记录公告组对判罚处理结果的落实确认						签字	

检查员：　　　　　　　　　　　　　　　　年　　月　　日　　时　　分

（3）联络旗示

①检查主裁判与检查员之间的旗示。

（a）预备旗示：主裁判将绿旗直臂侧平举，各组整队准备入场。

（b）询问旗示：主裁判将绿旗上举至头上不动，检查员面向主裁判，也将黄旗同样上举，表示准备就绪，或没有问题。

（c）犯规旗示：检查员将黄旗上举头上左右摆动。

（d）换位旗示：主裁判将绿旗上举头顶上画圈。

（e）准备就绪旗示：检查员将黄旗由直臂侧平举经体前屈臂举至头顶不动，待主裁判放下时再快速放下旗至体侧。

（f）集合旗示：当单元比赛结束时，主裁判将绿旗举至头顶上画圈。

②检查主裁判与终点主裁判和径赛裁判长联络旗示。

（a）检查主裁判接到检查员有运动员犯规的信号后，立即面向径赛裁判长在体前左右摆动绿旗，提示该组成绩缓报（径赛裁判长应马上通知现场指挥），并主动参与问题处理（尽量缩短处理时间）。

（b）在跨栏、障碍跑项目赛前一旦准备就绪，检查主裁判应立即通知径赛裁判长，使现场指挥能按时发出比赛信号。

（三）工作方法（赛前、赛中、赛后）

1. 场地方位及技术用语

（1）基准点：即4个曲直交界点，用A、B、C、D表示，延长AB和CD为4条曲直交界线，A处为终点线。（图3－3－6）

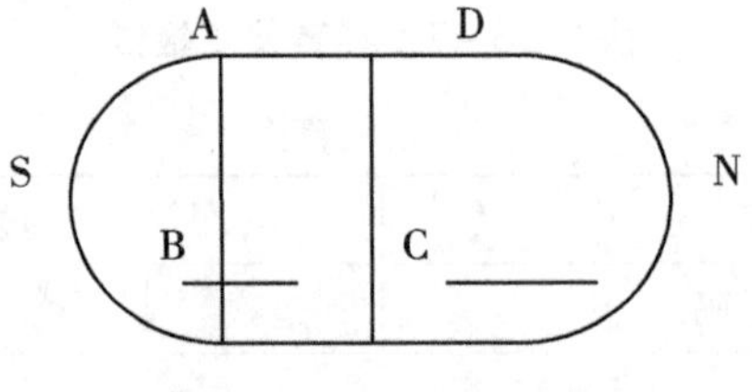

图3－3－6　基准点图

（2）终点直道（西道），非终点直道（东道）。

（3）弯道：第一弯道（南弯道）、第二弯道（北弯道），按跑进方向上弯道处、圈顶（S、N处）下弯道（B、D处）或由直道进入弯道、由弯道进入直道。

（4）踏（踩）上或超越（进入）左（右）侧分道线，约多少米或多少厘米，几道串入几道，直至通过终点或离终点何处返回原道通过终点。

（5）中退：起跑后多少米处，第几圈某处，跑至距终点多少米处。

（6）接力：第几区前（后）沿内、外，预跑线里、外，几号传几号的过程中，未进接力区或出区多少米，几道第二棒几号运动员提前多少米未过抢道线切入里道等。

2. 工作方法

(1) 每天第一单元赛前50分钟领取已确认的当日分秩序册。

(2) 每单元赛前40分钟领取器材和用品。

(3) 全组集合再明确本单元的项目、组次、时间和各小组的任务、工作位置、换项及进、出场路线。

(4) 每单元提前10~15分钟（接力、跨栏20分钟）进场，到位后再对照秩序册熟悉比赛项目和自己的分工任务。

(5) 跨栏比赛前，迅速、准确检查核实栏位（栏板后沿垂直对准栏位点后沿）、栏高、栏数、配重及每个栏板两端与邻道栏板要有缝隙（以免倒栏时的连锁反应），检查无误，向终点处检查主裁判回旗示意。

(6) 4×100米接力，各接力区由外语裁判员组织运动员上道，检查员及时核对组别、组次、道次、号码、单位，一切就绪立即向组长举旗示意，待全组工作就绪，组长再向主裁判举旗示意。

(7) 比赛时，400米及400米以下的项目，听到“各就位”口令时，检查员自动站立，对运动员目接目送，认真观察，每组最后一名运动员过终点后自动坐下；800米及800米以上的项目，检查员站坐结合，以看清、看准运动员跑进情况为准。在运动员成集合跑在上、下弯道、互相超越及终点前的冲刺时，更要集中精力仔细观察。

(8) 检查员判定运动员犯规后的工作程序：看清号码→认准道次→做好标记→举旗示意→写报告单→向主裁判和裁判长汇报。

①首先记住犯规运动员的号码及受影响运动员的号码。

②看准犯规运动员及被影响人所跑的道次。

③迅速用图钉或橡皮膏标出犯规位置。

④立刻举旗向主裁判示意。

⑤主裁判回旗后，马上填写检查报告单；向主裁判和径赛裁判长表述犯规过程；待裁判长处理完毕后，及时清理图钉或橡皮膏。

(9) 比赛中有运动员中退，就近的检查员将其小号取下交终点主裁判，同时引导中退运动员到赛后控制中心，接受管理。

（四）场地布置及站位图

1. 100 米比赛时（12 人）（图 3－3－7）

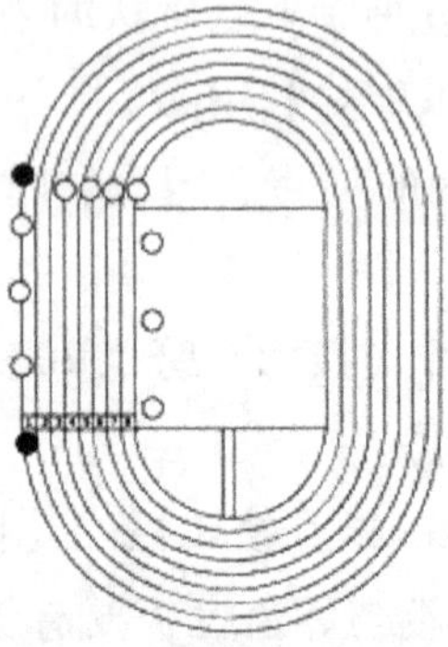

图 3－3－7　100 米检查裁判员站位图

2. 200 米比赛时（14 人）（图 3－3－8）

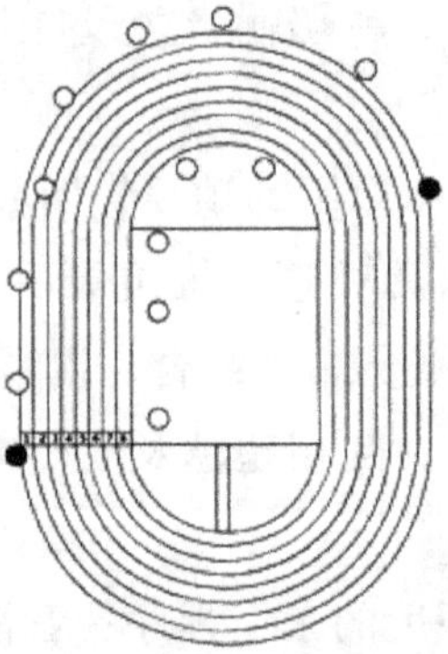

图 3－3－8　200 米检查裁判员站位图

3. 400 米比赛时（17 人）（图 3－3－9）

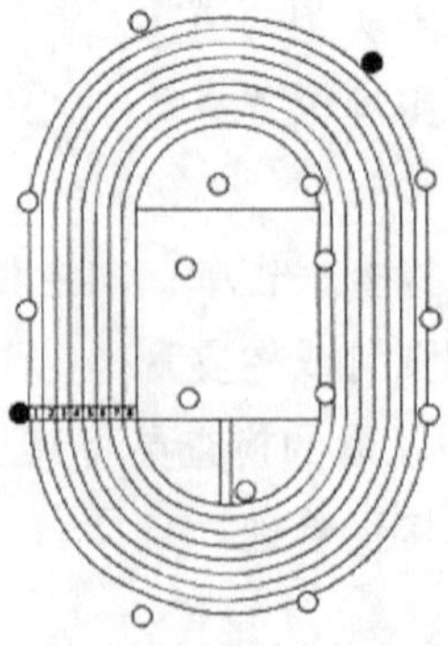

图 3－3－9　400 米检查裁判员站位图

4. 800 米比赛时（17 人）（图 3－3－10）

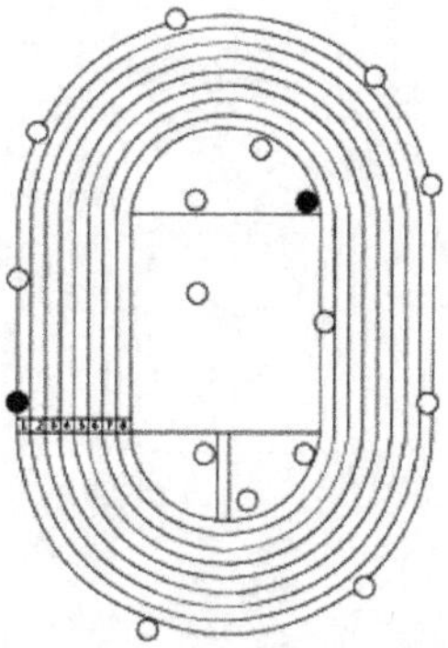

图 3－3－10　800 米检查裁判员站位图

5. 1500 米比赛时（17 人）（图 3－3－11）

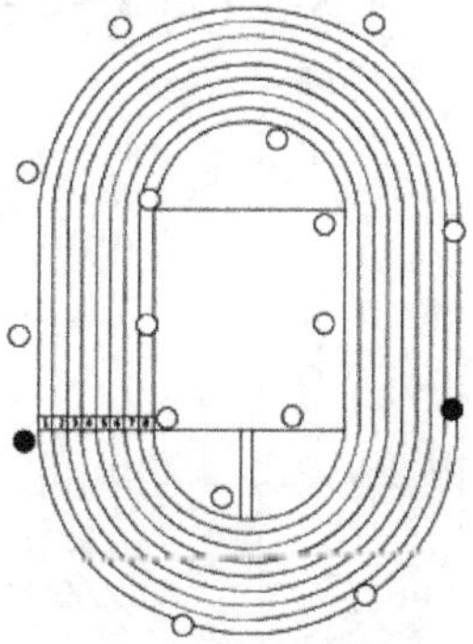

图 3－3－11　1500 米检查裁判员站位图

6. 5000 米比赛时（17 人）（图 3－3－12）

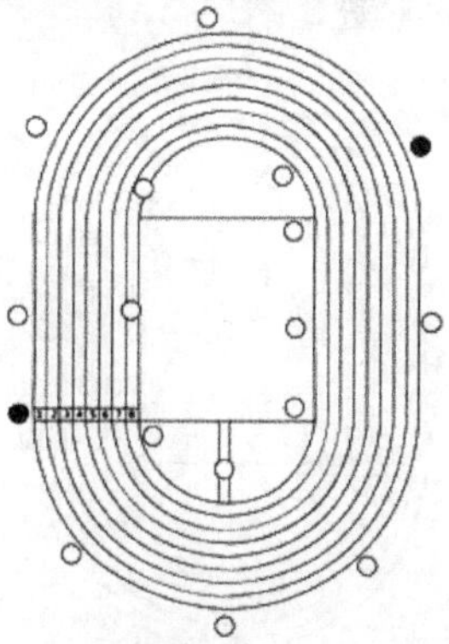

图 3－3－12　5000 米检查裁判员站位图

7. 10000 米比赛时（17 人）（图 3－3－13）

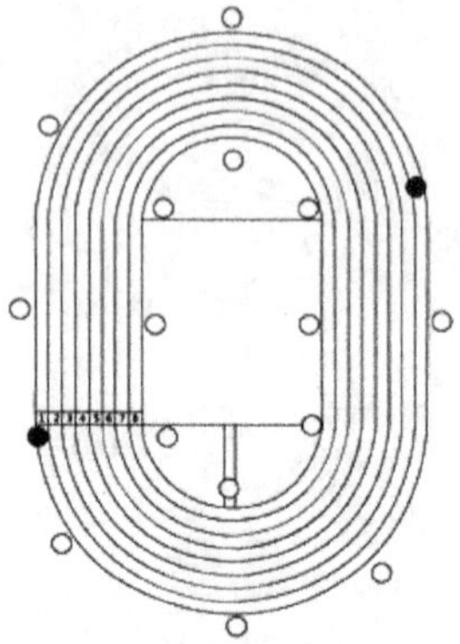

图 3－3－13　10000 米检查裁判员站位图

8. 100 米、110 米栏比赛时（24 人）（图 3－3－14）

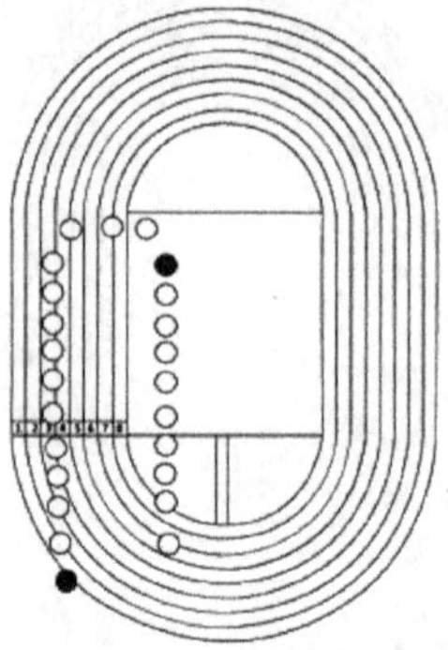

图 3－3－14　100 栏、110 米栏检查裁判员站位图

9. 400 米栏比赛时（24 人）（图 3－3－15）

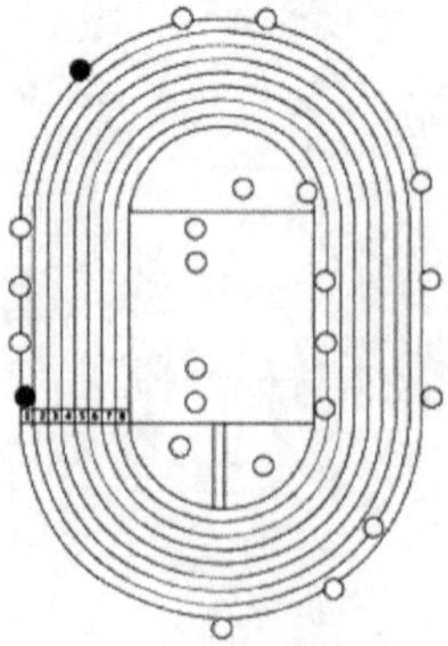

图 3－3－15　400 米栏 检查裁判员站位图

10. 3000 米障碍比赛时（15 人）（图 3－3－16）

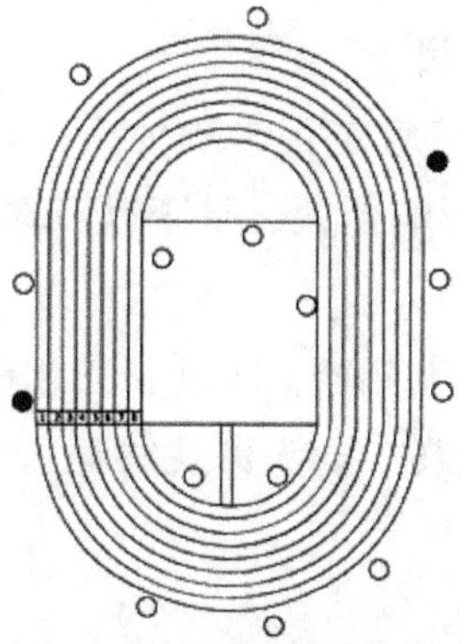

图 3－3－16　3000 米障碍跑检查裁判员站位图

11. 4×100 米接力比赛时（24 人）（图 3－3－17）

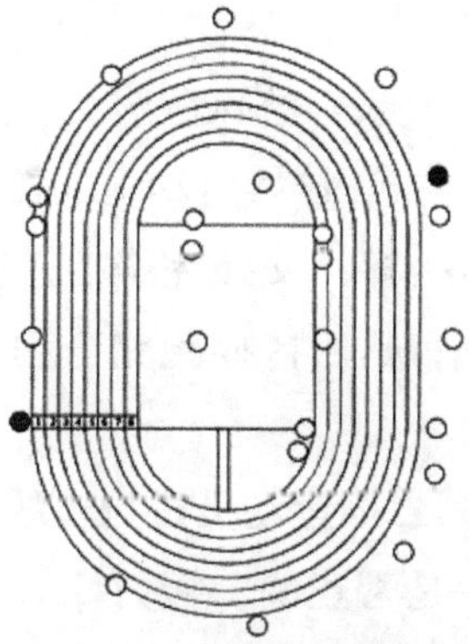

图 3－3－17　4×100 米接力检查裁判员站位图

12. 4×400 米接力比赛时（20 人）（图 3－3－18）

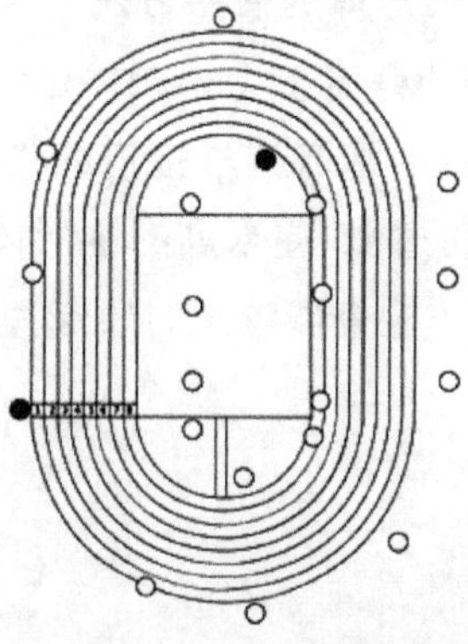

图 3－3－18　4×400 米接力检查裁判员站位图

（五）重点与难点

1. 分道（部分分道）跑项目

直道：运动员跑出自己跑道后是否影响他人，是否返回原道通过终点。弯道：越过或踩踏右侧分道线看是否影响他人，是否返回本道。

2. 不分道跑项目

运动员水平接近，成团跑进或终点冲刺、互相超越时易发生推、拉、踩、踢、绊、挡等犯规及离开跑道等现象，要认真观察记清号码，重点看身体接触的犯规现象。

3. 跨栏、障碍跑项目

过栏时运动员的腿或脚低于栏板上沿水平面，栏侧过或摆过、有意踹倒栏、推栏、绕栏跑过，摔出跑道影响他人，重点看过栏的瞬间。

4. 接力跑项目

（1）号码与棒次是否相符，是否穿统一队服。

（2）4×100 米接力：看准交棒、接棒运动员的接力棒第一次接触是否在接力区内，有无扔棒，是否掉棒运动员拾棒；交接完毕后，交棒运动员有无跑入他人跑道影响他人；有无借助外力推着跑；是否持棒跑完全程；重点为接力棒是否在接力区内完成交接的全过程。

（3）4×400 米接力：看清第二棒运动员过抢道线时是否犯规；第三、第四棒运动员接力区内由里向外站位排序是否正确；接力棒有无出区交接现象；交棒后有无有意阻挡他人现象；超越时有无推、挤、切现象。重点是第三、第四棒运动员公共接力区的排序。

5. 抢道线检查的站位与小锥形体的使用方法

（1）在 800 米运动员和 4×400 米接力第二棒运动员分别跑完一个弯道的分道跑要进入非终点直道时，运动员由本跑道越过抢道线切入里道前不得踩内侧道线，否则视为犯规。运动员的脚可以跨过 15 厘米高的锥形体通过。

（2）运动员跑过抢道线后，检查员应及时收起里面的两个锥形体，待下组比赛前再码放到位。

（六）所需物品

检查裁判所需物品见表 3－3－8。

表 3－3－8　检查裁判所需物品

物品	数量	物品	数量
绿旗	2 面	图钉	6 盒
黄旗	27～51 面	橡皮膏	27～51 卷
折椅	27～51 把	栏架量尺	10 把
夹板	29～53 块	钢卷尺（20 米）	1 把
铅笔	29～53 支	检查报告单	若干
转笔刀	3 个	步话机	5 部

五、终点　第 164 条

164.1　应用 50 毫米宽的白线标出终点线。

注：对于终点设在体育场外的项目，终点线可为最多 0.30 米宽，并可用任何区别于终点区域地面不同的颜色标记。

164.2　判定运动员的终点名次，应其躯干（不包括头部、颈和四肢）任何部位抵达终点后沿垂直面的顺序为准。

164.3　在规定时间的计程比赛中发令员必须在比赛结束前 1 分钟鸣枪，以预告运动员和裁判员比赛即将结束。发令员应在主计时员的指挥下，在规定的比赛结束时间再次鸣枪结束比赛。鸣枪瞬间为比赛结束的信号，有关裁判员就应标出每名运动员在鸣枪前或鸣枪瞬间最后 1 次触及跑道的确切地点。

测量所跑距离应量至运动员最后足迹的沿线，以米为最小单位，不足 1 米不计。比赛开始前，应为每名运动员指派至少一名终点裁判员，以便标出该运动员完成的比赛距离。

（一）计时和终点摄像　第 165 条

165.1　下列 3 种计时方法均应被承认为正式计时。

（a）手计时。

（b）以终点摄像系统数据为依据的全自动计时。

（c）按规则 230（不是全部赛程在体育场内完成的比赛）、规则 240 和规则 250 规定的比赛中使用感应系统提供的计时。

165.2　计时应至运动员躯干（不包括头部、颈和四肢）的任何部位抵达终点线后沿垂直面的瞬间为止。

165.3　须记录所有抵达终点的运动员的时间。如有可能，计取800米及800米以上项目的每圈时间，以及3000米及3000米以上项目的每1000米的分段时间。

手计时

165.4　计时员应在跑道外侧与终点线排成一条直线。如有可能，计时员的位置应距跑道外侧至少5米远。为使所有计时员都能清楚地观察到终点的情况，应提供升高的计时台。

165.5　计时员应使用人工操作的数字式电子秒表。国际田联规则中均以“秒表”来代表这样的计时器。

165.6　关于规则165.3计圈和分段时间要求，应指定计时组的计时员使用可计取分段时间的秒表，或另安排计时员计取，或传感器系统。

165.7　计时应从发令枪或经批准的发令器材发出的闪光或枪烟开始。

165.8　每个项目第一名及涉及纪录的成绩，应有3名正式计时员（其中一人为主计时员）和1~2名后备计时员计取［关于全能项目，见规则200.8（2）］。当一名或多名正式计时员的表不能准确地计取时间时，后备计时员的表所计时间才可用来替补，但事先要规定好替补的顺序，使所有径赛项目的第一名都有3块表计取正式成绩。

165.9　每名计时员都应独立工作，不得让其他任何人看表或讨论其所计的成绩，将成绩填写成绩记录卡内，签名后交主计时员。主计时员可以言表，以核对所报成绩。

165.10　对于所有手计时的比赛，应当采用以下方式读取并记录。

（a）在跑道上举行的竞赛项目，除非时间为整0.1秒，否则末位应进位判读，例如，10.11秒应计为10.2秒。

（b）部分或全部在场外举行的竞赛项目，除非时间为整秒，否则末位应进位判读，如2：09：44.3应计位2：09：45。

165.11　如果根据以上的情况进位计时，3块正式计时秒表中，2块秒表所计时间相同而第三块不是时，应以这2块秒表所计时间为准；如3块秒表所计时间各不相同，则应以中间时间为准；如只是用2块秒表，而所计时间不相同时，应以较长的时间作为正式成绩。

165.12　主计时员应根据上述条款判定每名运动员的正式成绩，并将成绩单交竞赛秘书以供发布。

注：在全国性比赛中，均应使用全自动终点摄影计时系统。

全自动计时和终点摄影装置

165.13　在所有比赛中要使用IAAF批准的全自动计时和终点摄影系统。

全自动计时和终点摄影系统

165.14　经IAAF批准的计时系统必须经过测试，并具备在比赛举办前4年内所做的精度测试合格证书，包括以下条件。

（a）该系统必须通过终点线延长线上的摄像机记录终点情况，并生成综合性图像。

（1）规则1.1的比赛，合成图像必须提供至少每秒1000帧图像。

（2）其他比赛，合成图像必须提供至少每秒100帧图像。在各种场合，图像必须与精确到0.01秒的时间标尺同步。

（b）计时系统应从发令枪启动时自动开始计时，从鸣枪或类似视觉信号到此计时系统启动之间的总延误时间应是稳定的，并应小于或等于0.001秒。

165.15　为了确认证实摄影装置对正终点线，便于判读终点拍摄的图像，分道线与终点线的交叉点应以合适的图形着色成黑色。所有的这些图形必须完全限定在交叉点内，不得大于2厘米，不得向前超过终点线的前沿。类似的黑色标记可在各分道线与终点线的交叉点两旁，以帮助判读。

165.16　运动员的名次应使用标线读取，该标线必须与时标垂直。

165.17　该系统必须自动记录运动员抵达终点的时间，并必须能打印出标明每名运动员抵达终点时间的图片。另外，该系统必须能够提供表格总览，标示出每名运动员的时间或其他成绩。全自动计时数值和人手输入数值（如起跑开始时间，终点结束时间）所做随后的改变，可从系统印出的图像及表格总览自动显示时间段。

165.18　只能自动开始或停止而不能二者都自动操作的计时装置，既不能作为手计时，也不能作为全自动计时。因此，不能用来计取正式成绩。出现此情况时，所记录的时间在任何情况下都不应被承认为正式成绩，但该图像仍然可以作为有效证据，以判定名次和调整运动员之间的时间间隔。

注：如果计时装置并非由发令员信号开启，则生成的终点摄像图像上的时标应能自动体现这一事实。

操　作

165.19　终点摄影主裁判应负责终点计时系统的运转。赛前他应与有关技术人员会面，熟悉计时系统的性能，检查所有可应用的设定。在每一比赛单元开始前，终点摄影主裁判与径赛裁判长、发令员配合，进行一次零启动测试（zero control test），确保发令枪或经批准的发令装置能在规则 165.14（2）规定的时间（即小于或等于 0.001 秒）内自动启动终点计时系统。

终点摄影主裁判还要监督设备的测试，并且确保全部终点摄影机正确校准。

165.20　至少应有 2 台终点摄像机分别从两侧同时拍摄。更为可取的是，这些计时器在技术上应相对独立，即采用各自的设备和电缆分别供电、记录和传递发令员信号。

注：如果 2 台或 2 台以上终点摄像机时，赛前应由技术代表（或被任命的国际终点摄像裁判员）指定其中一台为正式摄像机。只有当有理由怀疑正式摄像机的准确性或有必要使用辅助摄像机的图像来验证运动员的终点名次时（在正式摄像机拍摄的图像上，运动员的整体或部分图像模糊不清），才可使用备用摄像机记录的时间和名次。

165.21　在适当数量助理裁判员的协助下，终点摄像主裁判应判定运动员的名次和成绩。他要确保这些成绩准确地进入竞赛成绩系统并传递到竞赛秘书处。

165.22　应以全自动终点摄影计时系统计取的时间作为正式成绩，除非有关裁判员以任何理由确定该计时器明显不准确。如果出现此种情况，后备计时员计取的时间可以成为正式成绩。如有可能，可以终点摄像图像上获得的时间间隔为基础进行调整。当全自动计时器存在任何失误的可能性时，必须任命后备手计时员。

注：当比赛中的一组或几组运动员因计时器故障无全自动计时成绩时，应以该组的手记时成绩作为正式成绩公布，其他组仍以全自动计时成绩作为正式成绩公布。

165.23　应按下列要求从终点图像上判读时间。

（a）10000 米及 10000 米以下各径赛项目的成绩，应从终点图像上判读到 0.01 秒。如果时间恰好不为 0.01 秒，则应判读到较差的 0.01 秒。

（b）在跑道上举行 10000 米以上的各项径赛，其判读时间应为 0.01 秒，并记录为 0.1 秒。当判读时间的末位数不为零时，应进位到较差的 0.1 秒，并以 0.1 秒为单位记录成绩。例如，59：26.32 应记为 59：26.4。

（c）部分或全部在场外举行的所有径赛项目，其时间应判读到 0.01 秒，并记录为整秒。当判读时间的末尾 2 位数不为零时，应进位成较差的整秒。例如，2：09：44.32，应记为 2：09：45。

感应系统

165.24　在举行规则 230（不是全部在体育场进行的比赛项目）、240 和 250 的比赛中，使用经国际田联批准的感应系统计时必须符合下列条件。

（a）使用的设备不得在跑进路线，或起、终点给运动员的行进造成明显阻挡或障碍。

（b）佩戴在运动员服装、号码布或鞋上的传感器重量应轻便。

（c）该系统须由发令员的发令枪开启，或与起跑信号同步。

（d）该系统不需要运动员在比赛中，或在终点和任何成绩处理阶段采取任何动作。

（e）在所有比赛中成绩要判读到 0.1 秒，但记录到整秒。当判读时间的末位数不为零时，要进位到秒。例如，2：09：43.3 应记为 2：09：44。

注：正式成绩为从发令枪发出信号（或同步的起跑信号）至运动员抵达终点线之间的时间。可以将运动员通过起点线和终点线所用时间告诉该运动员，但这个时间不能成为正式成绩。

（f）当确定运动员通过终点的正式顺序和时间为正式成绩时，如需要，可按照规则 164.2 和规则 165.2 处理。

注：建议裁判员和/或影像录像也可被提供协助判定运动员及其终点名次。

165.25　主感应计时裁判应该负责感应器计时系统的正常工作。在比赛开始前，他要与技术工作人员见面，参与熟悉设备。他应监督感应器计时装置的测试，以及确保终点线的感应器记录下运动员到达终点的时间。与裁判长合作，确保按照规则 165.24（f）判读成绩和名次。

（二）任　务

在终点主裁判的领导下，准确、迅速地判定各项径赛运动员到达终点的名次，并担任中长距离跑和竞走比赛的记圈工作。

（三）人员设置及职责

1. 人员设置

不同级别、不同规模、不同性质的田径赛事，人员的设置也不同。早期大型国际比赛及全运会等，终点裁判员的设置为主裁判 2 人，裁判员 8～12 人。随着电子计时和电子计圈系统的开发和完善，上述赛事终点可设置主裁判 1～2 人，裁判员 4～8 人，且主要负责中长距离比赛的名次判定工作。

我国的田径赛事繁多，除中国田径协会组织的高水平赛事，各区域、各系统、各单位组织的比赛占了绝大多数。很多比赛还不能或没有条件使用电子计时和电子计圈系统，这时终点裁判应根据比赛的项目及规模进行设置。

2. 职　责

（1）主裁判

（a）在径赛裁判长的领导下进行工作。组织学习，负责终点裁判员的分工，明确每名裁判员的职责，制定工作细则。

（b）领导终点裁判员判定径赛运动员到达终点的名次。遇到裁判员判定名次不一致时，主裁判可做出裁定。如遇重大问题及时报告径赛裁判长。

（c）组织、领导裁判员进行中、长距离跑和竞走比赛的记圈工作。

（d）每组比赛结束后，收齐名次报告表、记圈表，核实签名后交终点记录员。

（2）裁判员

（a）在短距离跑的比赛项目中，准确、迅速地判定自己所看的名次。通常每人主看1个名次，兼看1个名次。

（b）如遇名次判定不清时，应立即实事求是地向主裁判报告。

（c）在中长距离跑和竞走比赛项目中，担任记圈工作，裁判员分为总记圈组、报圈组和脱圈组。有电子计圈系统时，安排1～2名裁判员进行该系统的操作。主裁判一人负责总记圈组和全面工作，一人负责另2组工作。

（d）及时认真填写终点名次报告表。（表3－3－9）

表3－3－9　终点名次报告表

组别：　　　　项目：　　　　赛次：　　　　组次：

<table>
<tr><td>主看名次</td><td colspan="6">第　　　名</td></tr>
<tr><td>号码</td><td colspan="2"></td><td colspan="2">道次</td><td colspan="2"></td></tr>
<tr><td>兼看名次</td><td></td><td>号码</td><td></td><td>道次</td><td colspan="2"></td></tr>
<tr><td>备注</td><td colspan="6"></td></tr>
</table>

裁判员：　　　　　　　　主裁判：

（四）工作方法

1. 赛　前

（1）主裁判

（a）组织裁判员学习规则中的有关条款和竞赛规程，制定工作细则。

（b）明确裁判员职责与分工，根据不同比赛项目，做到定岗位、定职责、定方法。

（c）组织裁判员检查场地、器材，熟悉设备性能，领取所需物品和各种表格。

（d）在明确分工、掌握裁判方法的基础上，带领裁判员进行现场实习。

（2）裁判员

（a）在主裁判的领导下，认真学习规则、规程和裁判方法，明确职责与分工。

（b）熟练掌握不同径赛项目判定名次的方法。

（c）熟悉总记圈表的使用记录方法。

（d）熟练操作余圈显示器（图3－3－19）和对脱圈运动员准确报圈（图3－3－20）的方法。

（e）使用电子计圈系统时，熟悉系统的操作规范及注意事项。

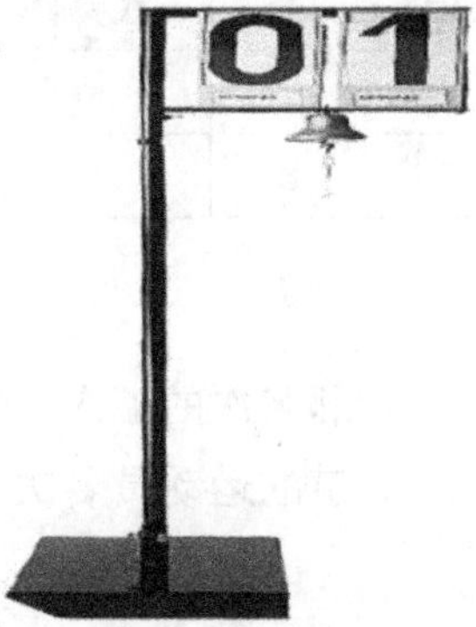

图3－3－19　余圈显示器

图3－3－20　脱圈显示牌

（3）与有关裁判组的协调与配合

（a）与检录处协作，掌握实际参赛人数，了解中长距离跑时运动员佩戴号码的范围。

（b）与发令组协作，确认有关运动员罚下时联络通知终点的方式（尤其是200米比赛）。

（c）与检查组协作，及时了解中退运动员的号码和中退位置。

（d）与终点摄影计时组协作，中长距离项目比赛时，随时向其主裁判报告运动员脱圈、中退情况及到达终点的顺序。

（e）与人工计时组协作，在径赛裁判长的统一领导下，确定中长距离跑和竞走比赛的记圈、余圈显示，对脱圈运动员的报圈及计时方法。在采用“人盯人”记圈计时时，统一分工，明确领导，共同完成记圈计时任务。

（f）与场地器材组协作，准备好比赛所需器材、物品。

2. 赛　中

(1) 分道跑项目的裁判方法（400 米及 400 米以下项目和 4 × 100 米接力）

①采用按名次分工法

每名终点裁判员主看 1 个名次，同时兼看 1 个与主看名次相邻的名次。例如，7 名裁判员分别主看前 7 名运动员，主看第 2、3、4 名运动员的裁判员分别兼看第 1、2、3 名，主看第 5、6、7 名运动员的裁判员，分别兼看第 6、7、8 名，再设 2 名裁判员主看第2、3 和4、5 名，2 名主裁判分别看第 1 ~4 名和 5 ~8 名。裁判员将所认看的名次填入“终点名次报告表”并交主裁判。(表 3 –3 –10)

表 3 –3 –10　终点名次报告表

裁判员	一	二	三	四	五	六	七	八	九	十
主看名次	1	2	3	4	5	6	7	8	2/3	4/5
兼看名次		1	2	3	6	7	8			

②采用按道次分工法

每名裁判员主看1个道次的名次，同时兼看 1 个相邻名次的道次。例如，有 8 名裁判员可按分工排座，即由 8 名裁判员分别主看 1 ~8 道的运动员名次，并兼看 1 个与主看道次的名次相邻名次的道次。

③裁判方法

在每项比赛前，核实终点主裁判宣读的检录内容，将运动员组别、项目、赛次及组次分别填入“终点名次报告表”中。运动员上道后，看清参赛运动员的道次、号码、服装、体型、发型等特征，以便辨别。运动员出发后，采用“点、面、线”相结合的方法判定名次。“点”是指各运动员的服装、体型等特征；“面”是指各道运动员跑进相对位置的变化；“线”是指终点线后沿垂直面。当运动员距终点 30 米左右时，应重点观察其前后；差距和所在道次及名次的大致情况。当运动员距终点 10 米左右时，观察运动员的名次。当运动员跑入 5 米线区时，应扩大视野，注意力高度集中，采用“盯线视点”的方法，最后以运动员的躯干触及终点线后沿垂直面的顺序确定到达终点的名次。

(2) 部分分道跑项目的裁判方法

①按道次分工“人盯人到底”

每名裁判员只看 1 个道次的运动员名次。当运动员上道时，立即核实号码，牢记其特征。运动员起跑后，注意其跑进中的名次变化，运动员到达终点，判定其名次。

②按名次分工（4×400 米、4×800 米接力）

每名裁判员主看 1 个名次。运动员起跑后，注意观察各队名次变化，随时辨认自己所认名次的道次（队名或号码），牢记最后一棒运动员的号码及特征，并随时注意比赛中的名次变化，待运动员跑至距终点 20 米时，核实运动员的号码，跟踪到底，判定名次和单位。

（3）不分道跑项目的裁判方法（1500 米和 1500 米以上距离的项目）

在中长距离比赛中，为了准确地判定名次和确保每名运动员跑完、跑准规定的距离，必须做好记圈工作。记圈方法有多种，在大型比赛中常用的记圈方法如下。

①终点裁判组担任全部记圈工作

（a）终点主裁判工作领导裁判员按时到位，根据该项（组）参赛人数、水平，布置有关工作。比赛开始后，核对参赛人数，随时了解裁判员工作情况。及时向终点摄影计时主裁判通报脱圈或中途退场运动员的号码。最后两圈前，掌握前 8 名运动员跑进顺序，并与计时主裁判核对。最后一圈铃响后，向终点摄影计时主裁判通报领先的 1～8 名运动员号码。当运动员临近终点时，根据总记圈组的记录，再次通报运动员到达终点的顺序。每组赛后，立即与计时主裁判核对名次，将各记圈员记录的表格和总名次交终点记录员。

（b）总记圈组工作由 A、B、C 3 名裁判员组成，根据比赛项目，确定使用相应的记圈表格，了解参赛人数和运动员水平。比赛开始，核对运动员人数并填入记圈表内。比赛开始后，每次运动员通过终点时，由 A 报号码，B 依次在总记圈表上记录，C 记录每圈领先运动员通过终点的时间及脱圈运动员的号码，及时通知脱圈运动员的剩余圈数，运动员最后一圈进入终点直道后，B 及时向主裁判报告名次顺序，并记录到达终点的运动员号码和名次。（表 3－3－11）

表 3－3－11　10000 米总记圈表

组别：　　　赛次：　　　组次：　　　参赛人数：

余圈数	1	2	3	4	5	6	7	8	9	10	11	……
24												
23												
22												
21												
……												

续表

余圈数	1	2	3	4	5	6	7	8	9	10	11	……
……												
3												
2												
1												
0												

记圈员：　　　　　　　　　　年　　月　　日　　时

（c）脱圈组由 D、E、F 3 名裁判员组成，根据比赛项目，使用相应的表格，比赛前了解实际参赛人数。每圈领先运动员通过终点时由 D 报号，E 在脱圈表上记录，注意观察领先运动员与落后运动员之间的距离变化，当出现脱圈时，D 及时将脱圈运动员号码报告给 E，由 E 记人脱圈表内，并在号码下角记录位置，F 监看记录工作。脱圈运动员距终点 10 ~ 15 米处，根据 D 的口头呼报，由 F 举牌或口头通知运动员余圈数。当多人同时通过终点，其中脱圈数不同时，则 D、F 要事先分工各报一部分。（表 3 – 3 – 12）

表 3 – 3 – 12　10000 米脱圈表

组别：　　　赛次：　　　组次：　　　参赛人数：　　　号码

余圈数	1	2	3	4	5	6	7	8	9	脱	圈
24											
23											
22											
21											
……											
……											
3											
2											
1											
0											

记圈员：　　　　　　　　　　年　　月　　日　　时

（d）余圈显示组由G、H 2名裁判员组成，根据比赛项目，使用相应的表格。赛前G检查电源和显示仪器的性能，并进行试操作。在进行1500米、3000米、5000米比赛时，可先分别显示“3”“7”“12”的字样。发令后，待领先运动员跑过终点后，划掉记录表中前一个余圈数，并记录领先的1~3名运动员的号码；观察领先几名运动员跑进情况，注意他们的位置变化。在进入终点直道时，G按下余圈显示器按钮改变余圈数（只对领先运动员负责），显示器变换圈数的电别显示“2”“6”“11”。以后每圈均照“按钮—划圈—记录—观察”8字工作。H协助G工作，了解脱圈情况，当运动员还剩最后一圈时，H裁判员要以铃声向每名运动员发出信号。终点摄影计时组也可以铃声所示，核对运动员到达终点前的号码顺序。（表3-3-13）

表3-3-13　余圈显示器操作记录表

项目：______赛次：______组次：______记录员：　　　月____日____时____分

余圈	领先前三名（号码）			第一名成绩
12				
11				
10				
9				
……				
4				
3				
2				
铃				
0				

②由人工计时组采用“人盯人”的计时方法完成记圈和计时工作。终点组担任总记圈和报圈工作。当运动员出现脱圈时，负责该运动员的计时员通知报圈员，当运动员通过终点时，报圈员负责通知运动员剩余圈数。

（4）竞走比赛的记圈工作方法

①在田径场跑道上举行的竞走比赛的记圈工作，终点裁判组负责总记圈和报圈

工作，计时组采用“人盯人”的记圈、计时方法，同场内长距离跑的方法相同。

②起、终点在田径场内的公路竞走比赛的记圈工作。

（a）主裁判一人分管内场的记圈和终点工作，一人分管外场的记圈工作。

（b）内场记圈员位置设在内场跑道的出口处，负责场内的记圈工作。当运动员走完内场距离时，通知检察员用旗示或标志牌引导运动员走向外场。

（c）外场记圈员位置设在外场路线的某处，负责外场的记圈工作。向每圈领先的运动员显示剩余圈数。剩最后一圈时“摇铃”提示，当运动员走完外场距离时，用旗示或标志牌引导运动员进入内场。

③公路竞走比赛的记圈工作。

（a）终点组负责总记圈和报圈工作，计时组采用“人盯人”的记圈、计时方法，共同完成此项工作。

（b）在各项竞走比赛中，终点主裁判要随时观察运动员比赛情况，并向检查员和竞走比赛记录台了解中途退场、犯规被罚下的运动员号码并迅速通知记圈员，以便掌握场上运动员人数。

3. 赛　后

（1）每一比赛单元或每天比赛结束后，应及时小结，检查存在的问题和不足，提出改进意见，并明确下一单元工作要点。

（2）比赛全部结束后，终点主裁判应写出书面总结材料报送径赛裁判长。

（3）清点归还比赛用品。

（五）场地布置及站位图

现在稍有规模的田径赛事，均已采用摄影电子计时系统，终点裁判员的工作重心转移到长距离跑的记圈工作。如果赛事条件不能满足上述要求，终点相关要求如下：工作台的位置应设在终点线的延长线上，距近道沿至少 5 米。裁判员按所认看的名次顺序由上而下或由下而上就座于工作台上。

（1）分道跑及部分分道跑项目比赛时，裁判员坐在终点线外侧的裁判台上。（图 3－3－21）

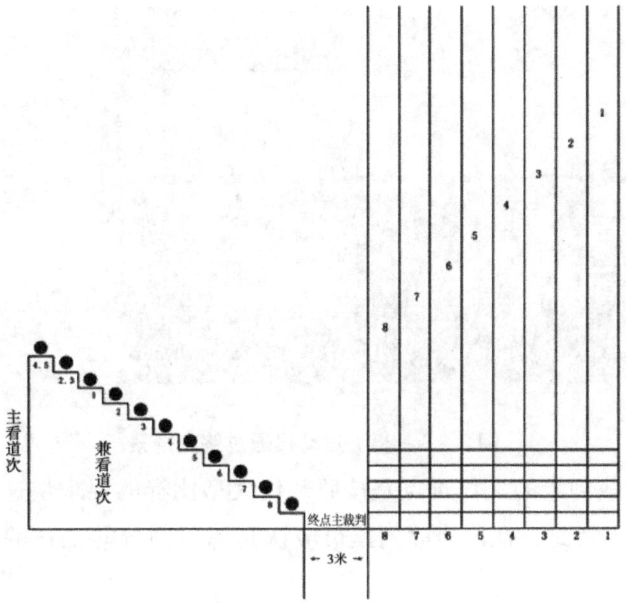

图3-3-21 分道跑项目比赛时终点裁判员的工作位置

(2) 不分道跑项目比赛时终点裁判员位置。(图3-3-22)

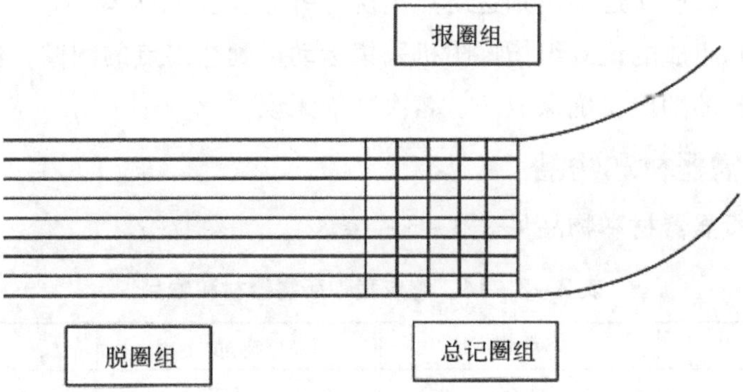

图3-3-22 不分道跑项目比赛时终点裁判员的工作位置

(3) 竞走时裁判员位置。根据竞走比赛路线和终点位置等情况，再确定裁判员工作位置，但裁判员站位的基本要求是视野尽可能覆盖一比赛圈（多为2千米）的所有区域。

(六) 重点与难点

1. 终点摄影裁判组的工作重点是迅速、准确地采集和判读到达终点运动员的图像、名次和成绩。(图3-3-23)

图3-3-23　运动员通过终点情景

2. 终点摄影裁判组的工作难点是按照现代大型比赛的要求快速、准确地采集和判读运动员成绩。因此，在比赛前判读员应认真练习判读等工作的操作过程做到快速、熟练。

3. 在长距离不分道跑项目比赛中的名次和成绩的判定。

因此，赛前应认真研究工作方法，特别是运动员有脱圈情况发生时，应与终点裁判组密切配合，确认运动员到达终点情况，并指挥主机采集运动员到达终点的图像，由本组裁判组成的记圈组指挥附机采集运动员到达终点的图像，保证在判读时，剔除脱圈运动员的图像，确保成绩、名次准确无误。

（七）所需器材和物品

终点裁判所需器材和物品见表3-3-14。

表3-3-14　终点裁判所需器材和物品

物品	数量	物品	数量
桌子	4张	对讲机	3部
椅子	12把	秒表	4块
遮阳伞	4把	望远镜	1台
余圈显示器	1套	名次存查表	若干
铃	1个	名次报告表	若干
号码牌	1套	总记圈表	若干
夹板	12块	余圈显示记录表	若干
铅笔	12支	脱圈报圈表	若干
转笔刀	2个		

（八）工作流程图

终点摄影裁判工作流程见图 3－3－24。

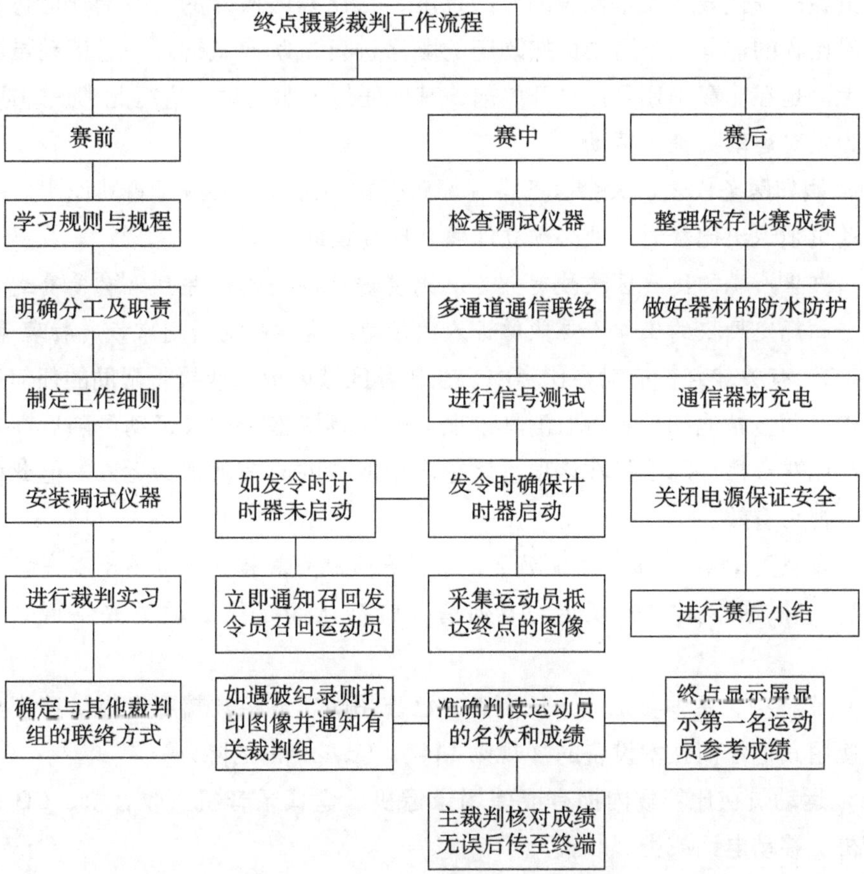

图 3－3－24　终点摄影裁判工作流程图

第四节　田　赛

一、田赛项目规则

（一）对运动员提供帮助　第 144 条

医疗检查及协助

144. 1　（a）可在比赛区域对运动员进行必要的医学检查、治疗或理疗，以使运动员能够参加或继续参加比赛。此类医学检查、治疗或理疗可由组委会任命的佩戴臂袖标志或背心或身着其他明显服装的医务官在比赛区域进行，也可由注册随队医务人员经医务代表或技术代表的专门批准，在比赛区域外的医务治疗区进行。但不得延误比赛的进程或该运动员按既定的顺序进行试跳或试掷。一旦运动员离开检录处，无论是在比赛中还是比赛开始前，其他任何人对运动员进行此类护理或治疗，均被认为是对运动员提供帮助。

（b）假如医务代表、大会医务官（佩戴臂袖标志或背心或身着其他明显服装），命令运动员须退出比赛时，他必须立即离开比赛场地。

注：这里所说的比赛区域被定义为：比赛进行的场地，并且只有参赛运动员或相关规则和规定授权的工作人员能够进入的场地。这样的场地通常设有物理隔离。

144.2　有关裁判长应对在比赛中、在比赛区域内提供或接受帮助的任何运动员给予警告，并告诫他如重犯将取消其该项目的比赛资格。如果运动员随后在该项目中被取消比赛资格，那么他在该项目该轮次中取得的成绩被视为无效。但此前取得的成绩被视为有效。

注：在规则 144.3（a）的情况下，不必警告就可直接判定取消比赛资格。

144.3　根据本条款的规定，下列情况应被认为是给运动员提供帮助，应该禁止。

（a）比赛中，由非参加同一比赛者、已被超圈者或将被超圈者提供速度分配帮助，或使用其他任何技术设备的（规则 144.4（d）允许的除外）。

（b）运动员在比赛场内拥有或使用录像机、盒式录音机、收音机、CD 机、无线通信机、移动电话或类似装置。

（c）除了使用符合规则 143 的比赛鞋外，使用为运动员提供使用规则限定的设备中所不能获取的有利条件的任何技术或设备。

（d）使用任何机械辅助器材，除非是运动员能证实使用的器材，不会使他获得整体竞赛优势。

（e）由该比赛项目不相关的裁判员或在该比赛项目有特定职责的任何大会人员，所提供的指导或任何协助（例如，技术指导；提供在跳跃项目中起跳点的位置，但不包括在水平跳跃项目试跳失败的起跳位置；在比赛中提供时间或距离差距的信息等）。

（f）帮助摔倒的运动员恢复站立不被认为是提供帮助。

144.4　根据本规则的规定，下列情况不被认为是提供帮助，应予以允许。

（a）运动员与其教练员在非比赛区进行交流，该教练员不在比赛区内。为便于这种交流，并且不干扰比赛进行，在靠近每一项田赛比赛地点最近的看台上，应给该项参赛运动员的教练员保留座位。

（b）依据规则 144.1 在比赛区域对运动员进行必要的医学检查、治疗和/或理疗，以使运动员能够参加或继续参加比赛。

（c）出于保护或医疗目的任何种类的个人保护（如绷带、带子、腰带、支持物等）。裁判长与医务代表一起合作，有权核实任何使用上述物品的情况是否合理（参看规则 187.4）。

（d）假如这些装置没有用于与其他人联系，在比赛中运动员可以携带个人装置，如心率仪、速度距离监控器、步幅传感器或类似装备。

（e）运动员在田赛项目进行中观看比赛录像，由运动员的代表在非比赛区域摄录的前面试跳（掷）的影像（见规则 144.1 注）。拍摄设备及影像数据不得带入比赛区域。

（二）风向、风力的信息　第 180 条

180.4　（b）在各个跳跃项目、掷标枪和掷铁饼项目的合适位置应设置一个或多个风向袋，以便向运动员显示大致的风向和风力。

（三）兼项　第 142 条

142.3　如果一名运动员同时参加一项径赛和一项田赛或多项田赛，有关裁判长每次可以允许该运动员在某一轮的比赛中，或在跳高和撑竿跳高的每次试跳中，以不同于赛前抽签排定的顺序进行试跳（掷）。如果该运动员因此在轮到其试跳（掷）时未到，一旦该次试跳（掷）时限已过，将视其该次试跳（掷）为免跳（掷）。

注：在超过 3 轮试跳（掷）的比赛中，裁判长不得允许运动员在最后一轮不按排定的顺序进行试跳（掷），但可以允许运动员在前面的轮次中不按抽签或排定的顺序进行试跳（掷）。

（四）田赛通则　第 180 条

在比赛区域的准备活动

180.1　比赛开始前，每名运动员均可在比赛区域练习试掷或试跳。但是，投掷项目的练习试掷应始终在裁判员的监督下按抽签排定的顺序进行。

在重大比赛中，运动员在赛前至少应该有 2 次练习机会，如果时间允许，应准许部分或所有运动员进行更多练习的要求。

180.2　一旦比赛开始，不允许运动员使用下列内容进行练习。

（a）助跑道或起跳区。

（b）撑竿。

（c）各种投掷器材。

（d）投掷圈或落地区地面，无论徒手还是持器械。

助跑标志物

180.3　（a）在使用助跑道的田赛项目中，应沿助跑道旁放置标志物，跳高助跑的标志物可放置在助跑道上。每名运动员可放置 1～2 个标志物（由组委会批准或提供），以利于运动员助跑和起跳时用。如未提供此类标志物，运动员可使用胶布，但不得使用粉笔或任何不易去除痕迹的类似物质。

（b）在圈内比赛的投掷项目，比赛中运动员仅允许使用一个标志物，此标志物可直接放置在投掷圈后面或紧靠投掷圈附近的地面。标志物仅限运动员在自己试投期间临时放置，并且不能干扰裁判员的视线。落地区内及旁边不能放置任何个人标志物。

注：每个助跑标志物只能由单一对象组成。

（c）在撑竿跳高项目，大会必须在助跑道旁，距离（零线）前沿 2.5～5 米每隔 0.5 米及在 5～18 米每隔 1 米，放置适合且安全的距离标志物。

成绩标志物

180.4　（a）可以放置明显的旗帜或标志物以标明当前的世界纪录。如情况允许，还可放置目前的地区、国家或赛会纪录标志。

（b）在各个跳跃项目、掷标枪和掷铁饼项目的合适位置应设置一个或多个风袋，以便向运动员显示大致的风向和风力。

比赛顺序

180.5　除规则 180.6 的情况外，运动员应按抽签排定的顺序进行比赛。如果运动员自行以不同于大会确定的顺序进行试跳（掷），将按规则 125.5 和规则 145.2 给予警告或取消其比赛资格。该运动员该次试跳（掷）的结果（无论成功还是失败）将作为成绩予以记录。

180.6　除跳高和撑竿跳高，在任何一轮比赛中，不允许记录运动员 1 次以上的试跳（掷）成绩。除跳高和撑竿跳高，在其他田赛项目中，如参赛运动员多于 8 人，则每名运动员均有 3 次试跳（掷）机会，有效成绩最好的前 8 名运动员可再试跳（掷）3 次。除非竞赛规程另有规定。

当录取最后一名名次时，如果 2 名或 2 名以上运动员的最好成绩相同，将采用规则 180.22 进行裁决。如果成绩仍然相等，成绩并列的运动员均进入后 3 次试跳（掷）。除非竞赛规程另有规定。

当运动员人数只有 8 人或少于 8 人时，每人均有 6 次试跳（掷）机会。如果前 3 轮的试跳（掷）后有 1 人以上没有有效成绩，那么后 3 轮的试跳（掷）顺序排在其他有成绩的运动员之前。除非竞赛规程另有规定。

（a）前 3 次试跳（掷）结束后，应对运动员的成绩排序，后 3 次的试跳（掷）顺序，应与前 3 次试跳（掷）的排名相反。

（b）当比赛顺序被改变，并且出现成绩相等，试跳（掷）的顺序将按最初抽签顺序进行试跳（掷）。

注 1：高度跳跃项目见规则 181.2。

注 2：根据规则 146.5，如果在裁判长的允许下，1 名或多名运动员在抗议下比赛，那么这些运动员后继轮次的试跳（掷）顺序排在所有其他继续比赛的运动员之前；如果有多名运动员在抗议下比赛，则后继轮次的试跳（掷）顺序为按他们原来的顺序排在其他运动员之前。

注 3：有关管理机构可以在竞赛规程中规定比赛试跳（掷）的次数（但不应超过 6 次），并可以规定在第三轮比赛后进入后面每一轮比赛的运动员的人数。

记录试跳（掷）

180.7　除跳高和撑竿跳高，有效的试跳（掷）成绩应被测量。在所有其他田赛项目成绩记录，须使用标准的缩写及符号，见规则 132.4。

试跳（掷）的完成

180.8　裁判员只能在试跳（掷）完成后才能举白旗表示试跳（掷）成功。如果旗示有误，裁判员可以更改。以下情况为试跳（掷）成功完成。

（a）在高度项目中，裁判员判定没有违反规则 182.2、规则 183.2 或规则 183.4 的规定。

（b）在远度项目中，运动员按规则 185.2 中的规定离开落地区。

（c）在投掷项目中，运动员按规则 187.17 中所规定离开投掷圈或助跑道。

及格赛

180.9　在田赛项目中，如果参赛运动员较多难以在一个赛次（决赛）顺利比赛时，应举行及格赛。举行及格赛时，所有运动员都必须参加，并通过及格赛获得决赛资格。

对比赛有管控权的组织，可以在本次比赛或在先期的比赛中举行一个或多个项目的附加资格赛，并定出某部分运动员或所有运动员的参赛资格。此类规定或任何其他做法（诸如在特定时间段达到报名标准、在特定比赛取得的名次、成绩排名等），通过什么途径和通过什么比赛可以获得参赛资格，均应在每个比赛的竞赛规程中加以说明。

180.10　通常，应将运动员随机分成两组或多组进行及格赛，但是在可能的情况下，应将同一国家或队的运动员编在不同组。除非场地设施有问题，各组应在相同时间和条件下进行比赛，否则应在上一组比赛结束后，立即进行下一组的准备活动。

180.11　如果比赛超过 3 天，建议在高度跳跃项目的及格赛与决赛之间安排 1 天休息。

180.12　由技术代表决定及格条件、及格标准和进入决赛的运动员人数，如果没有任命技术代表，由组委会决定。举行规则 1.1（a）（b）（c）和（f）的比赛，除非在竞赛条例有其他规定外，至少应有 12 名运动员进入决赛。

180.13　在及格赛中，除跳高和撑竿跳高之外，每名运动员最多有 3 次试跳（掷）机会。一旦运动员达到及格标准，不得继续参加及格赛。

180.14　在跳高和撑竿跳高及格赛中，如果没有因连续 3 次试跳失败而被淘汰的运动员，要根据规则 181.2（包括免跳）的规定继续比赛，直至及格高度上的最后一次试跳结束，但是根据规则 180.12 的规定达到了决赛的人数时除外。一旦运动员达到及格标准，不得继续参加及格赛。

180.15　如果运动员均未达到事先制定的及格标准或达标人数少于规定人数，则应根据运动员在及格赛中的成绩，补齐进入决赛的人数。在排定所有比赛运动员的名次时，如果在及格赛的总排名中最后一个及格名次成绩相等，则应按规则 180.22 或规则 181.8 的有关规定处理。如果运动员的成绩仍相等，那么成绩相等的运动员将进入决赛。

180.16　当跳高或撑竿跳高及格赛分两组同时进行时，建议两组在相同的时间提升横杆的高度，还建议这两组运动员的水平大致相等。

180.17　不管因为何种原因，运动员在试跳（掷）时受阻，成绩无法正确记录，有关裁判长有权予以再一次试跳（掷）的机会，但不应改变比赛试跳顺序。根据具体情况，运动员补跳（掷）的时间应得到合理安排。如果给予补跳（掷）前该轮次比赛已经完成，应在其他轮次试跳（掷）开始前给予补跳（掷）。

试跳（掷）可用时间

180.18　田赛项目比赛时，运动员无故延误试跳（掷）时间，将导致不许其参加该次试跳（掷），并记录为该次试跳（掷）失败。在任何情况下，均由有关裁判长决定何为无故延误。

比赛时，有关裁判员负责向运动员显示一切准备就绪、试跳（掷）开始，并从这一瞬间开始计算该次试跳（掷）的时间。如果该运动员在此之后才决定免跳，当时限结束时，应判该次试跳（掷）失败。

撑竿跳高的时限从根据运动员的预先要求将立柱调整好时算起。不允许为额外的调整增加时限。

如果到时限时运动员已开始了试跳（掷），应允许其进行该次试跳（掷）。

一般不应超过下列时限。（表3－4－1、表3－4－2）

表3－4－1　个人项目时限　　　　（单位：分钟）

仍在参赛的运动员人数	跳高	撑竿跳高	其他
3人以上（或每名运动员的第一次试跳（掷））	0.5	1	0.5
2或3人	1.5	2	1
1人	3	5	—
连续试跳	2	3	2

表3－4－2　全能项目时限　　　　（单位：分钟）

仍在参赛的运动员人数	跳高	撑竿跳高	其他
3人以上（或每名运动员的第一次试跳（掷））	0.5	1	0.5
2或3人	1.5	2	1
1人连续试跳	2	3	2

注1：应设置向运动员显示剩余时间的时钟。此外，一名裁判员在时限尚余15秒钟的时间内应持续举起黄旗或以其他方式示意。

注2：在跳高和撑竿跳高比赛中，在同一高度上不允许改变试跳的时限，但是当同一名运动员连续试跳时允许改变时限。

注3：参加比赛的运动员第一次试跳（掷）的时限为1分钟。

注4：当计算仍在参赛的运动员人数时，应该包括参加因成绩相等时决定第一名比赛的运动员。

离开比赛场地

180.19　运动员在比赛过程中不得离开该项目比赛的现场，除非得到许可并有裁判员陪同离开。对违反的运动员应先给予警告，若再犯或情节严重，将被取消比赛资格。

变更比赛场地或比赛时间

180.20　技术代表或有关裁判长认为因客观条件的原因需要变更比赛场地或比赛时间，有权变更比赛场地或比赛时间。此类变更应在赛完一轮之后进行。

注：不得因风向和风力的变化而变更比赛场地或比赛时间。

有效成绩

180.21　每名运动员的成绩，取其所有试跳（掷）中最优的，包括撑竿跳高比赛中因成绩相等决定第一名的成绩。

成绩相等

180.22　除了跳高和撑竿跳高项目外，如果成绩相等，应以其次优成绩判定名次。

如次优成绩仍相等，则以第三较优成绩判定，依次类推。按规则 180.22 所述，如果运动员成绩仍然相等，应判定运动员的比赛名次并列。

除了高度跳跃项目，无论任何名次，包括涉及第一名，成绩相等的运动员的名次应并列。

注：高度跳跃项目见规则 181.8、规则 181.9。

测量　第 148 条

举办规则 1.1（a）（b）（c）和（f）的各种比赛，田赛项目的所有测量都必须使用经过校验的钢制卷尺、棍尺或科学测量仪器，钢制卷尺、棍尺或科学测量仪器应获得国际田联的认证。比赛中使用的测量设备的精准度应由该国测量权威部门认可的一个有关机构检测合格，以使所有测量都符合国家和国际测量标准。

在规则 1.1（a）（b）（c）和（f）之外的其他田径比赛中，可以使用玻璃纤维卷尺。

注：关于承认纪录，查阅规则 260.26（1）。

二、高度项目比赛通则　第 181 条

比　赛

181.1　比赛开始前，主裁判应向运动员宣布起跳高度和每轮结束后横杆的提升

高度，直至比赛中只剩下一名已获胜的运动员或并列第一名。［全能项目比赛见规则 200.8（d）］

试　跳

181.2　运动员可以在主裁判事先宣布的横杆升高计划中的任何一个高度上开始试跳，也可在以后任何一个高度上根据自己的愿望决定是否试跳。只要运动员连续 3 次试跳失败，即失去继续比赛的资格，而第一名成绩相等而进行决定名次跳的情况除外。

允许运动员在某一高度上第一次或第二次试跳失败后，在其第二次或第三次试跳时请求免跳，并在后继的高度上继续试跳。

运动员在某一高度上请求免跳后，不准在该高度上恢复试跳，除非出现第一名成绩相等时决名次跳的情况。

在跳高和撑竿跳高项目的比赛中，当所有在场运动员都完成比赛，但是该运动员还没有到场，并且给他的试跳时限已过，裁判长将视其为放弃比赛。

181.3　即使所有其他运动员均已失败，一名运动员仍有资格继续试跳，直至放弃继续比赛的权利。

181.4　除非比赛中只剩下一名运动员，并且他已获得该项目比赛的冠军。

（a）跳高项目每轮次之后，横杆升高不得少于 2 厘米；撑竿跳高项目每轮次之后，横杆升高不得少于 5 厘米。

（b）横杆升高的幅度不得增大。

规则 181.4（a）及（b）不适用于仍在试跳的运动员同意将横杆直接升到世界纪录的高度。

当某运动员已在比赛中获胜时，有关裁判员或裁判长应征求该运动员的意见，由该运动员决定横杆的提升高度。

注：此规定不适用于全能比赛项目。

测　量

181.5　所有高度项目的测量均应以厘米为单位，从地面垂直量至横杆上沿最低点。

181.6　每次升高横杆后，在运动员试跳之前，均应测量横杆高度。当横杆放置在纪录高度时，有关裁判员必须进行审核测量。如果自上一次测量纪录高度后，横杆又被触及，在后继的纪录高度的试跳之前，裁判员必须再次测量横杆高度。

横　杆

181.7　横杆应用玻璃纤维或其他适宜材料制成，不得使用金属材料。除两端外，横杆的横截面呈圆形。

跳高横杆全长为4.00米±2厘米，最大重量2千克。

撑竿跳高横杆全长为4.50米±2厘米，最大重量2.25千克。横杆圆形部分直径30毫米±1毫米。

横杆应由三部分组成，即圆杆和两端。为便于放置在横杆托上，横杆两端应宽30~35毫米，长15~20厘米。(图3-4-1)

横杆两端横断面应呈圆形或半圆形，并有明确规定的平面放置在横杆托上。这个平面不能高于横杆垂直断面的中心，并要坚硬和平滑。横杆两端不得包裹橡胶或任何能增大与横杆托之间摩擦力的物质。

横杆应无倾斜，放在横杆托上时，跳高横杆最多下垂2厘米，撑竿跳高横杆最多下垂3厘米。

横杆的弹性检查：放好横杆后，在横杆中央悬挂3千克重物，跳高横杆最多允许下垂7厘米，撑竿跳高横杆最多下垂11厘米。

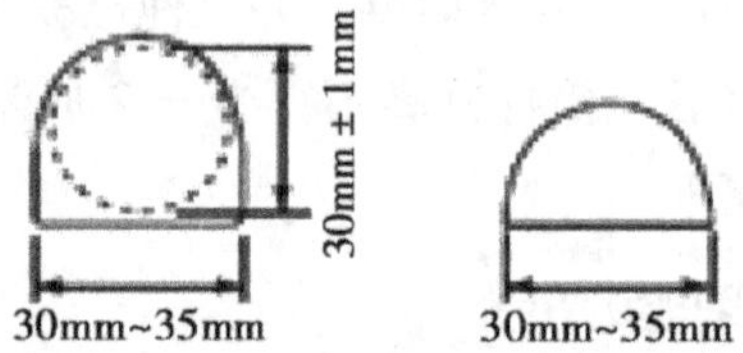

图3-4-1　横杆两端可选择形状

决定名次

181.8　如果2名或者2名以上运动员跳过同样的最后高度，将按以下程序决定名次。

（a）在最后跳过的高度上，试跳次数较少者名次列前。

（b）如成绩仍然相等，则在包括最后跳过的高度在内的全赛中，试跳失败次数较少者名次列前。

（c）如成绩仍相等，成绩相等不涉及第一名时，则运动员的比赛名次并列。

（d）如涉及第一名时，将根据规则181.9中规定，在成绩相等的运动员间进行决名次跳，除非根据比赛前规定的技术规程或在比赛中但在该项目开始之前，根据技术代表的决定（如没有任命技术代表，由裁判长决定）。如果不进行决名次跳，包括相关运动员决定不再进行试跳的比赛任何阶段，成绩相等运动员的名次并列。

注：本规则（d）不适用于全能项目。

决名次跳

181.9　（a）相关运动员必须在每个高度进行试跳，直到决出名次，或者所有相关运动员决定不再进行试跳。

（b）每名运动员在每个高度上只有一次试跳机会。

（c）运动员应在根据规则 181.1 中规定的最后越过高度的下一高度上进行决名次跳。

（d）如果有 1 名以上运动员都跳过或未跳过而仍不能判定名次，则横杆应提升或降低：跳高为 2 厘米，撑竿跳高为 5 厘米。

（e）如果运动员不在该高度上进行试跳，那么他将自动失去争夺更高名次的资格。如果该情况下，只剩下一名运动员，不管他是否试跳该高度，他都将获得冠军。

跳高实例

比赛开始时，主裁判宣布横杆升高计划。跳高成绩记录表范例见表 3－4－3。

表 3－4－3　跳高成绩记录表范例

运动员	跳跃高度（米）							失败次数	决名次跳（米）			名次
	1.75	1.80	1.84	1.88	1.91	1.94	1.97		1.91	1.89	1.91	
A	○	×○	○	×○	×－	××		2	×	○	×	2
B	－	×○	－	×○	－	－	×××	2	×	○	○	1
C	－	○	×○	×○	－	×××		2	×	×		3
D	－	×○	×○	×○	×××			3				4

注：○：成功；×：失败；－：免跳。

A、B、C 和 D 都跳过 1.88 米。开始实施成绩相等的有关规则第 181 条 8 和第 181 条 9，有关裁判员计算从起跳至最后跳过的 1.88 米在内的每人的失败总次数：D 的试跳失败总次数最多，因此获得第四名。A、B 和 C 的名次依然相等，并涉及第一名。由于 1.91 米是他们最后通过高度的下一高度，因此从 1.91 米开始进行决名次试跳，每人有一次试跳机会，但这 3 人都未跳过。横杆降至 1.89 米，进行第二次试跳，C 未跳过，因而获得第三名，A 和 B 都跳过，因成绩相等又获得了第三次试跳的机会。横杆升至 1.91 米，B 跳过，因而获得第一名。

外　力

181.10　当横杆明显受外力（如阵风）作用而掉落，且与运动员无关的情况。

（a）如果运动员越过横杆时身体并未触及横杆，但在过杆后横杆掉落，应认定该次试跳成功。

（b）如果在其他情况下发生横杆掉落，则应给予一次重新试跳的机会。

三、远度跳跃项目通则　第184条

助跑道

184.1　助跑道长度从起跳线量起至助跑道尽头至少应为40米。条件允许时应为长45米，助跑道宽度为1.22米±0.01米，应用5厘米宽的白线标出助跑道。

注：2004年1月1日以前建造的场地可以使用1.25米宽的助跑道。

184.2　助跑道的左右最大倾斜度不超过1∶100（1%），除非在特殊情况下国际田联证明合法提供豁免除外。在助跑道最后40米的跑进方向上向下总的倾斜度不得超过1∶1000（0.1%）。

起跳板和橡皮泥显示板

184.3　起跳板是起跳的标志，应水平埋入地下，与助跑道及落地区表面齐平。起跳板靠近落地区的边沿称为起跳线。紧靠起跳线前端应放置一块橡皮泥显示板，以便于裁判员进行判断。

184.4　起跳板应为长方形，用木料或其他适宜的坚硬材料制成，运动员的鞋钉可以抓住且不会打滑，长1.22米±0.01米，宽0.20米±0.002米，厚度最大为10厘米，涂成白色。

185.5　橡皮泥显示板：应用木料或其他适宜的材料制成，质地坚硬，长1.22米±0.01米，宽0.10米±0.002米，并漆成不同于起跳板的颜色。如可能，橡皮泥应采用第三种对比度强的颜色。此板应安放在紧靠起跳板前端的凹槽或隔板里，其高度超出起跳板7毫米±1毫米。显示板边沿既可以向助跑道方向倾斜45度，在倾斜面上覆盖1毫米厚的橡皮泥，也可以切去边角，填充橡皮泥使之倾斜45度。（图3-4-2）

显示板上部最靠助跑道方向的前10毫米也要用橡皮泥覆盖。

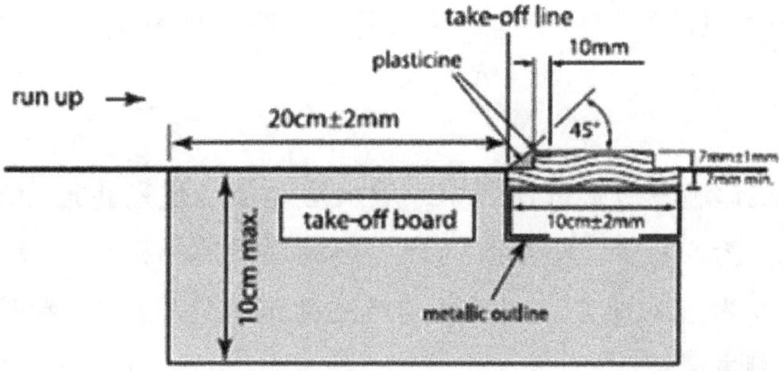

图 3－4－2　跳远起跳板和橡皮泥显示板

当显示板被安放在凹槽中时，全部装置必须牢固，足以承受运动员起跳脚的全部力量。

橡皮泥下面的显示板的材料，应使运动员的鞋钉能抓牢而不滑。橡皮泥层可用碾子或其他刮具抹平，以消除运动员留下的足迹。

注：如有备用橡皮泥板则更为方便，在消除足迹时不致延误比赛。

落地区

184.6　落地区宽度最小 2.75 米，最大 3 米。助跑道应对准落地区中央，使助跑道中心线延长时与落地区的中心线重合。

注：当落地区中心线与助跑道的中心线不重合时，应在落地区内布置 1 条或 2 条带子，使这 2 条线重合。（图 3－4－3）

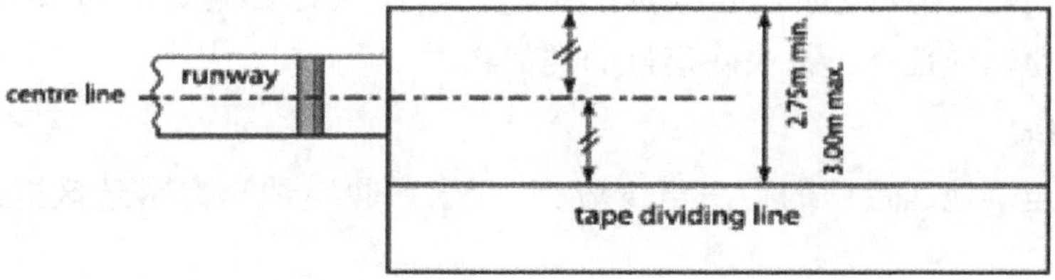

图 3－4－3　跳远、三级跳远落地区布置图

184.7　落地区内应填充湿软的沙子，沙面应与起跳板齐平。

距离丈量

184.8　每次有效试跳后（或根据规则 146.5 进行口头抗议后）应立即丈量成绩。测量成绩时，应从运动员身体任何部位（任何附着于身体上的物品），在落地区内的最近触地点量至起跳线或起跳线的延长线。测量线应与起跳线或其延长线垂直。

184.9　所有远度跳跃项目中，记录测量距离的最小单位为0.01米，不足0.01米不计。

风速测量

184.10　在跳远和三级跳远比赛中，应从运动员经过助跑道旁的标记时开始测量风速，测定时间为5秒钟。测量跳远和三级跳远风速的标记，应分别放置在距离起跳板40米和35米远的地方。如果运动员的助跑距离不足40米或35米时，则应从其开始助跑时测量风速。

184.11　相关田赛裁判长必须确定风速仪应设置在距离起跳线20米，高1.22米，距离助跑道不超过2米。

184.12　风速仪须与规则163.8和规则163.9的描述相同。按规则163.11和规则163.12的规定操作，并按照规则163.13读取风速数据。

四、跳远　第185条

（一）设　施

起跳板（185）、橡皮泥显示板、落地区：见远度跳跃项目通则。

1. 助跑标志物

每名运动员可沿跳远、三级跳远助跑道旁放置1~2个标志物（由组委会批准或提供），以帮助运动员助跑和起跳。如未提供此类标志物，运动员可使用胶布，但不得使用粉笔或任何不易去除痕迹的类似物质。

2. 起跳线

起跳线至落地区远程的距离至少应为10米。起跳线至离落地区近端的距离为1~3米。

（二）比　赛

185.1　以下情况应判为试跳失败。

（a）在起跳过程中，无论是助跑后未起跳还是仅做跳跃动作，运动员身体任何部位触及起跳线以前的地面（包括触及橡皮泥显示板的任何部分）。

（b）从起跳板两端之外起跳，无论是否越过起跳线的延长线。

（c）在助跑或跳跃中采用任何空翻姿势。

（d）起跳后第一次接触落地区前接触了助跑道、助跑道外的地面或落地区外的地面。

（e）在落地过程中触及落地区边沿或落地区以外地面，而落地区外的触地点较落地区内的最近触地点更靠近起跳线。

（f）除规则 185.2 中描述的情况外，以其他方式离开落地区。

185.2 当运动员离开落地区时，其脚在落地区变现或变现外地面的第一触地点，应比在沙坑内的最近触地点离起跳线更远（该最近触地点可能为因失去平衡而留下的完全在落地区内的痕迹），或运动员向回走时留下的距起跳线较落地点近的痕迹。

注：该第一触地点，被认为离开落地区。

185.3 以下情况不应判试跳失败。

（a）运动员在任何位置跑出助跑道白色标志线。

（b）除规则 185.1（b）的规定外，运动员在抵达起跳板之前起跳。

（c）根据规则 185.1（b）的规定，运动员的脚或鞋的一部分触及起跳板任何一端以外、起跳线之后的地面。

（d）运动员在落地过程中其身体的任何部分（任何附着于身体上的物品）触及落地区以外的地面。除非这一接触违反规则 185.1（d）或（e）的规定。

（e）如果运动员按规则 185.2 中的方式离开落地区后，再向后穿过落地区。

（三）任　务

在出赛裁判长领导下，根据《田径竞赛规则》和大会《竞赛规程》的有关条款的规定，认真、公正、准确无误地完成跳远、三级跳远项目比赛的裁判工作。

（四）分工及职责

1. 主裁判 1 ~2 人

（1）全面负责本组裁判工作，确保《田径竞赛规则》和大会《竞赛规程》有关条款的贯彻执行，顺利完成此项比赛的裁判任务。

（2）组织学习《田径竞赛规则》和大会《竞赛规程》，负责裁判员的工作分工，制定裁判工作细则。

（3）组织裁判员在赛前检查场地和器材，进行裁判实习和联调，熟悉器材的性能。赛前重点检查裁判用具，特别是各种电子测量设备及其精确度。

（4）运动员入场后负责宣布比赛注意事项，组织运动员进行赛前练习。

（5）掌握比赛进程，在比赛中担任起跳点裁判员，负责判定试跳成功与失败，监督丈量裁判员的丈量；督促全组裁判员认真工作，处理比赛中的争议，如不能解决，及时报告田赛裁判长。

（6）审批运动员请假事项（当裁判长缺席时）。

（7）审查成绩和录取名次并签名；运动员破纪录后报请田赛裁判长、技术官员审核成绩并签名。

（8）赛前负责做好与各裁判组之间的协调工作，包括检录处、赛后控制中心、编排记录组、场地器材组、技术组（比赛中所使用的仪器、器材的技术维护人员）等。

如设2名主裁判，比赛中，一名主裁判担任起跳点裁判员，负责运动员试跳成功与否的判罚，另一名负责全面工作。

2. 时限员1人

（1）负责计取运动员每次试跳的时间。

（2）负责操作时限钟，应保证时限钟放置在便于运动员观察的位置。比赛中，当成绩显示牌显示某试跳运动员的号码、试跳轮次或记录员口头通知某运动员试跳后，起跳点主裁判从助跑道上拿离"STOP"暂停墩时开始计时。

（3）当运动员的试跳时间只剩最后15秒钟时，应举黄旗向运动员示意并提示旗示裁判员注意，当时限到时，放下黄旗并及时告知起跳点裁判员。

3. 落地裁判员1人

（1）负责落地点的判定，协助起跳点裁判员（主裁判担任）判断运动员是否犯规。比赛中负责判定运动员落地时的最近落地点，并根据运动员落地时的技术状况判定是否存在落地点的犯规现象。如运动员有犯规现象应及时向起跳点裁判员示意，由起跳点裁判员判定试跳是否犯规。

（2）负责落点的精确丈量。使用测距仪时，指挥测距仪反射镜放置裁判员精确摆放落点反射镜；使用钢尺丈量时，监督落点丈量员精确丈量。

（3）比赛中负责指挥服务员完成沙坑平整，保证运动员落地时的安全。比赛前应对落地区的平整性和安全性进行检查。指挥服务员平整沙坑，检查沙坑中是否有石块等隐患物质。检查落地区的中心线是否与助跑道的中心线延长线重合。每次试跳的成绩丈量结束后，指挥服务员迅速平整沙坑，使沙面保持与起跳点在同一水平面上。

4. 记录员1人

（1）按大会规定的检录时间，与管理裁判员一起准时到达检录处，协助检录处有关裁判员进行运动员的检录工作，并在预定时间将运动员带入比赛场地。

（2）比赛前和比赛中负责运动员免跳信息的登记，并协助电脑操作员做好各种信息的记录和核对。

（3）根据比赛的试跳顺序，宣布或核对电脑操作员显示在大屏上的试跳运动员号码是否正确，并正确记录其试跳成绩和风速。

（4）全部比赛结束后排定运动员的名次，与电脑记录成绩核对无误后，交主裁判审核签名，并请田赛裁判长、技术官员审核签字。

（5）比赛结束后，记录员将比赛的原始记录单和风速记录单一起送交大会秘书处，并由电脑终端打印2份成绩单，一份交主裁判留存，一份由管理裁判员交赛后控制中心。

5. 管理裁判员1~2人，为了工作方便，最好为男女裁判员各1名

（1）与记录员一起负责运动员的检录和管理工作。

（2）确保比赛中运动员的行为符合《田径竞赛规则》中的有关规定，维持赛场秩序，检查运动员的助跑标志物摆放是否符合规则要求。协助主裁判组织运动员按比赛顺序进行赛前试跳练习，练习时，站在运动员助跑起点附近维持秩序。

（3）比赛开始前1分钟操作号码提示器或口头提示运动员离比赛开始还有1分钟。操作号码显示器或口头提示，在前一个运动员试跳时，显示下一个试跳运动员的号码，以便运动员做好准备。

（4）大赛中，负责手持比赛项目牌带领运动员到达展示集合点，并配合完成展示工作。一般举牌站在最后一名运动员后，当介绍完最后一名运动员后与运动员一起退出。

（5）运动员在比赛中请假要求离开时，陪同运动员离开比赛现场。

（6）确保站在助跑起点处的运动员与大屏显示的运动员为同一人。

（7）前3轮比赛结束后，将失去后3次试跳资格的运动员集中送至赛后控制中心；全部比赛结束后，将运动员带至赛后控制中心，将运动员和成绩记录单交赛后控制中心有关裁判员。

（8）了解和掌握运动员情况，以及检录处、赛后控制中心、医务站和卫生间等位置，以便更好地开展工作和为运动员服务。

6. 电脑操作员1人

（1）赛前在检录结束后与检录结果对照，并及时录入检录未到得运动员信息。

（2）赛前与电子测量裁判员或技术人员一起做好电子测量和电脑联网等电子设备调试工作，确保比赛的顺利。

（3）比赛中正确录入运动员的试跳结果、风速和免跳等信息，并按照比赛进程及时操作和显示大屏有关信息，确保比赛顺利进行。

（4）比赛结束后，与记录员核对无误后，及时提交电子版的成绩记录单。

7. 电子测量仪器操作员 1 人（激光或录像测距仪）

（1）比赛中负责远度的丈量。

（2）确保仪器的精密度符合田径竞赛规则的有关规定。

（3）严格做好赛前三点、赛后两点的仪器校准的测试和记录工作，签字后，在赛后请主裁判、裁判长、技术官员等有关人员签字后交记录员，与成绩记录单仪器提交大会竞赛秘书组。

8. 风速测量员 1 人

（1）负责运动员试跳时的风速测量。有关操作方法见前面的规则要求。（图3－4－4）

（2）风速测定后，及时在成绩记录单上记录风速测试值，并确保风速显示屏准确显示测试结果。如无显示屏，则应使用小黑板及时显示该试跳的风速值，便于记录员和电脑操作员记录有关信息。

（3）比赛结束后，风速员应在风速记录单上签字，并请主裁判、裁判长和技术官员签字，由记录员将风速记录单与成绩记录单一起送交大会竞赛秘书组。

图 3－4－4　风速仪

9. 人工丈量裁判员 2 人（无电子测量仪时设立）

（1）负责成绩的丈量。

（2）2 人分别为落点丈量员和起跳点丈量员。每次成功试跳后，都应丈量成绩。起跳点丈量员负责将丈量结果大声报出，确保记录员和观众都能听到成绩。

10. 落点裁判员 1 人（采用电子测量仪时设立）

（1）比赛中准确判定运动员的落点，采用激光测距并做好反光镜的准确放置，确保测试成绩的准确。

（2）负责对测距仪测量成绩的检验和审核。采用测距仪测量成绩时，则应在赛前与主裁判、裁判长、技术官员一起对测距仪的测量精度进行审核。

（3）赛前应对所使用的测量设备和仪器进行检验，如钢尺、测距仪等。

11. 平沙员 2 人

（1）在落点裁判员的指挥下，负责平整沙坑和整理比赛场地。

（2）完成主裁判交给的临时性工作。

（五）工作方法（赛前、赛中、赛后）

1. 赛　前

（1）学习比赛规则和规程。

全组裁判员在田赛裁判长的领导下进行工作。比赛前，主裁判带领全体裁判员认真学习大会《竞赛规程》和《田径竞赛规则》的有关条款，了解比赛的项目、时间、场地和参赛运动员的人数及水平等情况。

（2）明确职责与分工。

主裁判根据裁判员的工作经验和能力进行分工，明确各自的职责和任务，做到定岗定位，责任到人。

（3）制定工作细则。

主裁判与全组裁判员一起，共同制订完成任务的详细工作计划，定岗定责，并落实本组间的协调配合以及与其他组的联系。

（4）根据竞赛规则，检查场地器材，熟悉器材的使用性能，了解和掌握仪器操作的注意事项和工作特点。

赛前对起跳板、橡皮泥显示板、橡皮泥和沙坑等进行检查，确认场地器材符合《田径竞赛规则》中有关规定。

赛前应检查和熟悉仪器的性能，如秒表、风速测量仪、倒计时时限钟、成绩显示牌和测距仪等。

对测距仪和钢尺的测量精度进行核准，如由大会技术人员负责操作仪器时，应使其了解和明确本项目的裁判工作任务和特点，并确定比赛时的工作方法。

（5）准备裁判工作所需的用品。

（6）进行裁判实习和各组联调，发现问题及时总结汇报，提出解决方案。

当出现主裁判不能解决的问题时，应提出解决方案，并及时向田赛裁判长汇报，使之得以妥善解决。

(7) 由主裁判负责确定与各裁判组之间的联络和工作配合方法。

赛前应通过学习和实习，使每一名裁判员都对各自的岗位职责、工作任务、方法和流程做到心中有数。

2. 赛　中

(1) 准备比赛场地和器材

通常在比赛前1小时，领取比赛所需器材，布置好比赛场地。

注：大型赛事一般在各单元第一场比赛开始前的1.5～2小时到达场地布置场地，比赛开始前1小时退出比赛场地。

激光测距员应与技术官员、裁判长、主裁判一起，共同使用一个经标定检验的钢尺对一组电子测量成绩进行检测，以确认两种测量结果相符。有关测距仪操作员应及时填写该次比赛的校准表。

起跳板的场地布置见图3-4-5。三级跳远沙坑边的远度显示牌放置见图3-4-6。远度数值可根据跳远和三级跳远的不同而更换。

图3-4-5　起跳板的场地布置

图3-4-6　沙坑边的远度显示牌

(2) 裁判员入场

由主裁判带领下在运动员入场前5分钟（一般赛前30～40分钟）按预定路线（一般从就近的入口）整队入场。

(3) 检　录

按比赛规定的时间（通常在赛前40分钟，如参赛运动员人数过多，可适当提前），主裁判指派记录员及管理裁判员到检录处检录，在检录处检录员的配合下，对运动员的号码布（2块）、服装、钉鞋及所携带物品等进行严格的检查，确保其符合规则规定，如发现有不符合规定的物品，可在检录处按照有关工作程序，装袋密封，填写2份登记表并签字后，一份表格连同有关物品袋交由赛前检录处相关人员送至赛后控制中心，一份交给运动员，便于运动员依据此表在赛后从赛后控制中心领回相关物品。检录结束后，向第一检录处的有关裁判长报告请示后，将运动员带至第二检录处，并经第二检录处协调现场指挥申请后，将运动员按赛前预定的就近路线带入比赛场地，入场排队的顺序为：志愿者举项目牌领队＋运动员＋记录员＋管理裁判员。

（4）主裁判向运动员讲解比赛注意事项

运动员被带到比赛场地后，由主裁判向运动员表示欢迎，并简要讲解有关比赛的注意事项。

（5）组织赛前练习，做好赛前准备工作

主裁判组织运动员按比赛顺序进行赛前练习。管理裁判员应注意每名运动员的标记物摆放是否符合规则规定，每名运动员可使用大会提供的2块助跑标志物。

（6）介绍运动员

比赛前5分钟，主裁判在得到现场指挥的通知后，示意管理裁判员停止练习，主裁判、运动员（按竞赛日程中的比赛顺序）、管理裁判员依次面向主席台站立，当大屏幕和广播开始介绍各参赛运动员时，运动员向前一步向观众举手致意。介绍结束后，比赛准时开始。

（7）裁判员整理场地

整队介绍运动员的同时，裁判员整理场地——安装橡皮泥显示板和起跳线、平整沙坑，做好比赛开始前的准备工作。

（8）准时开始比赛

比赛开始前15秒钟，管理裁判员通知第一个试跳的运动员做准备，电脑记录员在成绩显示牌上显示试跳运动员的号码、跳次。比赛时间到，起跳点裁判员从助跑道上拿离“STOP”暂停墩，计时员启动时限钟开始计时。运动员开始试跳，风速测量员按照规则规定测定运动员该次试跳的风速值。

（9）试跳成功与否的判定

运动员完成每次试跳后，主裁判举旗判定成功与否，成功举白旗，失败举红旗。旗示需停留约3秒钟时间以便观众和运动员观看。

如下列情况者，应判为试跳失败。

①在未做起跳的助跑或在跳跃中，运动员以身体任何部位触及起跳线以前的地面。

②从起跳板两端外起跳，无论是否超过起跳线的延长线（注：运动员起跳中鞋或脚的一部分触及起跳板两端之外起跳线后面的地面，不算犯规）。

③触及起跳线和落地区之间的地面。三级跳远中，运动员在跳跃中摆动腿触地不应视为试跳失败。

④在落地过程中触及落地区以外地面，而落地区外的触地点较落地区内的最近触地点更靠近起跳线。

⑤离开落地区时，运动员在落地区以外地面的第一触地点较落地区内最近触地点和在落地区内因身体失去平衡而留下的任何痕迹更靠近起跳线。

⑥在助跑或跳跃中采用任何空翻姿势。

⑦使用超过 2 个标记或在大会提供标记的同时使用自己的标记（该次试跳失败）。如错拿别人的标记、离开比赛场地、无故延误比赛时间和与裁判员争吵等情况应由有关裁判长给予警告，如再犯，将被取消比赛资格。

⑧还未通知该运动员试跳，而进行了试跳，不管是否成功，都应判该次试跳失败。

⑨无故错过该次试跳顺序。

⑩无故延误时限，如果在比赛中再次无故延误比赛时间，即取消该运动员的比赛资格，但在此之前的比赛成绩仍然有效。每次试跳的时限为 1 分钟，只有在 1 名运动员连续 2 次试跳时，其试跳时限为 2 分钟。

当时限只剩最后 15 秒钟时，计时员举黄旗示意，当时限到时，落下黄旗，主裁判应判定运动员该次试跳失败。如时限到的同时，运动员已开始试跳，应允许其进行该次试跳。

当裁判员通知运动员试跳开始后，运动员才决定免跳，当时限已过时，应判为该次试跳失败。

此外，三级跳远运动员的三跳顺序是 1 次单足跳、1 次跨步跳和 1 次跳跃。单足跳时应用起跳腿落地，跨步跳时用另一条腿（摆动腿）落地，然后完成跳跃动作。

（10）测量成绩，平沙员平整沙坑

当起跳点裁判员举白旗，示意试跳成功后，激光测距员或丈量员应立刻进行丈量。为保证丈量的准确，落点裁判员在运动员落地时应注意仔细观察，找准落地的最近点。

如使用测距仪丈量成绩，落点裁判员判定落地点最近点后，由测距仪反射镜放置裁判员摆放反射镜，测距仪操作员测量成绩，成绩判定后，报告成绩给主记录员或通过测距仪与电脑联网传入电脑内的成绩记录单，以及在成绩显示牌上显示成绩。

落地点裁判员必须在确保比赛成绩丈量无误后，才能拔掉反射镜离开落地区。

如使用录像测距，则有关操作员应在运动员落地时及时地拍摄落地区的影像，同时在屏幕上准确找到最近落地点并丈量成绩后及时传至相关电脑，同时应保留有关落地点丈量照片。有关裁判长应确保录像测距成绩的准确性。

测量时应从运动员在沙坑落地点的最近点垂直丈量至起跳线。应以 1 厘米为最小单位，不足 1 厘米不计。人工丈量时，起跳点丈量员将成绩丈量结果大声报告给记录员。

当成绩丈量完毕或起跳点裁判员举红旗示意试跳失败时，落地裁判员应指挥平沙员迅速平整沙坑。

(11) 记录成绩

记录员准确记录比赛成绩，成功记录“成绩”，失败为“×”，免跳为“-”，并同时录入风速测量结果。电脑终端操作员也相应地录入比赛成绩和风速。电脑操作员在成绩显示牌上显示试跳结果，并保留 3~5 秒，便于全场观众观看。随后电脑操作员在确保落地区平整结束后，有关裁判员做好准备的同时，在成绩显示牌上显示下一个试跳运动员的号码、跳次等信息。

★远度跳跃项目的记录符号

远度项目：成功 = 记录成绩，失败 = ×，免跳 = -，弃权（检录未到）= DNS，比赛没有成绩 = NM。

风速记录符号：顺风 = +，逆风 = -，超风速 = >，风速 = W，米/秒 = m/s。

其他符号：接受帮助被警告 = ⊙，再次接受帮助被取消比赛资格 = ⊙ -，错过顺序 = -，达到及格标准进入决赛 = Q，按成绩递补进入决赛 = q，取消比赛资格 = DQ；世界纪录 = WR，亚洲纪录 = AR，中国纪录 = CR，国家纪录 = NR，世界青年纪录 = WJR，亚洲青年纪录 = AJR，中国青年纪录 = CJR，国家青年纪录 = NJR，个人本年度最好成绩 = SB。

(12) 录取决赛运动员

如参赛人数超过 8 人，每名运动员均有 3 轮试跳机会，前 3 轮试跳结束后排定运动员名次，有效成绩最好的前 8 名运动员可再试跳 3 次。后 3 轮的试跳顺序应与前 3 次试跳后的名次排名相反。记录员应注意跟电脑记录进行及时的核对，记录员宣布进入后 3 次试跳的运动员号码、姓名以及试跳顺序。管理裁判员和风速测量员同时记录参加后 3 轮试跳的运动员顺序。

当运动员人数为 8 人或不足 8 人时，每人均有 6 次试跳机会。如果前 3 次试跳后有1人以上没有有效成绩，那么后3轮的试跳顺序同他们在前3轮试跳的顺序相同并排在其他有效成绩的运动员前试跳。

（13）淘汰的运动员退场，后3轮试跳开始

前3轮试跳结束后，管理裁判员召集已经结束比赛的运动员，并及时送至赛后控制中心；组织有关运动员继续参加后3次试跳。电脑操作员在成绩显示牌上显示下一个试跳运动员的号码、跳次等信息，比赛继续进行。

（14）判定名次

当所有运动员结束全部试跳后，记录员应检查、登记并审核比赛成绩，判定名次，并与电脑记录核对无误后签字。同时，风速测量员在风速记录单上签字后交给记录员。

有关测距仪操作员、主裁判、田赛裁判长和技术官员应再次完成赛后2次的测距仪校准测量，测距仪操作员及时填写校准登记表并签字。

校准无误后，电脑操作员提交比赛成绩。

记录员应根据运动员所有试跳中的最优成绩判定名次。如成绩相等，以其次优成绩判定名次；如仍相等，则以第三较优成绩判定名次，依次类推。

如仍相等，涉及第一名时，应及时通知主裁判举行决名次赛，并由管理裁判员及时通知有关运动员准备参加决名次赛，有关运动员必须参加决名次赛。决名次赛时，运动员按照最后轮试跳顺序，进行1次试跳，以成绩高者名次列前；如仍相等，则再进行1次试跳，直至决出名次。如涉及其他名次的判定，则成绩相等的运动员名次并列，同时，后续名次相应后推。

决名次跳次的试跳成绩应被视为正式比赛成绩。

所有比赛结束后，有关主裁判、田赛裁判长和技术官员应分别在风速表、成绩记录表和测距仪校准表3张表上分别审核签字。

（15）接受帮助

比赛中，运动员不得在比赛场地进行练习，也不得接受他人帮助。否则裁判员应报告主裁判和田赛裁判长，由田赛裁判长或受田赛裁判长委托的主裁判予以警告。如重犯，则由田赛裁判长取消其比赛资格。

（16）离开比赛场地

比赛时，运动员不得离开比赛场地。特殊情况下，须在1名裁判员的陪同下才可以离开场地。

（17）运动员兼项

当运动员兼报项目与本项同时进行比赛时，该项主裁判每次可允许运动员在某一轮次中改变其试跳顺序进行试跳，但不能把全部试跳跳完。请假回来后，不得补跳已错过的轮次。

如因运动员兼项请假，在轮到他/她试跳时未到，一旦该次试跳时限已过，则应视其该次试跳为免跳。

（18）比赛受阻

运动员在试跳过程中，由于某种原因而造成试跳受阻时，该项主裁判有权让该运动员补跳。

（19）破纪录

比赛中，当运动员的成绩超过纪录时，主裁判首先确认运动员该次试跳时的风速是否符合申报新纪录的有关规定，如风速不超过2米/秒时，应请田赛裁判长、技术官员对成绩测量结果进行审核，审核合格后在记录单上签字。

（20）安　全

比赛中应随时注意比赛场地的安全，特别是助跑道、起跳点、沙坑的平整与否，特别是下雨天或地面有积水时的场地安全。

此外，还应注意比赛场地人员的安全，防止无关人员（如记者、无关裁判员、工作人员等）的穿行等。

3. 赛　后

（1）所有比赛结束后，记录员将已签字的3张表（成绩记录表、风速记录表和测距仪校准表）交大会竞赛秘书组。

（2）电脑操作员由电脑传送成绩。

（3）管理裁判员将结束比赛的运动员带至赛后控制中心，并将获得前3名运动员的有关信息告知赛后控制中心，以便他们组织运动员准备颁奖。

（4）全体裁判员整理场地器材，集体整队退场，归还器材。

（5）全体裁判员进行工作小结。

（六）场地布置及站位图

跳远场地布置及裁判站位见图3－4－7。

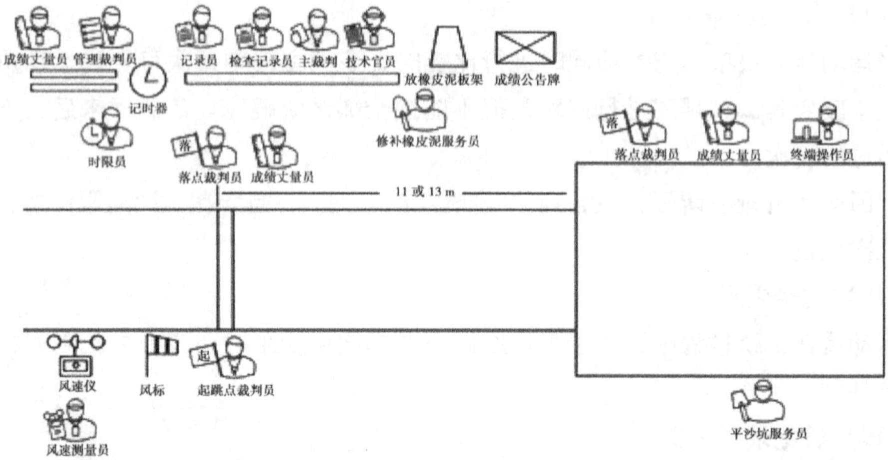

图 3-4-7　跳远场地布置及裁判站位图（提示：这个场地布置图中是错误的）

（七）重点与难点

赛前工作是确保比赛执裁工作的基础，也是决定裁判工作质量的重要保证；赛中工作主要体现在比赛过程的顺畅度、意外事件的处理质量、各方面的合作等；赛后工作是对执裁工作的总结与反思，也是确保后续裁判工作顺利进行的基础。跳远、三级跳远比赛的执裁工作应做到。

1. 精通规则，公平、公正、准确地执罚。作为一名裁判员，应精通《田径竞赛规则》、大会《竞赛规程》及有关规定，并熟练掌握有关裁判方法。执罚中应做到以规则和大会《竞赛规程》和有关说明为准绳，尽可能地按“是否与规则精神相符、运动员是否获利”的原则进行，对于一些规则以外的无法做出决定的问题，应及时向有关裁判长、技术代表等汇报。

2. 良好的精神面貌和整齐的着装。在比赛中，裁判员应保持良好的精神状态，按大会要求穿戴整齐并佩戴裁判员等级徽章。

3. 场地布置和裁判员的站位应既利于执罚，又利于观众的观看和教练员的指挥。世界大赛中，电视转播和观众的参与已成为现代田径竞赛的一大发展趋势。布置比赛场地时，应考虑到以下几点。

（1）成绩显示器的摆放应便于观众、运动员观看。

（2）时限钟和风袋的摆放应在保证运动员能方便观察的同时，也应考虑到有关裁判员和观众、教练员的观察。

（3）裁判员的站位和记录台的摆放既要便于执罚工作的进行，又要考虑便于仲裁录像的拍摄和尽可能地不妨碍观众的观看。

（4）执罚中裁判员尽量取坐姿，并保持良好的身体姿态。

4. 裁判工作应认真细致，尽可能防止意外事件的发生。裁判员应在熟悉掌握本职工作的同时，对各自岗位上可能出现的各种意外情况和事件按照规则精神处理。

（1）起跳时，运动员的脚尖超过起跳线，但未在橡皮泥显示板上留下痕迹，则不应判犯规。

（2）运动员在助跑中触及或跑出助跑道两侧标志线不算犯规。

（3）运动员试跳结束，以符合规则规定的方法走出落地区后，向后走回时，再进入沙坑不算犯规。

（4）三级跳远比赛中，运动员的摆动腿触地不算犯规。

（5）运动员试跳前，应将沙坑平整好，以便准确判定运动员试跳落地痕迹的最近点。沙坑内沙子平面应与起跳板在一个水平面上。

（6）运动员在落地过程中触及落地区以外地面，而区外触地点较区内最近触地点更靠近起跳板，应判该次试跳失败。

此外，对运动员要耐心、有礼貌，尽可能地为运动员创造良好的比赛条件。

5. 严格检查比赛器材、场地设备，确保比赛顺利进行。赛前和比赛当天应严格按要求对设备器材等比赛用品进行检查，确保比赛设备的准确性和稳定性。电子设备的电源线和插座应尽可能隐蔽性摆放，以防因误碰或雨天等原因而造成电源短路，影响比赛的进程。

6. 注意气候变化情况，做好赛前以外情况的预案。

（八）所需物品

见表3－4－4。

表3－4－4　跳远裁判所需物品

物品	数量	物品	数量
红、白、黄旗	各1面	助跑标记	参赛运动员人数的两倍（最好同颜色、同图案的各2块）
红、黄卡	各1个	风速测量起点标志	1个

续表

物品	数量	物品	数量
风标	1 个	裁判桌	3 张
橡皮泥显示板	4~6 块	椅子	16 把
橡皮泥刮刀	2 把	运动员席座凳	同参赛运动员人数（决赛 12 个）
30 米钢尺、50 米皮尺	各 1 个	EMD/VMD 测距仪	1 套
“STOP” 暂停墩	1 个	电脑	1 台
5 厘米宽、10 米长白标带	2 条	落地区远度显示牌	1 套（应分别配备跳远、三级跳远的不同距离的插片）
平耙、铁铲、扫帚	各 2 把	号码提示器或小黑板（配白板笔）	1 个
起跳板显示板	2 块	起跳线 1 米长	2 根
钢钎	2 根	胶带（不同颜色）	3 卷
纪录旗或标志（与赛会水平相当的）	2 面（不同颜色，赛会纪录和世界/洲际/全国/省市纪录）	钉子	若干
成绩显示牌	1 台	锤子	1 把
风速仪	1 台	手套	2 副
时限钟	1 个	垃圾箱及垃圾袋	1 套
带夹书写板	5 块	吸水海绵或大浴巾（下雨天备用）	若干
笔	8 支	大会冰桶和适量矿泉水	1 个
遮阳伞（防雨天备用）	若干把		

（九）工作流程图

跳远、三级跳远裁判工作流程见图 3－4－8。

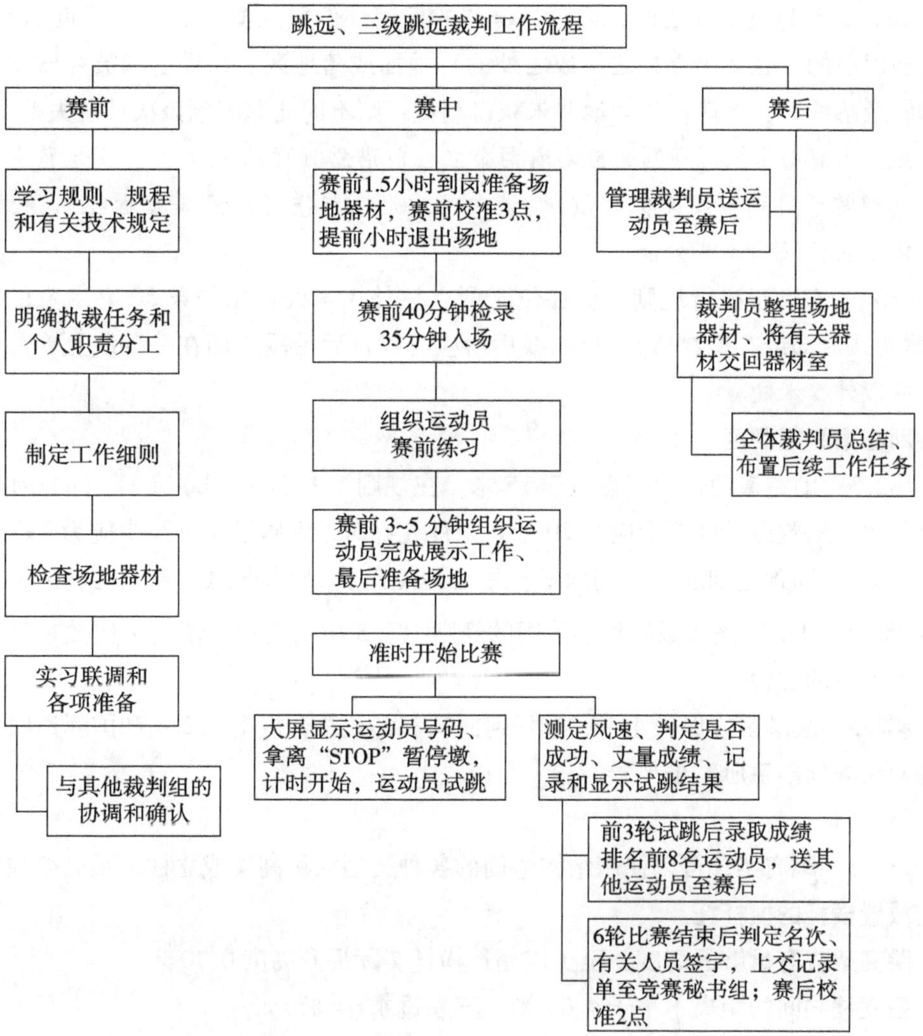

图 3-4-8　跳远、三级跳远裁判工作流程图

五、跳高　第 182 条

（一）比赛、助跑道和起跳区、器材、落地区

比　赛

182.1　运动员必须用单脚起跳。

182.2　出现下列情况之一者，应判为试跳失败。

（a）试跳后，由于运动员试跳动作，导致横杆未能留在两边的横杆托上。

（b）在已越过横杆之前，运动员身体的任何部位触及横杆后沿（靠近助跑道）垂直面以前的（在2个立柱之间或之外的）地面或落地区。如果运动员在试跳中一只脚触及落地区，而裁判认为他并未获得利益，则不因此原因判该次试跳失败。

注：为有助于执行规则，应沿着两个立柱前沿垂直面的地面画一条5厘米宽的白线（通常可用胶布或类似物质），该白线后沿应与横杆后沿垂直面在一条线上，并延伸至立柱以外3米处。

（c）为有助于执行规则，应在位于两立柱外3米处标出一条50毫米宽的白线（通常可用胶布或类似物质），该白线后沿应与横杆后沿垂直面在一条线上，并延伸至立柱以外3米处。

助跑道和起跳区

182.3　助跑道的长度不得短于15米。在规则1.1（a）（b）（c）（e）和（f）的比赛中，助跑道长度至少应为20米。条件允许时，助跑道长度至少应为25米。

182.4　助跑道和起跳区朝向横杆中心地点最后15米的总的最大倾斜度不得超过1∶250（0.4%）。该区域的最小范围的规则182.3中已说明。落地区应放在运动员的助跑上坡的位置。

182.5　起跳区应保持水平，或任何倾斜都必须符合规则182.4和国际田联《田径场地设施标准手册》的要求。

器　材

182.6　跳高架：可以使用结构坚固的各种类型的跳高架或立柱，跳高架应有能稳定放置横杆的横杆托。

跳高架应有足够的高度，至少应超过横杆实际提升高度0.10米。

两立柱之间的距离不小于4.00米、不超过4.04米。

182.7　在比赛过程中不得移动跳高架或立柱，除非有关裁判长认为该起跳区已变得不适于此比赛。

如需移动跳高架或立柱，应在试跳完一轮次之后进行。

182.8　横杆托。横杆托应水平放置，呈长方形，宽40毫米，长60毫米。在跳跃过程中，横杆托必须牢固地固定在立柱上且不可移动。横杆托必须朝向对面立柱，放在横杆托上的横杆被运动员触碰时，应易于向前或向后掉落在地面上。横杆托应为光滑平面。在横杆托上不得包裹橡胶或其他能够增大与横杆之间摩擦力的任何物质，亦不得使用任何有弹性的物质。

横杆托在起跳区横杆两端的高度是相同的。

182.9　横杆两端与立柱之间至少应有10毫米的空隙。

落地区

182.10　在规则1.1（a）（b）（c）（e）和（f）的比赛中，落地区的长宽高最小为6米×4米×0.7米。其他比赛，落地区长宽高最小为5米×3米×0.7米。

注：跳高比赛时，跳高架立柱与落地区之间至少应有0.10米的空隙，以免由于落地区移动而触及立柱，导致横杆掉落。

（二）任　务

跳高项目裁判组是在田赛裁判长的领导下、各自主裁判的负责下，根据《田径竞赛规则》、田径比赛规程和技术会所确认的有关条款的规定，井然有序地组织运动员赛前练习和实际比赛，准确无误地为运动员丈量横杆高度，认真、负责地完成跳高项目赛前制订的升高计划。

（三）分工及职责

1. 主裁判由1～2人

（1）全面负责本组的裁判工作。

（2）负责本组裁判员的工作分工、全组成员学习，制定裁判工作细则。

（3）组织全组裁判员在赛前检查场地和器材，熟悉器材的性能，进行裁判工作联调。赛前指派专人领取器材，赛后返还器材。

（4）赛前负责向运动员宣布比赛中的注意事项及起跳高度与升高计划，组织运动员进行赛前练习；赛中协调跳高与其他项目比赛的冲突（两项比赛同时比赛时）。

（5）掌握比赛进程，负责测量横杆高度，判定试跳成功与失败；处理比赛中的争议，如不能解决，及时报告田赛裁判长。

（6）审批运动员请假事项。

（7）审查成绩和判定名次；运动员破纪录时报请田赛裁判长、技术官员对成绩进行核查。

（8）赛前负责做好与各裁判组之间的协调工作。赛后负责全组总结。

如设2名主裁判，比赛中，一名主裁判担任起跳点裁判员，负责运动员试跳成功与否的判罚；另一名主裁判负责全面工作。

2. 时限员1人

（1）负责使用计时器，确保计时器放在便于运动员观察的位置，负责计取运动员每一次试跳的时间。当运动员试跳时间只剩最后15秒钟时，举黄旗向运动员示意并提示旗示裁判员注意，当时间到时，及时通知旗示裁判员。

（2）比赛中，当成绩显示牌显示某试跳运动员的号码、跳次和高度通知运动员开始试跳时，开始计时。

3. 横杆放置员 2 人

（1）主要负责放置横杆、升降横杆，确保横杆放置符合《田径竞赛规则》的有关规定。比赛前应对场地、器材进行检查和调试。放置横杆应注意以下几点。

①跳高立柱与落地区之间至少应有 10 厘米的空隙。

②横杆两端与立柱之间至少应有 1 厘米的空隙。

③横杆托在起跳区两端的高度是相同的。

④在跳跃过程中，横杆托必须牢固地固定在立柱上并不可移动。

⑤应沿着两个立柱前沿垂直面的地面画一条 5 厘米宽的白线（通常用胶布或类似物质），该白线后沿应与横杆后沿垂直面在一条线上，并延伸至立柱以外 3 米处。

⑥在比赛中不能移动跳高架，除非裁判长认为该起跳区或落地区不适宜于比赛（此类移动只能在一轮试跳完毕后进行）。

⑦配合主裁判，保证横杆放置和升降的迅速、准确。注意横杆两端的各个面始终朝向各自原定的方向。

（2）协助主裁判判断运动员是否犯规。

①运动员在越过横杆之前，身体任何部分触及立柱之间、横杆延长线垂直面以外的地面或落地区时，应主动报告主裁判。

②运动员在越过横杆过程中触及横杆造成颤动时，放置横杆裁判员应迅速走向立柱架旁，在主裁判判定成功后将横杆扶稳，以便下一运动员试跳。

（3）比赛中指挥志愿者（助理裁判员）及时调整落地区，保证落地区的安全。

4. 记录员 1 人

（1）与管理裁判员一起，协助检录处有关裁判员，负责运动员的检录工作，并在规定时间将运动员带入比赛场地，如大会规定由检录处负责，则此项工作取消，检录结束后，由电脑操作员打印 4 份比赛成绩登记表。

（2）比赛中负责登记各运动员的起跳高度和比赛中运动员申请免跳等信息。

（3）根据成绩记录单中的试跳顺序，宣布试跳运动员号码，并正确记录其试跳成绩。当在一个高度上，所有运动员结束试跳后通知裁判员将横杆升至下一高度。

（4）比赛结束后排定运动员的名次，与电脑记录成绩核对无误后，交主裁判审核签名，并请田赛裁判长、技术官员审核签字。

(5) 比赛结束后，记录员将原始记录单送交编排记录组，并由电脑终端打印4份成绩单，一份交主裁判留存，其余3份分别送宣告组、赛后控制中心（由管理裁判员交）和颁奖组；如大会有终端联网设施，则由电脑操作员由电脑传送成绩，并打印1份成绩交主裁判留存，记录员将其比赛中的原始记录单送交编排记录组。

5. 检查记录员1人

(1) 检查记录员和电脑操作员的成绩记录是否准确。

(2) 负责成绩公告牌的操作，及时显示横杆高度及试跳运动员的号码、试跳次数以及试跳是否成功等信息。

6. 管理裁判员2人，为了方便更好地工作，男女裁判员可以各1名

(1) 负责运动员的管理工作，与记录员一起负责运动员的检录和管理工作。

(2) 确保比赛中运动员的行为符合《田径竞赛规则》中的有关规定，维持赛场秩序。协助主裁判组织运动员进行赛前试跳练习。练习时，站在运动员助跑起点附近维持秩序。

(3) 监督运动员在比赛准备中有无犯规情况，标记物的摆放是否符合规则的有关规定。比赛中，当运动员结束比赛后或请假要求离开时，陪同运动员离开比赛现场。

(4) 比赛中提醒督促运动员做好试跳准备，使其能按时比赛。采用小黑板或号码显示器通知下一个试跳运动员的号码，以便运动员提前做好准备，确保比赛顺利进行。

(5) 比赛中每个高度试跳结束后，将被淘汰的运动员送至赛后控制中心。全部比赛结束后，将运动员带至赛后控制中心，将运动员和成绩记录单交赛后控制中心有关裁判员。

(6) 应了解和掌握运动员情况，以及检录处、赛后控制中心、医务站和卫生间等位置，以便更好地开展工作和为运动员服务。

7. 电脑操作员1人

(1) 比赛中正确录入运动员的比赛成绩。赛前负责将高度登记表输入电脑，并通过电脑终端联网，在检录结束后，及时打印4份成绩记录表（技术官员、主裁判、记录员、管理裁判员各1份）。

(2) 每一高度比赛结束后，与记录员核对无误后，及时通过网络提交成绩记录结果。

（3）全部比赛结束后，经核对无误后提交比赛成绩，并打印2份成绩单，一份在主裁判签字确认后留存，另一份交主裁判留存。

8. 激光测距仪操作员1~2人

（1）比赛中负责高度的丈量，确保横杆高度的精确。

（2）确保仪器的精密度符合《田径竞赛规则》的有关规定。为保证仪器正常工作，比赛前后，应与有关裁判长、主裁判一起，共同使用一个经标定检验的钢尺对一组电子测量成绩进行检测，以确认两种测量结果相符。

9. 志愿者（助理裁判员）2人

（1）抓阄负责整理比赛场地。

（2）完成主裁判交给的临时性工作。

（四）工作方法

1. 赛　前

（1）主裁判带领全体裁判员学习竞赛规则、竞赛规程和技术会所确定的相关条款的规定及精神。跳高场地见图3－4－9。

图3－4－9　跳高场地

（2）了解比赛的项目、时间、场地情况和参赛的人数、水平等情况；明确职责与分工，详细研讨裁判方法，制定裁判组及个人工作细则和工作预案，做到定岗定位，责任到人。

（3）检查场地与器材，熟悉器材性能和使用方法；进行裁判组实习和大会裁判联调，发现问题及时向有关裁判长反映。

（4）赛前负责做好与各裁判组之间的协调工作，包括赛前控制中心、赛后控制中心、编排记录组、场地器材组、医疗站、技术组（比赛中所使用的各仪器，器材的技术维护人员）等。

（5）与志愿者对接培训，明确志愿者任务。

(6) 主裁判指派记录员和管理裁判员到第二检录室检录，并将运动员整队按规定路线带入比赛场地。

2. 赛　中

(1) 准备比赛场地和器材

一般情况下会在比赛前1个小时左右，去领取比赛所需要器材，把比赛场地布置好。裁判长和主裁判应与激光测距员一起，共同使用一个经标定检验的钢尺对一组电子测量成绩进行检测，以确认两种测量结果相符。

(2) 裁判员入场

在主裁判的带领下按照规定的时间（一般赛前30~50分钟）和路线整队入场。

(3) 检　录

按大会规定时间，主裁判指定管理裁判员到检录处检录，在检录处检录员的配合下，对运动员的号码、服装、钉鞋及所携带物品等进行严格的检查，确保其符合规则规定。检录结束后，按规定时间和路线将运动员带入场地。在检录时，如果发现运动员携带了不符合规定的物品，由检录处暂时上收，同时向运动员出示收条，检录结束后由检录处将有关物品送交赛后控制中心，以便运动员结束比赛后领回。

(4) 裁判员向运动员讲解比赛的注意事项及组织赛前练习

运动员被带到比赛场地后，裁判员向运动员简要讲解有关比赛的注意事项，包括练习高度、起跳高度和横杆升高计划等内容，并组织监督运动员按比赛试跳顺序进行赛前练习。管理裁判员应注意每名运动员的标记物摆放是否符合规则规定。在运动员练习时，管理裁判员提示运动员登记起跳高度。

(5) 介绍运动员

比赛前5~6分钟，主裁判在得到现场指挥的通知后，示意管理裁判员停止练习，主裁判、运动员、管理裁判员依次面向主席台站立，当大屏幕和广播开始介绍各参赛运动员时，运动员向前一步向观众举手致意。介绍结束后，比赛准时开始。

(6) 裁判员升起跳高度，准时开始比赛

在介绍运动员的同时，横杆裁判员和激光测距员升横杆至第一高度。助理裁判员整理场地，做好比赛开始前的准备工作。运动员介绍结束后，管理裁判员通知第一个试跳运动员准备比赛，主裁判通知检查记录员在成绩显示牌上打出第一个试跳运动员的号码、跳次和所试跳的高度，第一个试跳运动员开始试跳，计时员启动时限钟开始计时，比赛开始。

（7）试跳成功与否的判定

运动员试跳结束后，主裁判举旗判定成功与否，成功举白旗，失败举红旗。

如有下列情况者，应判为试跳失败。

①运动员使用双脚起跳。

②试跳后，由于运动员的试跳动作，致使横杆未能留在两边的横杆托上。

③在越过横杆之前，身体触及立柱前沿垂直面以外的地面或落地区，但如果裁判员认为运动员并没有受益，则不应由此而判该次试跳失败。

④无故延误时限，如果在比赛中再次无故延误比赛时间，则取消该运动员的比赛资格，但在此之前的比赛成绩仍然有效。

⑤当裁判员通知运动员试跳开始后，运动员才决定免跳，当时限已过时，应判为该次试跳失败。

⑥试跳时，运动员有意用手或手指把即将从横杆托上掉下的横杆放回。

⑦使用超过两个标记或在大会提供标记的同时使用自己的标记（该次试跳失败）。如错拿别人的标记、离开比赛场地、无故延误比赛时间和与裁判员争吵等情况应由有关裁判长给予警告，并告诫，如再犯则取消比赛资格。

⑧还未通知该运动员试跳，而进行了试跳，不管是否越过横杆，都应判该次试跳失败。

⑨无故错过该次试跳顺序。

（8）记录员准确记录比赛成绩

记录符号成功为“○”，失败为“×”，免跳为“－”，电脑操作员也相应地录入比赛结果，检查记录员在成绩显示牌上显示试跳结果，并旋转显示牌以便全场观众都能看到。当成绩显示牌停止旋转后，检查记录员显示下一个试跳运动员的号码、跳次和所跳高度等信息。

当一个高度的全部试跳结束后，经主记录员与电脑录入核对无误后，电脑操作员将比赛结果及时提交至信息中心。

（9）升高度

当在一个高度上所有运动员结束试跳后，检查裁判员显示下一个试跳高度，起跳点裁判员（主裁判担任）组织横杆裁判员、激光测距员一起将横杆提升至下一个高度。高度测量结束后，检查裁判员显示下一个试跳运动员的号码、跳次和所跳高度等内容，比赛继续进行，直至最后一名运动员出现连续 3 次失败或运动员放弃比赛为止。

除非比赛中只剩下一名运动员，并且他已经获得该项目比赛的冠军，否则横杆升高幅度不得增大，也不得少于2厘米。

准备试跳的高度凡超过世界、亚洲及全国纪录时，主裁判应请田赛裁判长和技术官员，对横杆的高度进行审核。测量破纪录的横杆高度后，如横杆又被触及，必须再次测量。

（10）运动员的退场

每一个高度结束后，管理裁判员应将已结束比赛的运动员及时送至赛后控制中心。

（11）记录员判定名次

记录员应根据运动员的成绩判定名次。

按跳过的最后一个高度判定，成绩好的在前。

如果跳过的最后一个高度相同，看跳过的最后一个高度的掉杆次数，掉杆次数少的名次靠前。

如果看跳过的最后一个高度的掉杆次数相同，就看总的掉杆次数，掉杆次数少的名次靠前。

如果总的掉杆次数还相同，名次并列。

如果经过前3条后还相同，就采取将高度下降让他们继续跳，直至分出胜负。

涉及第一名时，应及时通知主裁判举行决名次赛，并由管理裁判员及时通知有关运动员准备参加决名次赛，首先在造成其成绩相等失去继续试跳权利的最低失败高度上每人再试跳一次。有关运动员都必须参加决名次赛，如有人放弃，则另一人获胜。如有关运动员均成功越过或失败而仍不能判定名次时，则横杆应提升或下降2厘米，直至决出名次。涉及其他名次时，则成绩相等的运动员名次并列，同时，后续名次相应后推（如第四名有3人并列，则后面的名次应第七名）。

决名次赛的成绩应被视为正式比赛成绩。

（12）接受帮助

比赛中，运动员不得在比赛场地进行练习，也不得接受他人帮助。否则裁判员应报告主裁判和田赛裁判长，由田赛裁判长或受田赛裁判长委托的主裁判予以警告。如重犯，则由田赛裁判长取消其比赛资格。比赛时，运动员不得离开比赛场地。特殊情况下，须在一名裁判员的陪同下才可以离开场地。

（13）运动员兼项

比赛中，有运动员同时参加多项比赛时，有关裁判长每次可以允许该运动员在每次试跳中，以不同于赛前抽签排定的顺序进行试跳。如果该运动员后来在轮到其试跳时未到，一旦该次试跳时限已过，将视其该次试跳为免跳，但当所有运动员都完成了比赛，该运动员还没有到场，并且给他的试跳时限已过，裁判长将视其为中退。

（14）及格赛

当分组举行及格赛时，各组应在相同时间和同等条件下进行比赛，否则应在上一组比赛结束后，立即进行下一组的准备活动。

及格赛中，没有因连续三次试跳失败而被淘汰的运动员，要根据规则 181.2 的规定继续比赛直至及格高度上的最后一次试跳结束，但是根据规则 180.11 的规定达到了决赛的人数时除外。

（15）比赛受阻与安全

运动员在试跳过程中，出现了某种原因而造成试跳受阻时，该项主裁判有权让该运动员补跳。另外，比赛中应随时注意比赛场地的安全，特别是助跑道、起跳点、落地区的平整与否，下雨天或地面有积水时的场地安全，以及大风天时的横杆放置是否能稳定停留等。此外，还应注意比赛场地人员的安全，防止无关人员（如记者、无关裁判员、工作人员等）的穿行等。

3. 赛　后

（1）在全部运动员结束试跳后，记录员应该检查、登记和审核比赛成绩，决定名次，并与电脑记录核对无错误后，比赛成绩记录单由主裁判、裁判长、技术官员审核无误签字后交竞赛秘书处。

（2）电脑操作员及时将比赛结果提交信息中心，打印 2 份成绩单，1 份送赛后控制中心（由管理裁判员送交），1 份交主裁判留存。如果电脑设备条件允许的话，结束比赛后，应根据比赛结果相应地在成绩显示牌上显示运动员的名次。

（3）在比赛全部结束后管理裁判员将运动员带至赛后控制中心，并将 1 份成绩记录单交赛后控制中心，以便他们组织运动员。特别要注意，运动员经过混合区时记者的采访、运动员的控制与安全问题都要考虑。

（4）在比赛结束后，裁判长和主裁判应与激光测距员一起，再一次用一个经标定检验的钢尺对一组电子测量成绩进行检测，以再次确认两种测量结果相符才可。

（5）全体裁判员整理场地器材，集体整队退场后，最后进行工作小结。

（五）场地布置与站位图

跳高场地布置及裁判站位见图 3－4－10。

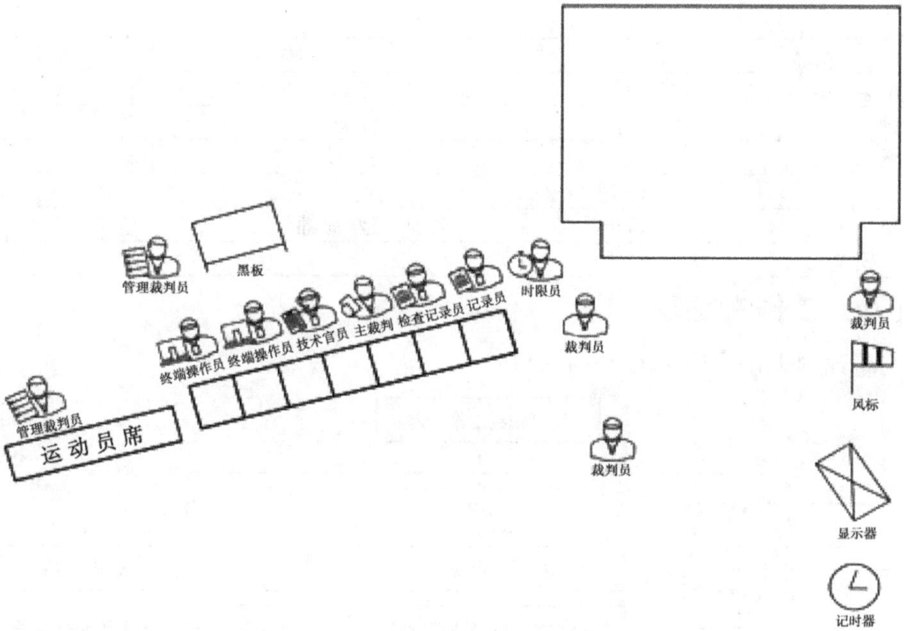

图 3－4－10　跳高场地布置及裁判站位图

（六）重点与难点

在跳高比赛中，裁判工作重点在丈量高度的精确性及判罚尺度的合理性上。比赛时需要两个以上经过中国田径协会审定的标尺认真核对高度，确保高度的精确性。在判罚尺度上需要在规则规定的范围以外，考虑运动员的实际利益。难点主要出现在热身练习过程中的有效、紧张而井然有序的组织上。

（七）所需物品

跳高裁判所需物品见表 3－4－5。

表 3－4－5　跳高裁判所需物品

物品	数量	物品	数量
跳高海绵包	1 套	风标	1 个
跳高架	1 对	5 厘米布带	7 米
横杆	不得少于 4 根	测距仪	1 套
高度测量尺（经标定的）	1 个	电脑	1 台
成绩公告牌	1 副	钢尺	1 个
红、白、黄旗	各 1 面	50 米皮尺	1 个
秒表	1 块	“STOP” 暂停墩	1 个
胶布	若干卷	号码显示器或小黑板	1 个

续表

物品	数量	物品	数量
成绩记录单	5 张	0.6 米高的梯子	1 个
时限钟	1 个	遮阳伞	若干
裁判桌	3 张	扫帚	2 把
椅子	10 把	小垃圾箱	1 个
运动员休息凳	若干	吸水海绵	若干
夹板、铅笔	若干		

（八）工作流程图

跳高裁判工作流程见图 3－4－11。

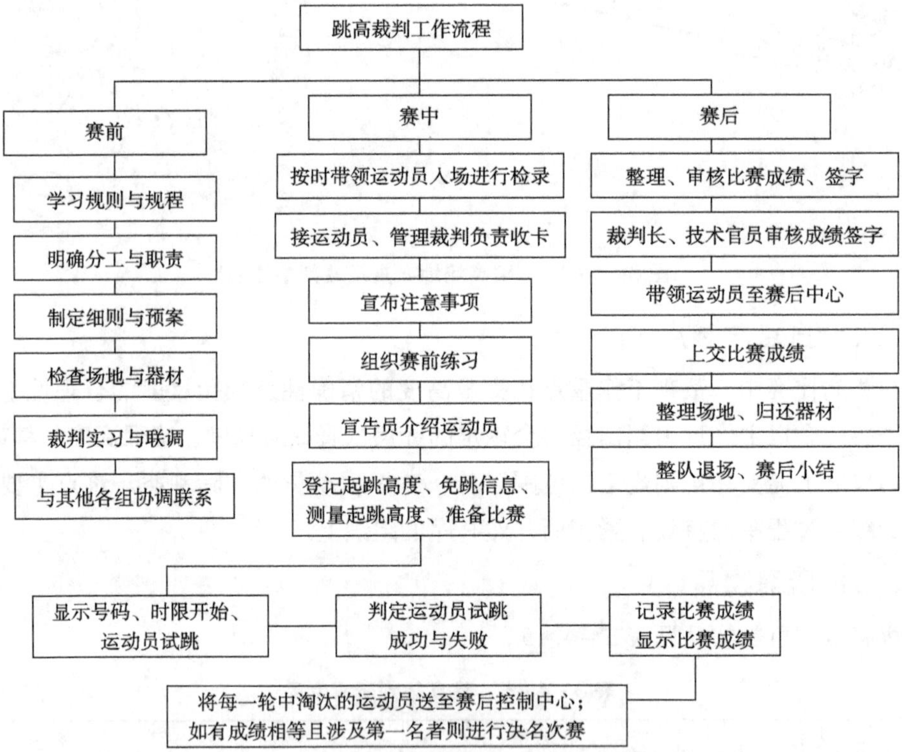

图 3－4－11　跳高裁判工作流程图

六、撑竿跳高　第 183 条

（一）设　施

比　赛

183.1　运动员可要求向落地区方向移动撑竿跳高横杆，并可使距运动员最近的横杆边缘移动至从插斗前壁顶端内沿向落地区方向80厘米之内的任一位置。

运动员应在比赛开始前将其第一次试跳需采用的立柱或横杆托移动距离通知有关裁判员，移动距离应被记录下来。

此后，如果运动员要求改变立柱或者横杆托的移动距离，应在按其原要求调整好立柱位置之前及时通知有关裁判员，否则应开始计算该运动员的试跳时间。

注：应画一条1厘米宽的颜色明显的线（"零"线），该线与助跑道的中轴线垂直，与插斗前壁顶端的内沿齐平。此线也要通过落地区的表面，宽度不超过5厘米，延伸至两侧立柱的外端。此线靠近运动员助跑的边沿，必须与插斗的后端相吻合。

183.2　出现下列情况之一者，应判为试跳失败。

（a）试跳后，由于运动员的试跳动作，致使横杆未能留在两边的横杆托上。

（b）在越过横杆托之前，运动员的身体和所用撑竿的任何部位触及插斗前壁上沿垂直面以前的地面和落地区。

（c）起跳离地后，将原来握在下方的手移握至上方的手以上或原来握在上方的手向上移握。

（d）试跳时，运动员用手稳定横杆或将横杆放回横杆托上。

注1：运动员助跑时，在任何位置跑出助跑道标志线不算犯规。

注2：运动员在试跳中，撑竿正确插入插斗后，撑竿触及落地区垫子不判试跳失败。

183.3　比赛中，允许运动员在双手或撑竿上使用有利于抓握的物质，并允许使用手套。

183.4　除非撑竿朝向远离横杆或撑竿跳高架的方向倾倒，否则不准有人（包括运动员）接触撑竿。如果有人接触撑竿，裁判长认为如果撑竿不被接触，会碰落横杆，应判此次试跳失败。

183.5　试跳时撑竿折断，应判为试跳失败，给予该运动员一次重新试跳的机会。

助跑道

183.6　从"零"线量起，跑道长度至少应为40米，条件允许时至少应长45米。助跑道宽度应为1.22米±0.01米。助跑道的标志线为宽50毫米的白线。

注：2004年1月1日以前建造的场地，助跑道最大宽度可为1.25米。

183.7　助跑道的左右倾斜度不得超过1∶100（1%），非在特殊情况（国际田联）证明合法提供豁免除外；在助跑道最后 40 米的跑进方向上向下总的倾斜度不得超过 1∶1000（0.1%）。

器　材

183.8　插斗：撑竿跳高起跳时，撑竿必须插在插斗内。应用适宜的材料制作插斗，插斗上沿最好为弧形或软性材料，将插斗埋入地下，上沿与地面齐平。插斗底部的斜面长度为 1 米。底部的宽度自后向前逐渐变窄，后端为 60 厘米，前端为 15 厘米。插斗的地面长度和前壁的深度，为插斗底板与前壁构成的 105 度角所决定。

插斗底板自与地面齐平的后端向前下方倾斜到与前壁结合处，距地面的垂直深度为 20 厘米。插斗的左右两壁向外倾斜，与前壁衔接处形成的角度约为 120 度。

注：运动员在进行每一次试跳时，应在插斗四周放置垫子，以便进一步保护。放置这一器材应在运动员的试跳时限内完成，且在他结束本次试跳后立即移除。在规则 1.1（a）（b）（c）（e）和（f）的比赛中，这种器材由组委会提供。

183.9　撑竿跳高架：任何坚固的撑竿跳高架和立柱均可使用。必须用适宜材料制作的垫子包裹跳高架底座的金属结构和在落地区上面的立柱下部，保护运动员和撑竿。

183.10　横杆支架：横杆应放置在水平方向上突出的横杆托上，以便当运动员或撑竿触及横杆时，横杆易向落地区方向掉落。横杆托上不得有刻痕或缺口，横杆托应粗细均匀，直径不超过 13 毫米。

横杆托（Peg）应是光滑的，出支撑臂的长度不得超过 55 毫米。垂直的杆托后档（Peg Backing）也应光滑，于横杆托 35～40 毫米，结构不能让横杆停留在其两端的顶部。

横杆托之间的距离为 4.30～4.37 米。在横杆托上不得包裹橡胶或任何能够增大与横杆之间摩擦力的物质，不能有任何弹性。

注：为了减少运动员落在立柱底座上受伤的机会，可将横杆托永久性固定在立柱的延伸臂上面，以增加两个立柱之间的距离，而横杆的长度不变。

撑　杆

183.11　运动员使用自备撑竿。未经物主同意，不得使用他人的撑竿。

撑竿可用一种或多种合成材料制成，长度和直径不限，但撑竿表面必须光滑。

可在撑竿的抓握处缠上多层保护性胶布（以保护手），和/或在撑竿下端缠上其他适当材料和胶布（以保护撑竿）。任何在撑竿抓握处的胶布除了重叠的附属物以外必须一致，不能出现直径的突然改变，如在撑竿上增设任何“环状”物。

落地区

183.12　举办规则 1.1（a）（b）（c）（e）和（f）的比赛，落地区不得小于 6 米长（“零”线后且不包括前端）×6 米宽 ×0.8 米高。举办其他比赛，落地区面积不小于 5 米长（不算前端）×5 米宽。所有比赛的前端部分长不得少于 2 米。

落地区边沿距插斗前沿应为 0.10～0.15 米，从插斗方向向外倾斜约为 45 度。

（二）任　务

在田赛裁判长的领导下，严格执行 IAAF《田径竞赛规则》和大会《竞赛规程》有关条款的规定，在主裁判的带领下，准确无误地完成撑竿跳高裁判工作，保证撑竿跳高比赛的顺利进行。

（三）人员分工及职责

1. 人员分工

（1）主裁判 1～2 人。

（2）时限员 1 人。

（3）横杆放置和撑竿接护裁判员 1 人。

（4）横杆升降和移动架距裁判员 2 人。

（5）记录员 1 人。

（6）检查记录员 1 人。

（7）管理裁判员 2 人（为了工作方便，最好为男女裁判员各 1 名）。

（8）电脑操作员 1～2 人。

（9）激光测距仪操作员 1～2 人。

（10）志愿者（助理裁判员）2 人。

2. 职　责

（1）主裁判 1～2 人

①全面负责本组的裁判工作。领导本组工作，确保《田径竞赛规程》有关条款的贯彻执行，顺利完成撑竿跳高比赛的裁判任务。

②领导全组成员学习《田径竞赛规则》和大会《竞赛规程》，负责本组裁判员的工作分工，制定裁判工作细则，了解参赛运动员人数、项目单元的安排、各单元的比赛时间、运动员的报名成绩和本项目的记录等。

③组织全组裁判员在赛前检查场地和器材，准备裁判用具，按照裁判工作分工及工作流程进行实习，熟悉器材的性能和各环节衔接与配合，提出预案及解决方案。

④赛前负责做好与各裁判组之间的协调工作，包括检录组、项目展示主管、全能项目组、赛后控制中心、编排记录组、场地器材组、技术组（比赛中所使用的各仪器、器材的技术维护人员）等。

如设2名主裁判，比赛中，一名担任起跳点裁判员，负责运动员试跳成功与否的判罚；另一名负责全面工作。

⑤运动员入场后负责宣布比赛中的注意事项、起跳高度和升高计划，以及架距登记等，组织运动员进行赛前练习。

⑥掌握比赛进程，担任起跳点裁判员，负责测量横杆高度，判定试跳成功与失败；督促全组裁判员认真工作，处理比赛中的争议，如不能解决，及时报告田赛裁判长；如遇破纪录高度时，应在运动员试跳前，请技术官员和田赛裁判长审核高度的测量结果，当运动员成功越过后，应立刻请技术官员和田赛裁判长签字。

⑦审批运动员请假事项。

⑧比赛结束时，审查成绩、录取名次并签名，后报请田赛裁判长、技术官员审核成绩并签名。

⑨组织本组裁判员的进、退场。

（2）时限员1人

①负责计取运动员每一次试跳的时间。

②负责操作时限钟，应保证时限钟放置在便于运动员观察的位置。撑竿跳高时限应在架距移动裁判员根据运动员提前登记的架距调整好之后、裁判员通知运动员起跳时开始记起。

③当运动员的试跳时间只剩最后15秒钟时，应举黄旗向运动员示意并提示旗示裁判员注意（起跳点），当时限到时，及时放下黄旗并通知旗示裁判员。

（3）横杆放置和撑竿接护裁判员1人

①负责横杆的放置、升降并协助主裁判判断运动员是否犯规。

比赛前应对场地、器材进行检查和调试。在检查和调试时，首先注意撑竿跳高的横杆支架与落地区之间至少应有10厘米的空隙，横杆托之间的距离应为4.30～4.37米。横杆托伸出支架的长度不超过55毫米，支架应高于横杆托35～40毫米，并在与插斗前壁顶端的内沿齐平，垂直于助跑道中轴线处，画一条1厘米宽的颜色鲜明的线，此线应通过落地区的表面，并尽量延伸到两侧立柱的外侧。

运动员在越过横杆之前，身体任何部分或所用的器械任何部位触及插斗前壁上沿垂直面以外的地面或落地区时，应主动报告给主裁判。

运动员越过横杆中触及横杆造成颤动时，应在主裁判判定后迅速扶稳或重新放置横杆，使之处于静止状态，为后继运动员的试跳做好准备。

②比赛中保证横杆的放置符合《田径竞赛规则》的有关规定。

与主裁判紧密配合，掌握升高计划和横杆下垂程度及放置方向，保证横杆的放置和升降迅速准确，横杆两端的各个面始终朝向各自原定的方向。

③与主裁判、横杆升降裁判员和测距仪操作员一起完成横杆高度的测量。

④负责运动员试跳时的撑竿接护。

运动员试跳中，双手推离撑竿后，当撑竿倒向远离落地区或倒向撑竿跳高架的方向时，应及时做好撑竿的接护工作。但如果撑竿不被接触，将会碰落横杆时，则不应接触撑竿，因此，在工作中应认真观察，做好判断，既能保护运动员及其撑竿，又不造成“帮助”现象的出现。

（4）横杆升降和移动架距裁判员 2 人

①横杆高度测量时，负责移动架距至“零”点位置，并操作横杆两侧高度的升降，与横杆放置裁判员、主裁判和激光测距员一起完成横杆高度的测量。

②负责移动撑竿跳高横杆（移动架距）

比赛中，在记录员通知运动员试跳之前，根据各运动员登记的横杆架距调整好横杆的架距。规则规定，运动员可要求向落地区方向移动撑竿跳高横杆，并可移动至从插斗前壁顶端内沿向落地区方向 80 厘米之内的任一位置。

③比赛中指挥服务员及时调整落地区，保证落地区的安全。

（5）记录员 1 人

①在规定的检录时间前，与管理裁判员一起准时到达检录处，在检录处有关裁判员的协助下，负责运动员的检录工作，并在规定时间将运动员带入比赛场地。

②比赛中负责登记运动员的起跳高度、申请免跳和架距距离等信息。

③根据成绩记录单中的试跳顺序，宣布将要试跳的运动员号码，通知移动架距裁判员根据运动员登记的横杆距离移动架距，并正确记录其试跳成绩。

④比赛结束后排定运动员的名次，与电脑记录成绩核对无误后，交主裁判审核签名，并请田赛裁判长、技术官员审核签字。

⑤比赛结束后，记录员将其比赛中的原始记录单送交编排记录组，并由电脑终端打印 2 份成绩单，一份交主裁判留存，1 份由管理裁判员交赛后控制中心。

（6）检查记录员 1 人

①检查记录员记录的成绩是否正确。

②负责成绩公告牌的操作，及时显示横杆高度及试跳运动员的号码、试跳次数以及试跳是否成功等信息。协助提醒横杆放置裁判员移动架距。

③协助电脑操作员的成绩录入工作。

（7）管理裁判员2人，为了工作方便，最好为男女裁判员各1名

①同记录员一起协助检录处有关裁判员完成运动员的检录工作。

②负责运动员的管理工作，确保比赛中运动员的行为符合《田径竞赛规则》中的有关规定，维持赛场秩序，检查运动员的助跑标志物是否符合规则要求（每名运动员最多放置大会提供的2个标记块）。协助主裁判组织运动员按比赛顺序进行赛前试跳练习。练习时，站在运动员助跑起点附近维持秩序。

③比赛前，配合项目展示主管介绍运动员。

④比赛中，当运动员结束比赛后或请假要求离开时，陪同运动员离开比赛现场。

⑤比赛中提醒运动员做好试跳准备、登记架距和申报起跳高度。用小黑板或号码显示器通知下一个试跳的运动员提前做好准备。

⑥监督运动员在比赛准备中有无违规情况。

⑦比赛中每个高度试跳结束后，将被淘汰的运动员送至赛后控制中心。全部比赛结束后，将运动员带至赛后控制中心，将运动员和成绩记录单交赛后控制中心有关裁判员。

⑧应了解和掌握运动员情况，以及检录处、赛后控制中心、医务站和卫生间等位置，以便更好地开展工作和为运动员服务。

（8）电脑操作员1~2人

①负责在赛前将高度登记表输入电脑，并通过电脑终端联网在检录结束后，及时打印4份成绩记录表（技术官员、主裁判、记录员、管理裁判员各一份）。

②比赛中正确录入运动员的比赛成绩。

③比赛结束后，与记录员核对无误后，及时通过网络提交成绩记录结果，并打印2份成绩单，一份在主裁判签字确认后留存，另一份交主裁判留存。

（9）激光测距仪操作员1~2人

①比赛中负责横杆高度的丈量，确保横杆高度的精确。

②确保仪器的精密度符合《田径竞赛规则》的有关规定。在比赛前、后，测距员应与裁判长、主裁判一起，共同使用一个经标定检验的钢尺对一组电子测量成绩进行检测，以确认两种测量结果相符。

（10）志愿者（助理裁判员）2 人

①在横杆放置裁判员的指挥下，负责整理比赛场地。

②完成主裁判交给的临时性工作。

（四）工作方法（赛前、赛中、赛后）

1. 赛　前

（1）学习比赛规则和规程。全组裁判员在田赛裁判长的领导下进行工作。比赛前，主裁判带领全体裁判员认真学习大会竞赛规程和田径竞赛规则有关条款，了解比赛的项目、时间、场地情况和参赛运动员的人数及水平等情况。

（2）明确职责与分工。主裁判根据裁判员的工作经验和能力进行分工，赛前通过学习和实习，使每一名裁判员都对各自的岗位职责、工作任务、方法和流程做到心中有数，明确各自的职责和任务，做到定岗定位，责任到人。

（3）制定工作细则。主裁判与全组裁判员一起，共同制订完成任务的详细工作计划。包括突发事件的应急预案，定岗定责。

（4）根据竞赛规则，检查场地器材，熟悉器材的使用性能，了解和掌握仪器操作的注意事项和工作特点。

赛前应注意核准测距仪和高度尺，如由大会技术人员负责操作仪器时，应使其了解和明确本项目的裁判工作任务和特点，并确定比赛时的工作方法。

赛前对撑竿、撑竿跳高支架、横杆托、横杆、插斗和落地区等进行检查，确认其设备和摆放位置是否符合《田径竞赛规则》中有关规定。赛前对运动员自备撑竿进行检查并封存，运动员撑竿的抓握处和下端可以缠上多层保护性胶布；然后对场地、海绵包及其他有关设备进行仔细检查，为运动员创造良好的比赛条件。检查横杆的下垂度、撑竿跳高架升降及移动的灵活性。在插斗前壁上沿为“零点”放置测量助跑距离标尺。对其他仪器，如秒表、测距仪、高度尺、成绩显示牌和时限钟等进行检查并熟悉其操作方法。

（5）准备裁判工作所需的用品。

（6）由主裁判负责确定与各裁判组之间的联络和工作配合方法。落实本组间的协调配合以及与检录组、项目展示主管、全能项目组、赛后控制中心、编排记录组、场地器材组、技术组（比赛中所使用的各仪器、器材的技术维护人员）等部门的联系。

（7）明确裁判员、运动员的进、退场路线。

2. 赛　中

（1）根据大会规定时间、地点、路线，全组裁判员集体入场，按照各自工作的分工检查比赛场地、器材、激光测距仪和对计算机终端机进行校对等准备工作。

（2）按大会规定时间，主裁判指派记录员及管理裁判员到检录处，与检录处裁判员共同带领运动员入场，核对运动员和参赛注册卡，检查无误后将运动员交给主裁判。

（3）主裁判向运动员讲解比赛注意事项，简要讲解有关比赛的注意事项，宣布有关起跳高度、横杆升高计划、架距登记要求等内容。

（4）组织并监督运动员按比赛试跳顺序进行赛前练习。管理裁判员应注意每名运动员的标记物摆放是否符合规则规定，每名运动员可使用 2 块大会提供的助跑标志物。每名运动员至少有 1 ~2 次试跳过竿机会。

（5）管理裁判员提醒运动员报起跳高度和架距。

（6）介绍运动员。比赛前 5 分钟，主裁判在得到现场指挥的通知后，示意管理裁判员停止练习，主裁判、运动员（按竞赛日程中的比赛顺序）、管理裁判员依次面向主席台站立，当大屏幕和广播开始介绍各参赛运动员时，运动员向前一步向观众举手致意。介绍完毕的运动员可返回比赛场地。介绍结束后，比赛准时开始。

（7）裁判员升起跳高度，做好开始比赛准备。在介绍运动员的同时，横杆裁判员和激光测距员将横杆升至起跳高度。助理裁判员整理场地，做好比赛开始前的准备工作。

测量时，测量高度应从地面垂直测量到横杆上沿的最低点，测量时应以 1 厘米为最小单位，不足 1 厘米不计。

升降横杆裁判员和移动架距裁判员应与主裁判紧密配合，掌握升高计划和架距，保证横杆的升降和架距移动迅速、准确。

（8）准时开始比赛。高度测量完毕，比赛开始前 1 分钟，主裁判指示记录员及有关裁判员准时开始比赛。检查记录员开始在成绩显示牌上显示将要试跳的运动员号码、跳次和高度，移动架距裁判员根据运动员登记的架距（横杆距离）移动架距做好准备，待一切准备就绪，主裁判将放在助跑道中间的停赛标志物（“STOP”标志物）移开，示意运动员可开始试跳，同时计时员开始计时。

运动员试跳中，只有在撑竿朝向远离横杆或架子的方向倾倒，而不会碰落横杆的情况下，撑竿接护裁判员才可以接护撑竿，否则不准接护撑竿。

（9）试跳成功与否的判定。

①运动员每次试跳后，主裁判举旗判定成功与否，成功举白旗，失败举红旗。旗示需停留约3秒钟时间以便观众和运动员观看。

②无故延误时限，如果在比赛中再次无故延误比赛时间，则取消该运动员的比赛资格，但在此之前的比赛成绩仍然有效。试跳时限：3人以上试跳时，每次试跳的时限为1分钟；只剩2~3人时，每次试跳时限为2分钟；只剩1人时，每次试跳时限为5分钟；此外，一名运动员连续两次试跳的试跳时限为3分钟。当时限只剩最后15秒钟时，计时员举黄旗示意，当时限到时，落下黄旗，主裁判应判定运动员该次试跳失败。如时限到的同时，运动员已开始试跳，应允许其进行该次试跳。

③当裁判员通知运动员试跳开始后，运动员才决定免跳，当时限已过时，应判为该次试跳失败。

④当裁判员根据运动员登记的架距调整好架距后，计时员已开始计时，运动员再提出调整架距，则再次调整架距的时间应计入运动员的试跳时间内，如因此而超出试跳时限，则应判定试跳失败。

（10）记录员准确记录成绩。成功记录符号为“○”，失败记录为“×”，免跳记录为“-”，电脑终端操作员也相应地录入比赛结果，检查记录员在成绩显示牌上显示试跳结果，并旋转成绩显示牌以便全场观众都能看到，同时，移动架距裁判员为下一个运动员准备架距，架距移动结束和成绩显示牌停止旋转后，检查记录员显示下一个试跳运动员的号码、跳次和所跳高度等信息，时限员开始计时，下一运动员开始试跳。

（11）提升横杆高度。一个高度上所有运动员结束试跳后，记录员与电脑操作员核对成绩，无误后，电脑操作员将成绩提交信息中心，同时，起跳点裁判员（主裁判担任）组织升横杆至下一个高度。高度测量结束后，检查裁判员显示下一个试跳运动员的号码、跳次和所跳高度等内容，比赛继续进行，直至最后一名运动员出现连续三次失败或运动员放弃比赛为止。

除非比赛中只剩下一名运动员，并且他已经获得该项目比赛的冠军，否则横杆升高幅度不得增大，也不得少于5厘米。

准备试跳的高度凡超过世界、亚洲及全国纪录时，主裁判应请田赛裁判长和技术官员，对横杆的高度进行审核。测量破纪录的横杆高度后，如横杆又被触及，必须再次测量。

（12）运动员退场。每一个高度结束后，管理裁判员应将已结束比赛的运动员及时送至赛后控制中心。

(13) 判定名次。当所有运动员结束全部试跳后，记录员应检查、登记并审核比赛成绩，判定名次。记录员应根据运动员的成绩判定名次。

出现成绩相等时，在出现成绩相等的高度中，试跳次数少者名次列前。

如成绩仍相等，在包括最后跳过的高度在内的全赛中，试跳失败次数较少者名次列前。

如仍相等，涉及第一名时，应及时通知主裁判举行决名次赛，并由管理裁判员及时通知有关运动员准备参加决名次赛，首先在造成其成绩相等失去继续试跳权利的最低失败高度上每人再试跳一次。有关运动员都必须参加决名次赛，如有关运动员都成功越过或失败而仍不能判定名次时，则横杆应提升或下降 5 厘米，直至决出名次。涉及其他名次的判定，则成绩相等的运动员名次并列，同时，后续名次相应后推（如第四名有 3 人并列，则后面的名次应为第七名）。

决名次赛的成绩应被视为正式比赛成绩。

记录员判定名次后，并应与电脑进行核对，无误后签字，并分别请主裁判、田赛裁判长、技术官员审核成绩和签字。电脑操作员将成绩提交信息中心，并打印 2 份成绩单，1 份交主裁判留存，1 份交管理裁判员带交赛后控制中心。

(14) 比赛中，运动员不得在比赛场地进行练习，也不得接受他人帮助（规则许可的情况除外），否则裁判员应报告主裁判和田赛裁判长，由田赛裁判长或受田赛裁判长委托的主裁判予以警告，如重犯，则由田赛裁判长取消其比赛资格。

(15) 比赛时，运动员不得离开比赛场地。特殊情况下，须在一名裁判员的陪同下才可以离开场地。

(16) 运动员兼项。比赛中，有运动员同时参加多项比赛时，有关裁判长每次可以允许该运动员在每次试跳中，以不同于赛前抽签排定的顺序进行试跳。如果该运动员后来在轮到其试跳时未到，一旦该次试跳时限已过，将视其该次试跳为免跳，但当所有运动员都完成了比赛，该运动员还没有到场，并且给他的试跳时限已过，裁判长将视其为中退。

(17) 及格赛。当分组举行及格赛时，各组应在相同时间和设施同等条件下进行，否则应在上一组比赛结束后，立即进行下一组的准备活动。

及格赛中，没有因连续 3 次试跳失败而被淘汰的运动员，要根据规则 181.2 的规定继续比赛直至及格高度上的最后一次试跳结束，但是根据规则 180.11 的规定达到了决赛的人数时除外。

（18）比赛受阻。运动员在试跳过程中，由于某种原因而造成试跳受阻时，该项主裁判有权让该运动员补跳。

（19）安全。比赛中应随时注意比赛场地的安全，特别是助跑道、起跳点、落地区的平整与否，下雨天或地面有积水时的场地安全，以及大风天时的横杆放置是否能稳定停留等。

此外，还应注意比赛场地人员的安全，防止无关人员（如记者、无关裁判员、工作人员等）的穿行等。

3. 赛　后

（1）当所有运动员结束全部试跳后，记录员应检查、登记并审核比赛成绩，判定名次，并经与电脑记录核对无误后，比赛成绩记录单由主裁判、裁判长、技术官员审核无误签字后交竞赛秘书处，同时，电脑操作员及时将比赛结果提交信息中心。

如电脑软件许可时，结束比赛后，应根据比赛结果相应地在成绩显示牌上显示运动员的名次。

（2）电脑操作员打印 3 份成绩单，1 份交主裁判留存，1 份送赛后控制中心（由管理裁判员转交），1 份成绩交主裁判留存。

（3）管理裁判员将结束比赛的运动员带至赛后控制中心，并将 1 份成绩记录单交赛后控制中心，以便他们组织运动员。注意运动员经过混合区时记者的采访、运动员的控制与安全问题。

（4）根据规则 137 的规定，比赛结束后，裁判长、主裁判应与激光测距员一起，再次用一个经标定检验的钢尺对一组电子测量成绩进行检测，以再次确认两种测量结果相符。

（5）全体裁判员整理场地器材，集体整队退场。

（6）全体裁判员进行工作小结。

（五）工作要求

1. 精通规则，公平、公正、准确地执罚。

作为一名裁判员，应精通《田径竞赛规则》、大会《竞赛规程》及有关规定，并熟练掌握有关裁判方法。执罚中应做到以规则和大会《竞赛规程》及有关说明为准绳，对于一些规则以外的无法做出决定的问题，应及时向有关裁判长、技术代表等汇报。

2. 良好的精神面貌和整齐的着装。

在比赛中，裁判员应保持良好的精神状态，按大会要求穿戴整齐并佩戴裁判员等级徽章。

3. 场地布置和裁判员的站位应既利于执罚，又利于观众的观看和教练员的指挥。

世界大赛中，电视转播和观众的参与已成为现代田径竞赛的一大发展趋势。比赛场地布置时，应考虑到以下几点。

（1）成绩显示器的摆放应便于观众、运动员观看。

（2）时限钟和风袋的摆放应在保证运动员能方便观察的同时，也应考虑到有关裁判员和观众、教练员的观察。

（3）裁判员的站位和记录台的摆放既要便于执罚工作的进行，又要考虑便于仲裁录像的拍摄和尽可能地不妨碍观众的观看。

（4）执罚中裁判员尽量取坐姿，并保持良好的身体姿态。

4. 裁判工作应认真细致，尽可能防止意外事件的发生。

各裁判员应在熟悉掌握本职工作的职责任务的同时，对各自岗位上可能出现的各种意外情况和事件按照规则精神处理。

5. 严格检查比赛器材、场地设备，确保比赛顺利进行。

赛前和比赛当天都应严格按要求对设备器材等比赛用品进行检查，确保比赛设备的准确性和稳定性。电子设备的电源线和插座应尽可能隐蔽性摆放，以防因误碰或雨天等原因而造成电源短路，影响比赛的进程。

（六）场地布置及站位图

撑竿跳高场地布置及裁判站位见图 3－4－12。

图 3－4－12 中只是一种场地条件下的比赛场地布置图，实际比赛中应根据比赛场地条件和场地内的电源、网络线插头的设置进行安排。目前世界大赛中，撑竿跳高比赛场地一般设在两个直道外或两个弯道内靠近草坪处（东西向跑进），成绩显示器为便于全场观众的观看可摆放在中央草坪上。

激光测距仪可根据场地条件摆放在助跑道的远端，也可摆放在助跑道的一侧。

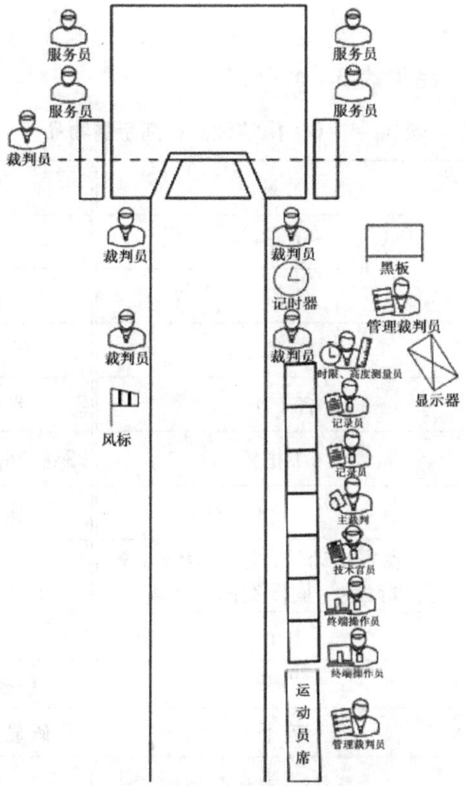

图 3－4－12　撑竿跳高场地布置及裁判站位图

（七）重点与难点

1. 移动架距的同步配合，匀速而稳，横杆不掉。
2. 横杆升降高度的同步配合。
3. 高位放置横杆的同步配合。
4. 与主裁判和撑竿接护裁判员配合。

（八）所需物品

撑竿跳高裁判所需物品见表3－4－6。

表3－4－6　撑竿跳高裁判所需物品

物品	数量	物品	数量
撑竿跳高海绵包、罩	1个	秒表	1个
撑竿跳高架	1副	时限钟	1个
撑竿跳高横杆	6根	笔	若干
横杆放置搁架、横杆叉	各1个	带夹书写板	4块
高度尺	1把	跳跃高度成绩记录表	若干
风标	1个	架距登记板	1块
助跑标记	应为参赛运动员人数的两倍（最好同颜色、同图案的各2块）	粉笔	若干
成绩公告牌	1个	板擦	1个
裁判桌	若干	镁粉、镁粉盒	1套
椅子	若干	号码显示器或小黑板	1块
运动员休息凳	若干	测距仪	1套
红、白、黄旗	各1面	电脑	1台
50米皮尺	1个	“STOP”暂停墩	1个
钢尺	1个	1厘米宽布带或胶布	8米
遮阳伞	若干	小垃圾箱	1个
扫帚、抹布	各2	吸水海绵	若干

（九）工作流程图

撑竿跳高裁判工作流程见图3－4－13。

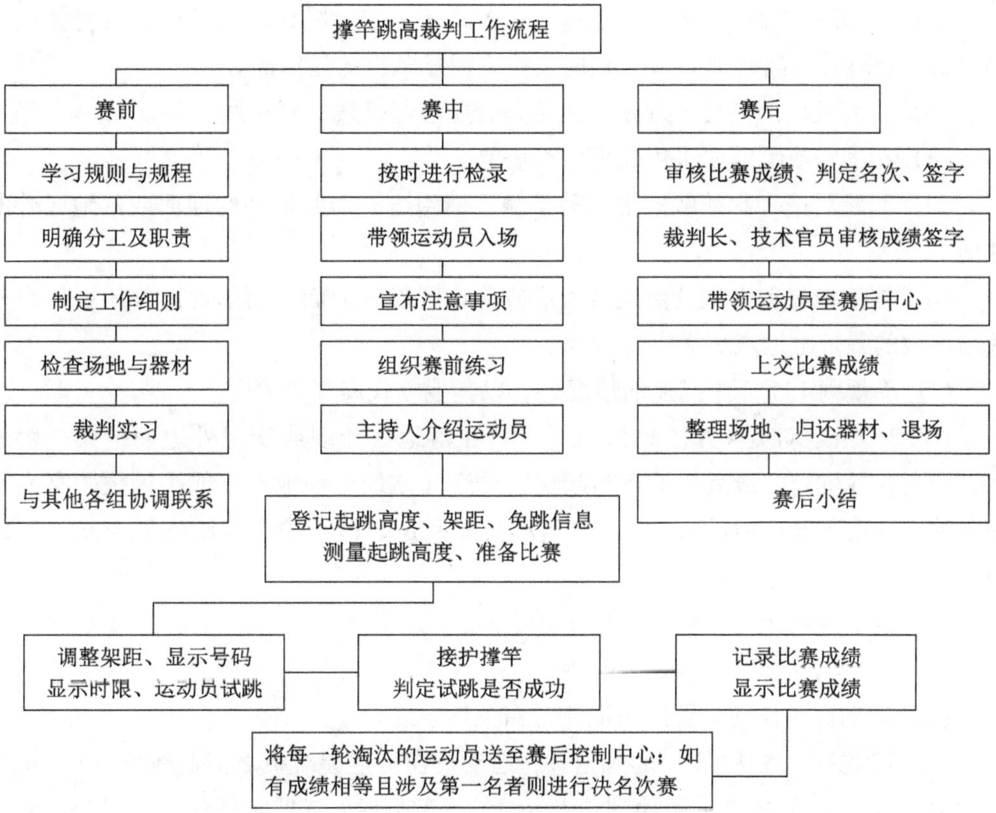

图 3－4－13　撑竿跳高裁判工作流程图

七、三级跳远

(一) 设　施

起跳线　第 186 条

186.3　男子起跳线至落地区远程的距离不得少于 21 米。

186.4　在国际比赛中，起跳线至落地区近端的距离：男子不少于 13 米，女子不少于 11 米。在其他比赛中，此距离应与比赛水平相适应。

186.5　为了便于运动员完成跨步跳和跳跃，在起跳板和落地区之间应有 1.22 米 ± 0.01 米宽的坚实、匀质的地面。

注：2004 年 1 月 1 日以前建造的场地可以使用 1.25 米宽的助跑道。

(二) 比赛　第 185 条

185.1　以下情况应判为试跳失败。

（a）在起跳过程中，无论是助跑后未起跳还是仅做跳跃动作，运动员身体任何部位触及起跳线以前的地面（包括触及橡皮泥显示板的任何部分）。

（b）从起跳板两端之外起跳，无论是否越过起跳线的延长线。

（c）在助跑或跳跃中采用任何空翻姿势。

（d）起跳后第一次接触落地区前接触了助跑道、助跑道外的地面或落地区外的地面。

（e）在落地过程中触及落地区边沿或落地区以外地面，而落地区外的触地点较落地区内的最近触地点更靠近起跳线。

（f）除规则 185.2 中描述的情况外，以其他方式离开落地区。

185.2　当运动员离开落地区时，其脚在落地区变现或变现外地面的第一触地点，应比在沙坑内的最近触地点离起跳线更远（该最近触地点可能为因失去平衡而留下的完全在落地区内的痕迹），或运动员向回走时留下的距起跳线较落地点近的痕迹。

注：该第一触地点，被认为离开落地区。

185.3　以下情况不应判试跳失败。

（a）运动员在任何位置跑出助跑道白色标志线。

（b）除规则 185.1（b）的规定外，运动员在抵达起跳板之前起跳或（c）根据规则 185.1（b）的规定，运动员的脚或鞋的一部分触及起跳板任何一端以外、起跳线之后地面。

（c）运动员在落地过程中其身体的任何部分（任何附着于身体上的物品）触及了落地区以外的地面。除非这一接触违反规则 185.1（d）或（e）的规定。

（d）如果运动员按规则 185.2 中的方式离开落地区后，再向后穿过落地区。

第 186 条

规则第 184 条和第 185 条也适用于三级跳远，并增加下列内容。

1. 三级跳远的三跳顺序是 1 次单足跳、1 次跨步跳和 1 次跳跃。

2. 单足跳时应用起跳腿落地，跨步跳时用另一条腿（摆动腿）落地，然后完成跳跃动作。运动员在跳跃中摆动腿触地不应视为试跳失败。

注：规则 185.1（d）中的规定不适用于单足跳和跨步跳阶段的正常着地动作。

（三）任　务

在田赛裁判长领导下，根据《田径竞赛规则》和大会《竞赛规程》的有关条款的规定，认真、公正、准确无误地完成三级跳远项目比赛的裁判工作。

（四）分工及职责

1. 主裁判 1 ~2 人

（1）全面负责本组裁判工作，确保《田径竞赛规则》和大会《竞赛规程》有关条款的贯彻执行，顺利完成此项比赛的裁判任务。

（2）组织学习《田径竞赛规则》和大会《竞赛规程》，负责裁判员的工作分工，制定裁判工作细则。

（3）组织裁判员在赛前检查场地和器材，进行裁判实习和联调，熟悉器材的性能。赛前重点检查裁判用具，特别是各种电子测量设备及其精确度。

（4）运动员入场后负责宣布比赛注意事项，组织运动员进行赛前练习。

（5）掌握比赛进程，在比赛中担任起跳点裁判员，负责判定试跳成功与失败，监督丈量裁判员的丈量；督促全组裁判员认真工作，处理比赛中的争议，如不能解决，及时报告田赛裁判长。

（6）审批运动员请假事项（当裁判长缺席时）。

（7）审查成绩和录取名次并签名；运动员破纪录后报请田赛裁判长、技术官员审核成绩并签名。

（8）赛前负责做好与各裁判组之间的协调工作，包括检录处、赛后控制中心、编排记录组、场地器材组、技术组（比赛中所使用的仪器、器材的技术维护人员）等。

如设 2 名主裁判，比赛中，一名主裁判担任起跳点裁判员，负责运动员试跳成功与否的判罚，另一名主裁判负责全面工作。

2. 时限员 1 人

（1）负责计取运动员每次试跳的时间。

（2）负责操作时限钟，应保证时限钟放置在便于运动员观察的位置。比赛中，当成绩显示牌显示某试跳运动员的号码、试跳轮次或记录员口头通知某运动员试跳后，起跳点主裁判从助跑道上拿离“STOP”暂停墩时开始计时。

（3）当运动员的试跳时间只剩最后 15 秒钟时，应举黄旗向运动员示意并提示旗示裁判员注意，当时限到时，放下黄旗并及时告知起跳点裁判员。

3. 落地裁判员 1 人

（1）负责落地点的判定，协助起跳点裁判员（主裁判担任）判断运动员是否犯规。比赛中负责判定运动员落地时的最近落地点，并根据运动员落地时的技术状况判定是否存在落地点的犯规现象。如运动员有犯规现象应及时向起跳点裁判员示意，由起跳点裁判员判定试跳是否犯规。

（2）负责落点的精确丈量。使用测距仪时，指挥测距仪反射镜放置裁判员精确摆放落点反射镜；使用钢尺丈量时，监督落点丈量员精确丈量。

（3）比赛中负责指挥平沙员完成沙坑平整，保证运动员落地时的安全。比赛前应对落地区的平整性和安全性进行检查。指挥服务员平整沙坑，检查沙坑中是否有石块等隐患物质。检查落地区的中心线是否与助跑道的中心线延长线重合。每次试跳的成绩丈量结束后，指挥平沙员迅速平整沙坑，使沙面保持与起跳点在同一水平面上。

4. 记录员 1 人

（1）按大会规定的检录时间，与管理裁判员一起准时到达检录处，协助检录处有关裁判员进行运动员的检录工作，并在预定时间将运动员带入比赛场地。

（2）比赛前和比赛中负责运动员免跳信息的登记，并协助电脑操作员做好各种信息的记录和核对。

（3）根据比赛的试跳顺序，宣布或核对电脑操作员显示在大屏上的试跳运动员号码是否正确，并正确记录其试跳成绩和风速。

（4）全部比赛结束后排定运动员的名次，与电脑记录成绩核对无误后，交主裁判审核签名，并请田赛裁判长、技术官员审核签字。

（5）比赛结束后，记录员将比赛的原始记录单和风速记录单一起送交大会秘书处，并由电脑终端打印 2 份成绩单，1 份交主裁判留存，1 份由管理裁判员交赛后控制中心。

5. 管理裁判员 1 ~2 人，为了工作方便，最好为男女裁判员各 1 名

（1）与记录员一起负责运动员的检录和管理工作。

（2）确保比赛中运动员的行为符合《田径竞赛规则》中的有关规定，维持赛场秩序，检查运动员的助跑标志物摆放是否符合规则要求。协助主裁判组织运动员按比赛顺序进行赛前试跳练习，练习时，站在运动员助跑起点附近维持秩序。

（3）比赛开始前 1 分钟操作号码提示器或口头提示运动员离比赛开始还有 1 分钟。操作号码显示器或口头提示，在前一个运动员试跳时，显示下一个试跳运动员的号码，以便运动员做好准备。

（4）大赛中，负责手持比赛项目牌带领运动员到达展示集合点，并配合完成展示工作。一般举牌站在最后一名运动员后，当介绍完最后一名运动员后与运动员一起退出。

（5）运动员在比赛中请假要求离开时，陪同运动员离开比赛现场。

（6）确保站在助跑起点处的运动员与大屏显示的运动员为同一人。

（7）前3轮比赛结束后，将失去后3次试跳资格的运动员集中送至赛后控制中心；全部比赛结束后，将运动员带至赛后控制中心，将运动员和成绩记录单交赛后控制中心有关裁判员。

（8）了解和掌握运动员情况，以及检录处、赛后控制中心、医务站和卫生间等位置，以便更好地开展工作和为运动员服务。

6. 电脑操作员1人

（1）赛前在检录结束后与检录结果对照，并及时录入检录未到的运动员信息。

（2）赛前与电子测量裁判员或技术人员一起做好电子测量和电脑联网等电子设备调试工作，确保比赛的顺利。

（3）比赛中正确录入运动员的试跳结果、风速和免跳等信息，并按照比赛进程及时操作和显示大屏有关信息，确保比赛顺利进行。

（4）比赛结束后，与记录员核对无误后，及时提交电子版的成绩记录单。

7. 电子测量仪器操作员1人（激光或录像测距仪）

（1）比赛中负责远度的丈量。

（2）确保仪器的精密度符合《田径竞赛规则》的有关规定。

（3）严格做好赛前3点、赛后2点的仪器校准的测试和记录工作，签字后，在赛后请主裁判、裁判长、技术官员等有关人员签字后交记录员，与成绩记录单仪器提交大会竞赛秘书组。

8. 风速测量员1人

（1）负责运动员试跳时的风速测量。有关操作方法见前面的规则要求。

（2）风速测定后，及时在成绩记录单上记录风速测试值，并确保风速显示屏准确显示测试结果。如无显示屏，则应使用小黑板及时显示该试跳的风速值，便于记录员和电脑操作员记录有关信息。

（3）比赛结束后，风速员应在风速记录单上签字，并请主裁判、裁判长和技术官员签字，由记录员将风速记录单与成绩记录单一起送交大会竞赛秘书组。

9. 人工丈量裁判员2人（无电子测量仪器时设立）

负责成绩的丈量

2人分别为落点丈量员和起跳点丈量员。每次成功试跳后，都应丈量成绩。起跳点丈量员负责将丈量结果大声报出，确保记录员和观众都能听到成绩。

10. 落点裁判员 1 人（采用电子测量仪时设立）

（1）比赛中准确判定运动员的落点，采用激光测距是为了做好反光镜的准确放置。确保测试成绩的准确。

（2）负责对测距仪测量成绩的检验和审核。采用测距仪丈量成绩时，则应在赛前与主裁判、裁判长、技术官员一起对测距仪的测量精度进行审核。

（3）赛前应对所使用的测量设备和仪器进行检验，如钢尺、测距仪等。

11. 平沙员 2 人

（1）在落点裁判员的指挥下，负责平整沙坑和整理比赛场地。

（2）完成主裁判交给的临时性工作。

（五）工作方法（赛前、赛中、赛后）

1. 赛　前

（1）学习比赛规则和规程。全组裁判员在田赛裁判长的领导下进行工作。比赛前，主裁判带领全体裁判员认真学习大会《竞赛规程》和《田径竞赛规则》的有关条款，了解比赛的项目、时间、场地和参赛运动员的人数及水平等情况。

（2）明确职责与分工。主裁判根据裁判员的工作经验和能力进行分工，明确各自的职责和任务，做到定岗定位，责任到人。

（3）制定工作细则。主裁判与全组裁判员一起，共同制订完成任务的详细工作计划，定岗定责，并落实本组间的协调配合以及与其他组的联系。

（4）根据竞赛规则，检查场地器材，熟悉器材的使用性能，了解和掌握仪器操作的注意事项和工作特点。

赛前对起跳板、橡皮泥显示板、橡皮泥和沙坑等进行检查，确认场地器材符合《田径竞赛规则》中有关规定。

赛前应检查和熟悉仪器的性能，如秒表、风速测量仪、倒计时时限钟、成绩显示牌和测距仪等。

对测距仪和钢尺的测量精度进行核准。如由大会技术人员负责操作仪器时，应使其了解和明确本项目的裁判工作任务和特点，并确定比赛时的工作方法。

（5）准备裁判工作所需的用品。

（6）进行裁判实习和各组联调，发现问题及时总结汇报，提出解决方案。

当出现主裁判不能解决的问题时，应提出解决方案，并及时向田赛裁判长汇报，使之得以妥善解决。

（7）由主裁判负责确定与各裁判组之间的联络和工作配合方法。

赛前应通过学习和实习，使每一名裁判员都对各自的岗位职责、工作任务、方法和流程做到心中有数。

2. 赛　中

（1）准备比赛场地和器材

通常在比赛前 1 小时，领取比赛所需器材，布置好比赛场地。

注：大型赛事一般在各单元第一场比赛开始前的 1.5～2 小时到达场地布置场地，比赛开始前 1 小时退出比赛场地。

激光测距员应与技术官员、裁判长、主裁判一起，共同使用一个经标定检验的钢尺对一组电子测量成绩进行检测，以确认两种测量结果相符。有关测距仪操作员应及时填写该次比赛的校准表。

起跳板的场地布置，三级跳远沙坑边的远度显示牌放置，远度数值可根据跳远和三级跳远的不同而更换。

（2）裁判员入场

在主裁判带领下在运动员入场前 5 分钟（一般赛前 30～40 分钟）按预定路线（一般从就近的入口）整队入场。

（3）检　录

按比赛规定的时间（通常在赛前 40 分钟，如参赛运动员人数过多，可适当提前），主裁判指派记录员及管理裁判员到检录处检录，在检录处检录员的配合下，对运动员的号码（2 块）、服装、钉鞋及所携带物品等进行严格的检查，确保其符合规则规定，如发现有不符合规定的物品，可在检录处按照有关工作程序，装袋密封，填写 2 份登记表并签字后，1 份表格连同有关物品袋交由赛前检录处相关人员送至赛后控制中心，1 份交给运动员，便于运动员依据此表在赛后从赛后控制中心领回相关物品。检录结束后，向第一检录处的有关裁判长报告请示后，将运动员带至第二检录处，并经第二检录处协调现场指挥申请后，将运动员按赛前预定的就近路线带入比赛场地，入场排队的顺序为：志愿者举项目牌领队＋运动员＋记录员＋管理裁判员。

（4）主裁判向运动员讲解比赛注意事项

运动员被带到比赛场地后，由主裁判向运动员表示欢迎，并简要讲解有关比赛的注意事项。

（5）组织赛前练习，做好赛前准备工作

主裁判组织运动员按比赛顺序进行赛前练习。管理裁判员应注意每名运动员的标记物摆放是否符合规则规定，每名运动员可使用大会提供的 2 块助跑标志物。

（6）介绍运动员

比赛前 5 分钟，主裁判在得到现场指挥的通知后，示意管理裁判员停止练习，主裁判、运动员（按竞赛日程中的比赛顺序）、管理裁判员依次面向主席台站立，当大屏幕和广播开始介绍各参赛运动员时，运动员向前一步向观众举手致意。介绍结束后，比赛准时开始。

（7）裁判员整理场地

整队介绍运动员的同时，裁判员整理场地——安装橡皮泥显示板和起跳线、平整沙坑，做好比赛开始前的准备工作。

（8）准时开始比赛

比赛开始前 15 秒钟，管理裁判员通知第一个试跳的运动员做准备，电脑记录员在成绩显示牌上显示试跳运动员的号码、跳次。比赛时间到，起跳点裁判员从助跑道上拿离“STOP”暂停墩，计时员启动时限钟开始计时。运动员开始试跳，风速测量员按照规则规定测定运动员该次试跳的风速值。

（9）试跳成功与否的判定

运动员完成每次试跳后，主裁判举旗判定成功与否，成功举白旗，失败举红旗。旗示需停留约 3 秒钟时间以便观众和运动员观看。

如下列情况者，应判为试跳失败。

①在未做起跳的助跑或在跳跃中，运动员以身体任何部位触及起跳线以前的地面。

②从起跳板两端外起跳，无论是否超过起跳线的延长线（注：运动员起跳中鞋或脚的一部分触及起跳板两端之外起跳线后面的地面，不算犯规）。

③触及起跳线和落地区之间的地面。三级跳远中，运动员在跳跃中摆动腿触地不应视为试跳失败。

④在落地过程中触及落地区以外地面，而落地区外的触地点较落地区内的最近触地点更靠近起跳线。

⑤离开落地区时，运动员在落地区以外地面的第一触地点较落地区内最近触地点和在落地区内因身体失去平衡而留下的任何痕迹更靠近起跳线。

⑥在助跑或跳跃中采用任何空翻姿势。

⑦使用超过两个标记或在大会提供标记的同时使用自己的标记（该次试跳失败）。如错拿别人的标记、离开比赛场地、无故延误比赛时间和与裁判员争吵等情况应由有关裁判长给予警告，如再犯，将被取消比赛资格。

⑧还未通知该运动员试跳，而进行了试跳，不管是否成功，都应判该次试跳失败。

⑨无故错过该次试跳顺序。

⑩无故延误时限，如果在比赛中再次无故延误比赛时间，即取消该运动员的比赛资格，但在此之前的比赛成绩仍然有效。每次试跳的时限为 1 分钟，只有在 1 名运动员连续 2 次试跳时，其试跳时限为 2 分钟。

当时限只剩最后 15 秒时，计时员举黄旗示意，当时限到时，落下黄旗，主裁判应判定运动员该次试跳失败。如时限到的同时，运动员已开始试跳，应允许其进行该次试跳。

当裁判员通知运动员试跳开始后，运动员才决定免跳，当时限已过时，应判为该次试跳失败。

此外，三级跳远运动员的三跳顺序是 1 次单足跳、1 次跨步跳和 1 次跳跃。单足跳时应用起跳腿落地，跨步跳时用另一条腿（摆动腿）落地，然后完成跳跃动作。

（10）测量成绩，服务员平整沙坑

当起跳点裁判员举白旗，示意试跳成功后，激光测距员或丈量员应立刻进行丈量。为保证丈量的准确，落点裁判员在运动员落地时应注意仔细观察，找准落地的最近点。

如使用测距仪丈量成绩，落点裁判员判定落地点最近点后，由测距仪反射镜放置裁判员摆放反射镜，测距仪操作员测量成绩，成绩判定后，报告成绩给主记录员或通过测距仪与电脑联网传入电脑内的成绩记录单，以及在成绩显示牌上显示成绩。落地点裁判员必须在确保比赛成绩丈量无误后，才能拔掉反射镜离开落地区。

如使用录像测距，则有关操作员应在运动员落地时及时地拍摄落地区的影像，同时在屏幕上准确找到最近落地点并丈量成绩后及时传至相关电脑，同时应保留有关落地点丈量照片。有关裁判长应确保录像测距成绩的准确性。

测量时应从运动员在沙坑落地点的最近点垂直丈量至起跳线。应以 1 厘米为最小单位，不足1厘米不计。人工丈量时，起跳点丈量员将成绩丈量结果大声报告给记录员。

当成绩丈量完毕或起跳点裁判员举红旗示意试跳失败时，落地裁判员应指挥平沙员迅速平整沙坑。

(11) 记录成绩

记录员准确记录比赛成绩，成功记录“成绩”，失败为“×”，免跳为“-”，并同时录入风速测量结果。电脑终端操作员也相应地录入比赛成绩和风速。电脑操作员在成绩显示牌上显示试跳结果，并保留3~5秒，便于全场观众观看。随后电脑操作员在确保落地区平整结束后，有关裁判员做好准备的同时，在成绩显示牌上显示下一个试跳运动员的号码、跳次等信息。

远度跳跃项目的记录符号包括：

远度项目：成功=记录成绩，失败=×，免跳=-，弃权=DNS。

风速记录符号：顺风=+，逆风=-，超风速=>，风速=W，米/秒=m/s。

其他符号：接受帮助被警告=⊙，再次接受帮助被取消比赛资格=⊙-，错过顺序为=-，达到及格标准进入决赛=Q，按成绩递补进入决赛=q，取消比赛资格=DQ；世界纪录=WR，亚洲纪录=AR，中国纪录=CR，国家纪录=NR，世界青年纪录=WUR，亚洲青年纪录=AUR，中国青年纪录=CUR，国家青年纪录=NUR，个人本年度最好成绩=SB。

(12) 录取决赛运动员

如参赛人数超过8人，每名运动员均有3轮试跳机会，前3轮试跳结束后排定运动员名次，有效成绩最好的前8名运动员可再试跳3次。后3轮的试跳顺序应与前3次试跳后的名次排名相反。记录员应注意跟电脑记录进行及时的核对，记录员宣布进入后3次试跳的运动员号码、姓名以及试跳顺序。管理裁判员和风速测量员同时记录参加后3轮试跳的运动员顺序。

当运动员人数为8人或不足8人时，每人均有6次试跳机会。如果前3次试跳后有1人以上没有有效成绩，那么后3轮的试跳顺序同他们在前3轮试跳的顺序相同并排在其他有效成绩的运动员前试跳。

(13) 淘汰的运动员退场，后3轮试跳开始

前3轮试跳结束后，管理裁判员召集已经结束比赛的运动员，并及时送至赛后控制中心；组织有关运动员继续参加后3次试跳。电脑操作员在成绩显示牌上显示下一个试跳运动员的号码、跳次等信息，比赛继续进行。

（14）判定名次

当所有运动员结束全部试跳后，记录员应检查、登记并审核比赛成绩，判定名次，并与电脑记录核对无误后签字。同时，风速测量员在风速记录单上签字后交给记录员。

有关主裁判、测距仪操作员和田赛裁判长、技术官员应再次完成赛后 2 次的测距仪校准测量，测距仪操作员应及时填写测距仪校准登记表并签字。

校准无误后，电脑操作员提交比赛成绩。

记录员应根据运动员所有试跳中的最优成绩判定名次。如成绩相等，以其次优成绩判定名次；如仍相等，则以第三较优成绩判定名次，依次类推。

如仍相等，涉及第一名时，应及时通知主裁判举行决名次赛，并由管理裁判员及时通知有关运动员准备参加决名次赛，有关运动员必须参加决名次赛。决名次赛时，运动员按照最后轮试跳顺序，进行一次试跳，以成绩高者名次列前；如仍相等，则再进行一次试跳，直至决出名次。如涉及其他名次的判定，则成绩相等的运动员名次并列，同时，后续名次相应后推。

决名次跳次的试跳成绩应被视为正式比赛成绩。

所有比赛结束后，有关主裁判、田赛裁判长和技术官员应分别在风速表、成绩记录表和测距仪校准表 3 张表上分别审核签字。

（15）接受帮助

比赛中，运动员不得在比赛场地进行练习，也不得接受他人帮助。否则裁判员应报告主裁判和田赛裁判长，由田赛裁判长或受田赛裁判长委托的主裁判予以警告。如重犯，则由田赛裁判长取消其比赛资格。

（16）离开比赛场地

比赛时，运动员不得离开比赛场地。特殊情况下，须在 1 名裁判员的陪同下才可以离开场地。

（17）运动员兼项

当运动员兼报项目与本项同时进行比赛时，该项主裁判每次可允许运动员在某一轮次中改变其试跳顺序进行试跳，但不能把全部试跳跳完。请假回来后，不得补跳已错过的轮次。

如因运动员兼项请假，在轮到他/她试跳时未到，一旦该次试跳时限已过，则应视其该次试跳为免跳。

（18）比赛受阻

运动员在试跳过程中，由于某种原因而造成试跳受阻时，该项主裁判有权让该运动员补跳。

（19）破纪录

比赛中，当运动员的成绩超过纪录时，主裁判首先确认运动员该次试跳时的风速是否符合申报新纪录的有关规定，如风速不超过 2 米/秒时，应请田赛裁判长、技术官员对成绩测量结果进行审核，审核合格后在记录单上签字。

（20）安　全

比赛中应随时注意比赛场地的安全，特别是助跑道、起跳点、沙坑的平整与否，特别是下雨天或地面有积水时的场地安全。

此外，还应注意比赛场地人员的安全，防止无关人员（如记者、无关裁判员、工作人员等）的穿行等。

3. 赛　后

（1）所有比赛结束后，记录员将已签字的 3 张表交大会竞赛秘书组。

（2）电脑操作员由电脑传送成绩。

（3）管理裁判员将结束比赛的运动员带至赛后控制中心，并将获得前三名运动员的有关信息告知赛后控制中心，以便他们组织运动员准备颁奖。

（4）全体裁判员整理场地器材，集体整队退场，归还器材。

（5）全体裁判员进行工作小结。

（六）场地布置及站位图

跳远、三级跳远比赛场地布置及裁判站位见图 3－4－14。

图 3－4－14 中只是一种场地条件下的比赛场地布置图，实际比赛中应根据比赛场地条件和场地内的电源、网络线插头的设置进行安排。目前世界大赛中，跳远、三级跳远比赛场地一般设在两个直道外，成绩显示器为便于全场观众的观看可摆放在中央草坪上。

测距仪可根据场地条件摆放在助跑道的远端，也可摆放在助跑道的一侧。

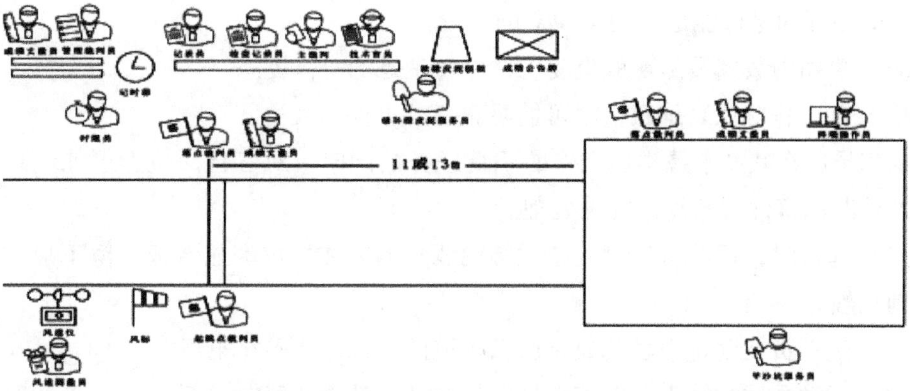

图3－4－14　跳远、三级跳远场地布置及裁判站位图

（七）重点与难点

赛前工作是确保比赛执裁工作的基础，也是决定裁判工作质量的重要保证；赛中工作主要体现在比赛过程的顺畅度、意外事件的处理质量、各方面的合作等；赛后工作是对执裁工作的总结与反思，也是确保后续裁判工作顺利进行的基础。跳远、三级跳远比赛的执裁工作应做到：

1. 精通规则，公平、公正、准确地执罚。

作为一名裁判员应精通《田径竞赛规则》、大会《竞赛规程》及有关规定，并熟练掌握有关裁判方法。执罚中应做到以规则和大会《竞赛规程》和有关说明为准绳，尽可能地按“是否与规则精神相符、运动员是否获利”的原则进行，对于一些规则以外的无法做出决定的问题，应及时向有关裁判长、技术代表等汇报。

2. 良好的精神面貌和整齐的着装。

在比赛中，裁判员应保持良好的精神状态，按大会要求穿戴整齐并佩戴裁判员等级徽章。

3. 场地布置和裁判员的站位应既利于执罚，又利于观众的观看和教练员的指挥。

世界大赛中，电视转播和观众的参与已成为现代田径竞赛的一大发展趋势。布置比赛场地时，应考虑到以下几点。

（1）成绩显示器的摆放应便于观众、运动员观看。

（2）时限钟和风袋的摆放应在保证运动员能方便观察的同时，也应考虑到有关裁判员和观众、教练员的观察。

（3）裁判员的站位和记录台的摆放既要便于执罚工作的进行，又要考虑便于仲裁录像的拍摄和尽可能地不妨碍观众的观看。

（4）执罚中裁判员尽量取坐姿，并保持良好的身体姿态。

4. 裁判工作应认真细致，尽可能防止意外事件的发生。

裁判员应在熟悉掌握本职工作的职责任务的同时，对各自岗位上可能出现的各种意外情况和事件按照规则精神处理。

（1）起跳时，运动员的脚尖超过起跳线，但未在橡皮泥显示板上留下痕迹，则不应判犯规。

（2）运动员在助跑中触及或跑出助跑道两侧标志线不算犯规。

（3）运动员试跳结束，以符合规则规定的方法走出落地区后，向后走回时，再进入沙坑不算犯规。

（4）三级跳远比赛中，运动员的摆动腿触地不算犯规。

（5）运动员试跳前，应将沙坑平整好，以便准确判定运动员试跳落地痕迹的最近点。沙坑内沙子平面应与起跳板在一个水平面上。

（6）运动员在落地过程中触及落地区以外地面，而区外触地点较区内最近触地点更靠近起跳板，应判该次试跳失败。

此外，对运动员要有耐心、有礼貌，尽可能地为运动员创造良好的比赛条件。

5. 严格检查比赛器材、场地设备，确保比赛顺利进行。

赛前和比赛当天应严格按要求对设备器材等比赛用品进行检查，确保比赛设备的准确性和稳定性。电子设备的电源线和插座应尽可能隐蔽性摆放，以防因误碰或雨天等原因而造成电源短路，影响比赛的进程。

6. 注意天气变化情况，做好赛前以外情况的预案。

（八）所需物品

三级跳远裁判所需物品见表 3－4－7。

表 3－4－7　三级跳远裁判所需物品

物品	数量	物品	数量
红、白、黄旗	各 1 面	助跑标记	参赛运动员人数的两倍（最好同颜色、同图案的各 2 块）
红、黄牌	各 1 个	风速测量起点标志	1 个
风标	1 个	裁判桌	3 张

续表

物品	数量	物品	数量
橡皮泥显示板	4～6块	椅子	16把
橡皮泥刮刀	2把	运动员席座凳	同参赛运动员人数（决赛12个）
30米钢尺、50米皮尺	各1个	EMD/VMD测距仪	1套
“STOP”暂停墩	1个	电脑	1台
5厘米宽、10米长白标带	2条	落地区远度显示牌	1套（应分别配备跳远、三级跳远的不同距离的插片）
平耙、铁铲、扫帚	各2把	号码提示器或小黑板（配白板笔）	1个
起跳板显示板	2块	起跳线1米长	2根
钢钎	2根	胶带（不同颜色）	3卷
纪录旗或标志（与赛会水平相当的）	2面（不同颜色，赛会纪录和世界/洲际/全国/省市纪录）	钉子	若干
成绩显示牌	1台	锤子	1把
风速仪	1台	手套	2副
时限钟	1个	垃圾箱及垃圾袋	1套
带夹书写板	5块	吸水海绵或大浴巾（下雨天备用）	若干
笔	8支	大会冰桶和适量矿泉水	1个
遮阳伞（防雨天备用）	若干		

（九）工作流程图

跳远、三级跳远裁判工作流程见图3－4－15。

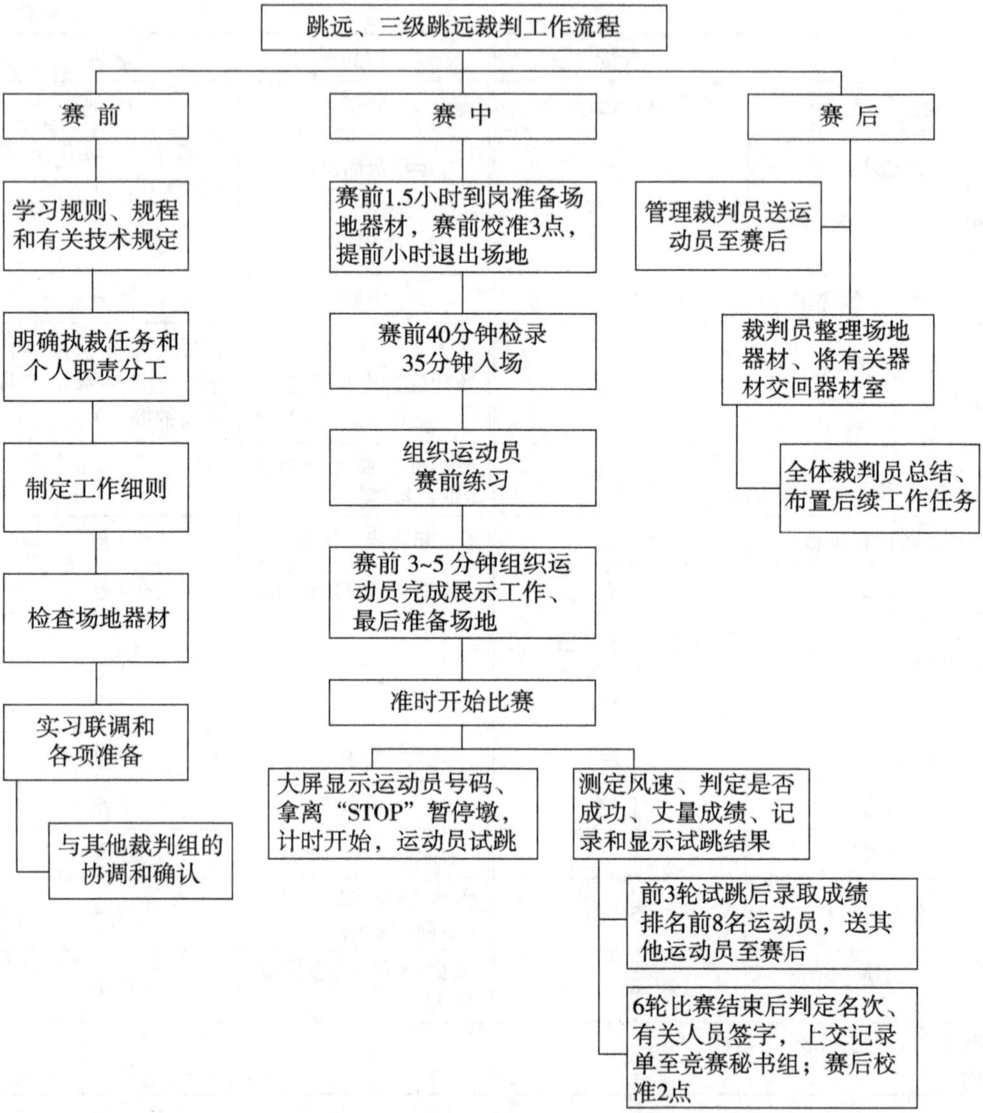

图 3－4－15 跳远、三级跳远裁判工作流程图

八、投掷项目 第 187 条

正式器材

187.1 在所有国际比赛中，应使用符合 IAAF 有关规定的投掷器械。只有持有 IAAF 批准的有效证书的投掷器械方可使用。表 3－4－8 是各年龄组使用的投掷项目器

械重量。

表3-4-8　投掷项目器械重量

器材	女子		男子		
	（U18）	成年（U20）	（U18）	（U20）	成年
铅球	3.000千克	4.000千克	5.000千克	6.000千克	7.260千克
铁饼	1.000千克	1.000千克	1.500千克	1.750千克	2.000千克
链球	3.000千克	4.000千克	5.000千克	6.000千克	7.269千克
标枪	500克	600克	700克	800克	800克

注：新版IAAF器材标准认证申请表格和认证体系程序可以从IAAF办公室索取，也可以从IAAF网站下载。

187.2　所有投掷器械应由组委会提供，下列情况例外。

根据每次比赛的有关技术规程，技术代表可以允许运动员使用自己的投掷器械，或者使用供应商提供的器械，但是这些器械应有IAAF的认证，并要在比赛前经过组委会的检查和做好标记，比赛时所有运动员均可使用。如果运动员自备器械与组委会提供的器械型号相同，将不被接受。

187.3　比赛期间不得对投掷器械做任何改变。

帮　助

187.4　下列情况应视为帮助，在比赛中不被允许。

（a）使用胶带将两个或多个手指捆在一起。例如，直观上在手和手指上使用胶带，可能是将胶带连续使用，而并未将两个或更多的手指捆在一起，事实上，这种方式使得手指不能单独活动。使用胶带的方式应在比赛开始前经有关主裁判确定。

（b）当运动员试投时，使用任何方式、任何装置提供帮助，包括在身上捆绑重物。

（c）除掷链球外，运动员不得在比赛中使用手套。掷链球手套的手指、手背须光滑。除拇指外其他手指尖应露出。

（d）不允许运动员向投掷圈内或鞋底喷洒任何物质，或使圈内地面粗糙。

187.5　下列情况应不视为帮助，因此被允许。

（a）为了更好地握持器械，运动员可使用某种适宜物质，但仅限于双手，掷链球运动员则限于手套上，推铅球运动员可在其颈部涂抹此类物质。

（b）此外，在推铅球和掷铁饼项目中，运动员可以在器械上涂抹镁粉或其他类似物质。所有这些物质应可以使用湿布很容易地去掉，并且不应留下任何污渍。

（c）在不违反规则 187.4（a）的情况下，在手或手指上使用胶带。

落地区

187.10　应用煤渣、草皮或其他适宜材料铺设落地区，器械落地时应能留下痕迹。

187.11　落地区投掷方向的总向下倾斜度不得超过 1∶1000（0.1%）。

187.12　（a）用两条 5 厘米宽的白线标出落地区，其内沿的延长线应通过投掷圈圆心，夹角为 34.92 度，但标枪落地区除外。

注：可用下列方法精确设置 34.92 度的扇形落地区：在离投掷圈圆心 20 米处，两条落地区标志线相距 12 米 ±0.05 米（20 米 ×0.60 米），即每离开圆心 1 米，落地区标志线的横距就增加 0.60 米。

（b）在掷标枪项目中，用两条 5 厘米宽的白线标出落地区，其内沿的延长线，须通过投掷弧内沿与助跑道标志线内沿的交点并相交于投掷弧的圆心。落地区的夹角约为 28.96 度。

试　投

187.13　推铅球、掷标枪或掷链球的器械应在圈内掷出，而掷标枪在助跑道内完成。在圈内进行试投时，运动员应从静止姿势开始。允许运动员触及铁圈内侧。在推铅球时，允许运动员触及规则 188.2 中所述的抵趾板内侧。

187.14　如果运动员在试投中出现下列情况，判为试掷失败。

（a）推铅球或掷标枪出手姿势不符合规则 188.1 和规则 193.1 的规定。

（b）在进入圈内并开始投掷之后，身体的任何部位触及铁圈上沿（或内侧上沿）或圈外地面。

注：运动员在旋转的初始阶段触碰到投掷圈外白线后方的地面，若触碰并没有产生助力，不应判为失败。圈外白线的后沿在理论上通过投掷圈的圆心。

（c）推铅球时，身体的任何部分触及了抵趾板除内侧外的任何部分（内侧的上沿不可触及，这部分也视为上沿的一部分）。

（d）掷标枪时，身体的任何部位触及助跑道标志线或线外地面。

注：如果在试投过程中未违反有关规则，出手后的铁饼或链球的任何部位撞击到护笼，将不视为试投失败。

187.15　如果在试掷过程中未违反上述各相关规则，运动员可中止已开始的试掷，并可将器械放在圈内或圈外或者助跑道内/外，也可离开圈或跑道。

运动员离开投掷圈或助跑道时应遵守规则187.17的规定，然后返回投掷圈或助跑道内重新开始试掷。

运动员在开始试掷后中止试掷，若无违反其他相关规则，可以从任何方向离开试掷圈或助跑道。

注：本款中允许的所有行为均应遵循规则180.18中规定的最高时限。

187.16　铅球、铁饼、链球球体、饼体和标枪枪头第一次接触地面时，触及了落地区角度线或落在落地区角度线以外，或触及落地区角度线以外的任何物体（规则187.14所述的护笼除外），应判为失败。

187.17　运动员应在器械落地后方可离开投掷圈或助跑道，否则应判为失败。

（a）在投掷圈内完成的试掷，离开投掷圈时运动员首先触及的投掷圈上沿或投掷圈外地面并非是完全的白线后面。该线后沿在理论上能通过投掷圈的圆心。

注：运动员一触及投掷圈上沿或投掷圈外地面即被认为离开。

（b）掷标枪时，当运动员离开助跑道时，首先触及的助跑道标志线或助跑道外地面要完全在投掷弧两端的白线后边，该线与助跑道标志线垂直。标枪触及地面后，当运动员触及与助跑道标志线垂直并离投掷弧底端4米的直线或已经在该线后（该线可以画出或理论上在助跑道旁边标示），则被认为已经离开助跑道。如果在标枪触及地面时，运动员在该线后且还在助跑道内，他也将被认为已经正确离开助跑道。

187.18　在每次试掷后，应将器械运回投掷圈或助跑道附近的区域，不得掷回。

成绩测量

187.19　在所有投掷项目中，记录测量距离的最小单位为0.01米，不足0.01米不计。

187.20　每次有效投掷后应立即进行成绩测量（或根据规则146.5，运动员即刻提出口头抗议）。

（a）从铅球、铁饼和链球球体落地痕迹的最近点取直线至投掷圈内沿，测量线应通过投掷圈的圆心。

（b）掷标枪，从标枪头的首次触地点取直线量至投掷弧内沿，测量线应通过投掷弧的圆心。

九、掷标枪

（一）标枪　第187条

187.9　助跑道的最短长度必须有30米。规则1.1（a）（b）（c）（e）和（f）

的比赛，助跑道应不短于33.50米，条件许可时应为36.50米。

应用宽50毫米的两条平行白线标出助跑道。白线之间的距离为4米（图3－4－16）。助跑道前端是半径为8米的一条弧线，运动员应在投掷弧后面试掷。投掷弧可以画出，也可用木料或类似塑料的，不易被腐蚀的适当材料制成，弧线宽70毫米，涂成白色，与地面齐平。投掷弧两端向外各画一条白色直线，线宽7厘米，长75厘米，与助跑道标志线垂直。助跑道左右方向的最大倾斜度为1∶100（1%），除非在特殊情况国际田联证明合法提供豁免除外。在助跑道跑进方向最后20米的总向下倾斜度不得超过1∶1000（0.1%）。

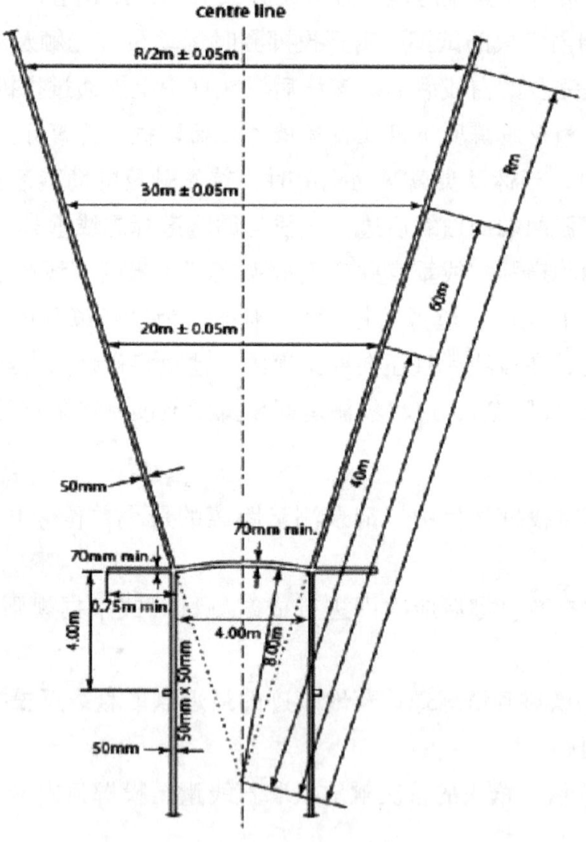

图3－4－16　标枪场地

（二）比赛　第193条

193.1　（a）掷标枪时应用单手握在把手处，从肩部或投掷臂上臂的上方掷出，不得抛甩。不得采用非传统姿势进行投掷。

（b）只有标枪的金属枪头先于标枪的其他部位触地，试掷方为有效。

（c）运动员试掷时，在标枪出手以前，身体不得完全转向背对投掷弧。

193.2　如果标枪在试掷或在空中飞行时折断，只要该次试掷符合规则，不应判为试掷失败。如果运动员因此失去平衡而违反规则的任何条款，也不应该判作一次试掷失败。以上两种情况应该允许运动员重新进行一次试掷。

标　枪

193.3　标枪由3个主要部分组成，即枪头、枪身和缠绳把手。

194.4　枪身可以是实心或空心，由金属或其他适宜的类似材料制成，以便组成一个固定的一体化的整体，并装有尖形金属枪头。标枪身体表面不得有凹窝、凸起、沟槽、突脊、空洞、粗糙，枪尾必须自始至终平滑和均匀一致。（见规则188.4）

194.5　枪头应完全用金属制成。可以在枪头前端焊接一个其他合金的加固枪尖，但整个枪头表面必须平滑和均匀一致（见规则188.4）。枪尖张角不得大过40度。

194.6　把手：须包绕标枪重心，其直径不得超过枪身直径8毫米。把手表面应为规则的不光滑型，但不得有任何种类的绳头、结节或呈锯齿形。把手的厚度应均匀。

194.7　标枪所有部位横断面应为规则的圆形（见规则194.7注1）。枪身最大直径应在紧靠把手前端的地方。枪身中央部位，包括把手下面的部分，应为圆柱形或向枪尾方向稍微变细。但把手前后两端枪身直径减小不得超过0.25毫米。从把手处起，标枪应有规则地向两端逐渐变细。从把手至标枪前后两端点的纵剖面应为直线或略有凸起（见规则194.7注2），除了在枪头与枪身的结合部位和把手前后两端以外，枪身任何部位的直径均不得有突然改变。在枪头后端与枪身的结合部位，枪身直径的减小不得超过2.5毫米，在枪头后面300毫米以内，枪身纵剖面的变化也不得大于这个数字（图3－4－17）。

注1：标枪整体横断面应呈圆形，最大直径和最小直径允许的误差不超过2%。两个直径的平均值必须符合圆形标枪的规格，并要符合以下表格要求的规格。

注2：使用长至少500毫米的金属直规和两把厚度分别为0.20毫米和1.25毫米的塞尺，可以迅速、简便地检查标枪纵剖面的形状。对于纵剖面有稍稍凸起的部分，将直规紧贴这一小段，直规可有轻微晃动。对于纵剖面的直线部分，直规紧贴这一部分时，直规与标枪贴紧的部分，必须塞不进0.20毫米的塞尺。在紧靠枪头与枪身结合处的后面这一部位，上述方法不适用，此处必须塞不进1.25毫米的塞尺。

193.8　标枪应符合以下规格。(表3－4－9、表3－4－10、图3－4－17)

表3－4－9　标枪规格

允许比赛和承认纪录的最小重量（克）(包括把手)	500	600	700	800
制造厂商提供比赛使用的重量范围(克)	505～525	605～625	705～725	805～825
标枪全长（毫米）(L0)	2000～2100	2200～2300	2300～2400	2600～2700
枪尖至重心距离（毫米）(L1)	780～880	800～920	860～1000	900～1060
枪尾至重心（毫米）(L2)	1120～1320	1280～1500	1300～1540	1540～1800
金属枪头长度（毫米）(L3)	220～270	250～330	250～330	250～330
把手宽度（毫米）(L4)	135～145	140～150	150～160	150～160
枪身最粗处直径（毫米）（在把手前－D0)	20～24	20～25	23～28	25～30

193.9　标枪不得有可移动部分或投掷时可以改变其重心或投掷性能的装置。

193.10　标枪头张角不得大于40度。距枪尖150毫米处，枪头直径不得大于枪身最大直径的80%。在重心至枪尖的中点处，枪身直径不得大于枪身最大直径的90%。

193.11　在标枪重心至枪尾末端的中点处，枪身直径不得小于枪身最大直径的90%。在距枪尾末端150毫米处，枪身直径不得小于枪身最大直径的40%。枪尾末端直径不小于3.5毫米。

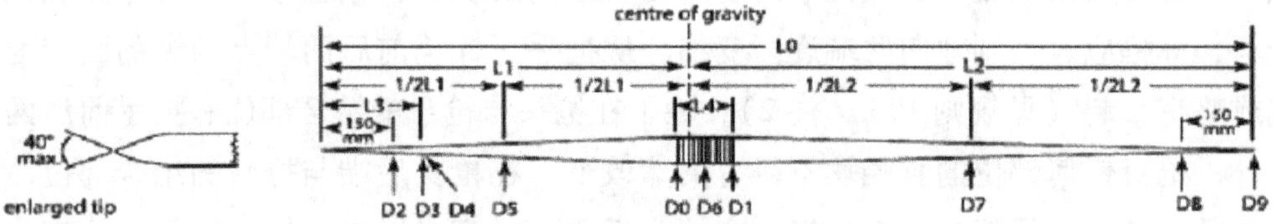

图3－4－17　标枪平面图

表3－4－10　标枪长度与直径规格

标枪长度（所有规格）						标枪直径（所有规格）					
序号	详述	男子		女子		序号	详述	男子		女子	
		最大	最小	最大	最小			最大	最小	最大	最小
L0	全长	2700	2600	2300	2200	D0	把手前端的枪身	30	25	25	20
L1	枪尖至重心	1060	900	920	800	D1	把手后端的枪身	—	D0－0.25	—	D0－0.25

续表

标枪长度（所有规格）						标枪直径（所有规格）					
序号	详述	男子		女子		序号	详述	男子		女子	
		最大	最小	最大	最小			最大	最小	最大	最小
1/2L1	L1 的二分之一	530	450	460	400	D2	距枪尖 150 毫米处枪头后端	0.8D0	—	0.8D0	—
L2	枪尾至重心	1800	1540	1500	1280	D3	枪头后端	—	—	—	—
1/2L2	L2 的二分之一	900	770	750	640	D4	紧接枪头后端处	—	D3 - 2.5		D3 - 2.5
L3	枪头	330	250	330	250	D5	枪尖至重心的中点	0.9D0	—	0.9D0	—
L4	把手	160	150	150	140	D6	整段把手	D0 + 8		D0 + 8	—
						D7	枪尾至重心的中点	—	0.9D0	—	0.9D0
						D8	距枪尾末端 150 毫米处	—	0.4D0	—	0.4D0
C of G	重心的中点					D9	枪尾末端	—	3.5	—	3.5

（三）任　务

在田赛裁判长的领导下、主裁判的负责下，根据《田径竞赛规则》、田径比赛规程和技术会所确认的有关条款的规定，按照竞赛日程所规定的时间，本着严肃认真、负责、准确无误、保证标枪参赛者在公平、公正、公开的环境下比赛。

（四）分工及职责

1. 分　工

（1）主裁判　2 人
（2）时限兼成绩显示屏操作员　1 人
（3）检查记录员　1 人
（4）计算机终端操作员　1 人
（5）管理员　2 人
（6）内场测距仪操作员　1 人
（7）内场助理裁判员　1 人
（8）落点裁判员　3 人
（9）外场测距仪操作员　1 人
（10）志愿者　2 人

2. 职　责

（1）主裁判 2 人

①组织本组全体裁判员认真学习竞赛手册、竞赛信息和田径规则中的有关章节，了解参赛运动员的人数、项目、时间、成绩、记录等情况。

②据竞赛规程和大会要求，确定本组裁判员的分工和职责，研究制定工作方法和细则。

③组织全组裁判员的赛前实习，熟悉器材的性能，检查比赛场地、器材和设备。重视赛前实习，领导全组裁判员与电子测量裁判员、计算机终端操作员一起共同进行现场实习。熟练掌握裁判方法，发现问题及时总结和汇报，提出解决方法并落实到位。

④赛前落实本组和赛前检录组、赛后控制中心、检查裁判组、竞赛秘书组、全能组、场地器材组和现场指挥等裁判组之间的工作职责与联络方式。

⑤赛中接收运动员，提出比赛注意事项及安全要求。

⑥赛中主裁判 A 判定运动员的试掷是否有效，主裁判 B 负责判定运动员每次试掷时标枪落地是否有效，主裁判 A 负责协调内、外场及成绩记录和运动员的比赛场上事物管理。

⑦主裁判 A 和 B 在工作中与技术官员密切配合，对其提出的合理建议，应及时改进。

⑧主裁判 A 赛后审核比赛成绩、名次，并请田赛裁判长和技术官员签字。

⑨听取技术官员、田赛裁判长的意见及时改进工作。

（2）时限兼成绩显示屏操作员 1 人

比赛中当成绩显示牌显示出运动员的号码的同时，计取、显示试掷运动员的时限。当运动员的试掷应赛程受阻，在停止牌移离起抵弧区域时开启计时器（或秒表）。当试掷时限剩下 15 秒时举黄旗向内场主裁判示意。

（3）检查记录员 1 人

①赛前 1 小时到竞赛秘书处取回该项目的参赛名单。

②到达赛场后，当接到检录员送达的比赛确认名单后及时与终端操作员进行核对，并向技术官员、田赛裁判长、管理裁判员、器材管理员、外场裁判员分发确认后的比赛名单。

③计取比赛项目的开始和结束时间，统计运动员进行练习以及正式比赛时每轮次的用时。

④在主裁判的指挥下，通知终端操作员显示比赛运动员的号码，同时核对屏显与准备比赛运动员的号码是否一致。在比赛过程中记录运动员的比赛试掷成绩并随时与终端机、显示大屏幕进行认真核对。

⑤在比赛过程中遇重新排序时，认真核对运动员新的试掷顺序是否正确，及时通知管理裁判员，保证后续轮次的顺利进行。

⑥比赛结束后迅速核对成绩记录单的成绩和名次，在确认记录单准确无误后请主裁判、田赛裁判长和技术官员签字。

⑦记录比赛场上发生的有关情况。

⑧赛后将成绩记录单交竞赛秘书处。

（4）计算机终端操作员 1 人

①在赛前与标枪组的全体裁判员一起对比赛场地电脑和测距仪进行联网调试，熟悉有关软件的性能和使用方法。

②将赛前录入的运动员成绩记录表与赛前确认后的检录表核对，并显示在屏幕上打印 4 份。

③录入比赛运动员的试掷成绩及比赛情况符号、核对及传送工作。

（5）管理员 2 人

①管理裁判员 A，协助赛前控制中心裁判员对标枪运动员的检录。运动员进入比赛场地后，实施对运动员的管理，协助主裁判组织运动员按比赛顺序进行赛前练习，根据比赛顺序，提醒运动员做好试掷前的准备工作，监督运动员在比赛中是否有违反规则的行为。

②比赛开始前 5 分钟组织运动员站成一列横队面向主席台、观众由赛场主持人介绍运动员情况等。

③陪同临时请假运动员离开比赛场地，并将运动员带回继续比赛。护送完成比赛任务的运动员到赛后控制中心，并将录取获奖运动员的成绩名次表交给赛后中心主裁判。

④管理裁判员 B，管理现场比赛器械标枪，并发放给试掷运动员，回收送至内场的器械，整理好放在器械架上。带领前 3 次比赛淘汰的运动员送至赛后控制中心。负责维持内场秩序，保证比赛的安全。

（6）内场测距仪操作员 1 人

①在赛前与标枪组的全体裁判员一起对比赛场地测距仪和电脑进行联网调试，熟悉有关软件的性能和使用方法。

②每次比赛前应对测距仪与钢尺进行复核校对，误差为零。负责测量及判读运动员每次有效试掷后的成绩并唱报成绩。

（7）内场助理裁判员1人

①赛前对电子测量仪与钢尺进行复核校对。

②赛中协助主裁判判定运动员动作是否符合规则规定，协助成绩判定。

③赛中放置、撤离暂停标志，负责维持内场秩序，保证比赛的安全。

④兼看4米线，观察运动员在4米线的动作，协助内场主裁判的判罚。

（8）落点裁判员3人

①赛前应对电子测量仪与钢尺进行复核校对。

②判定标枪是否完全落在角度线内沿以内及标枪首次触地位置，放置测量反光仪。

③测量反光仪应在下一试投运动员的号码显示才可以撤离落地点。

④指挥志愿者将标枪安全放置器械运行车，由有关操作员将其运回内场。

⑤放置每名运动员的成绩参考标志牌。

⑥在分工负责各自落地区的基础上协助外场主裁判，判定标枪尖是否先于标枪的其他部位触地试掷有效。

⑦外场所有裁判均应对显示的成绩进行监察，如有误差外场主裁应立即通知内场主裁判。

（9）外场测距仪操作员1人

①在赛前与标枪组的全体裁判员一起对比赛场地测距仪和电脑进行联网调试，熟悉有关软件的性能和使用方法。

②每次比赛前应对测距仪与钢尺进行复核校对。当判定标枪落地点有效时按规则要求负责测距仪的操作。

（10）志愿者2人

①听从主裁判B的指挥，做好为运动员服务的工作。

②赛中在运送标枪时应注意标枪的飞行方向，保护自身的安全。负责安全将标枪运回到标枪架上。

（五）工作方法（赛前、赛中、赛后）

1. 赛　前

（1）学习竞赛规程和规则。在田赛裁判长的领导下，主裁判组织本组全体裁判员在赛前认真学习比赛的有关文件，了解比赛日程、时间、参赛运动员的人数和成绩情况。掌握比赛的检录时间、地点。

（2）明确分工与职责。主裁判根据比赛的规程和大会的要求，确定本组裁判员的工作分工和职责，研究制定全组裁判工作方法和工作细则。

（3）制定裁判工作细则。主裁判与全组人员一起，共同制定完成比赛任务的工作细则。其中应明确每一个人的工作分工与职责，制订详细的工作计划。落实本组和其他裁判组，如赛前控制中心、赛后控制中心、场地器材组、全能裁判组、竞赛秘书组等裁判组之间的工作联系。

（4）检查比赛场地、器材和设备。比赛前，投掷主裁判应带领全组对比赛场地、标枪进行严格的检查，发现问题或有不符合比赛规则情况时，应及时向上级报告并落实到位。对于符合比赛规则的标枪要做好标记。检查的主要内容如下：助跑道的长度、宽度，以及投掷弧的宽度是否符合规则要求。落地区标志线的宽度和夹角以及落地区的地面是否符合比赛规则的要求。落地区的地面在器械落地时，能否留下痕迹。对标枪检查的重点应是标枪的重量、枪身各部位的直径、标枪重心至枪尖的距离以及标枪把手等。对检查合格的标枪应做好标记。使用激光测距仪及计算机终端机应提前进行现场调试实习。

（5）加强岗前培训、加强安全意识。在主裁判的领导下进行全组裁判实习。实习时，应模拟比赛的情况进行实习。实习的重点是全组裁判员之间的工作配合以及与其他有关各组（如场地器材组、赛前控制中心、赛后控制中心、全能裁判组、竞赛秘书处现场指挥、赛场主持人等）之间的协调。在实习时，应按比赛的程序进行，必须与计算机终端和激光测距仪一起进行实习配合。加强安全意识。实习中发现问题应及时纠正，提出解决方法并落实到位。实习后，应及时进行总结，以确保裁判工作的顺利进行。

（6）检查第一单元比赛的准备工作和裁判所需的用具和物品。

2. 赛　中

（1）入场与检录

①在每一个比赛单元前，主裁判带领全组裁判员应按大会规定的时间、路线准时整队入场，入场后认真检查比赛场地、器材和激光测距、计算机中心共同进行赛前校对等的准备工作。提前领取田赛远度项目成绩记录表。

②根据竞赛规程规定的检录时间（通常在比赛前 55 分钟），指派记录员和管理裁判员到赛前控制中心协助赛前控制中心裁判员对标枪运动员进行检录。协助检录的内容如下：检录时应对运动员是否按时到检录地点进行检录，能否比赛，运动员

的服装、鞋钉、号码、广告、提包及所携带物品是否符合本次比赛规则和规程的要求。检录时间结束时，对于未参加检录的运动员，应按比赛的规则和规程要求由赛前控制中心裁判员处理并输入计算机网络中心确认。

③按规定时间由赛前控制中心裁判员带领、本组记录员和管理裁判员一起将运动员整队带入比赛场地。在协助赛前控制中心裁判员将运动员带入比赛场地时，应事先确定入场的路线，不能影响其他项目的比赛。

（2）组织赛前练习

①运动员到达比赛场地后，首先由主裁判向所有参赛运动员宣布比赛的注意事项和安全要求，要求习惯用标枪丈量步点的运动员本次比赛不得使用标枪丈量步点，在赛前练习时提供标枪步点丈量距离参照表，给出男子 1～13 枪和女子 1～16 枪的枪数和距离（包括男、女标枪的基本参数），公布在黑板上做参考，并提供皮尺供运动员丈量步点。

②组织运动员按比赛顺序在裁判员的监督下进行练习试掷。练习试掷应符合比赛规则的要求，注意安全。在比赛前 5 分钟停止一切练习，整理比赛场地和器材，所有裁判人员应做好各自准备，以便开始比赛。

（3）赛前介绍运动员

赛前 5 分钟运动员停止练习，管理裁判员组织运动员成一列横队面向主席台、观众，由赛场主持人介绍运动员等情况。

（4）准时比赛

必须按大会规定的比赛日程时间准时开始比赛。比赛开始前，主裁判站在助跑道中央，举手向场地内外的有关裁判员示意，当确认一切准备就绪时，主裁判退至助跑道外的适当地点，并示意电子显示牌显示试掷运动员的号码、姓名和轮次，撤离暂停标志，并从这一瞬间开始计算运动员该次试掷的时限，启动计时器。

①运动员开始试掷后，内场主裁判应站位于投掷弧的左侧稍前方 2 米的位置，以便观察运动员在试掷时是否触及投掷弧。在比赛中，裁判员的正确站位对于完成工作具有重要意义。内场主裁判的位置应与记录台对面，以便于激光测量员测量工作。内场主裁判和助理裁判员应注视运动员试掷动作的全过程，认真观察运动员是否有犯规情况，直至其在助跑道内完成试掷，离开助跑道时，首先触及的助跑道标志线或助跑道外地面应完全在投掷弧两端的白线后边，该线与助跑道标志线垂直。

②运动员掷出标枪后，外场主裁判员应密切注视标枪的飞行方向、标枪枪尖的准确落地位置以及枪尖着地点是否完全落在落地区标志线内沿以内，应快速判定标

枪落地是否有效。当标枪落地出现失败无效时，外场主裁判应立即举红旗示意。外场主裁判应站在标枪落地区的侧面，以便观察标枪落地时是否枪尖先落地。

③落点裁判员应在运动员的标枪出手后迅速移动自己的位置，在标枪落地后尽快赶到落地点，尽量做到枪落人到。准确、快速地判断标枪落点的位置。两名落点裁判员应分开前后站位，相距约 10 米，以便以最快的速度和最短的时间赶到标枪的落点。

④运动员试掷结束，内场主裁判立即走进助跑道，将旗直臂上举约 3 秒钟示意，以便使观众或运动员都了解试掷是否成功有效。

⑤试掷成功，内、外场成绩测量员应立即进行成绩测量。外场落点裁判员面向内场，插好测距反射镜，内场测距员操作测距仪测定试掷成绩，在主裁判的监察下经复核检查无误后唱报成绩；记录员记录成绩、计算机录入成绩、显示屏公告成绩（如试掷失败，也要记录、录入、显示失败符号）。当成绩显示屏旋转回原位后，消去本次显示，按照主裁判的示意，再显示下一试掷运动员的号码，比赛继续进行。

测量成绩时，内场裁判员应在投掷弧的前沿，放上暂停标志，以示目前裁判员正在工作，运动员尚不能进行试掷，测量成绩完毕时，内场裁判员撤掉暂停标志，如一轮结束有创新纪录时，主裁判应示意外场主裁判插上新一轮纪录，主裁判等一切就绪退至原来的位置，显示屏通知下一个运动员开始试掷。

⑥记录员应认真观察内、外场裁判员的判决，准确做好记录。当测距员判读成绩时，记录员应立即做好记录并复述一遍，以保证成绩记录准确无误。检查记录员应对记录员、计算机的录入、显示屏的显示进行监看，以免发生记录或显示错误。

⑦比赛中，主裁判及有关裁判员应注意观察运动员是否有违反规则的情况（如接受帮助，擅自离开比赛场地，有不道德的言行等）。如有此类情况发生，应及时报告田赛裁判长予以警告或处罚。

（5）规则的执行

①在比赛中运动员创纪录时，应及时通知田赛裁判长及技术官员，保留创纪录的现场，以便进行核查。

②在比赛中，如遇运动员请假，应按规则的规定办理。

③当所有参赛运动员完成前 3 次试掷后，按规则比赛暂停，由记录员对所有运动员在前 3 次试掷中有效试掷成绩进行排序，对比赛成绩最好的前 8 名运动员进行排序，名次排在前 8 名的运动员按规则与排名相反的顺序进行后 3 次试掷。根据这一规则的规定，成绩最好的运动员在后 3 次试掷中应排在最后进行试掷。记录员完

成前8名运动员的排名后与计算机操作员核对无误，经主裁判认可，向运动员宣布参加后3次比赛的前8名运动员名单和比赛顺序。

④在前3次试掷中未进入前8名的运动员，由管理裁判员将其带至赛后控制中心。

⑤如运动员有兼项比赛，主裁判每次可允许该运动员在某一轮的比赛中，以不同于赛前抽签排定的顺序进行试掷。如果该运动员后来轮到他试掷时未到，一旦该次试掷时限已过，则应视其该次试掷为免掷。

⑥在比赛中主裁判与管理裁判员看到时限员上举黄旗时，及时提醒运动员注意时限。当时间到黄旗落下，主裁判立即上举红旗，并放置暂停标志，判该运动员该次试掷失败。记录员、计算机终端操作员均记下失败符号，成绩显示屏显示该运动员的试掷失败符号。如果到时限时，运动员已开始了试掷，应允许其进行该次的试掷。

⑦比赛中，如果某运动员对主裁判的犯规判罚立即提出口头抗议时，该项目的裁判长可以在其权限内下令测量并记录该次试掷的成绩，并登记在备注栏内，以便保留该运动员的权利。

3. 赛　后

（1）整理、审核、上交比赛成绩。

（2）比赛结束后，记录员应对运动员的比赛成绩进行认真检查与排序，并与计算机终端操作员核对无误后，交主裁判，主裁判应对该项目的成绩和名次进行认真核对并与计算机终端操作员对计算机录入的成绩核对无误后，并交田赛裁判长、技术官员签名，等技术官员签名确认后计算机终端操作员方可将决赛成绩提交。最后由记录员将成绩单送交大会竞赛秘书处。

（3）由管理裁判员将前8名运动员带领至赛后控制中心或进行兴奋剂检查。

（4）整理比赛场地和器材。

（5）裁判员整队退场。

（6）进行工作小结，准备下一比赛单元的工作。

（六）场地布置及站位图

掷标枪场地布置及裁判站位见图3－4－18。

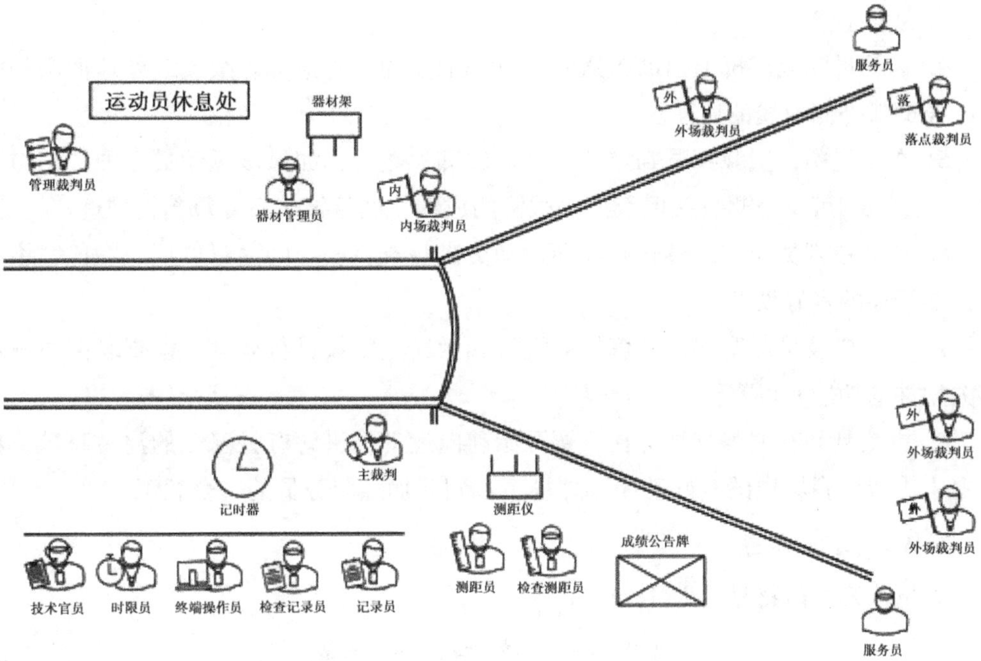

图 3－4－18　掷标枪场地布置及裁判站位图

（七）重点与难点

1. 规则规定，标枪在落地时枪尖应先于标枪的其他部位触地，成绩方为有效，见图 3－4－19。因此，外场主裁判应快速、准确地判断出标枪落地是否有效。

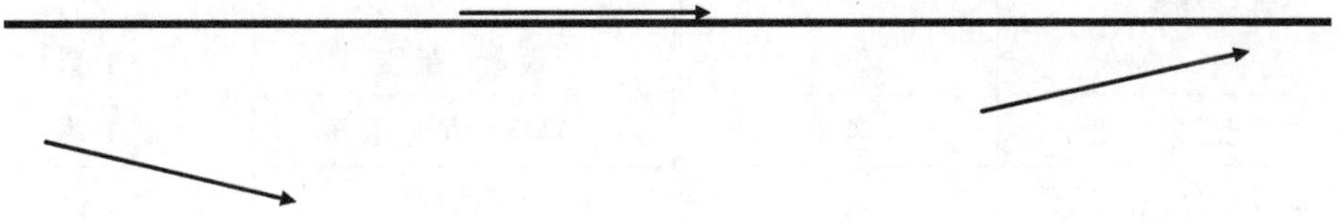

图 3－4－19　标枪落地时的姿态

2. 比赛时，外场主裁判应根据运动员的报名成绩和标枪的飞行情况，及时移动自己的位置，尽量做到保持在标枪的正侧面位置进行裁判，以便清楚地观察到标枪落地时与地面的角度，在标枪落地后尽快赶到落点位置，以便快速、准确地判定标枪尖的落点。主裁判的位置离标枪的距离应在 10 米以上，不能过分靠近标枪，否则反而不易看清标枪的落地角度。

3. 运动员在做标枪出手后的缓冲动作时，易发生脚触及投掷弧的犯规现象，内场主裁判在运动员进行试掷时，应自始至终注视运动员的双脚，不得观看标枪的飞行，以免发生错判。

4. 运动员完成试掷退出助跑道时，首先触及的助跑道标志线或线外地面必须完全在投掷弧外侧白线的后面。

5. 在比赛中，当裁判员判定某运动员试掷失败时，如果该运动员立即提出口头抗议，主裁判可下令测量并保留该次试掷的成绩，然后报告田赛裁判长处理。

6. 有关裁判员应在比赛开始前向运动员讲解有关安全的注意事项。在比赛中维持比赛场地的良好秩序。

7. 赛前应及早对赛场的计算机终端机和激光测距仪进行调试，检查联网情况和有关软件的功能和可靠性。

8. 主裁判和有关裁判员应在比赛开始前向运动员讲解有关安全的注意事项。在比赛中维持比赛场地的良好秩序。外场主裁判要加强服务员的安全意识。

（八）所需物品

标枪裁判所需物品见表3－4－11。

表3－4－11　标枪裁判所需物品

物品	数量	物品	数量
红旗、白旗、黄旗、纪录旗	2面、1面、1面、3面	秒表	1块
100米钢尺	1个	时限器	1台
手套、扫把、拖把、抹布、水桶、棕垫等	若干	电动显示牌	1台
钢钎	3根	激光测距仪	1套
记录桌、椅子	若干	候赛运动员显示屏	1块
运动员休息用长凳	若干	计算机终端	1台
记录用笔、纸、刀、尺、防雨罩	若干	暂停标志	1个
镁粉盒和镁粉	1组	垃圾桶	1个
成绩标志牌	3个	水	若干
放置器械的架子	1个	比赛标枪	至少2个不同品牌

（九）工作流程图

标枪裁判工作流程见图 3 －4 －20。

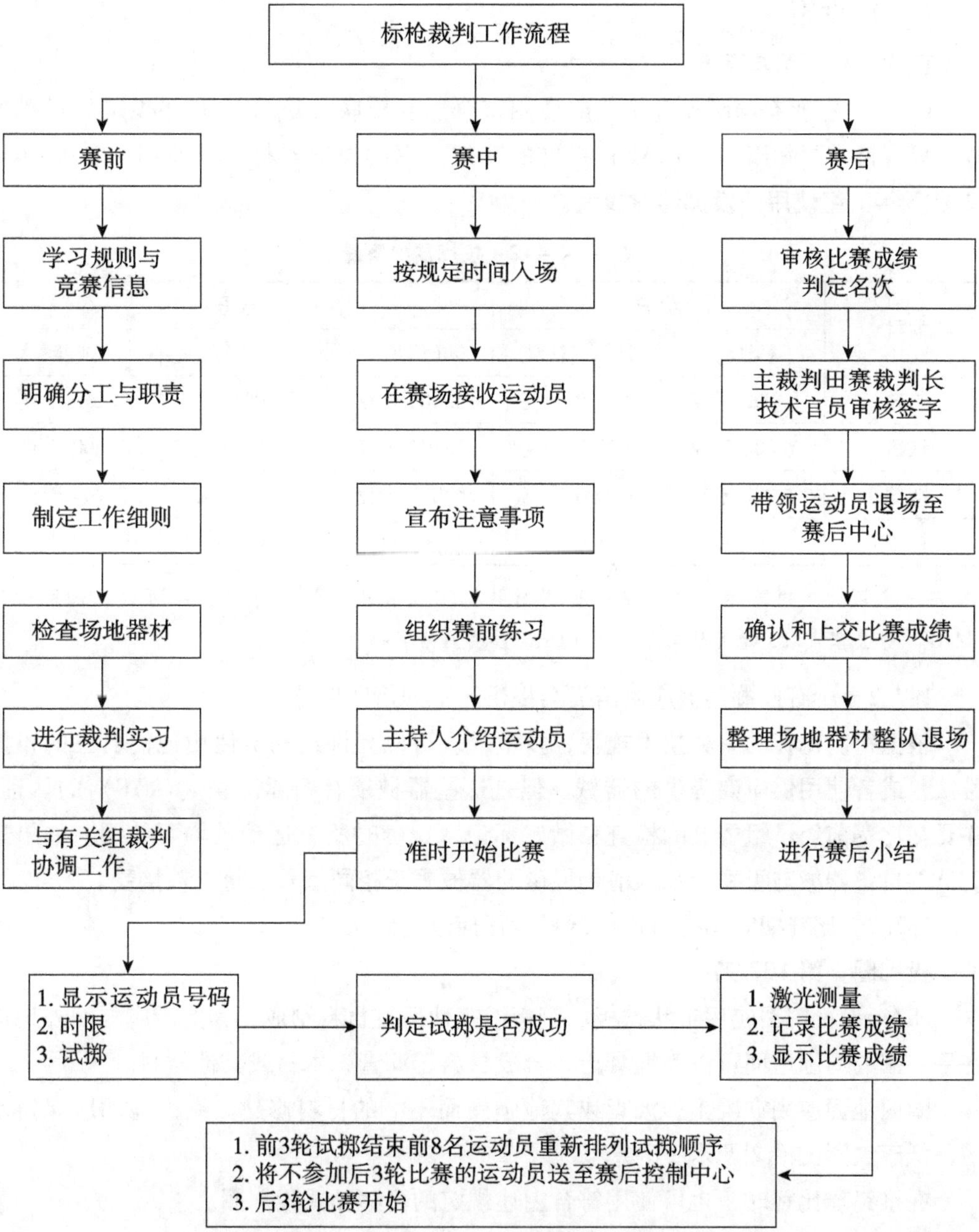

图 3 －4 －20　标枪裁判工作流程图

十、推铅球

（一）设施

正式器材　第 187 条

187.1　在所有国际比赛中，应使用符合国际田联（IAAF）有关规定的投掷器材。只有持有国际田联（IAAF）批准的有效证书的投掷器材方可使用。表 3 – 4 – 12 是各年龄组使用的投掷器材重量。

表 3 – 4 – 12　投掷器材重量

器材	女子		男子		
	（U18）	成年（U20）	（U18）	（U20）	成年
铅球	3.000 千克	4.000 千克	5.000 千克	6.000 千克	7.260 千克
铁饼	1.000 千克	1.000 千克	1.500 千克	1.750 千克	2.000 千克
链球	3.000 千克	4.000 千克	5.000 千克	6.000 千克	7.269 千克
标枪	500 克	600 克	700 克	800 克	800 克

注：新版标准的国际田联（IAAF）器材认证申请表格和认证体系程序可以从国际田联（IAAF）办公室索取，也可从国际田联（IAAF）的网站下载。

187.2　所有投掷器械应由组委会提供，下列情况例外。

根据每次比赛的有关技术规程，技术代表可以允许运动员使用他们自己的投掷器械，或者使用供应商提供的器械，但是这些器械须有国际田联（IAAF）的认证，并要在比赛前经过组委会的检查和做好标记，比赛时所有运动员均可使用。如果运动员的自备器械与组委会列入清单提供的器械属于相同型号，将不被接受。

187.3　比赛期间不得对投掷器材做任何改变。

投掷圈　第 187 条

187.6　投掷圈应用带状铁板、钢板或其他适宜材料制成，其上沿应与圈外地面齐平。圈的周围地面可以为混凝土、合成材料、沥青、木材或其他材料。

圈内地面应用混凝土、沥青或其他坚硬而不滑的材料修建。圈内地面应保持水平，低于铁圈上沿 2 厘米 ±6 毫米。

在推铅球比赛时，也可使用符合上述规定的可移动式投掷圈。

187.7　推铅球和掷链球投掷圈内沿直径应为 2.135 米 ±5 毫米。掷铁饼投掷圈内沿直径应为 2.50 米 ±5 毫米。（图 3 – 4 – 21）

铁圈边沿应至少厚 6 毫米，漆成白色。可在掷铁饼投掷圈内放置一个直径为 2.135 米的铁圈用于掷链球。

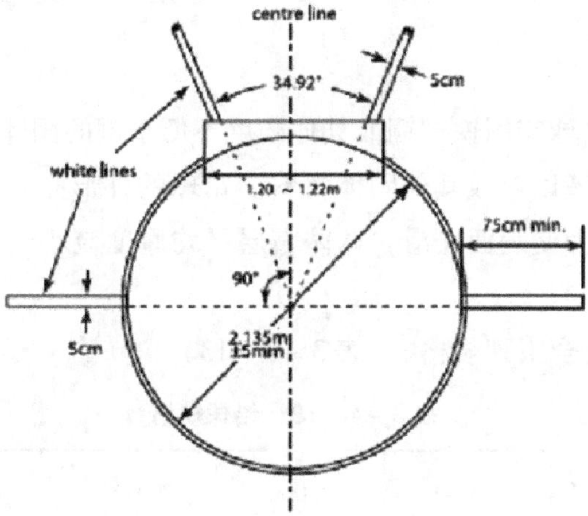

图 3－4－21　铅球投掷圈平面图

注：该铁圈应该漆成除白色外的其他颜色，以便能清楚地看到规则 187.8 规定的白线。

抵趾板　第 188 条

188.2　抵趾板用木料或其他适宜材料制成，漆成白色，其形状为弧形，以便使其内沿与投掷圈内沿重合（图 3－4－22），并与投掷圈平面垂直。抵趾板的中心应与落地区的中心线重合，并且牢固地固定在地面或投掷圈外的水泥地面。

注：国际田联 IAAF 1983/1984 规定的抵趾板仍可使用。

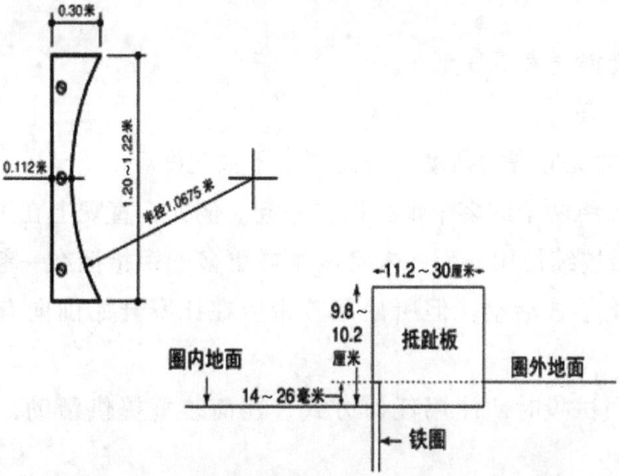

图 3－4－22　推铅球抵趾板（俯视图和侧视图）

188.3　抵趾板宽度为0.112～0.30米（图3-4-22），弧线的弦长1.21米±0.01米，弧线的半径与投掷圈的半径相同。高出投掷圈内紧接抵趾板的地面0.10米±0.008米。

铅球　第188条

188.4　结构：铅球应用铁、铜或其他硬度不低于铜的固体金属制成，或由此类金属制成外壳，中心灌以铅或其他固体材料。铅球的外形必须为球形，表面不得粗糙，结点处应光滑。为使表面光滑，球体表层平均厚度应小于1.6μm，即粗糙度为N7或更小。

188.5　铅球应符合下列规格。（表3-4-13）

表3-4-13　铅球规格

允许比赛和承认纪录的最小重量（千克）	3.000	4.000	5.000	6.000	7.260
制造厂商提供比赛使用的重量范围（千克）	3.005～3.025	4.005～4.025	5.005～5.025	6.005～6.025	7.265～7.285
最小直径（毫米）	85	95	100	105	110
最大直径（毫米）	110	110	120	125	130

（二）比赛　第188条

188.1　用单手从肩部将铅球推出。当运动员进入投掷圈内开始试掷时，铅球要抵住或贴近颈部或下颚，在推球过程中持球手不得降到此部位以下。不得将铅球置于肩轴线后方。

注：侧手翻投掷技术不被允许。

帮助　第187条

187.4　下列情况应视为帮助，在比赛中不被允许。

（a）使用胶带将两个或多个手指捆在一起。例如，直观上在手和手指上使用胶带，可能是将胶带连续使用，而并未将两个或更多的手指捆在一起。事实上，这种方式使得手指不能单独活动。但所使用胶带应在比赛开始前向有关主裁判展示及确认。

（b）当运动员试投时，使用任何方式、任何装置提供帮助，包括在身上捆绑重物。

（c）除掷链球外，运动员不得在比赛中使用手套。掷链球手套的手掌、手背须光滑。除拇指外其他手指尖应露出。

（d）不允许运动员向投掷圈内或鞋底喷洒任何物质，或使圈内地面粗糙。

187.5　下列情况应不视为帮助，因此被允许。

（a）为了更好地持握器械，运动员可使用某种适宜物质，但仅限于双手。链球运动员可在手套上。推铅球运动员可在其颈部涂抹此类物质。

（b）此外，在推铅球和掷铁饼项目中，运动员可以在器械上涂抹镁粉或其他类似物质，所有这些物质应可以使用湿布很容易地去掉，并且不应留下任何污渍。

（c）在不违反规则 187.4（a）的情况下，在手或手指上使用胶带。

世界纪录

男子铅球世界纪录：23.12 米。

1990 年 5 月 20 日，美国铅球名将巴恩斯在洛杉矶创造的这个纪录，到现在已经 27 年了。依然没有人打破。

女子铅球世界纪录：22.63 米。

1987 年 6 月 7 日，苏联运动员莉索弗斯卡娅在莫斯科创造的这个纪录，至今没有人打破。

注：铅球重量：男子 7.26 千克；女子 4 千克。

（三）任务

在田赛裁判长领导下，根据竞赛规则、规程的有关条款之规定，按照比赛日程规定的时间，遵守严肃、认真、公正、准确的工作原则，准确无误地完成投掷裁判工作，确保比赛的顺利进行。

（四）分工及职责

1. 分工

（1）主裁判	2 人
（2）助理裁判员	1 人
（3）记录员	1 人
（4）计算机终端操作员	1 人
（5）时限员	1 人
（6）落点裁判员	2 人
（7）测距仪反光镜放置裁判员	1 人
（8）测距仪操作员	1 人

（9）器械管理员　　1人

（10）管理裁判员　　2人

（11）志愿者　　3人

2. 职责

（1）主裁判

①领导裁判组的工作，分配裁判员的岗位及任务，制定裁判工作细则。

②组织裁判员学习竞赛规则相关内容及竞赛规程、竞赛须知等文件。

③了解参赛运动员的人数、项目的单元安排、各单元的比赛时间、运动员的报名成绩、本项目的纪录等。

④带领裁判员检查比赛场地、器材和仪器设备等，领取裁判用具。

⑤赛前组织培训裁判员，统一裁判工作方法，提出工作要求。

⑥组织裁判员按比赛分工及裁判工作流程进行实习，熟悉裁判工作期间各环节的衔接与配合，提出预案和解决问题的方法。

⑦组织联调工作，协调与检录处、赛后控制中心、竞赛秘书组、检查组、场地器材组、现场指挥等裁判组的工作配合方法。

⑧听取技术官员、田赛裁判长的建议、意见，及时改进裁判工作。

⑨赛前、赛后校对激光测距仪。

⑩接收运动员并提出比赛的有关要求。

⑪判定运动员的试掷是否有效。

⑫掌控比赛进程，协调全组裁判工作，及时处理比赛中有争议的问题。运动员创纪录时请田赛裁判长、技术官员审核场地器材和成绩。

⑬审核前三轮成绩及重新排定的试掷顺序。

⑭比赛结束时审核运动员的成绩与名次，与计算机终端操作员校对确认录入的成绩与名次。

⑮组织本组裁判员的进、退场。

（2）记录员

①准确记录运动员每次试掷的成绩或犯规符号等。

②告知计算机操作员下一试掷运动员的号码。

③第三轮比赛结束后，统计成绩并排定后继轮次运动员的试掷顺序，经主裁判确认后通知相关人员。

④比赛结束后统计排定运动员的成绩与名次，签字后交主裁判审核签字。然后

请田赛裁判长、技术官员签字，并把记录表、激光测距校对表、器材使用表送交竞赛秘书处。

（3）计算机终端操作员

①运动员试掷前，显示将要试掷运动员的号码、轮次。

②运动员试掷完毕，录入并显示运动员的成绩或失败的符号。

③比赛结束后与记录员核对成绩，经主裁判、田赛裁判长、技术官员确认后传送至竞赛秘书处。

（4）时限员

①准确计取运动员每次试掷的时限，准时开启计时器。

②当试掷时限剩下 15 秒时举黄旗示意，时限到时放下黄旗。

（5）落点裁判员

①判定投掷器械的准确落点位置。

②放置运动员的最好成绩标志牌。

③把器材放置回收车。

（6）测距仪反光镜放置裁判员

①赛前、赛后协助校对激光测距仪。

②根据落点裁判员判定的准确落点位置，按要求插好反光镜。

（7）测距仪操作员

①比赛前与比赛后校对激光测距仪。

②操作测距仪，测定试掷成绩，并通知记录员。

（8）器械管理员

①管理比赛器械，并发放给试掷运动员。

②回收运送到内场的器械，清洁后放置器械架上。

③记录每名运动员每次试掷使用不同型号器械的情况，统计不同型号器械的使用次数，比赛后将记录表交主裁判签字后上交竞赛秘书处。

④维持内场秩序，保证比赛的安全。

（9）管理裁判员

①接收运动员，对运动员进行管理，协助主裁判组织运动员进行赛前练习。

②比赛开始前配合现场指挥介绍运动员。

③管理裁判员根据比赛顺序，提醒运动员做好试掷前的准备工作，监督运动员在比赛中是否有违反规则的行为。

④陪同请假运动员离开比赛场地并将其带回。

⑤带领完成比赛任务的运动员到赛后控制中心。

⑥维持内场秩序，避免与其他比赛项目在场地上发生冲突，保证比赛的安全。

（五）工作方法（赛前、赛中、赛后）

1. 赛　前

（1）主裁判带领全体裁判员学习竞赛规则、规程及相关文件，了解各项比赛的检录时间、开赛时间和参赛运动员的人数。

（2）实行岗位责任制，根据分工，每名裁判员制定各自岗位工作细则，包括突发事件的应急预案。落实确定本组与检录处、赛后控制中心、场地器材组、全能裁判组、竞赛秘书组、现场指挥之间的工作配合方法。

（3）检查场地、器材、设备。检查落地区角度线等是否符合规则要求，对检查后符合标准的投掷器材做好标记，对激光测距仪进行 3 点测距校对和记录台计算机终端进行现场调试。

（4）根据统一安排，在主裁判的带领下，做好联调工作。熟练本组裁判员之间的配合和对各项仪器的操作，以及与其他相关裁判组之间的协调配合。联调后，对发现的问题及时解决。

（5）检查比赛所需的用具和物品，如太阳伞、雨具等。

2. 赛　中

（1）根据大会规定的时间、地点、路线全组裁判员集体入场，入场后根据各自分工检查场地、器材，激光测距、计算机终端进行赛前校对等准备工作。

（2）管理裁判员接收检录处或全能裁判交来的参赛运动员，由主裁判向运动员宣布比赛注意事项。

（3）主裁判与记录员、管理裁判员共同组织运动员按比赛顺序进行赛前练习试掷至少 2 次。

（4）开赛前 5 分钟，运动员停止练习，管理裁判员组织运动员到指定地点、现场展示介绍运动员。

（5）外场裁判员一路纵队由投掷区的左侧进入场地，到达各自指定的岗位。

（6）准时开始比赛，主裁判向外场示意比赛开始，电动显示牌显示试掷运动员的号码、姓名和轮次，撤离停赛标志，时限员开始计时。

（7）试掷成功，内场主裁判上举白旗，失败则举红旗。主裁判在助跑道内摆放停赛标志。

(8) 当标枪出手后落点裁判员迅速判断标枪飞行的方位，找准落点，如试掷成功，立正面向内场，如试掷出界，外场主裁判上举红旗然后指向出界的方向，如试掷过程中不是标枪枪尖着地，而是标枪的其他部分着地，外场主裁判上举红旗。

(9) 试掷成功时，外场测量员迅速插好反光镜，内场测量员测定成绩后通知记录员，同时显示屏操作员将成绩显示在成绩显示屏上，如试投失败，则记录和显示失败符号。待显示屏旋转回位后，显示下一名运动员的号码。主裁判撤离停赛标志，继续进行后续比赛。

(10) 运动员完成前 3 轮试掷后，对比赛成绩最好的前 8 名运动员进行重新倒排序。

(11) 管理裁判员在运动员完成第三轮试掷后，将没有后继比赛任务的运动员通过混合区带到赛后控制中心。

(12) 主裁判及有关裁判员应注意观察运动员是否有违反规则的情况（如接受帮助，擅自离开比赛场地，有不道德的言行等)。如有此类情况发生，应及时报告田赛裁判长予以警告或处罚。

(13) 运动员创纪录时，应及时通知田赛裁判长及技术官员，保留创纪录的器材、现场，以便进行核查。

(14) 如遇运动员请假或兼项请假，则按规则的规定执行。

(15) 比赛中，如果某运动员对试掷失败的判罚立即做出口头抗议时，该项目的裁判长可以在其权限内测量并记录该次试掷的成绩，以便保留所有有关的权利。

(16) 比赛结束后，统计排定运动员的成绩与名次，并与计算机终端操作员核对无误后，经记录员、主裁判、田赛裁判长、技术官员审核签字后，计算机终端操作员方可提交成绩，记录员将成绩单送交竞赛秘书处。

(17) 管理裁判员在比赛结束后将所有运动员通过混合区带到赛后控制中心。

3. 赛　后

(1) 激光测距校对 2 点，整理比赛场地和器材，裁判员整队退场。

(2) 进行工作小结，准备下一比赛单元的工作。

(3) 大会结束后，主裁判组织裁判员进行总结，并写成书面材料交田赛裁判长。

(4) 清理归还所借物品，做好离会前善后工作。

（六）场地布置及站位图

铅球场地布置及裁判站位见图 3－4－23。

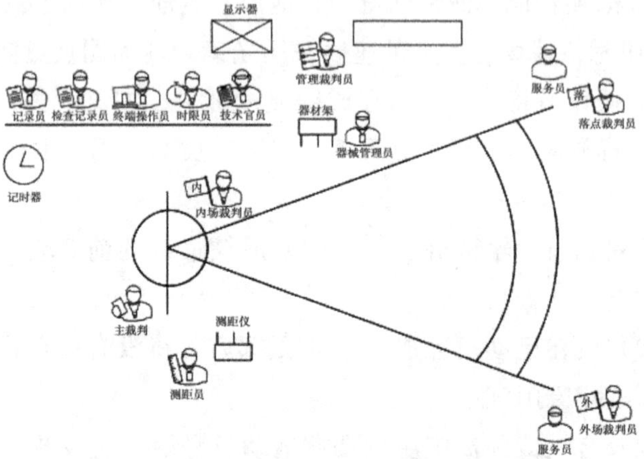

图 3－4－23　铅球场地布置及裁判站位图

（七）重点与难点

1. 赛前计算机终端和激光测距仪的调试工作，各项仪器的联网运转情况，各项仪器的熟练操作训练等。

2. 运动员在做器械出手后的缓冲动作时，易发生脚触及投掷圈的犯规现象，内场主裁判在运动员进行试掷时，应自始至终注视运动员的双脚，不得观看器械的飞行，以免发生错判。

3. 主裁判在比赛开始前向运动员讲解有关安全的注意事项。在比赛中维持比赛场地的良好秩序。外场主裁判要加强服务员的安全意识。

4. 比赛时，外场落点裁判员应根据运动员的水平和每次出手后器械的飞行方向，及时移动自己的位置，做到器械落人到。

（八）所需物品

铅球裁判所需物品见表 3－4－14。

表 3－4－14　铅球裁判所需物品

物品	数量	物品	数量
裁判桌	3～4 张	计算机终端机	1 台
椅子	若干	激光测距仪	1 套

续表

物品	数量	物品	数量
运动员休息椅太阳伞	长凳若干个，太阳伞若干把	电子显示屏	1 台
风标	1 个	时限显示屏	1 台
清洁工具（扫帚、拖把、抹布、水桶、手套）	各 1 个	红、白、黄旗	红旗 2 面，白旗 1 面，黄旗 1 面，纪录旗 3 面
遥控运送器材车	2 辆	钢尺（30 米）、钢钎	各 1 个
比赛器材	2～3 个不同品牌	秒表	1 块
投掷器材架	1 个	运动员成绩标志牌及书写笔、防雨罩	若干
镁粉盒及镁粉	1 个	垃圾桶；暂停标志	各 1 个
停赛标志物	1 个	手提扩音器	1 个
记录标志旗	3 面	计时器	1 台
		电脑、打印机	各 1 台

（九）工作流程图

铅球裁判工作流程见图 3－4－24。

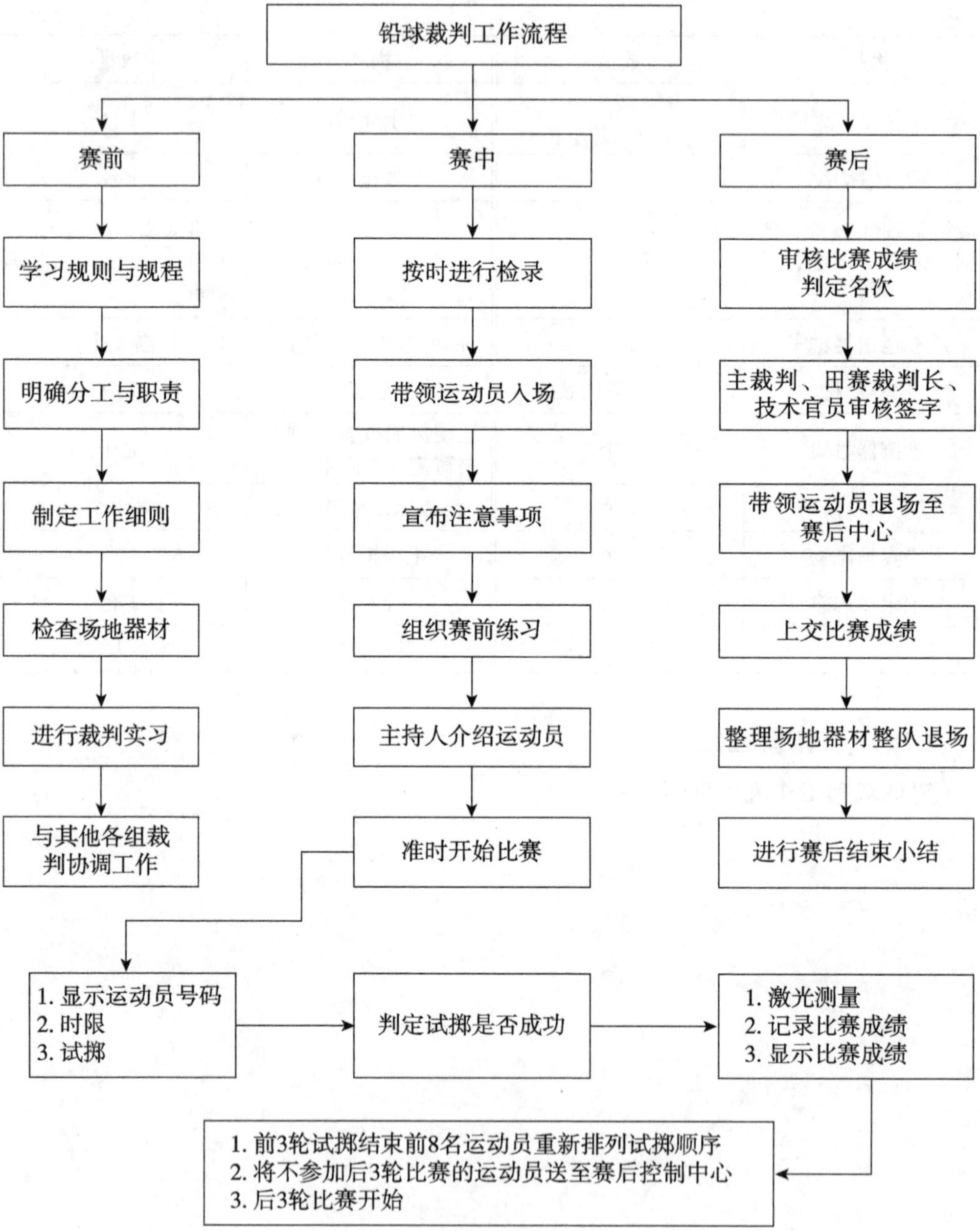

图 3－4－24　铅球裁判工作流程图

十一、掷铁饼

（一）设 施

投掷圈 第 187 条

187.6 投掷圈应用带状铁板、钢板或其他适宜材料制成，上沿应与圈外地面齐平。圈的周围地面可以为混凝土、合成材料、沥青、木材或其他材料。

圈内地面应用混凝土、沥青或其他坚硬而不滑的材料修建。圈内地面应保持水平，于铁圈上沿 2 厘米 ±6 毫米。

在推铅球比赛时，可使用符合上述规定的可移动式投掷圈。

187.7 推铅球和掷链球投掷圈内沿直径应为 2.135 米 ±5 毫米。掷铁饼投掷圈内沿直径应为 2.50 米 ± 5 毫米。铁圈边沿应至少厚 6 毫米，成白色。可在掷铁饼投掷圈内放置一个直径为 2.135 米的铁圈用于掷链球。（图 3－4－25）

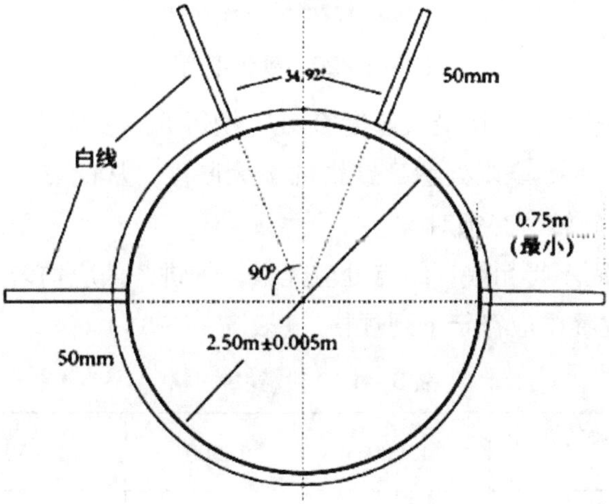

图 3－4－25 铁饼圈平面图

注：该铁圈应该漆成除白色外的其他颜色，便能清除看到规则第 187.8 规定的白线。

187.8 从金属圈顶两侧向外各画一条宽 50 毫米、长至少为 0.75 米的白线。此线可以画出，可用木料及其他适宜材料制成。白线后沿的延长线应能通过圆心，与落地区中心线垂直。

铁饼 第 189 条

189.1 铁饼的饼体可为实心或空心结构，应用木料、塑料或其他适宜的材料制成，周围镶以金属圈，金属圈边缘应呈圆形。外缘横断面应为标准圆形，半径约为6毫米。铁饼两面的饼心可镶有与饼体齐平的金属圆片，也可不使用金属圈边，但相应部位应呈平面。铁饼的几何尺寸和总重量应符合规定。

铁饼的两面必须相同，制造时不得带有凹陷、凸起或尖缘。从金属圈边缘弯曲处至饼心边沿，铁饼表面应呈直线倾斜，饼心半径为25.0~28.5毫米。

应按下列规格设计铁饼剖面。(图3-4-26)

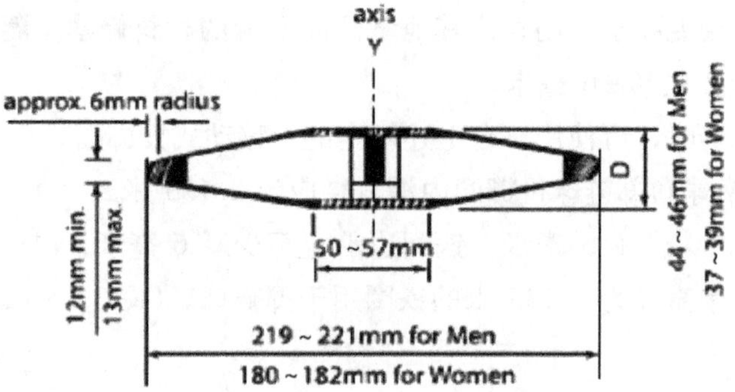

图3-4-26　铁饼平面图

从铁圈弯曲处开始至铁饼最大厚度D处，铁饼的厚度应均匀增加，在距铁饼中轴轴心Y点25.0~28.5毫米处达到铁饼的最大厚度。从此点至Y点的厚度应该相同。铁饼在绕Y轴旋转时必须对称。

铁饼及整个铁圈不得粗糙，结点处应光滑，铁饼各处应均匀一致。

189.2　铁饼比赛中应符合下列规格。(表3-4-15)

表3-4-15　铁饼规格

允许比赛和承认纪录的最小重量（千克）	1.000	1.500	1.750	2.000
制造厂商提供比赛使用的重量范围（千克）	1.005~1.025	1.505~1.525	1.755~1.775	2.005~2.025
铁饼的直径（毫米）	180~182	200~202	210~212	219~221
饼心的直径（毫米）	50~57	50~57	50~57	50~57
饼心的厚度（毫米）	37~39	38~40	41~43	44~46
（距边缘6毫米处）金属圈的厚度（毫米）	12~13	12~13	12~13	12~13

掷铁饼护笼　第 190 条

190.1　必须从挡网或护笼内将铁饼掷出，以确保观众、工作人员和运动员的安全。本款中规定的防护笼，适用于场内有其他项目同时比赛，或者是比赛在体育场外举行并且周围有观众的情况。在训练场地可以不使用这种护笼，结构更为简单的装置即可满足需要。向国家会员协会或国际田联秘书处咨询将得到合理的建议。

注：规则第 192 条中掷链球的防护笼也可用于掷铁饼。即可安装一个直径分别为 2.135 米和 2.50 米的同心圆，可将护笼延长，链球投掷圈前安装一个铁饼投掷圈。

190.2　在设计、制造和维护掷铁饼护笼时，必须使其能够阻挡以 25 米/秒的速度运行、重量为 2 千克的铁饼。护笼的安放应使其消除铁饼弹出护笼或向运动员反弹或从护笼顶部飞出的危险。凡符合本条款所有要求的护笼，不论设计和结构如何均可采用。

190.3　护笼的俯视图应为 U 形。护笼开口的宽度为 6 米，位于投掷圈圆心前方 7 米处（图 3－4－27）。护笼开口宽度 6 米须以挡网内沿为准。挡网或挂网最低点的高度至少为 4 米，从 2020 年 1 月 1 日起改为 6 米。护笼的设计与结构应能防止铁饼从护笼或挡网连接处、挡网或挂网下方冲出。

注 1：在掷铁饼投掷圈后部如何安放挡网和挂网并不重要，但挂网距离投掷圈圆心的距离至少为 3 米。

注 2：如能提供同样角度的保护而不增大危险区，与常规设计具有革新式样的设计也可得到国际田联批准。

注 3：为了更好地保护在离掷铁饼护笼较近处跑道上同时进行径赛项目的参赛运动员，护笼靠近跑道的一边可以加长或加高。

190.4　制作挡网可采用适宜的天然材料或合成纤维，也可以使用低碳钢丝或高抗张力钢丝。绳索网眼的最大尺寸为 44 毫米，钢丝网眼的最大尺寸为 50 毫米。

注：护网的规格和安全检查程序在《国际田联田径场地设施标准手册》中有详细规定。

190.5　在同一场比赛中，运动员用左手或右手从护笼中掷出铁饼的最大危险扇形区均为 69 度，因此护笼的位置和方向对于安全使用极为重要。

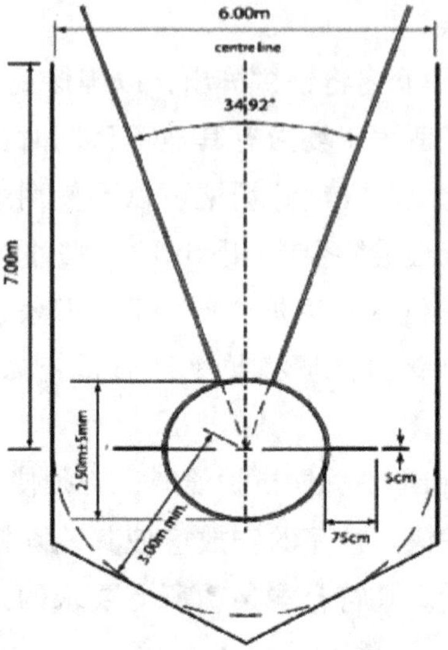

图 3-4-27　铁饼场地平面图

（二）比　赛

个人保护措施（帮助）

（1）下列情况视为帮助，在比赛中不被允许。

①使用胶带将两个或更多的手指捆在一起。例如，直观上在手和手指之间使用胶带，可能是将胶带连续使用，而并未将两个或更多的手指捆在一起，事实上，这种方式使得手指不能单独活动。但所使用胶带应在比赛开始前向有关主裁判展示及确认。

②当运动员试投时，使用任何方式、任何装置提供帮助，包括在身上捆绑重物。

③除掷链球外，运动员不得在比赛中使用手套，掷链球手套的手掌、手背须光滑。除拇指外其他手指尖应露出。

④不允许运动员向投掷圈内或鞋底喷洒任何物质，或使圈内地面粗糙。

（2）下列情况不视为帮助，因此被允许。

为了更好地持握器械，掷铁饼项目中，运动员可以在器械上涂抹镁粉或其他类似物质，所有这些物质应可以使用湿布很容易地去掉，并且不留下任何物质，仅限于双手。

（三）任　务

在田赛裁判长的领导下、主裁判的负责下，根据《田径竞赛规则》、田径比赛规程和技术会所确认的有关条款的规定，按照竞赛日程所规定的时间，本着严肃、认真、负责、准确无误的工作原则，保证铁饼参赛者在公平、公正、公开的环境下比赛。

（四）分工及职责

1. 分　工

（1）主裁判	2 人
（2）时限兼成绩显示屏操作员	1 人
（3）记录员	1 人
（4）检查记录员	1 人
（5）计算机终端操作员	1 人
（6）管理员	2 人
（7）内场激光测距仪操作员	1 人
（8）外场激光测距仪操作员	1 人
（9）内场助理裁判员	1 人
（10）落点裁判员	3 人
（11）志愿者	2 人

2. 职　责

（1）主裁判

①铁饼主裁判组织本组全体裁判员认真学习竞赛规程和规则中的有关章节，了解比赛的项目、时间、参赛运动员的人数和成绩情况。

②根据竞赛规程和大会要求，确定本组裁判员的分工和职责，研究制定详细的工作方法和工作细则。

③加强赛前培训，重视赛前实习，领导全组裁判员与激光测距仪操作员、计算机终端操作员一起共同进行现场实习。熟练掌握裁判方法，发现问题及时总结和汇报，提出解决方法并落实到位。

④检查比赛场地、器材和设备，领取裁判用具。

⑤落实本组和赛前控制中心、赛后控制中心、竞赛秘书组、全能裁判组、场地器材组等裁判组之间的工作联系。

⑥接收运动员，并提出比赛的有关注意事项和安全要求。

⑦在比赛中，主裁判 A 判定运动员的试掷是否有效掌握比赛情况，控制比赛进程，处理比赛发生的问题，主裁判 B 负责判定运动员每次试掷时铁饼落地是否有

效，兼看铁饼的落点位置，指挥服务员将铁饼安全运回内场。

⑧听取技术官员、田赛裁判长的意见，及时改进工作。

⑨审核比赛成绩、名次，并签字。

（2）时限兼成绩显示屏操作员

①根据主裁判的示意，显示试掷运动员的号码、姓名、比赛轮次和成绩。

②负责计取运动员每次试掷的时限，准时开启计时器（或秒表），当试掷时限剩下 15 秒时举黄旗向主裁判示意。

（3）记录员

①协助赛前控制中心裁判员对铁饼运动员的检录。

②核实运动员的试掷顺序。协助主裁判监察成绩显示操作员按比赛顺序显示赛前练习试掷的运动员练习试掷顺序。

③记录、复诵运动员的比赛试掷成绩并通知计算机终端操作员。

④前三次比赛结束后按规则对有效成绩前 8 名的运动员进行倒排序，并通知参加后三次比赛的运动员名单及比赛顺序。

⑤比赛结束，排出运动员的最好成绩和名次，并与计算机操作员一起核实无误后在成绩记录表上签字。并负责在主裁判、田赛裁判长、技术官员签字后，把原始成绩记录表送至竞赛秘书处。

（4）检查记录员

赛中坐在记录员和计算机终端操作员中间，负责检查记录员和计算机终端操作员的记录和成绩录入是否有误，笔录每名运动员的比赛成绩进行备份。

（5）计算机终端操作员

①在赛前与铁饼组的全体裁判员一起对比赛场地电脑和测距仪进行联网调试，熟悉有关软件的性能和使用方法。

②将赛前录入的运动员成绩记录表与赛前确认后的检录表核对，并显示在屏幕上打印 4 份。

③录入比赛运动员的试掷成绩及比赛情况符号、核对及传送工作。

（6）管理员

①管理裁判员 A，与本组记录员协助赛前控制中心裁判员一起完成对铁饼运动员的检录任务。运动员进入比赛场地后，实施对运动员的管理，协助主裁判组织运动员按比赛顺序进行赛前练习，根据比赛顺序，提醒运动员做好试掷前的准备工作，监督运动员在比赛中是否有违反规则的行为。

②陪同临时请假运动员离开比赛场地，并将运动员带回继续比赛。护送完成比赛任务的运动员到赛后控制中心，并将录取获奖运动员的成绩名次表交给赛后中心主裁判。

③比赛开始前5分钟组织运动员站成一列横队面向主席台、观众，由赛场主持人介绍运动员情况等。

④管理裁判员B，管理现场比赛器械铁饼，并发放给试掷运动员，指挥服务员回收送至内场的器械，整理好放在器械架上。

⑤带领前三次比赛淘汰的运动员送至赛后控制中心。负责维持内场秩序，保证比赛的安全。

（7）内场激光测距仪操作员

①在赛前与铁饼组的全体裁判员一起对比赛场地测距仪和电脑进行联网调试，熟悉有关软件的性能和使用方法。

②每次比赛前应对测距仪与钢尺进行复核校对，误差为零。负责测量及判读运动员每次有效试掷后的成绩并唱报成绩。当判定铁饼落地点有效时按规则要求负责测距仪的操作。

（8）外场激光测距仪操作员

①在赛前与铁饼组的全体裁判员一起对比赛场地测距仪和电脑进行联网调试，熟悉有关软件的性能和使用方法。

②每次比赛前应对测距仪与钢尺进行复核校对。当判定铁饼落地点有效时按规则要求负责测距仪的操作。

（9）内场助理裁判员

①每次比赛前应对测距仪与钢尺进行复核校对，误差为零。

②协助主裁判判定运动员动作是否符合规则规定，掌握比赛进程，协助成绩判定。

③维持比赛场地的秩序和安全，放置、撤离暂停标志。

（10）落点裁判员

①每次比赛前应对测距仪与钢尺进行复核校对，误差为零。

②判定铁饼是否完全落在角度线内沿以内及铁饼首次触地位置。

③在分工负责各自落地区的基础上协助外场主裁判判定铁饼底落点，并协助外场测距仪操作员放置丈量反射标记。

④指挥服务员将铁饼送回内场。

⑤协助外场主裁判放置每名运动员的成绩参考标志牌。

（11）志愿者

①听从主裁判 B 的指挥，做好为运动员服务的工作。

②赛中在运送铁饼时应注意铁饼的飞行方向，保护自身的安全。负责安全将铁饼运回到铁饼架上。

（五）工作方法（赛前、赛中、赛后）

1. 赛　前

（1）学习竞赛规程和规则。在田赛裁判长的领导下，主裁判组织本组全体裁判员在赛前认真学习比赛的有关文件，了解比赛日程、时间、参赛运动员的人数和成绩情况。掌握比赛的检录时间、地点。

（2）明确分工与职责。投掷主裁判根据比赛的规程和大会的要求，确定本组裁判员的工作分工和职责，研究制定全组裁判工作方法和工作细则。

（3）制定裁判工作细则。主裁判与全组人员一起，共同制定完成比赛任务的工作细则。其中应明确每一个人的工作分工与职责，制订详细的工作计划。落实本组、赛前控制中心、赛后控制中心、场地器材组、全能裁判组、竞赛秘书组等组之间的工作协调联系。

（4）检查比赛场地、器材和设备。比赛前，投掷主裁判应带领全组对比赛场地、铁饼进行严格检查，发现问题或有不符合比赛规则情况时，应及时向上级报告。对于符合比赛规则的铁饼要做好标记。检查的主要内容如下：投掷圈内地面是否呈水平，地面是否坚实而不滑；铁圈的直径是否符合规则要求；落地区标志线的宽度和夹角是否准确；落地区的地面在器械落地时，能否留下痕迹；供比赛使用的铁饼重量和直径是否符合比赛规则的要求，对检查合格的铁饼应做好标记；投掷护笼的高度和位置是否符合规则，安放是否牢固，铁饼碰到护笼时是否会向运动员反弹等；使用激光测距仪和计算机终端机必须提前进行现场调试实习。

（5）加强岗前培训、强调安全意识。在主裁判的领导下进行全组裁判实习。实习时，应按比赛的程序进行，实习的重点是全组裁判员之间的工作配合以及与其他有关裁判组（如场地器材组、赛前控制中心、赛后控制中心、全能裁判组、现场指挥、赛场主持人等）之间的协调。赛前必须多次与计算机终端和激光测距仪一起进行实习配合。加强安全意识，实习中发现问题应及时纠正，提出解决方法并落实到位。实习后，应及时进行总结，以确保裁判工作顺利进行。

（6）检查第一单元比赛的准备工作和裁判所需的用具和物品。

2. 赛 中

（1）入场与检录

①在每一个比赛单元前，主裁判带领全组裁判员应按大会规定的时间、路线准时整队入场，入场后认真检查比赛场地、器材和激光测距、计算机中心共同进行赛前校对等的准备工作。提前领取田赛远度项目成绩记录表。

②根据竞赛规程规定的检录时间（通常在比赛前55分钟），指派记录员和管理裁判员到赛前控制中心协助赛前控制中心裁判员对铁饼运动员进行检录。协助检录的内容如下：检录时应对运动员是否按时到检录地点进行检录，能否比赛，运动员的参赛注册证、服装、号码布、广告、提包及所携带物品是否符合本次比赛规则的要求。检录时间结束时，对于未参加检录的运动员，应按比赛的规则和规程要求由赛前控制中心裁判员处理并输入计算机网络中心确认。

③按规定时间由赛前控制中心裁判员带领、本组记录员和管理裁判员一起将运动员整队带入比赛场地。在协助赛前控制中心裁判员将运动员带入比赛场地时，应事先确定入场的路线，不能影响其他项目的比赛。

（2）组织赛前练习

运动员到达比赛场地后，首先由主裁判向所有参赛运动员宣布比赛的注意事项和要求，然后组织运动员按比赛顺序在裁判员的监督下进行练习试掷。练习试掷应符合比赛规则的要求，注意安全。在比赛前5分钟停止一切练习，整理比赛场地和器材，所有裁判人员应做好各自准备，以便开始比赛。

（3）赛前介绍运动员

赛前5分钟，运动员停止练习，管理裁判员组织运动员成一列横队面向主席台、观众，由赛场主持人介绍运动员等情况。

（4）准时比赛

必须按大会规定的比赛日程时间准时开始比赛。比赛开始前，主裁判站在投掷圈前中央，举手向场地内外的裁判员示意，当确认一切准备就绪时，主裁判退至投掷圈外护笼外面的适宜位置，并示意电动显示牌显示试掷运动员的号码、姓名和轮次，撤离暂停标志（或红旗平举后落下），并从这一瞬间开始计算运动员该次试掷的时限，启动计时器。

①运动员开始试掷后，内场主裁判和助理裁判员应注视运动员试掷动作的全过程，认真观察运动员是否有犯规情况，直至其在圈内完成试掷，离开投掷圈时，首

先触及的铁圈上沿或圈外地面应完全在圈外白线的后面。

②运动员掷出铁饼后，外场主裁判应密切注视铁饼的着地点是否完全落在落地区标志线内沿以内。准确、快速地判断铁饼落地是否有效，当铁饼落地出现失败无效时，外场主裁判应立即举红旗示意。

③落点裁判员应密切注视铁饼的飞行方向，当运动员的铁饼出手后应迅速移动自己的位置，在铁饼落地后尽快赶到落地点，以便尽快准确、快速地判断铁饼落点的位置。

④运动员试掷结束，内场主裁判立即走进投掷区，将旗直臂上举约3秒钟示意，以便使观众或运动员都了解试掷是否成功有效。

⑤试掷成功，内、外场成绩测量员应立即进行成绩测量。外场落点裁判员面向内场，插好测距反射镜，内场测距员操作测距仪测定试掷成绩，在主裁判的监察下经复核检查无误后唱报成绩；记录员记录成绩、计算机录入成绩、显示屏公告成绩（如试掷失败，也要记录、录入、显示失败符号），当成绩显示屏旋转回原位后，消去本次显示，按照主裁判的示意，再显示下一试掷运动员的号码，比赛继续进行。

测量成绩时，内场裁判员应在投掷圈的前沿，放上暂停标志，以示目前裁判员正在工作，运动员尚不能进行试掷，测量成绩完毕时，内场裁判员撤掉暂停标志，如一轮结束有创新纪录时，主裁判应示意外场主裁判插上新一轮纪录，主裁判等一切就绪退至原来的位置，显示屏通知下一个运动员开始试掷。

⑥记录员应认真观察内、外场裁判员的判决，准确做好记录。当测距员判读成绩时，记录员应立即做好记录并复述一遍，以保证成绩记录准确无误。检查记录员应对记录员、计算机的录入、显示屏的显示进行监看，以免发生记录或显示错误。

（5）规则的执行

①比赛中，主裁判及有关裁判员应注意观察运动员是否有违反规则的情况（如接受帮助，擅自离开比赛场地，有不道德的言行等）。如有此类情况发生，应及时报告田赛裁判长予以警告或处罚。

②在比赛中运动员超纪录时，应及时通知田赛裁判长及技术官员，保留超纪录的现场，以便进行核查。

③在比赛中，如遇运动员请假或兼项请假，应按规则的规定办理。

④当所有参赛运动员完成前3次试掷后，按规则比赛暂停，由记录员对所有运动员在前3次试掷中有效试掷成绩进行排序，对比赛成绩最好的前8名运动员进行

排序，名次排在前8名的运动员按规则与排名相反的顺序进行后3次试掷。根据这一规则的规定，成绩最好的运动员在后3次试掷中应排在最后进行试掷。记录员完成前8名运动员的排名后与计算机操作员核对无误，经主裁判认可，向运动员宣布参加后3次比赛的前8名运动员名单和比赛顺序。

⑤在前3次试掷中未进入前8名的运动员，由管理裁判员将其带至赛后控制中心。

⑥如运动员有兼项比赛，主裁判每次可允许该运动员在某一轮的比赛中，以不同于赛前抽签排定的顺序进行试掷。如果该运动员后来轮到他试掷时未到，一旦该次试掷时限已过，则应视其该次试掷为免掷。

⑦在比赛中主裁判与管理裁判员看到时限员上举黄旗时，及时提醒运动员注意时限。当时限到黄旗落下，主裁判立即上举红旗，并放置暂停标志，判该运动员该次试掷失败。记录员、计算机终端操作员均记下失败符号，成绩显示屏显示该运动员的试掷失败符号。如果到时限时，运动员已开始了试掷，应允许其进行该次的试掷。

⑧比赛中，如果某运动员对试掷失败的判罚立即做出口头抗议时，该项目的裁判长可以在其权限内下令测量并记录该次试掷的成绩，以便保留所有有关的权利。（登记在备注栏内）

3. 赛　后

（1）整理、审核、上交比赛成绩。

（2）比赛结束后，记录员应对运动员的比赛成绩进行认真检查与排序，并与计算机终端操作员核对无误后，交主裁判，主裁判应对该项目的成绩和名次进行认真核对并与计算机终端操作员对计算机录入的成绩核对无误后，并交田赛裁判长、技术官员签名，等技术官员签名确认后计算机终端操作员方可将决赛成绩提交。最后由记录员将成绩单送交大会竞赛秘书处。

（3）由管理裁判员将前8名运动员带领至赛后控制中心。

（4）整理比赛场地和器材。

（5）裁判员整队退场。

（6）进行工作小结，准备下一比赛单元的工作。

（六）场地布置及站位图

铁饼场地布置及裁判站位见图 3－4－28。

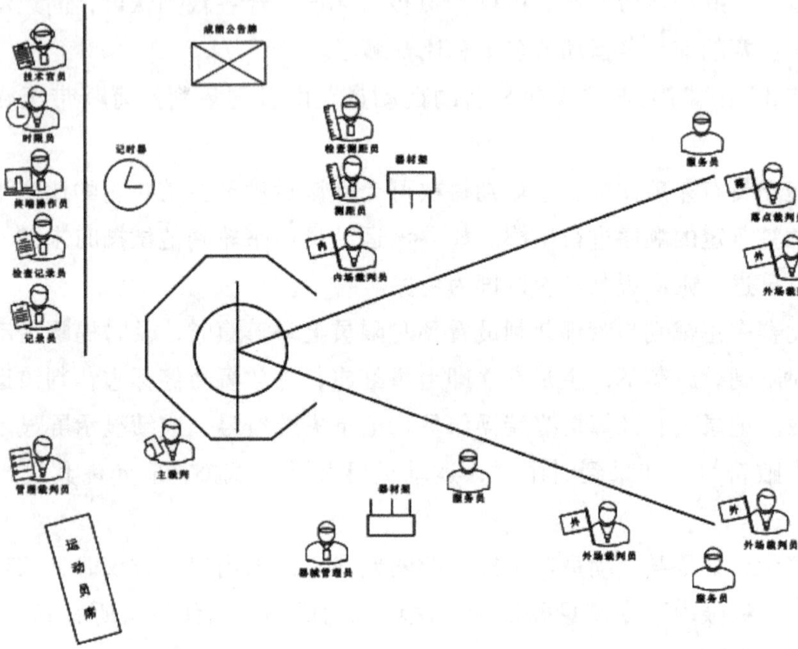

图 3－4－28　铁饼场地布置及裁判站位图

（七）重点与难点

1. 在进入旋转的开始阶段，运动员的脚在摆动或旋转时易触及铁圈上沿。在投掷铁饼出手阶段，运动员在换腿时，其脚也容易触及铁圈上沿。进行裁判工作时，裁判员应采取合适的位置和观察角度，仔细观察运动员两脚的动作，必要时，坐在小凳上从较低的角度进行观察。

2. 运动员完成试掷退出圈外时，首先触及的铁圈上沿或圈外地面必须完全在圈外白线的后面。

3. 在比赛中，当裁判员判定某运动员试掷失败时，如果该运动员立即提出口头抗议，主裁判可下令测量并保留该次试掷的成绩，然后报告田赛裁判长处理。

4. 在掷铁饼比赛时，外场落点裁判员应根据铁饼飞行方向，及时移动自己的位置，做好铁饼落地后尽快赶到落地位置，以免将该次铁饼的落地痕迹或与旧的痕迹相混淆。

5. 在掷铁饼比赛中，一旦发生铁饼挡网后又落在落地区内的情况，如果运动员没有犯规现象，则成绩仍然有效。

6. 有关裁判员应在比赛开始前向运动员讲解有关所有的注意事项，在比赛中维持比赛场地的良好秩序。

（八）所需物品

铁饼裁判所需物品见表 3－4－16。

表 3－4－16　铁饼裁判所需物品

物品	数量	物品	数量
红旗、白旗、黄旗	各 1 面	成绩标志牌	3 个
100 米钢尺	1 个	放置器械的架子	1 个
100 米皮尺	1 个	秒表	1 块
手套、扫把、拖把、抹布、水桶、棕垫等	若干	时限器	1 台
钢钎	1 根	电动显示牌	1 台
记录桌、椅子	若干	激光测距仪	1 套
运动员休息用长凳	若干	候赛运动员显示屏	1 个
记录用笔、纸、刀、尺、防雨罩	若干	计算机终端	1 台
镁粉盒和镁粉	1 组	暂停标志	1 个

（九）工作流程图

铁饼裁判工作流程见图 3－4－29。

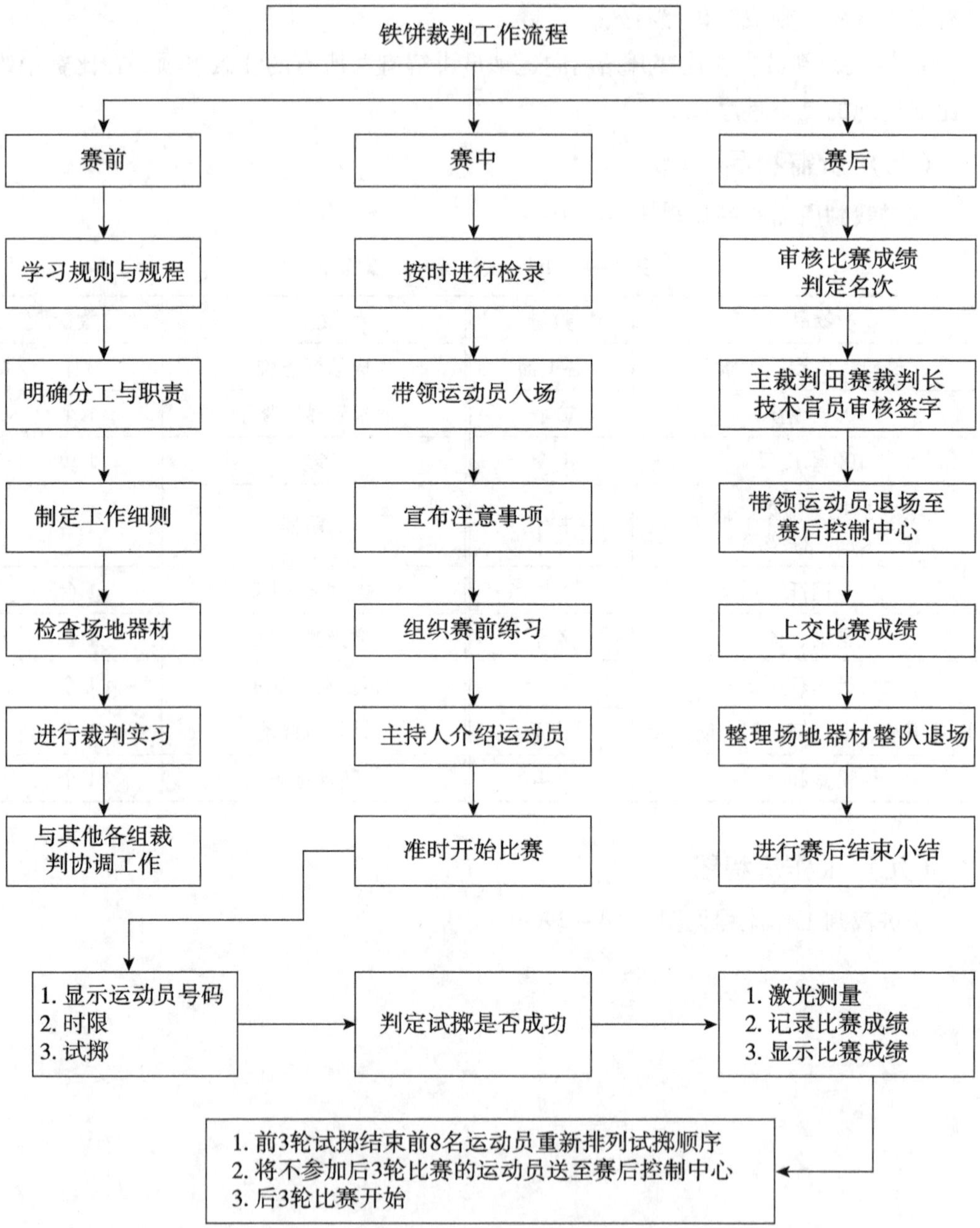

图 3－4－29　铁饼裁判工作流程图

十二、掷链球

（一）设　施

链球　第191条

191.4　链球由3部分组成，即金属球体、一条链子和一个把手。

191.5　球体用固体的铁、铜或硬度不低于铜的其他金属制成链球球体，或用此类金属制成外壳，中心灌以铅或其他固体材料。球体重心的中心至球体中心距离不得大于6毫米，将去掉把手和链子的球体放在一个水平的、直径为12毫米的圆形口刃上，球体必须保持平衡。

如果使用填充物，则应使其不能移动，球体重心至中心的距离不大于6毫米。

191.6　链子用直而有弹性、不易折断的单根钢丝制成。钢丝的直径不小于3毫米。投掷时链子无明显延长，钢丝的一端或两端可弯成环状以便连接。链子应借助转动轴承与球体连体，转动轴承可为滑动轴承或滚珠轴承。

191.7　把手必须质地坚硬，没有任何种类的铰链连接。当受3.8千牛顿拉伸负荷时，把手的变形程度不超过3毫米。把手与链子的链接必须做到把手在链环中转动时，链球的总长度不得增加。把手与链子的连接应为环状连接，不得使用转动轴承。

把手应为对称设计，抓握处可为圆弧形或直线。把手能承受的最小抗拉强度为8千牛顿。

注：其他符合具体要求的设计样式也可使用。

191.8　链球应符合以下具体要求，见表3-4-17。

注：器械的重量包括链球球体、链子和把手的合计重量。

表3-4-17　链球规格

比赛用和承认纪录的链球最小重量					
	3.000千克	4.000千克	5.000千克	6.000千克	7.260千克
要求制造商提供比赛用球的重量范围					
	3.005千克	4.005千克	5.005千克	6.005千克	7.265千克
	3.025千克	4.025千克	5.025千克	6.025千克	7.285千克
链球全长（从把手内沿起）					
最长	1195毫米	1195毫米	1200毫米	1215毫米	1215毫米
球体直径					
最小	85毫米	95毫米	100毫米	105毫米	110毫米
最大	100毫米	100毫米	120毫米	125毫米	130毫米

护笼　第192条

192.1　必须从挡网或护笼内将链球掷出，确保观众、工作人员和运动员的安全。本条款中规定的护笼适用于比赛场上有其他项目同时举行或在比赛场外有观众。在训练场地可以不使用此种护笼，结构更为简单的设备即可满足需要。向田径主管组织或国际田联办公室咨询可以得到合理的建议。

192.2　在设计、制造和维护掷链球护笼时，应使其能够阻挡重量为7.26千克、以32米/秒的最大速度运行的链球。护笼的安装应使其消除链球弹出护笼或向运动员反弹或从护笼顶部飞出的危险。凡符合本条款的要求，各种设计和结构的护笼均可使用。

192.3　如图3-4-30所示，护笼的俯视图应为U形。护笼开口宽度应为6米，以活动挡网内沿为准。位于投掷圈圆心前方7米。护笼后部挡网或挂网的最低点高度至少应为7米。开口处2.8米长的挡网和活动挡网的高度至少应为10米。

护笼的设计与结构应能防止链球从护笼或挡网的连接处、挡网或挂网下方冲出。(图3-4-30)

注：在投掷圈后部如何安放挡网和挂网并不重要，但挂网距离投掷圈圆心的距离至少为3.5米。

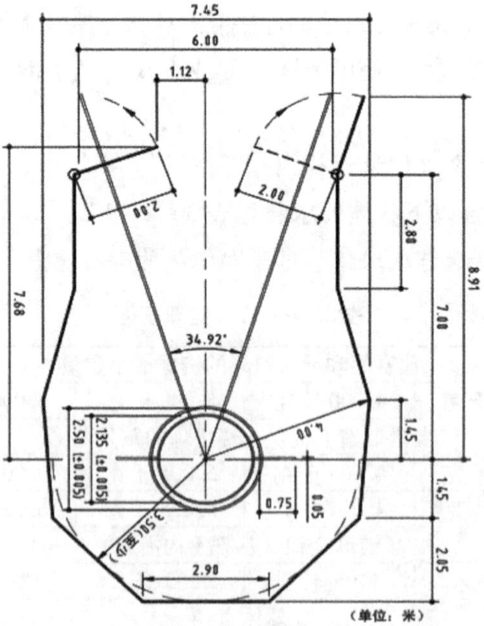

图3-4-30　链球场地平面图（同心圆）

192.4　护笼前端应放置两块活动挡网，每块宽2米、高至少10米，每次只能使用其中一块。

注1：左侧活动挡网适用于逆时针方向旋转的运动员，右侧活动挡网适用于顺时针方向旋转的运动员。鉴于左手和右手投掷者同场比赛时需要移动两侧活动挡网，因此以最短的时间和最小的人力移动活动挡网极为重要。

注2：图3－4－30中显示了两侧活动挡网均处于关闭状态时的位置。比赛时仅允许关闭一侧活动挡网。

注3：操作时，活动挡网必须严格处于图3－4－30中所示的位置。因此，设计活动挡网时必须带有将活动挡网锁定在关闭位置上的装置。建议设立一个操作活动挡网位置的标记（可以是临时或永久的标记）。

注4：活动挡网的结构和操作方式取决于护笼的整体设计，可为滑动式，或与一水平轴或垂直轴铰接，或可以拆卸。对活动挡网的唯一坚固性要求是使挡网能够完全挡住链球的冲击，也不得存在从固定挡网和活动挡网之间冲出去的任何危险。

注5：如能提供同样角度的保护而不增大危险区，与常规设计相比具有革新式样的设计也可得到国际田联批准。

192.5　制作护笼的挡网可采用适宜的天然材料或合成纤维，也可采用低碳钢丝或高抗张力钢丝。绳索网眼最大尺寸为44毫米，钢丝网眼最大尺寸为50米。

注：护网的规格和安全检查程序在IAAF《田径场地设施标准手册》中有详细规定。

192.6　如要使用同一护笼投掷铁饼，有两种安装方法可提供选择。最简单的方法就是安装直径分别为2.135米和2.50米的同心铁圈，使掷链球和掷铁饼使用同一个圈内地面，如图3－4－31所示。在掷链球护笼内投掷铁饼时，应将活动挡网完全打开。另一种方法是在同一个护笼内将掷链球圈和掷铁饼圈分开设置。两个投掷圈必须纵向排列在落地区中轴线上。掷铁饼投掷圈圆心在掷链球投掷圈圆心前面2.37米处，如图3－4－31所示。在这种情况下，活动挡网应用于铁饼项目。

注：在投掷圈后部如何安放挡网和挂网并不重要，但挂网至同心投掷圈圆心或分开设置的链球投掷圈圆心的距离至少3.5米（根据2004年规则建造的掷铁饼投掷圈在后的，挂网至掷铁饼投掷圈圆心的距离至少3米，见规则192.4）。

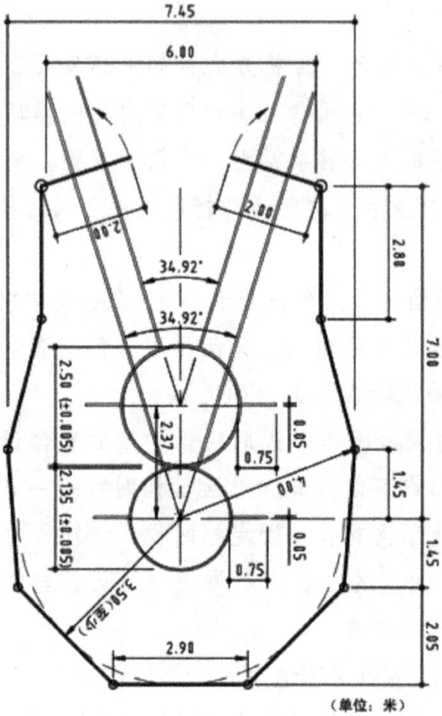

图 3-4-31 链球场地平面图（异心圆）

192.7 用左手和右手投掷的运动员同场比赛时，从护笼内投掷链球的最大危险扇形区域均为53度左右。因此，护笼的位置和方向对于安全使用极为重要。

(二) 比赛 第191条

191.1 运动员在准备进行预摆或旋转前的开始姿势，允许将链球球体放在投掷圈内或圈外的地面。

191.2 链球球体触及投掷圈内或投掷圈外的地面，投掷圈上沿不应判为犯规；运动员在未有触犯其他规则前，停止动作及再次开始投掷。

191.3 如链球在试掷时或在空中断脱，要试掷符合规则，应判为一次试掷失败，如果运动员因此失去平衡而违反本规则的任何规定，不应判为一次试掷失败。以上两种情况，允许运动员重新进行一次试掷。

(三) 任 务

在田赛裁判长的领导下，根据《田径竞赛规则》和比赛竞赛规程的有关条款之规定，按照竞赛日程所规定的时间，本着严肃认真、公正、正确的工作准则，保证链球参赛者在公平、公正、公开的环境下比赛。

（四）分工及职责

1. 分　工

（1）主裁判	2人
（2）时限兼成绩显示屏操作员	1人
（3）记录员	1人
（4）检查记录员	1人
（5）计算机终端操作员	1人
（6）管理员	2人
（7）内场测距仪操作员	1人
（8）内场助理裁判员	1人
（9）落点裁判员	2人
（10）外场测距仪操作员	1人
（11）志愿者	2人

2. 职　责

（1）主裁判

①链球主裁判组织本组全体裁判员认真学习竞赛规程和规则中的有关章节，了解比赛的项目、时间、参赛运动员的人数和成绩情况。

②根据竞赛规程和大会要求，确定本组裁判员的分工和职责，研究制定详细的工作方法和工作细则。

③加强赛前培训，重视赛前实习，领导全组裁判员与激光测距仪操作员、计算机终端操作员一起共同进行现场实习。熟练掌握裁判方法，发现问题及时总结和汇报，提出解决方法并落实到位。

④检查比赛场地、器材和设备，领取裁判用具。

⑤落实本组和赛前控制中心、赛后控制中心、竞赛秘书组、场地器材组等裁判组之间的工作联系。

⑥接收运动员，并提出比赛的注意事项及安全要求。

⑦在比赛中，主裁判A判定运动员的试掷是否有效，主裁判B负责判定运动员每次试掷时链球落地是否有效，兼看链球的落点位置。掌握比赛情况，控制比赛进程，处理比赛发生的问题。

⑧听取技术官员、田赛裁判长的意见，及时改进工作。

⑨审核比赛成绩、名次，并签字。

（2）时限兼成绩显示屏操作员

①根据主裁判的示意，显示试掷运动员的号码、姓名、比赛轮次和成绩。

②负责计取运动员每次试掷的时限，准时开启计时器（或秒表），当试掷时限剩下 15 秒时举黄旗向主裁判示意。

（3）记录员

①协助赛前控制中心裁判员对链球运动员的检录。

②核实运动员的试掷顺序。协助主裁判监察成绩显示操作员按比赛顺序显示赛前练习试掷的运动员练习试掷顺序。

③记录、复诵运动员的比赛试掷成绩并通知计算机终端操作员。

④前 3 次比赛结束后按规则对有效成绩前 8 名的运动员进行倒排序，并通知参加后 3 次比赛的运动员名单及比赛顺序。

⑤比赛结束，排出运动员的最好成绩和名次，并与计算机终端操作员一起核实无误后在成绩记录表上签字。并负责在主裁判、田赛裁判长、技术官员签字后，把原始成绩记录表送至竞赛秘书处。

（4）检查记录员

赛中坐在记录员和计算机终端操作员中间，负责检查记录员和计算机终端操作员的记录和成绩录入是否有误，笔录每名运动员的比赛成绩进行备份。

（5）计算机终端操作员

①在赛前与链球组的全体裁判员一起对比赛场地电脑和测距仪进行联网调试，熟悉有关软件的性能和使用方法。

②将赛前录入的运动员成绩记录表与赛前确认后的检录表核对，并显示在屏幕上打印 4 份。

③录入比赛运动员的试掷成绩及比赛情况符号、核对及传送工作。

（6）管理员

①管理裁判员 1 人，运动员进入比赛场地后，实施对运动员的管理，协助主裁判组织运动员按比赛顺序进行赛前练习，根据比赛顺序，提醒运动员做好试掷前的准备工作，监督运动员在比赛中是否有违反规则的行为。

②陪同临时请假运动员离开比赛场地，并将运动员带回继续比赛。护送完成比赛任务的运动员到赛后控制中心，并将录取获奖运动员的成绩名次表交给赛后中心主裁判。

③比赛开始前5分钟组织运动员站成一列横队面向主席台、观众由赛场主持人介绍运动员等情况。

④管理裁判员1人，管理现场比赛器械链球，并发放给试掷运动员，指挥服务员回收送至内场的链球，整理好放在器械架上。

⑤带领前3次比赛淘汰的运动员送至赛后控制中心。负责维持内场秩序，保证比赛的安全。

（7）内场测距仪操作员

①在赛前与链球组的全体裁判员一起对比赛场地测距仪和电脑进行联网调试，熟悉有关软件的性能和使用方法。

②每次比赛前应对测距仪与钢尺进行复核校对，误差为零。负责测量及判读运动员每次有效试掷后的成绩并唱报成绩。

（8）内场助理裁判员

①每次比赛前应对测距仪与钢尺进行复核校对，误差为零。

②协助主裁判判定运动员动作是否符合规则规定，掌握比赛进程，协助成绩判定。

③放置、撤离暂停标志，负责维持内场秩序，保证比赛的安全。

（9）落点裁判员

①每次比赛前应对测距仪与钢尺进行复核校对，误差为零。

②判定链球球体是否完全落在角度线内沿以内及链球首次触地位置。

③在分工负责各自落地区的基础上协助外场主裁判判定链球落地点，并放置丈量反射标记。

④指挥服务员将链球安全送回内场。

⑤协助外场主裁判放置每名运动员的成绩参考标志牌。

（10）外场测距仪操作员

①在赛前与链球组的全体裁判员一起对比赛场地测距仪和电脑进行联网调试，熟悉有关软件的性能和使用方法。

②每次比赛前应对测距仪与钢尺进行复核校对，误差为零。当判定链球落地点有效时按规则要求负责测距仪的操作。

（11）服务员

听从主裁判的指挥，做好为运动员服务的工作，在运送链球时应注意链球的飞行方向，保护自身的安全。负责将链球安全运回到投掷器械架。

（五）工作方法（赛前、赛中、赛后）

1. 赛　前

（1）学习竞赛规程和规则。在田赛裁判长的领导下，主裁判组织本组全体裁判员在赛前认真学习比赛的有关文件，了解比赛日程、时间、参赛运动员的人数和成绩情况。掌握比赛的检录时间、地点。

（2）明确分工与职责。投掷主裁判根据比赛的规程和大会的要求，确定本组裁判员的工作分工和职责，研究制定全组裁判的工作方法和工作细则。

（3）制定裁判工作细则。主裁判与全组人员一起，共同制定完成比赛任务的工作细则。其中应明确每一个人的工作分工与职责，制订详细的工作计划。落实本组、赛前控制中心、赛后控制中心、场地器材组、全能裁判组、竞赛秘书组等组之间的工作协调联系。

（4）检查比赛场地、器材和设备。比赛前，投掷主裁判应带领全组对比赛场地、链球进行严格检查，发现问题或有不符合比赛规则情况时，应及时向上级报告。对于符合比赛规则的链球要做好标记。检查的主要内容如下：投掷圈内地面是否呈水平，地面是否坚实而不滑。铁圈的直径是否符合规则要求。落地区标志线的宽度和夹角是否准确。落地区的地面在器械落地时，能否留下痕迹。供比赛使用的链球重量和直径是否符合比赛规则的要求，链球的全长是否符合规则要求。对检查合格的链球应做好标记。投掷护笼的高度和位置是否符合规则，安放是否牢固，链球碰到护笼时是否会向运动员反弹等。使用激光测距仪和计算机终端机必须提前进行现场调试实习。

（5）加强岗前培训、强调安全意识。在主裁判的领导下进行全组裁判实习。在实习时，应按比赛的程序进行，实习的重点是全组裁判员之间的工作配合以及与其他有关各组（如场地器材组、赛前控制中心、赛后控制中心、竞赛秘书处、全能组、现场指挥及赛场主持人等组）之间的协调。赛前必须多次与计算机终端和激光测距仪一起进行实习配合。加强安全意识，实习中发现问题应及时纠正，提出解决方法并落实到位。实习后，应及时进行总结，以确保裁判工作顺利进行。

（6）检查第一单元比赛的准备工作和裁判所需的用具和物品。

2. 赛　中

（1）入场与检录

①在每一个比赛单元前，主裁判带领全组裁判员应按大会规定的时间、路线准时整队入场，入场后认真检查比赛场地、器材和激光测距、计算机中心共同进行赛

前校对等准备工作。提前领取田赛远度项目成绩记录表。

②根据竞赛规程规定的检录时间（通常在比赛前55分钟），指派记录员和管理裁判员到赛前控制中心协助赛前控制中心裁判员对链球运动员进行检录。协助检录的内容如下：检录时应对运动员是否按时到检录地点进行检录能否比赛，运动员的服装、号码、手套、广告、提包及所携带物品是否符合本次比赛规则的要求。检录时间结束时，对于未参加检录的运动员，应按比赛的规则和规程要求由赛前控制中心裁判员处理并输入计算机网络中心确认。

③按规定时间由赛前控制中心裁判员带领本组记录员和管理裁判员一起将运动员整队带入比赛场地。在协助赛前控制中心裁判员将运动员带入比赛场地时，应事先确定入场的路线，不能影响其他项目的比赛。

（2）组织赛前练习

运动员到达比赛场地后，首先由主裁判向所有参赛运动员宣布比赛的注意事项和要求，然后组织运动员按比赛顺序在裁判员的监督下进行练习试掷。练习试掷应符合比赛规则的要求，注意安全。在比赛前5分钟停止一切练习，整理比赛场地和器材，所有裁判人员应做好各自准备，以便开始比赛。

（3）赛前介绍运动员

赛前5分钟运动员停止练习，管理裁判员组织运动员成一列横队面向主席台、观众，由赛场主持人介绍运动员等情况。

（4）准时比赛

必须按大会规定的比赛日程时间准时开始比赛。比赛开始时，主裁判站在投掷圈前中央，举手向场地内、外的裁判员示意，当确认一切准备就绪时，主裁判根据规则和运动员的情况关护笼门并退至投掷圈外护笼外面的适宜位置，并示意电动显示牌显示试掷运动员的号码、姓名和轮次，撤离暂停标志（或红旗平举后落下），并从这一瞬间开始计算运动员该次试掷的时限，启动计时器。

①运动员开始试掷后，内场主裁判和助理裁判员应注视运动员试掷动作的全过程，认真观察运动员是否有犯规情况，直至其在圈内完成试掷，离开投掷圈时，首先触及的铁圈上沿或圈外地面应完全在圈外白线的后面。

②运动员掷出链球后，外场主裁判应密切注视链球球体的着地点是否完全落在落地区角度线内沿以内。准确、快速地判断链球落地是否有效，当器械落地出现犯规时，外场主裁判应立即举红旗示意。

③落点裁判员应密切注视链球的飞行方向，当运动员的链球出手后应迅速移动

自己的位置，在链球落地后尽快赶到落地点，以便尽快、准确、快速地判断链球落点的位置。

④运动员试掷结束，内场主裁判立即走进投掷区，将旗直臂上举约 3 秒钟示意，以便使观众或运动员都了解试掷是否成功有效。

⑤试掷成功，内、外场成绩测量员应立即进行成绩测量。外场裁判员面向内场，插好测距反射镜，内场测距员操作测距仪测定试掷成绩，在主裁判的监察下经复核检查无误后唱报成绩；记录员记录成绩、计算机录入成绩、显示屏公告成绩（如试掷失败，也要记录、录入、显示失败符号）。当成绩显示屏旋转回原位后，消去本次显示，按照主裁判的示意，再显示下一试掷运动员的号码，比赛继续进行。

测量成绩时，内场裁判员应在投掷圈的前沿，放上暂停标志，以示目前裁判员正在工作，运动员尚不能进行试掷，测量成绩完毕时，内场裁判员撤掉暂停标志，如一轮结束有创新纪录时，主裁判应示意外场主裁判插上新一轮纪录，主裁判等一切就绪退至原来的位置，显示屏通知下一个运动员开始试掷。

⑥记录员应认真观察内、外场裁判员的判决，准确做好记录。当测距员判读成绩时，记录员应立即做好记录并复述一遍，以保证成绩记录准确无误。检查记录员应对记录员、计算机的录入、显示屏的显示进行监看，以免发生记录或显示错误。

（5）规则的执行

①比赛中，主裁判及有关裁判员应注意观察运动员是否有违反规则的情况（如接受帮助，擅自离开比赛场地，有不道德的言行等）。如有此类情况发生，应及时报告田赛裁判长予以警告或处罚。

②在比赛中运动员超纪录时，应及时通知田赛裁判长及技术官员，保留创纪录的现场，以便进行核查。

③在比赛中，如遇运动员请假或兼项请假，应按规则的规定办理。

④当所有参赛运动员完成前 3 次试掷后，按规则比赛暂停，由记录员对所有运动员在前 3 次试掷中有效试掷成绩进行排序，对比赛成绩最好的前 8 名运动员进行排序，名次排在前 8 名的运动员按规则与排名相反的顺序进行后 3 次试掷。根据这一规则的规定，成绩最好的运动员在后 3 次试掷中应排在最后进行试掷。记录员完成前 8 名运动员的排名后与计算机操作员核对无误，经主裁判认可，向运动员宣布参加后 3 次比赛的前 8 名运动员名单和比赛顺序。

⑤在前 3 次试掷中未进入前 8 名的运动员，由管理裁判员将其带至赛后控制中心。

⑥如运动员有兼项比赛，主裁判每次可允许该运动员在某一轮的比赛中，以不同于赛前抽签排定的顺序进行试掷。如果该运动员后来轮到他试掷时未到，一旦该次试掷时限已过，则应视其该次试掷为免掷。

⑦在比赛中主裁判与管理裁判员看到时限员上举黄旗时，及时提醒运动员注意时限。当时限到黄旗落下，主裁判立即上举红旗，并放置暂停标志，判该运动员该次试掷失败。记录员、计算机终端操作员均记下失败符号，成绩显示屏显示该运动员的试掷失败符号。如果到时限时，运动员已开始了试掷，应允许其进行该次的试掷。

⑧比赛中，如果某运动员对试掷失败的判罚立即做出口头抗议时，该项目的裁判长可以在其权限内下令测量并记录该次试掷的成绩，以便保留所有有关的权利（登记在备注栏内）。

3. 赛　后

（1）整理、审核、上交比赛成绩。

（2）比赛结束后，记录员应对运动员的比赛成绩进行检查与排序核对无误后，交主裁判，主裁判应对该项目的成绩和名次进行认真核对并与计算机终端操作员对计算机录入的成绩核对无误后，并交田赛裁判长、技术官员签名，等技术官员签名确认后计算机终端操作员方可将决赛成绩提交。最后由记录员将成绩单送交大会竞赛秘书处。

（3）由管理裁判员将前 8 名运动员带领至赛后控制中心。

（4）整理比赛场地和器材。

（5）裁判员整队退场。

（6）进行工作小结，准备下一比赛单元的工作。

（六）场地布置及站位图

链球场地布置及裁判站位见图 3 - 4 - 32。

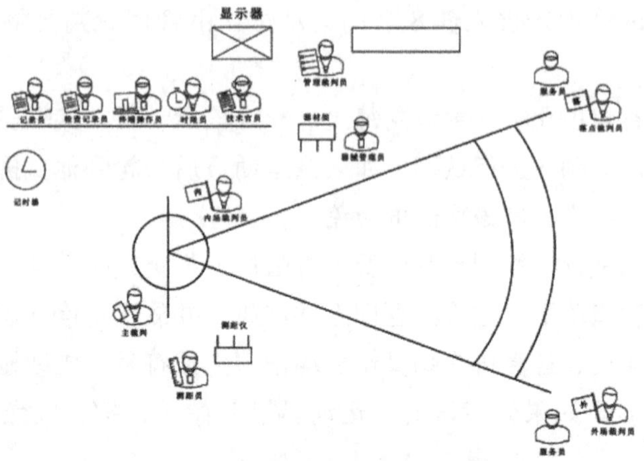

图 3－4－32　链球场地布置及裁判站位图

（七）重点与难点

1. 赛前本组的裁判员应及早与赛场的计算机终端机和测距仪进行联调，检查联网情况和有关软件的功能和可靠性。保证计算机终端机、激光测距仪与本组内外场裁判员在比赛中的协调配合，确保比赛的顺利进行。

2. 在进入旋转的开始阶段，运动员的脚在摆动或旋转时易触及铁圈上沿。在投掷链球的出手阶段，运动员在换腿时，其脚也容易触及铁圈上沿。进行裁判工作时，裁判员应采取合适的位置和观察角度，仔细观察运动员两脚的动作，必要时，也可坐在小凳子上从较低的角度进行观察。为便于判罚，应将比赛全过程进行摄像。

3. 在掷链球的比赛中，如果发生链球碰撞挡网后又落在落地区内的情况，由于在现行田径竞赛规则中没有规定此种情况属于犯规，当出现此种情况时，如果没有犯规现象，运动员的成绩仍然有效。

4. 在预摆和旋转前的开始姿势中，运动员可将球体放在圈内或圈外地面；运动员进行预摆或旋转时，如果链球球体触及地面或铁圈上沿，则不判为犯规。但球体触地或触及铁圈上沿后，运动员停止试掷以便重新开始投掷，应判为试掷失败。

5. 主裁判等裁判员应在比赛开始前向运动员讲解有关安全的注意事项，在比赛中应维持比赛场地的良好秩序。外场主裁判还要反复强调裁判员、服务员的安全意识。

（八）所需物品

链球裁判所需物品见表 3－4－18。

表 3－4－18　链球裁判所需物品

物品	数量	物品	数量
红旗、白旗、黄旗、纪录旗	2 面、1 面、1 面、3 面	秒表	1 块
100 米钢尺	1 个	时限器	1 台
手套、扫把、拖把、抹布、水桶、棕垫等	若干	电动显示牌	1 台
钢钎	3 根	激光测距仪	1 套
记录桌、椅子	若干	候赛运动员显示屏	1 个
运动员休息用长凳	若干	计算机终端	1 台
记录用笔、纸、刀、尺、防雨罩	若干	暂停标志	1 个
镁粉盒和镁粉	1 组	垃圾桶	1 个
成绩标志牌	3 个	水	若干
放置器械的架子	1 个	比赛链球	至少 2 个不同品牌

（九）工作流程图

链球裁判工作流程见图 3－4－33。

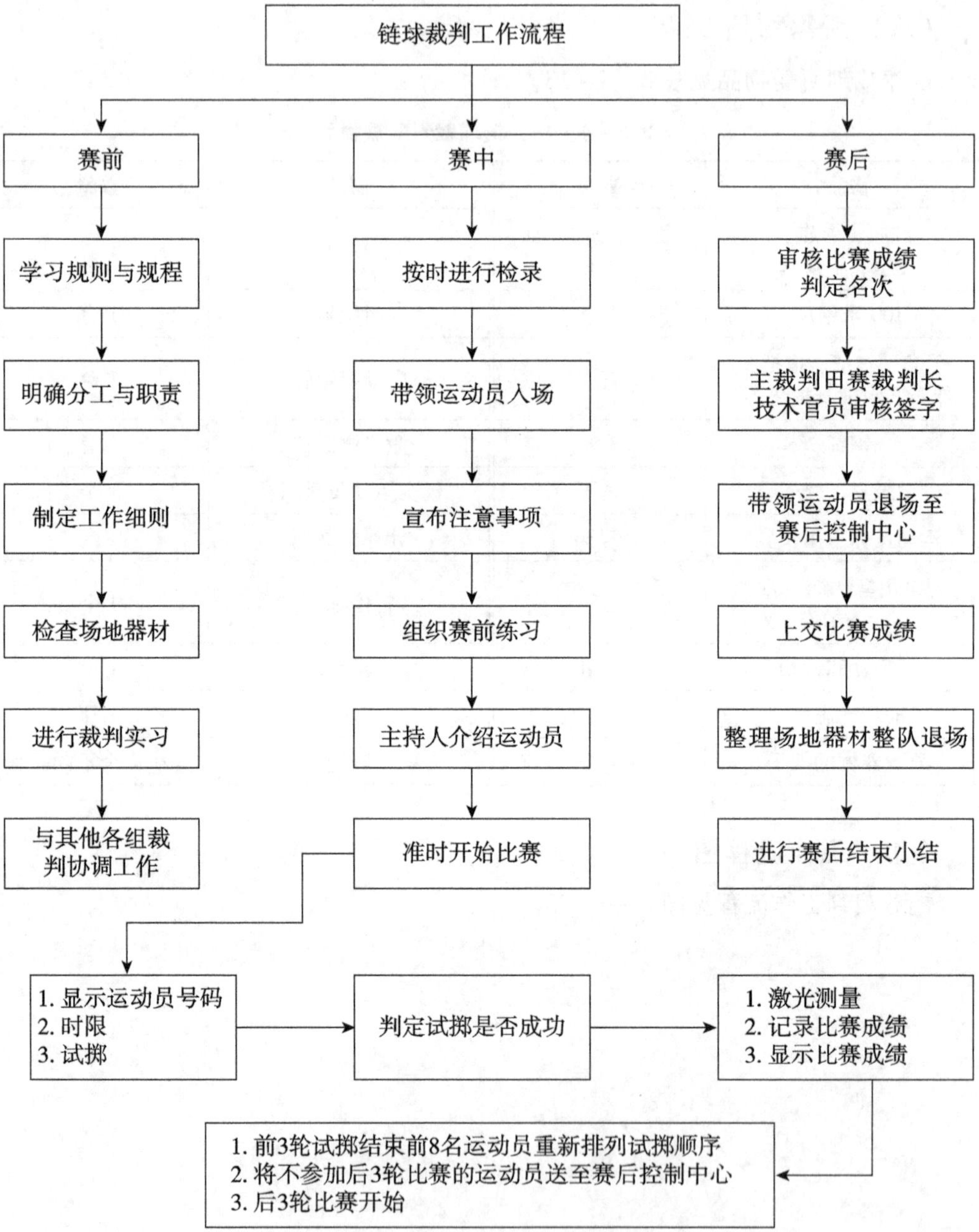

图3－4－33　链球裁判工作流程图

第五节　全能项目

一、全能项目比赛　第200条

男子少年（U18）、男子青年（U20）和男子成年（五项全能和十项全能）。

200.1　五项全能包括5个单项，在同一天按下列顺序进行。

跳远、掷标枪、200米、掷铁饼、1500米。

200.2　男子少年（U18）和男子成年十项全能包括10个单项，在连续两天内按下列顺序进行。

第一天：100米、跳远、推铅球、跳高、400米。

第二天：110米栏、掷铁饼、撑竿跳高、掷标枪、1500米。

女子青年（U20）和女子成年（七项全能和十项全能）。

200.3　七项全能包括7个单项，在连续两天内按下列顺序进行。

第一天：100米栏、跳高、推铅球、200米。

第二天：跳远、掷标枪、800米。

200.4　女子十项全能包括10个单项，在连续两天内按下列顺序进行。

第一天：100米、掷铁饼、撑竿跳高、掷标枪、400米。

第二天：100米栏、跳远、推铅球、跳高、1500米。

女子少年（U18）（七项全能）。

200.5　七项全能包括7个单项，在连续两天内按下列顺序进行。

第一天：100米栏、跳高、推铅球、200米。

第二天：跳远、掷标枪、800米。

二、总则　第200条

200.6　在可能情况下，全能裁判长有权决定给予每名运动员在上一项比赛结束之后至下一项比赛开始之前至少应有30分钟的休息时间。如有可能，在第一天的最后一项结束和第二天第一项开始之间至少应有10小时休息时间。

200.7　除了最后一项外，全能比赛每个单项的分组将由技术代表或全能裁判长安排，如有可能，将在比赛前规定阶段内单项成绩相近的分在同组。各组的运动员人数最好为 5 人或 5 人以上，但不得少于 3 人。如竞赛日程不允许做到以上要求，则可在前一项比赛结束后，对已满足比赛时间要求的运动员进行下一项分组。

全能比赛最后一项的分组，应将倒数第二项比赛后积分领先的运动员分在一组。

如技术代表或者全能裁判长认为有必要，有权对任何一组重新编排。

200.8　国际田联有关单项的比赛规则均适用于全能各项目的比赛，但以下情况例外。

（a）跳远及各投掷项目，每名运动员只能试跳（掷）3 次。

（b）当未使用全自动电子定时器时，每名运动员应由 3 名计时员独立计取比赛时间。

（c）在径赛项目中，每组比赛只允许一次起跑犯规，而运动员不被取消资格，之后每次起跑中再次犯规的 1 名或多名运动员均将被取消该项目的比赛资格（规则 162.7）。

（d）在高度跳跃项目中，比赛过程中横杆的升高计划必须统一确定：跳高为 3 厘米、撑竿跳高为 10 厘米。

200.9　全能各单项比赛只能始终使用一种计时方法。承认纪录时，应使用全自动电子计时和终点摄影系统成绩，而不管这种计时成绩对该项目的其他运动员是否有用。

★在全能径赛项目的比赛时，如果某一组运动员因故没有电子计时成绩时，则以手计时计算该组的成绩与得分，其他各组仍以电子计时计算成绩与得分，最后以累积分排列全体运动员的比赛名次。混合使用两种计时方法所得成绩破纪录或达健将者不予承认。

200.10　在任何一个单项比赛中，如果某运动员未能参加起跑或试跳（掷），则不能参加后继项目的比赛，按放弃比赛处理，不能计算总成绩。凡决定退出全能比赛的运动员，应将其决定立即通知全能裁判长。

200.11　每一个单项比赛后，应根据国际田联全能项目现行评分表向全体运动员宣布该单项得分和各项的累积分，应根据运动员获得的各项目得分的总和判定名次。

三、成绩相等　第 200 条

200.12　如果 1 名或多名运动员总分相等，该相等情况涉及任何名次，将按下列程序判定名次。

（1）以得分较高的单项数量多者为优胜。

（2）如根据规则200.12（1）仍然成绩相等，则以任何一个单项得分最高者为优胜。

（3）如根据规则200.12（2）再次成绩相等，则以第二得分高的单项分数较高者名次列前，并依次类推。

（4）如根据规则200.12（3）依然成绩相等，则运动员的比赛名次并列。

注：当超过2名运动员成绩相等，规则200.12（1）并不适用。

如果2名或多名运动员在任何名次上总分相等，其名次并列。

四、世界全能项目纪录　第260条

260.27　除了需要测量风速的项目平均风速不超过2米/秒外（以各项目测量的风速总和除以项目数量），承认全能纪录时，全能的各个单项均应符合申报单项纪录的条件。

第六节　室内田径运动

室外规则对室内比赛的适用条款　第210条

除以下第六部分所述的规则和规则163、规则184对风速测量的相关规定外，室外比赛规则也同样适用于室内比赛。

一、室内运动场　第211条

211.1　运动场应在完全封闭的室内，其照明、供暖和通风设备应完全满足比赛条件。

211.2　比赛场地应包括一个椭圆形跑道、一个用于短跑和跨栏的直道、用于跳跃项目的助跑跑道和落地区。此外，应提供推铅球使用的永久或暂时性的投掷圈和扇形落地区。所有的设施都要符合《国际田联田径场地设施标准手册》的要求。

211.3　所有跑道、助跑道和起跳区均应用人工合成材料覆盖，并适合使用长度为6毫米的钉鞋。场地管理应将运动场内使用的任何一种跑道覆盖物的厚度所允许使用的鞋钉长度通知运动员（规则143.4）。

举办规则1.1（a）（b）（c）和（f）的室内比赛，其设施须有国际田联有效的批准证书。

建议规则1.1（d）（e）（g）（h）（i）和（j）的室内比赛，如果有可能也应在这样的设施上举行。

211.4 所有跑道、助跑道和起跳区合成材料覆盖的地基必须坚固，像混凝土等，如果是悬空结构（如木板或合成板托架），则不能有任何特殊的弹性部分，并在技术上尽可能使每条助跑道各处的弹性保持一致，每次比赛前，应对起跳区的弹性进行检查。

注1："弹性部分"是指任何有意设计或建造以给运动员额外助力的部分。

注2：《国际田联田径场地设施标准手册》（简称《手册》）中包含更多详细的室内体育场布局、结构的技术信息，包括跑道测量和画线的图表。该《手册》可以从国际田联或国际田联网站获得。

注3：可从国际田联或国际田联网站上获取设施认证申请、设施测量报告书，以及认证体系程序。

二、直跑道分道　第212条

212.1 直道左右方向的最大倾斜度不得超过1∶100（1%）。在跑进方向任何位置上的最大倾斜度不得超过1∶250（0.4%）。全长最大倾斜度不得超过1∶1000（0.1%）。

分　道

212.2 跑道至少要有6条分道，最多8条，分道线为白色，宽50毫米。各分道宽度，包括右侧分道线在内的分道宽为1.22米±0.01米。

注：2004年1月1日以前建设的场地，分道最大宽度可为1.25米。

起点和终点

212.3 在起跑线后方至少3米内不得有任何障碍。在终点线以外至少10米范围内应清除任何障碍，以使运动员有足够的余地在停止前进时不受伤害。

注：强烈建议在终点线以外至少应有15米的空地。

三、椭圆形跑道和分道　第213条

213.1 标准跑道周长为200米。它应由2个平行的水平直道和两个半径相等的弯道组成，弯道可以呈斜坡状。

跑道内沿可用高、宽各50毫米的适宜材料制成突沿，也可用50毫米宽的白线标出。以突沿或白线的外沿作为第一分道的内侧边沿。整个跑道的突沿或白线的内沿应保持在同一水平面上，最大倾斜度为1∶1000（0.1%），在两面的直道部位突沿和白线可以混合，可由50毫米宽的白线替代。

分　道

213.2　跑道最少应有4条分道，最多为6条。各分道宽度应相同，最小宽0.90米，最大宽1.10米，分道宽包括右侧分道线，误差为±0.01米。各分道应用50毫米宽的白线分隔。

坡形跑道

213.3　在任何一处坡道横断面上，所有分道的倾斜角度应相同。直道部分应当平整或向内侧跑道的左右倾斜度最大不得超过1∶100（1%）。

为使从水平的直道进入坡状弯道的变化较为平缓，可修筑一个较为平缓的水平方向过渡段，过渡段可延伸进入直道。此外，可以有垂直方向过渡。

内沿标记

213.4　如以白线作为跑道内沿，还应在弯道和某类直道上加放锥形物或小旗作为标志。锥形物高至少0.20米；小旗尺寸约为0.25厘米×0.20厘米，高至少0.45米，与内场地面成60度角。安放锥形物或小旗时，应使其外侧面正好与跑道白线的外沿重合。小旗或锥形物的安放间距，在弯道上不超过1.5米，在直道上不超过10米。

注：所有由国际田联直接管辖的室内比赛，强烈建议使用内侧突沿。

四、椭圆形跑道上的起点和终点标记　第214条

214.1　在《国际田联田径场地设施标准手册》中规定了详细的室内200米坡形跑道的结构和施工技术信息。下面给出的是应该采纳的基本原则。

基本要求

214.2　直道上的起、终点线应用50毫米宽的白线标出，并与分道线成直角。弯道上的起、终点线应沿弯道半径方向标出。

214.3　对终点线的要求如下：在可能情况下，所有不同距离的径赛应只设一个终点，终点必须设置在跑道的直段上，终点之前的跑道，也应尽可能在直道上。

214.4　对于直线的、梯形的和弧形的起跑线的基本要求，是使每一位运动员沿允许的最短路线跑进时，跑的距离应完全相等。

214.5　起跑线（接力跑的接力区线）应尽可能不设在坡道的最陡处。

比赛进行

214.6　(a) 300 米和 300 米以下项目，应自始至终为分道跑。

(b) 300 米以上和 800 米以下项目，应分道起跑，直至跑完第二个弯道至抢道线。

(c) 800 米比赛时，每名运动员可按指定的各自分道起跑，或最多 2 名运动员共用 1 条分道，也可分组同时起跑，分组起跑时最好使用第 1 和第 4 道。在此种情况下，运动员可以在第一个直道后的抢道线后，离开各自分道，或在外侧起跑的运动员可以并入内侧起跑组。

(d) 800 米以上项目起跑采用弧形起跑线不分道起跑或分组同时起跑。如果应用分组同时起跑，那么抢道线应该标记在第一或第二个弯道的末端处。

如果运动员不遵守此规则，他将被取消比赛资格。

抢道线应为一条弧线，宽 50 毫米，横跨除第一道外的所有跑道。为了帮助运动员确认抢道线，可在各分道线与抢道线的交界处之后放置锥形物或棱柱体（50 毫米 ×50 毫米），这些标志物最大高度为 0.15 米，应与抢道线和分道线的颜色不同。

注 1：除规则 1.1 (a) (b) (c) 和 (f) 规定的比赛外，参赛的会员协会可达成协议，800 米比赛不采用分道跑。

注 2：当跑道的分道少于 6 条时，可采用规则 162.10 的规定一组运动员同时起跑，允许 6 名运动员一同起跑。

200 米标准跑道的起点线和终点线

214.7　第一分道起跑线应在主要的直道上。确定它的位置时，应使最外道的梯形起跑线（400 米赛跑）处于坡道不超过 12 度的位置上。

在椭圆形跑道上所有径赛的终点线应是第一分道起跑线的延长线，并与跑道垂直相交，与分道线成直角。

五、跨栏跑　第 217 条

217.1　跨栏跑的标准距离应为 50 米或 60 米，在直道上进行。

217.2　比赛栏架的设置。（表 3－6－1）

表 3－6－1　比赛栏架设置

	少年男子	青年男子	成年男子	少年女子	青年、成年女子
栏架高度	0.914 米	0.991 米	1.067 米	0.762 米	0.838 米
比赛距离	50 米/60 米				
栏架数量	4 个/ 5 个				
起跑线至第一栏	13.72 米			13.00 米	
栏间距离	9.14 米			8.50 米	
最后一栏距终点	8.86 米/ 9.72 米			11.50 米/13.00 米	

六、接力跑　第 218 条

比赛的进行

218.1　4×200 米接力赛跑的第一棒全程和第二棒第一个弯道直至规则 214.6 规定的抢道线前应为分道跑。规则 170.18 在此不适用，因此第二棒、第三棒和第四棒的运动员不允许在接力区外预跑，必须在各自接力区内起跑。

218.2　4×400 米接力赛跑的前两个弯道应为分道跑。因此可以使用个人 400 米跑的起跑线和抢道线等标志线。

218.3　在 4×800 米接力赛中，第一个弯道应为分道跑。因此可以使用与个人 800 米跑相同的起跑线和抢道线等标志线。

218.4　4×200 米接力赛中第三棒、第四棒，4×400 米和 4×800 米中的第二棒、第三棒、第四棒在等待区的运动员，应在裁判员的指挥下按照各队进入最后一个弯道的先后顺序（由内向外）排列各自的接棒位置，一旦传棒运动员跑过此点，接棒运动员须保持其排列顺序，不能改变其在接力区开始的位置，如果不遵守本规定即应取消该队的比赛资格。

注：由于分道狭窄，室内接力赛比室外接力赛更容易发生碰撞和非故意阻挡现象。因此，建议在条件允许时，2 队之间应留出一条空道。

七、田赛项目

跳　高　第 219 条

助跑道和起跳区

219.1　如果使用可移动的垫子，规则中对起跳区规定的所有标准必须看成是对垫子表面层的平整要求。

219.2 运动员可从椭圆形跑道的坡道上开始助跑，只要其最后15米的助跑符合规则182.3、182.4和182.5要求。

撑竿跳高 第220条

助跑道

运动员可从椭圆形跑道的坡道上开始助跑，但助跑的最后40米应在规则183.6和183.7规定的助跑道上进行。

远度跳跃 第221条

助跑道

运动员可从椭圆形跑道的坡道上开始助跑，但助跑的最后40米应在规则184.1和184.2规定的助跑道上进行。

推铅球 第222条

落地区

222.1 推铅球落地区应用铅球落地时能留下痕迹并能使反弹减小到最低限度的适宜材料建成。

222.2 落地区的远端和两侧应被围起。为了确保观众、工作人员和运动员的安全，可尽量在靠近投掷圈的地方设置挡网，挡网的高度建议应达4米，以确保能够挡住正在飞行或从落地区反弹的铅球。

222.3 鉴于室内运动场的空间有限，被挡网围栏的场地可能不足以容纳完整的34.92度的扇形落地区，下列条款适用于此类情况。

（a）应在目前男子、女子推铅球世界纪录之外至少0.5米的地方设置挡网。

（b）落地区两侧标志线必须和34.92度扇形落地区的中轴线对称。

（c）落地区标志线既可像34.92度扇形区标志线那样从圆心沿一定角度向外辐射，也可以与34.92度圆心角的中心线相互平行。当两条落地区标志线平行时，其最小间距应为9米。

铅球的构造

222.4 根据落地区的类型（见规则222.1），铅球既可为实心金属或是金属外壳，也可以是装有合适填充物并用软塑料或橡胶制作外壳的铅球。但在同一次比赛中不得使用两种类型的铅球。

实心金属或金属外壳的铅球

222.5　这两种铅球应符合规则 188.4 和 188.5 关于室外铅球的规定。

塑料或橡胶外壳的铅球

222.6　当落地区为通常的体育馆地板时，铅球应有软塑料或橡胶外壳，并装有合适填充物，使铅球落时不至于损坏地板。铅球外形应为球体，表面和结点处必须光滑。为使表面光滑，球体表层平均厚度应小于 1.6μm，即粗糙度为 N7 或更小。

222.7　这类铅球应符合下列规格。（表 3-6-2～表 3-6-4）

表 3-6-2　比赛用和承认纪录的铅球最小重量

比赛用和承认纪录的铅球最小重量					
	3.000 千克	4.000 千克	5.000 千克	6.000 千克	7.260 千克

表 3-6-3　要求制造商提供比赛用球的重量范围

要求制造商提供比赛用球的重量范围					
最小	3.005 千克	4.005 千克	5.005 千克	6.005 千克	7.265 千克
最大	3.025 千克	4.025 千克	5.025 千克	6.025 千克	7.285 千克

表 3-6-4　铅球直径

铅球直径					
最小	85 毫米	95 毫米	100 毫米	105 毫米	110 毫米
最大	120 毫米	130 毫米	135 毫米	140 毫米	145 毫米

八、全能比赛　第 223 条

全能项目比赛

男子少年、青年和成年（五项全能）

223.1　五项全能由 5 个项目构成，按下列顺序在 1 天内完成。

60 米栏、跳远、推铅球、跳高和 1000 米跑。

男子少年、青年和成年（七项全能）

223.2　七项全能由 7 个项目构成，按下列顺序在连续 2 天内完成。

第一天：60 米、跳远、推铅球、跳高。

第二天：60 米栏、撑竿跳高、1000 米。

女子少年、青年和成年（五项全能）

223.3　五项全能由5个项目组成，应按下列顺序在1天中完成。

60米栏、跳高、推铅球、跳远、800米。

比赛分组

223.4　最好为每组4人或4人以上，不得少于3人。所有运动员必须分入各组。

第七节　世界纪录

一、世界纪录项目

（一）承认世界纪录的项目　第261条

全自动电子计时成绩（F. A. T）

手计时成绩（H. T）

传感计时成绩（T. T）

1. 男子

（1）跑、全能和竞走项目

①只承认全自动电子计时成绩的项目（F. A. T）。

100米、200米、400米、800米、110米栏、400米栏、4×100米接力、4×200米接力、4×400米接力、十项全能。

②全自动电子计时或手计时均可的项目（F. A. T或H. T）。

1000米、1500米、1英里、2000米、3000米、5000米、10000米、20000米、1小时计程、25000米、30000米、3000米障碍、4×800米接力、4×1500米接力。场地竞走：20000米、30000米、50000米。

③全自动电子计时、手计时、感应计时均可的项目。

公路跑：10千米、15千米、20千米、半程马拉松、25千米、30千米、马拉松、100千米、公路接力（只限马拉松距离）。

公路竞走：20千米、50千米。

（2）跳跃项目

跳高、撑竿跳高、跳远、三级跳远。

(3) 投掷项目

推铅球、掷铁饼、掷链球、掷标枪。

2. 女子

(1) 跑、全能和竞走项目

只承认全自动电子计时成绩的项目。

100米、200米、400米、800米、100米栏、400米栏、4×100米接力、4×200米接力、4×400米接力、七项全能、十项全能。

全自动电子计时或手计时均可的项目。

1000米、1500米、1英里、2000米、3000米、5000米、10000米、20000米、1小时计程、25000米、30000米、3000米障碍、4×800米接力、4×1500米接力。场地竞走：10000米、20000米。

全自动电子计时、手计时、感应计时均可的项目。

公路跑：10千米、15千米、20千米、半程马拉松、25千米、30千米、马拉松、100千米、公路接力（只限马拉松距离）。

公路竞走：20千米。

注：除竞走比赛外，IAAF承认两项女子公路跑世界纪录：一是男女混合跑世界纪录，二是单一性别跑世界纪录。

(2) 跳跃项目

跳高、撑竿跳高、跳远、三级跳远。

(3) 投掷项目

推铅球、掷铁饼、掷链球、掷标枪。

(二) 承认世界青年纪录的项目 第262条

全自动电子计时成绩（F. A. T）

手计时成绩（H. T）

传感计时成绩（T. T）

1. 青年男子

(1) 跑、全能和竞走项目

只承认全自动电子计时成绩的项目。

100米、200米、400米、800米、110米栏、400米栏、4×100米接力、4×400米接力、十项全能。

全自动电子计时或手计时均可的项目。

1000 米、1500 米、1 英里、3000 米、5000 米、10000 米、3000 米障碍。场地竞走：10000 米。

全自动电子计时、手计时、感应计时均可的项目。

公路竞走：10 千米。

（2）跳跃项目

跳高、撑竿跳高、跳远、三级跳远。

（3）投掷项目

推铅球、掷铁饼、掷链球、掷标枪。

2. 青年女子

（1）跑、全能和竞走项目

只承认全自动电子计时成绩的项目。

100 米、200 米、400 米、800 米、100 米栏、400 米栏、4×100 米接力、4×400 米接力、七项全能、十项全能。

全自动电子计时或手计时均可的项目。

1000 米、1500 米、1 英里、3000 米、5000 米、10000 米、3000 米障碍。场地竞走：10000 米。

全自动电子计时、手计时、感应计时均可的项目。

公路竞走：10 千米。

（2）跳跃项目

跳高、撑竿跳高、跳远、三级跳远。

（3）投掷项目

推铅球、掷铁饼、掷链球、掷标枪。如超过 7300 分，承认世界纪录。

（三）承认世界室内纪录的项目　第 263 条

全自动电子计时成绩（F. A. T）

手计时成绩（H. T）

1. 男子

（1）跑、全能和竞走项目

只承认全自动电子计时成绩的项目。

50 米、60 米、200 米、400 米、800 米、50 米栏、60 米栏、4×200 米接力、4×400 米接力、七项全能。

全自动电子计时或手计时均可的项目。

1000 米、1500 米、1 英里、3000 米、5000 米、4×800 米接力。竞走：5000 米。

（2）跳跃项目

跳高、撑竿跳高、跳远、三级跳远。

（3）投掷项目

推铅球。

2. 女子

（1）跑、全能和竞走项目

只承认全自动电子计时成绩的项目。

50 米、60 米、200 米、400 米、800 米、50 米栏、60 米栏、4×200 米接力、4×400 米接力、五项全能。

全自动电子计时或手计时均可的项目。

1000 米、1500 米、1 英里、3000 米、5000 米、4×800 米接力。竞走：3000 米。

（2）跳跃项目

跳高、撑竿跳高、跳远、三级跳远。

（3）投掷项目

推铅球。

（四）承认世界室内青年纪录的项目　第 264 条

全自动电子计时成绩（F. A. T）

手计时成绩（H. T）

1. 男子

（1）跑和全能项目

只承认全自动电子计时成绩的项目。

60 米、200 米、400 米、800 米、60 米栏、七项全能。

全自动电子计时或手计时均可的项目。

1000 米、1500 米、1 英里、3000 米、5000 米。

（2）跳跃项目

跳高、撑竿跳高、跳远、三级跳远。

（3）投掷项目

推铅球。

2. 女子

（1）跑和全能项目

只承认全自动电子计时成绩的项目。

60 米、200 米、400 米、800 米、60 米栏、五项全能。

全自动电子计时或手计时均可的项目。

1000 米、1500 米、1 英里、3000 米、5000 米。

（2）跳跃项目

跳高、撑竿跳高、跳远、三级跳远。

（3）投掷项目

推铅球。

注：除承认以上规则 261、262、263 中的项目为全国纪录外，还承认以下项目。

①全国青年男子最好成绩：20000 米竞走。

②全国青年女子最好成绩：20000 米竞走。

③全国少年纪录。

男子：60 米、100 米、200 米、400 米、800 米、1500 米、3000 米、5000 米、110 米栏（栏高 0.914 米）、200 米栏、400 米栏、4×100 米接力、4×200 米接力、4×400 米接力、跳高、跳远、撑竿跳高、三级跳远、推铅球、掷铁饼、掷标枪、掷链球、三项全能、五项全能、七项全能、5000 米竞走、10000 米竞走。

女子：60 米、100 米、200 米、400 米、800 米、1500 米、3000 米、100 米栏、200 米栏、400 米栏、4×100 米接力、4×200 米接力、4×400 米接力、跳高、跳远、撑竿跳高、三级跳远、推铅球、掷铁饼、掷标枪、掷链球、三项全能、五项全能、3000 米竞走、5000 米竞走。

二、世界纪录通则　第 260 条

通　则

260.1　纪录必须是在预定的正式比赛中创造的。在创纪录日之前，比赛所在国或地区的会员协会正式确认、批准和公布了这次比赛，并完全按规则进行。

260.2　达到纪录的运动员必须是符合国际田联规则的合格运动员，并必须隶属于某一个国际田联会员协会。

260.3　创造世界纪录时，由创纪录者所在国/地区协会立即收集一切必要的材料上报国际田联审批，不得延误。未经国际田联批准，任何成绩都不能被承认为世界纪录。该会员协会应立即向国际田联报告其申报成绩的意图。

260.4　必须填写国际田联的正式申请表，并在30天内寄往国际田联总部。根据需求可向国际田联总部索要或从国际田联网站下载申请表格。如果申请纪录涉及外国运动员或运动队，则应将表格副本在同一时间内寄交创纪录者所属协会。

260.5　创纪录所在地的国际田联会员协会应随正式申请表附上。

——印制好的比赛秩序册。

——该比赛项目的全部比赛成绩。

——终点摄像照片和零控制测试图像［见规则260.22（c）］。

260.6　每名创造世界纪录的运动员（按规则260.8规定的类别），必须在该项目比赛结束时，根据国际田联现行规则进行兴奋剂检查。如果是创造接力赛跑纪录，则全队的接力队员均须接受兴奋剂检查。

收集的尿样须送世界反兴奋剂协会（WADA）认证的实验室做分析，其结果将会同国际田联批准纪录需要的其他信息一并报国际田联。如果检查结果呈阳性或者没有做这样的检测，国际田联不能批准该成绩为纪录。

260.7　如果一名运动员承认在创造某项世界纪录前的某时，曾使用了当时禁用的物质或方法，或从当时一种禁用物质或禁用方法中获得了利益，国际田联将考虑医务和反兴奋剂委员会的建议，取消该运动员的此项世界纪录。

260.8　国际田联承认的世界纪录有下列几种。

（a）世界纪录。

（b）世界青年纪录。

（c）世界室内纪录。

（d）世界青年室内纪录。

260.9　个人项目至少有3人参赛，接力项目至少有2队参赛。必须以公平的方式比赛。

260.10　纪录必须超过或平该项目IAAF承认的最新世界纪录，如果是平该项目纪录，则必须具备与原纪录相同的条件。

260.11　在预赛中创造的纪录、在跳高和撑竿跳高因成绩相等而进行的决定名次赛，以及根据规则125.7的重赛和规则146.4（b）的抗议下比赛后宣布成绩有效的比赛，或者在全能比赛中，无论运动员是否完成全部比赛，所创纪录均可申报批准为世界纪录。

260.12　授权IAAF主席和秘书长联名承认世界纪录。如果对是否承认纪录产生疑问，则提交 IAAF 理事会决定。

260.13　批准世界纪录后，IAAF 将通知申请该纪录的会员协会、该运动员所属的国家田协和有关地区联合会。

260.14　IAAF 将为世界纪录创造者颁发正式世界纪录纪念牌。

260.15　如果纪录未被批准，IAAF 将会给出原因。

260.16　IAAF 将及时在新的世界纪录被承认后更新正式的世界纪录表。该表反映自 IAAF 成立和设立以来，有关运动员或运动队在规则 261、262、263 和 264 中列出的承认纪录的项目中创造的被 IAAF 承认的最优异的运动成绩。

260.17　IAAF 于每年 1 月 1 日公布世界纪录一览表。

特定条件

260.18　公路项目除外。

（a）世界纪录必须是在符合规则 140 规定的封闭或非封闭的田径场内创造的。所使用的径赛跑道和田赛助跑道的结构应符合 IAAF《田径场地设施标准手册》的规格。（室内纪录也可见规则 260.21）

（b）承认 200 米或 200 米以上任何项目的纪录时，创纪录所用跑道的周长不得超过 402.3 米（440 码），而且应在椭圆形跑道上的某一部分起跑，水池位于 400 米跑道以外的障碍赛跑不受此限。

（c）创纪录所用跑道的外侧分道的半径不得超过 50 米，但下列情况除外：用 2 个不同半径画出弯道，用较大半径画出的弧长，在 180 度的弯道中不超过 60 度。

（d）按规则 147 举办的田赛项目除外，运动员在男女混合比赛中所创成绩不予承认。

260.19　只有在符合规则 160 规定的跑道上创造的室外纪录方予承认。

260.20　申报青年纪录者，除非该运动员的出生日期事先已得到 IAAF 的确认，否则第一次为该运动员申报纪录时，必须提交其护照、出生证或证明其出生日期的类似正式文件的副本。

260.21　世界室内纪录。

（a）纪录必须是在符合规则 211 和规则 213 的体育馆内创造的。

（b）承认 200 米或 200 米以上项目纪录时，创纪录所用跑道的周长不得超过 201.2 米（220 码）。

（c）只要实际跑进距离在容差范围内，在少于 200 米的椭圆形跑道上创造的纪录也可被承认。

（d）任何直跑道均应符合规则 212 的规定。

260.22　跑和竞走项目的世界纪录必须遵守以下条件。

（a）纪录必须由正式计时员、一台经批准的全自动终点摄像计时器或传感系统计时方予承认（见规则 165）。

（b）800 米及 800 米以下的径赛项目（包括 4×200 米接力和 4×400 米接力），只有经批准的并符合规则 165 规定的全自动终点摄像计时器所记录的成绩，方予承认。

（c）径赛纪录必须有全自动计时器所摄的终点图像和计时器零启动测试图像，这些材料必须随申请文件一起提交给国家田联。

（d）批准 200 米及 200 米以下各项目的纪录，必须申报按规则 163.8～163.13 的规定所测量的有关风速数据。如果跑进方向测量到的顺风平均风速超过 2 米/秒，所创纪录不予承认。

（e）在分道跑比赛中，运动员踏上或跑入弯道内侧的分道线，所创纪录不予承认。

（f）规则 261 和规则 263 规定的承认世界纪录的项目，400 米以及 400 米以下项目（包括 4×200 米接力和 4×400 米接力）的世界纪录，必须按照规则 161.2 正确、有效地使用国际田联认可的起跑犯规监测仪和起跑器，以便获得起跑反应时数据。

260.23　同一个比赛中创造多个距离的世界纪录。

（a）仅限事先声明有超过 1 个以上的距离纪录。

（b）可以把规定时间的计程比赛和规定距离的计时比赛相结合（例如，1 小时计程赛和 20000 米计时赛，见规则 164.3）。

（c）允许 1 名运动员在同一比赛中创造多项纪录。

（d）允许几名运动员在同一比赛中创造不同的纪录。

（e）运动员未完成比赛全程距离，不得取其中一段较短距离的成绩作为纪录。

260.24　接力项目世界纪录。

（a）该纪录应由团队创造，接力队队员必须为同一会员国公民。有关公民权的规定见规则 5。

（b）尚未获得国际田联独立会籍的殖民地，以本规则为目的时应视其为主权国的一部分。

（c）在接力赛跑中，第一棒运动员的成绩不能申报纪录。

260.25　竞走项目世界纪录。

比赛至少应有3名国际田联级或地区联合会级的国际竞走裁判员执裁，并在申请纪录表上签名。

260.26　田赛项目世界纪录。

（a）田赛各项纪录必须由3名裁判员使用经过校验的钢卷尺或钢直尺进行测量，也可使用经批准的科学测量仪器进行测量，该仪器的精度应已被一位正式测量裁判员予以确认。

（b）申报室外跳远和三级跳远的纪录，必须申报该项目的风速数据。测量风速时应执行规则184.10、规则184.11和规则184.12的规定。如果跳跃方向测定的顺风平均风速超过2米/秒，则所创纪录不予承认。

（c）在田赛项目的一次比赛中，可承认多个成绩为世界纪录。被承认的每个纪录都应是平或超过当时已有的世界最好成绩。

（d）投掷项目中所使用的器械应在赛前根据规则123进行检测。如果在比赛中，裁判长意识到平纪录和超纪录的情况，他应立即标记并检测所用器械是否仍然符合规则规定，或其属性是否发生变化。通常，应在比赛结束后对该器械进行再次检测。

260.27　全能项目世界纪录。

除了需要测量风速的项目平均风速不超过2米/秒外（以各项目测量的风速总和除以项目数量），承认全能纪录时，全能的各个单项均应符合申报单项纪录的条件。

260.28　公路项目世界纪录。

（a）赛道路线必须经由1名或多名按规则117规定的IAAF和国际路跑协会批准的A级或B级丈量员丈量。

（b）起、终点之间的直线距离不应超过比赛距离的50%。

（c）起、终点之间的下降坡度不应超过千分之一，即每千米1米。

（d）一名负责丈量此赛道的丈量员或另一名拥有完整丈量数据和地图的A级或B级丈量员，必须证实比赛中先导车行驶的路线就是丈量的路线。

（e）必须在比赛前、比赛当天或比赛之后立即进行路线现场证实（即再次丈量），最好由不是原来丈量路线的A级丈量员进行。

注：如果赛道在初次丈量时，由至少2名A级丈量员或1名A级和1名B级丈量员丈量，并且至少他们其中的1人根据规则260.28（d）的要求监督整个比赛的过程，则不需要据本条规则对赛道进行再次丈量。

(f) 在一个项目的分段距离中，创造公路项目世界纪录必须符合规则 260 的条件。分段距离必须在丈量路线中丈量、做出标记，并且根据规则 260.28 (e) 的规定进行复核。

(g) 公路接力项目必须按 5 千米、10 千米、5 千米、10 千米、5 千米、7.195 千米的段落跑进。此段落必须是经过测量和做过标记的，在测量段落中允许有 ±1% 的误差，并且必须按照规则 260.28 (e) 的规定进行验证。

260.29 公路竞走项目世界纪录。

(a) 比赛路线必须经由 1 名或多名按规则 117 规定的 IAAF 和国际路跑协会批准的 A 级或 B 级丈量员丈量。

(b) 环形路线不能短于 1 千米也不能长于 2 千米，尽可能将比赛的起点和终点设在体育场内。

(c) 一名负责丈量此路线的丈量员，或一名拥有完整丈量数据和地图的 A 或 B 级丈量员，必须证实比赛的路线就是丈量的路线。

(d) 必须在比赛前、比赛当天或比赛之后立即进行路线现场证实（即再次丈量），最好由不是原来丈量路线的 A 级丈量员进行。

注：如果赛道在初次丈量时，由至少 2 名 A 级丈量员或 1 名 A 级和 1 名 B 级丈量员丈量，并且至少他们其中的 1 人根据规则 260.29 (c) 的要求监督了整个比赛过程，则不需要根据本条规则对赛道进行再次丈量。

(e) 在一个项目的分段距离中，创造世界竞走项目纪录必须符合规则 260 的条件。分段距离必须在丈量路线中丈量、做出标记，并且根据 260.29 (d) 的规定进行复核。

注：建议国家/地区和地区联合会采用类似上述规则承认本国或本地区的纪录。

承认全国纪录除执行规则 260 外，还应执行以下规定。

1. 设立中国室内和室外全国田径纪录、全国青年纪录、全国少年纪录。

2. 由中国田径协会审批全国田径纪录。

3. 凡创、超、平全国纪录，须由大会竞赛部门出具记载该项目创、超、平纪录时的有关具体情况和裁判员亲笔签名的成绩证明。有关裁判长（必须是国家级以上裁判员）应严格审核比赛场地、器材、风速等情况，并在成绩证明单上签名方为有效。

第四章　竞赛秘书处

第一节　规　则

一、竞赛秘书处　第132条

132.1　竞赛秘书应收集每个比赛项目的全部成绩和详细资料，立即转交宣告员。相关的裁判长、主计时员或终点摄影主裁判和风速测量员应向竞赛秘书提供有关比赛成绩的详细资料。竞赛秘书还应记录比赛的成绩，成绩记录单递交竞赛主任。

当使用计算机作为管理系统时，每个田赛项目比赛场地的数据记录员应确保将该项目的全部成绩录入计算机系统。记录径赛成绩应在终点摄影主裁判的指挥下进行。宣告员和竞赛主任将能够进入计算机系统查询比赛成绩。

当举办国际比赛时，组委会应当设立一个技术信息中心（TIC），建议在其他超过一天的比赛中设立技术信息中心。技术信息中心的主要功能是确保在每个代表队、组织者、技术代表和竞赛管理部门之间，有关技术和其他涉及比赛的信息顺畅交流。

（a）（1）世界田径系列所包含的比赛；（2）奥林匹克运动会中的田径比赛。

（b）地区、区域性或集团性运动会中的田径比赛。

（c）不限于单个地区参赛的区域性或集团性竞标赛中的田径比赛。

（d）地区锦标赛和有地区联合会组织的地区内的比赛。

（e）地区、区域性或集团性运动会中的田径比赛，以及只限于来自一个单独地区参赛的区域性或集团性的田径锦标赛等类型的比赛。

132.2　运动员参加不同规格比赛时，成绩记录单必须明确标示相关比赛设施的不同规格（如器材重量或栏架高度）或每一种类的成绩分别标注。

132.3　当举行非规则1.1（a）的比赛时，条例允许下列情况的运动员同时参赛。

(a) 在其他人的协助下进行比赛，如有一领跑员。

(b) 使用非规则 144. 3 (d) 所准许的机械辅助设备；他们的成绩应分别记录，情况许可，标注其身体残障等级及类别。

132. 4 下列标准的缩写及符号，使用在检录单及成绩记录单上。

未参赛（Did Not Start - DNS）

未完成比赛（Did Not Finish - DNF）

无成功试跳（掷）成绩（No valid trail record - NM）

取消比赛资格（Disqualified - DQ）

跳高及撑竿跳高成功试跳（Valid trail in High Jump and Pole Vault - "○"）

田赛失败试跳（掷）（Failed trail in Field Events - "×"）

田赛免跳（Passed trail in Field Events - "-"）

退出比赛（Retired from Competition - R）

径赛按名次晋级（Qualified by place in Track Events - Q）

径赛按成绩晋级（Qualified by time in Track Events - q）

田赛达到及格赛标准晋级（Qualified by Standard in Field Events - Q）

田赛未能达到及格赛标准晋级（Qualified without Standardin Field Events - q）

二、径赛项目的运动员排序、抽签和录取 第166条

赛次和分组

166. 1 参赛运动员人数过多，能在一个赛次（决赛）进行比赛的径赛项目，应举行若干赛次的比赛。举行决赛前各赛次比赛时，所有运动员都必须参赛，并通过各个赛次取得决赛的资格。除非对比赛有管理权的相关组织的同意，以在本次比赛或在先期的比赛中举行一个或多个项目的附加资格赛，定出某部分运动员或所有运动员的参赛资格。除非对比赛有管理权的相关组织的同意，在规则 1. 1 (a) (b) (c) 和 (f) 的比赛中，只有没有达到比赛参赛标准的运动员需要参加额外的争位赛。

166. 2 应由技术代表安排比赛的预、次、复赛。如未任命技术代表，应由组委会安排。

如无特殊情况，使用表 4 - 1 - 1 ~ 表 4 - 1 - 6 确定径赛项目的赛次、各赛次的组数和每一赛次的录取方法。

表 4－1－1 100 米、200 米、400 米、100 米栏、110 米栏、400 米栏确定赛次、组数及录取方法

报名人数	第一轮			第二轮			半决赛		
	组数	按名次	按成绩	组数	按名次	按成绩	组数	按名次	按成绩
9～16	2	3	2						
17～24	3	2	2						
25～32	4	3	4				2	3	2
33～40	5	4	4				3	2	2
41～48	6	3	6				3	2	2
49～56	7	3	3				3	2	2
57～64	8	3	8	4	3	4	2	4	
65～72	9	3	5	4	3	4	2	4	
73～80	10	3	2	4	3	4	2	4	
81～88	11	3	7	5	3	1	2	4	
89～96	12	3	4	5	3	1	2	4	
97～104	13	3	9	6	3	6	3	2	2
105～112	14	3	6	6	3	6	3	2	2

表 4－1－2 800 米、4×100 米、4×200 米、异程接力、4×400 米确定赛次、组数及录取方法

报名人数	第一轮			第二轮			半决赛		
	组数	按名次	按成绩	组数	按名次	按成绩	组数	按名次	按成绩
9～16	2	3	2						
17～24	3	2	2						
25～32	4	3	4				2	3	2
33～40	5	4	4				3	2	2
41～48	6	3	6				3	2	2
49～56	7	3	3				3	2	2
57～64	8	2	8				3	2	2
65～72	9	3	5	4	3	4	2	4	
73～80	10	3	2	4	3	4	2	4	
81～88	11	3	7	5	3	1	2	4	
89～96	12	3	4	5	3	1	2	4	
97～104	13	3	9	6	3	6	3	2	2
105～112	14	3	6	6	3	6	3	2	2

表4-1-3　1500米确定赛次、组数及录取方法

报名人数	第一轮			第二轮			半决赛		
	组数	按名次	按成绩	组数	按名次	按成绩	组数	按名次	按成绩
16~30	2	4	4						
31~45	3	6	6				2	5	2
46~60	4	5	4				2	5	2
61~75	5	4	4				2	5	2

表4-1-4　2000米障碍、3000米、3000米障碍确定赛次、组数及录取方法

报名人数	第一轮			第二轮			半决赛		
	组数	按名次	按成绩	组数	按名次	按成绩	组数	按名次	按成绩
20~34	2	5	5						
35~51	3	7	5				2	6	3
52~68	4	5	6				2	6	3
69~85	5	4	6				2	6	3

表4-1-5　5000米确定赛次、组数及录取方法

报名人数	第一轮			第二轮			半决赛		
	组数	按名次	按成绩	组数	按名次	按成绩	组数	按名次	按成绩
20~40	2	5	5						
41~60	3	8	6				2	6	3
61~80	4	6	6				2	6	3
81~100	5	5	5				2	6	3

表4-1-6　10000米确定赛次、组数及录取方法

报名人数	第一轮			第二轮			半决赛		
	组数	按名次	按成绩	组数	按名次	按成绩	组数	按名次	按成绩
28~54	2	8	4						
55~81	3	5	5						
82~108	4	4	4						

如有可能，在比赛的所有预赛赛次中要将同一国家或队的运动员和成绩最好的运动员编在不同组内。第一赛次之后，通常只有根据规则 166.3 运动员排名相似时，才能在各组之间调换运动员。

注 1：安排预赛分组时，建议尽可能考虑所有运动员的成绩数据，分组抽签时，通常应使优秀运动员能进入决赛。

注 2：在世界锦标赛和奥运会时，可能会在技术手册中提供不同的分组录取办法表。

排名和分组组成

166.3 （a）对于第一赛次，应根据运动员在事先规定的时间段内取得的有效比赛成绩进行排序，然后按照蛇形分布的方法安排运动员分组。

（b）第一赛次之后，应按下列程序安排运动员后继赛次的分组。

（1）100 米 ~400 米跑、4×400 米及较短距离的各项接力，应根据运动员前一赛次的名次和成绩进行排序。根据该原则，运动员将按下列顺序排名。

最快的第一名，次快的第一名，第三快的第一名，等等。

最快的第二名，次快的第二名，第三快的第二名，等等。

最后可按下列顺序补取：按成绩录取的最快者，按成绩录取的次快者，按成绩录取的第三快者，等等。

（2）其他各项目应继续按照运动员报名成绩排序后分组，只有在前面赛次中提高成绩的运动员才可进行调整。

（c）然后将运动员按排列的序号，依照蛇形分布的方法编入各组。例如，用下列方法将排序录取的 24 名运动员编为 3 组。

A 组：1 6 7 12 13 18 19 24

B 组：2 5 8 11 14 17 20 23

C 组：3 4 9 10 15 16 21 22

在任何情况下，在分组确定后应抽签排定 A、B、C 3 组的比赛顺序。

抽签排定道次

166.4 100 米至 800 米的各项径赛、4×400 米及以下各项接力赛，如在一次比赛中要连续进行几个赛次时，应按下列规定抽签排定道次。

（a）第一个赛次和根据规则 166.1 规定任何预赛比赛，抽签排定道次。

（b）对于后继赛次，应根据规则 166.3（b）（1），800 米按规则 166.3（b）（2）规定的程序在每一赛次之后对运动员排序。

然后分3次抽签排定道次。

(1) 选择排列前四名的运动员或队，抽签排定3、4、5、6道。

(2) 选择排列第五、第六名的运动员或队，抽签排定7、8道。

(3) 选择排列后两名的运动员或队，抽签排定1、2道。

注1：不足或多于8条分道时，上述方法经过必要修改后，仍应遵循。

注2：在规则1.1 (d) ~ (j) 的比赛中，800米比赛起跑时每条分道可站1人或多人，或者采用弧形起跑线，不分道起跑。在规则1.1 (a) (b) (c) 和 (f) 的比赛中，注2中的方法通常只适用于预赛，除非出现名次相等或进入下一赛次某组的运动员人数比事先预料的多，并需有关裁判长事先确定。

注3：在800米比赛中，包括决赛中，由于任何原因，当有超过可用跑道数的运动员参加比赛时，技术代表将决定在哪一条分道对多出的运动员进行抽签排定道次。

注4：当跑道数多于参赛运动员人数时，应不使用内侧1条或多条跑道。

单一赛次

166.5 在规则1.1 (a) (b) (c) 和 (f) 的比赛中，800米以上的项目和4×400米以上的接力项目以及只进行一个赛次（决赛）的项目，应抽签决定运动员的道次或起跑位置。

166.6 当比赛项目决定举行一系列的比赛方式，而非单一赛次及决赛，该比赛条例必须列明所有相关考虑情况，包括排序、抽签及最终成绩的产生方法，必须确定。

166.7 不允许运动员更换组别或道次参加比赛，除非有关裁判长认为这种更换是公平、合理的。

比赛进行

166.8 在所有预、次、复赛次中，除了规则166.2表格规定外，在预、次、复赛之后，每组至少应录取第一、第二名运动员参加下一赛次的比赛，如有可能，建议每组至少应录取三人。

出现规则167的情况例外，任何其他运动员均可根据其比赛名次或成绩，按照规则166.2、技术规程或技术代表的决定获得进入下一赛次的资格。按成绩录取时，只能采用一种计时方法。

每轮赛次之间的最短间隔时间

166.9 如有可能，在任一赛次的最后一组和后继赛次或决赛的第一组之间，必须留出的最短间隔时间为：

200 米及以下各项目为 45 分钟。

200 米以上至 1000 米各项目为 90 分钟。

1000 米以上各项目不在同一天举行。

第二节　竞赛秘书

一、竞赛秘书的主要任务

1. 接收审核各代表队报名信息，提供总秩序册相关内容。

2. 准备技术会议相关文件，参加技术会议，收取运动员参赛确认表。

3. 按照规则和程序要求，编排竞赛日程表，进行竞赛分组，并请技术代表或其指定的代理人抽签，制作秩序分册。

4. 接收各项竞赛项目的成绩信息，编辑后继赛次信息，制作每日秩序册及成绩册。

5. 统计比赛的相关信息。

6. 给相关裁判组发布竞赛的有关信息。

7. 制作各裁判组使用的相关表格。

8. 制作总成绩册。

二、人员设置

1. 主裁判 2 人。

2. 成绩编辑裁判员 2 ~4 人。

3. 总成绩统计裁判员 1 ~2 人。

4. 竞赛档案管理裁判员 1 ~2 人。

5. 成绩处理中心裁判员 1 ~2 人。

三、工作职责

1. 主裁判

（1）第一主裁判：负责全组的工作安排、人员调配，指定工作流程，参加技术会议，协助技术代表工作，协调有关裁判组工作，处理突发事件等。

（2）第二主裁判：审核成绩公告，审核每日秩序册与成绩册清样，管理志愿者的工作。

2. 成绩编辑裁判员

负责接收发布成绩公告并传送至技术信息中心；负责检录单的制作与发放。

3. 总成绩统计裁判员

负责各项团队总分、奖牌、新纪录、各项目前8名统计，核对计算机系统的团体总分和奖牌统计，收集总成绩册信息等。

4. 竞赛档案管理裁判员

负责管理竞赛文档，将各类文件进行编号分类存档，接收技术信息中心转交的接力项目的棒次表及每日参赛运动员确认表。

5. 成绩处理中心裁判员

管理计算机成绩处理系统，负责接收电动计时及各田赛、径赛终端发送回的成绩，经主裁判确认后，及时将成绩传送至技术信息中心、展示主管。

四、编排工作——赛前

1. 安排比赛日程

主要确认比赛分几天进行，每天几个单元进行。

2. 接收运动员报名表

运动员报名信息应在规程规定时间送达竞赛秘书。在接收报名表时，应做好记录，以备查询。

3. 审核运动员报名表

收到运动员报名表后，竞赛秘书指定的负责人应立即审核报名表。

4. 编排运动员号码

5. 统计各单位参赛人数

统计各单位参赛人数时包括运动员、领队、教练、队医、随队工作人员、编外人员人数及各类人数统计等，为运动会各有关部门提供信息。

6. 统计各项目参赛运动员人数

统计各个项目的参赛运动员人数为编排日程提供信息，统计时要认真细致，不能漏人漏项，统计结束后，一定要进行核对，确定无误后，才能进行后面的分组工作。

7. 编排竞赛日程

竞赛日程的编排原则和方法。

（1）在某一赛次的最后一组，到下一赛次的第一组之间或至某项决赛之前，应尽可能给运动员以适当的休息时间，最低间隔时间如下：200 米及 200 米以下的项目为 45 分钟；200 米以上至 1000 米的项目为 90 分钟；1000 米以上的项目不在同一天；全能运动各单项之间至少休息 30 分钟。第一天最后一项和第二天第一项之间至少休息 10 小时。

（2）正式的田径比赛，如果没有特殊原因，应该按照最新的田径竞赛规则规定，根据各项参赛运动员人数，确定径赛的各项赛次和录取后继赛次的方法。

（3）田赛在参赛人数较多，会影响比赛正常进行、妨碍运动员发挥水平时，应该安排及格赛。一般来说，超过 18 人的田赛项目应该举行及格项目。

（4）使各个赛次之间有足够的时间间隔。

（5）减少兼项冲突。

（6）不同组别的同类径赛项目，安排在一个单元内连续进行。

（7）不同组别的同一田赛项目，一般不连续安排在同一单元内进行。

（8）跨栏项目一般安排在某一比赛单元的第一项，或长距离比赛之后。

（9）若时间允许，尽量照顾兼项之间的时间间隔。进行及格赛的项目，赛后至少间隔一天进行正式比赛。

（10）决赛项目平均分配到各个比赛单元，并尽可能安排在下午。

（11）避免田赛长投项目同时进行。

（12）在进行长距离的径赛项目时，最好不安排标枪、铁饼、链球等长投项目。

（13）撑竿跳高要考虑阳光的照射方向和比赛时间较长，最好安排在上午早些时候进行。

（14）接力比赛项目最好安排在单元最后或下午最后一项进行，以保证兼项运动员参赛。

（15）趣味性项目最好安排在开幕式或闭幕式上。

（16）田赛项目应防止场地的一端过分集中，另一端空场而冷落观众。

（17）最后一个单元临近结束之前，可考虑安排一项长距离项目或适当减少项目，以便闭幕式宣布团体成绩与发奖。

（18）每单元的比赛，尽量安排径赛和田赛同时结束。

具体安排比赛日程时，上述几个原则经常发生冲突。因此，应结合具体情况综合考虑，尽量找出最佳的方案。

8. 编排竞赛日程工作分为两个阶段：赛前竞赛日程编排和临场竞赛日程编排

第一，赛前竞赛日程编排。

赛前竞赛日程编排时，首先根据竞赛规程有关运动员报名人数的规定和大会的需要，估算各项比赛的赛次，然后制作赛前竞赛日程表。

制作了表格后，根据编排原则和大会实际需要，参考各项（组）比赛估算时间，编排各项的比赛日程，并在表格中各项目对应的比赛日期和比赛单元中填写该项的赛次。一般来说，每个比赛单元的总时间不应超过 3 个小时。

最后，印制秩序册，编印总秩序册和当日分秩序册。

第二，总秩序册包括：封面、目录、竞赛规程、评选办法、竞赛委员会及办事机构、官员及裁判员名单、运动队名单、各单项参加运动员名单、大会活动日程、竞赛日程、参赛队人数统计、各类记录场地示意图、活动日程等。

每日秩序册包括以下内容：当日的竞赛日程、分组名单、前一天的综合成绩公告在比赛前两天最后确认参赛运员名单；一般在各项赛前两天中午 12 点前上交确认表，也可在技术会议上进行确认；确认表只是确认运动员是否参赛，不准换人、换项和增项；由于规则和规程因素，目前田径运动会不参赛运动员很少，一般情况下，只确认不参赛者即可。

9. 编排各项日分组分道

根据各项目参赛运动员的人数，按照规则和规程要求，进行竞赛分组分道。

（1）预赛的编排

根据田径竞赛规则，100 米、200 米、400 米、100 米栏、110 米栏、400 米栏、800 米和 4×100 米接力、4×400 米接力报名人数超过 8 人的；1500 米、3000 米和 3000 米障碍报名人数超过 15 人的；5000 米报名人数超过 19 人的；10000 米超过 27 人的，均应举行两个或两个以上赛次的比赛。

① 按照报名成绩，将该项运动员从高到低进行排序。

② 根据跑道数量进行蛇形排列分组。蛇形排列分组的方法如下。

例：运动员 29 人，8 条跑道，分为 4 组，每组的号码为运动员报名成绩的排列名次。（表 4－2－1）

表 4 -2 -1　蛇形排列分组方法举例

A 组（7 人）	1	8	9	16	17	24	25	
B 组（7 人）	2	7 *	10	15 *	18	23	26	
C 组（7 人）	3	6	11	14	19	22	27	
D 组（8 人）	4	5	12	13	20	21	28	29

注：其中带有 * 号标记的是同单位运动员。

③ 检查每组中是否有同一单位的运动员。如果发现同一单位的运动员分配到了同一组，则尽可能将同一单位的运动员调到不同的组中。

调整运动员时，应按“就近就差”的原则，选择同单位中，成绩较差的运动员，与相邻的组别中位置最近的运动员对调。在本例中，7 号运动员和 15 号运动员为同单位运动员，由于 15 号运动员的报名成绩低于 7 号运动员，因此将 15 号运动员同 A 组同列的 16 号运动员对调，变为表 4 -2 -2。

表 4 -2 -2　运动员对调分组

A 组（7 人）	1 *	8	9	15 *	17	24	25	
B 组（7 人）	2	7 *	10	16	18	23	26	
C 组（7 人）	3	6	11	14	19	22	27	
D 组（8 人）	4	5	12	13	20	21	28	29

如果 A 组 1 号运动员也是同一单位的运动员，则考虑将 15 号运动员同 C 组的 14 号运动员对调。

④ 按照随机原则，进行组次抽签，排出各组的比赛顺序。

⑤ 按照随机原则，进行道次抽签，排出各组中每个运动员的比赛道次。

1500 米及以上距离的不分道项目的分组排列形式及调整同单位运动员方法与短跑相同。分好组后，由技术代表或其指定人，随机抽签决定起跑位置顺序（从里道向外排列）。

抽签后，立即填入竞赛分组表并录入计算机系统。（表 4 -2 -3）

表4-2-3　抽签分组方法

道次	一	二	三	四	五	六	七	八
第一组（C组）	14	11	3	27	6	22	19	
第二组（D组）	20	12	5	21	29	28	13	4
第三组（B组）	16	26	23	7	2	10	18	
第四组（A组）	8	17	1	15	24	25	9	

（2）后继赛次的编排

① 上一赛次的比赛结束后，录取下一赛次的运动员。按规则所规定的该项次录取方法，按上一赛次的名次录取运动员，录取的顺序是：

最快的第一名；次快的第一名；第三快的第一名……

所有的第一名录取后，录取最快的第二名；次快的第二名；第三快的第二名……

所有的第二名录取后，录取最快的第三名；次快的第三名；第三快的第三名……

按名次录取完之后，在剩下的运动员中录取按成绩递补的运动员：成绩最快的运动员；成绩次快的运动员；成绩第三快的运动员……

直至后继赛次的所有运动员全部录取完毕。

② 后继赛次的蛇形排列分组。

(a) 100米至400米、4×400米及以下距离的接力项目，按照先名次、后成绩递补的方式（与录取的顺序相同）排序，然后进行蛇形排列分组。

(b) 800米及800米以上距离的项目，继续按运动员报名成绩进行蛇形排列分组。如果在上一赛次某运动员的成绩高于他/她自己的报名成绩，则蛇形排列时应使用该运动员上一赛次的比赛成绩。

③ 按照预赛的第三步和第四步，调整同组同单位的运动员，再按照随机原则，进行组别抽签，排出各组的比赛顺序。

④ 800米及以下距离的分道项目，分两次抽取各组运动员的比赛道次：每组列前的4名运动员抽取第三、第四、第五、第六跑道。

每组的第五、第六名运动员抽取第七、第八跑道；每组的第七、第八名运动员抽取第一、第二跑道。

表4-2-4　A/B组

抽取道次	3、4、5、6道				7、8道		1、2道	
A组	Q1	Q4	Q5	Q8	Q9	Q12	q1	q4
B组	Q2	Q3	Q6	Q7	Q10	Q11	q2	q3

注：Q1～Q12为按名次录取的运动员；q1～q4为按成绩递补的运动员。

1500米及以上距离的不分道项目，一次性随机抽签决定起跑位置顺序。抽签后，立即填入竞赛分组表并录入计算机系统。

（3）及格赛的编排

当参赛人数较多（一般超过18人）时，需要举行及格赛。一般情况下，及格赛尽量只安排一组。当人数较多，且确有必要时，可用随机方式分为2个组。分组后进行检查，尽量将同一单位的运动员调整到不同的组中。

分组后，按照随机方式抽签决定每个运动员试跳或试掷顺序。

抽取试跳或试掷顺序后进行检查，如果同单位运动员处于相邻位置，尽量将其调整到不相邻的位置上。抽签后，立即填入竞赛分组表，并录入计算机系统。

（4）决赛的编排

① 无及格赛的直接决赛

无及格赛而直接决赛的编排，按及格赛的编排方法，随机抽签决定每个运动员试跳或试掷顺序。

② 有及格赛的决赛

录取所有达到及格标准的运动员。如果达到及格标准的运动员人数不足决赛的数量，则在未达标的运动员中，选择成绩最好的运动员补满决赛名额。如果录取的最后一个名额的成绩相等，只要条件许可，尽量使这些运动员均进入下一个赛次。如果条件不允许，则抽签决定最后一个名额的运动员。

按及格赛的编排方法，随机抽签决定每个运动员试跳或试掷顺序。抽签后，立即填写竞赛分组表，并录入计算机系统。

（5）全能项目的径赛分组、分道和田赛顺序编排方法

它和径赛、田赛单项的方法相同。只是最后一项径赛，应根据前几项积分的排名进行分组，将最差的一组运动员排为第一组，以此类推，将最差的一组运动员排为最后一组，然后再抽签排定道次。全能最后一项比赛的分组分道，可由全能组裁判现场编排，然后将分组分道结果迅速通知编排裁判和计算机操作员，调整计算机

系统的数据。

全能的每一个单项，均应单独进行抽签，不能用一次抽签结果编排所有的单项。

在分日确认参赛情况下，当天的比赛结束后，应在第二天的编排中，先删除已经失去继续比赛资格的全能运动员，再进行分组分道和排序。

10. 准备技术会议相关文件，参加技术会议

打印技术代表提供的相关文件、运动员参赛确认表等。

11. 接收运动员参赛确认表

参赛确认表应以队为单位，第一天的确认，在技术会上完成。以后几天，分日填好每个运动员在当天比赛的项目，分别在比赛的前一天按规定时间交竞赛秘书。参赛确认表必须有各队负责官员、执行教练员的签名和具体时间。

12. 各项目抽签分组、分道、排序

统计各项目运动员确认后的参赛人数，按照规则中分组、分道和排序的方法和要求，请技术代表或其指定的代理人，抽当日所有径赛第一轮及直接决赛的组次、各组运动员的道次和田赛及格赛、直接决赛的比赛顺序。

13. 与技术代表一起调整确定竞赛日程表，编制发放分秩序册

14. 打印径赛检录表和田赛成绩记录表

每单元的分组、分道、排序工作完成后，应立即打印径赛检录表和田赛成绩记录表。

15. 编制比赛所需的其他表格、文件

为其他各裁判组提供需要的表格、文件等。

16. 制作本裁判组工作用表

印制比赛成绩接收统计表，成绩公告发送统计表，竞赛文档收编记录存查表，接力棒次表，接收统计表，运动员成绩证明发放统计表等。

17. 检查计算机系统的数据

比赛的前一天，必须与计算机组人员一同，逐项审核第二天比赛的所有数据，如发现错误或遗漏，必须在比赛的前 1 天完成修改和补充。

18. 督促计算机人员做好数据备份

编排好的比赛数据应至少有 2 个备份，竞赛秘书处应保留 1 份完整的数据备份。

19. 学习规则和规程

认真学习规则和比赛规程的相关条款。重点了解每单元比赛时间、预计人数、组别、项目、赛次、录取办法等有关情况。

20. 裁判实习

准备实习用径赛、田赛检录单，提供各裁判组所需比赛用表，与各裁判组保持密切联系，按总体要求完成联调。

21. 制定应急预案

对比赛中可能出现的问题，要有应对的预案，以便能及时解决问题，使得比赛更加顺畅，对比赛中各单位提出的有关竞赛秘书的疑问，应有专人在技术代表的参与下进行符合规则和规程的解释说明。

22. 工作细则调整与完善

根据实习中出现的情况，结合竞赛秘书处的工作，不断调整、完善裁判组工作细则，以使正式比赛工作更加有序、高效、流畅。

五、赛中编排工作及应注意事项

1. 临场编排工作

在径赛项目中，凡第一轮和分组决赛的分组，均已编入秩序册，而后续赛次的组、道次需在临场编排。因此负者临场编排的裁判员，在获取各赛次比赛成绩后，应立即编排出下一赛次的径赛分组表，编排原则和方法同前。排列与录取名次，依据竞赛规程和田径规则的规定办理。

2. 竞赛成绩审核

（1）成绩的记录是否有误。

（2）是否有破纪录的成绩。如果发现有破纪录成绩，则立即通知主裁判和记录统计员、团体总分统计员。

（3）没有完成比赛运动员的判罚标志是否齐全。在成绩记录中，每一个运动员都应该有记录，不能留下空白。

（4）名次编排是否正确，特别是高度项目中，成绩相等的名次排列是否符合规则要求。

（5）短距离项目和田赛远度项目是否填写了风速。远度项目的每一次试跳均应记录风速。

（6）成绩记录员、该项主裁判、分管裁判长和技术官员的签字是否齐全等录取和分组的方法。

3. 竞赛成绩公告

（1）径赛每项第一轮和后续轮次后、田赛每项及格赛后，将成绩公告表印发给宣告员、成绩公告员、秩序册汇编员。

(2) 径赛和田赛的每项决赛后填写“男/女单项记录表”并印发决赛成绩公告表，发给宣告员、成绩公告员、秩序册汇编员、颁奖组、总分统计员、赛后控制中心。

(3) 全能项目的每个单项比赛结束后，应填写“全能成绩记录表”并及时公告。

(4) 出现创纪录成绩时，应立即增发“创纪录”成绩公告。

(5) 上述各成绩公告表，要发给有关领导和大会新闻中心。

(6) 编印每日成绩册，及时发给各参赛单位。

4. 统计记录、奖牌、总分

(1) 填写男、女创、超、平田径纪录报告表和破纪录统计表。

(2) 填写单位（男、女）奖牌统计。

(3) 填写男、女团体总分表。

将上述各项表格贴在公告栏上，供各参赛单位随时了解、核对有关情况。

六、赛后的编排工作

1. 汇编总成绩册，并及时印发给各参赛单位及有关部门。

2. 为创纪录和达到运动员技术等级标准的运动员出具成绩证明。

3. 整理文件资料交主办单位存档。

4. 进行工作总结，完善各种手续。

七、编排记录公告组工作的重点和难点

1. 重 点

(1) 竞赛编排必须熟练地掌握规则中有关原则和运作方法，严格遵照规则条款确认参赛运动员人数，在技术代表或其委托人参与下按规定安排赛次，编排日程和时间流程及运动员的分组、分道、排序，包括后继赛次的录取办法和原则，具体的时间安排等，并尽快形成文件下发各队，以利于运动员能了解比赛日程和自己参赛项目的情况及所在组、道、顺序及比赛具体时间。

(2) 成绩公告必须在掌握规则、条款和办法下，严格按规则和规程中有关要求，将每项、每组运动员的比赛成绩信息进行统计，按规定将取得名次和有资格进入下一轮次的运动员名单、分组、分道顺序及比赛时间及时公告，通知到所有有关

的运动员、裁判员、官员，以及展示、兴奋剂检测、新闻中心、颁奖组等有关部门，整个比赛结束应认真准确统计各项成绩、奖牌、超创纪录、运动健将、团体总分等，汇总编制总成绩册，并及时报组委会，以备闭幕式宣布成绩，并尽快将总成绩册印制下发。

2. 难　点

（1）如确认后应尽快编制分秩序册，以便各队尽快拿到，否则将影响比赛。各项各组比赛结束后应尽快统计公告成绩，录取编制下一轮次运动员的分组、分道及比赛顺序，并尽快宣告。整个比赛结束后要尽快汇总统计成绩，以便及时宣布团体总分。

（2）编排工作时的仔细性。田径比赛工作繁杂、环节多多、信息量大，稍有不慎就会出现差错，故仔细性也是首要注意之点，也是编排工作的重点之一。

第三节　技术信息中心

技术信息中心（TIC）应位于比赛主场地与训练场地之间。运动信息中心（SIC）位于运动员驻地（运动员村）内，其工作性质同属技术信息中心。在技术信息中心和运动信息中心内设有若干信息台，并为每个代表团各设置一个信息箱。各代表团可凭特别通行证从信息箱中及时获取各种相关的比赛信息和资料。技术信息中心的开放时间为每天比赛前60分钟开放，至每天比赛结束后40分钟关闭。仅限持有特别通行证的人可进入技术信息中心。

技术信息中心的主要任务。

1. 确保各代表团与组委会、国际技术代表和竞赛管理部门之间保持通畅的联络。比赛期间准确无误地接收和传递各种比赛信息。

2. 接收各代表团每日参赛运动员的参赛确认表和接力棒次表。

3. 发放运动员比赛成绩证明及运动员等级申请表。

4. 发放和接收申诉书并及时上报仲裁委员会，并将仲裁结果及时通知相关代表团。

5. 特别通行证（信息中心、教练员席、全能比赛陪同证）。

6. 打印国家纪录终点摄像图片和发放国际田联兴奋剂检测表。

7. 解答与比赛相关的各种问题，确保比赛顺利、有序地进行。

第四节　分工及职责

一、分　工

1. 主裁判 2 人。

2. 裁判员共 6 ~ 8 人。

二、职　责

1. 主裁判

（1）全面领导技术信息中心的各项工作，制定工作流程，明确人员分工。

（2）赛前领导全体裁判员和志愿者学习各种相关文件，熟悉工作流程。

（3）负责与相关部门和裁判组的协调和沟通，确定获取信息的途径和方法。

（4）确保各种信息准确地传递，保证各种信息通顺、流畅。

（5）认真学习竞赛指南和相关资料，全面了解各种竞赛事宜，简明、准确地解答各种相关问题。

2. 裁判员

（1）在主裁判的领导下认真学习竞赛规则、规程及大会有关文件。

（2）认真完成岗位职责规定的各项工作。

（3）及时、准确地收集各种竞赛信息和传递信息。

（4）全面了解各种竞赛事宜，准确解答相关问题。

（5）签收和发送各种文件、资料及各项表格。

（6）对工作中出现的各种问题及时向主裁判反映，并及时加以纠正。

第五节　工作方法

一、赛　前

1. 在主裁判的领导下认真学习竞赛规则、规程、竞赛指南和各种相关文件，明确各项工作职责。

2. 认真学习工作细则，熟悉工作流程和工作方法，了解田径各项目的比赛概况。

3. 做好赛前的各项准备工作，了解各相关部门的位置，确定联系路线和方法，布置工作室，绘制比赛所需要的各种表格，领取所需物品等。

4. 认真进行赛前联调，保证比赛期间各联系渠道的协调和畅通。

5. 统一工作口径和方法，特别对不易解决的问题要加以重视和研究，并确定具体的对策和处理方法。

二、赛　中

1. 主裁判赛前60分钟到达工作地点，接收与赛事有关的材料和信息。

2. 所有裁判员赛前45分钟到岗，做好各项准备工作。

3. 向各参赛单位和有关部门及时分发各比赛单元的有关文件和技术信息（每日秩序册和成绩册），并认真做好签发登记。

4. 及时浏览网上公布的比赛信息，尽可能早地掌握比赛进程、成绩公布和有关信息发布内容等。定时与有关部门联系，了解各种比赛信息。

5. 做好各种咨询的答复，答复时要做到耐心细致、热情周到，必要时进行记录。对不易解决或当时难以答复的问题要及时请示后再给予回复。重要问题要立即上报相关领导。

6. 及时将比赛成绩单张贴在技术信息中心外的公告栏内。

7. 对不同态度的咨询者要保证做到不急不躁、礼貌相待。

8. 及时签收各参赛单位应上报的各种表格，如按规定时间接收运动员参赛确认表和接力棒次表等，并对其中的文字、号码和教练员签字等内容进行认真检查核实。

9. 对申诉材料及申诉费进行签收登记，详细记录收到的时间、金额数量，无误后请有关申诉人签字确认、盖章并复印，该复印件交申诉人留存，以作为申诉时间和已交申诉费的凭证，必要时可将另一复印件副本存放在技术信息中心相关的信息箱中存档。同时将原件立即送交仲裁委员会，待仲裁结果出来后及时返还到相关代表团。

10. 技术信息中心要与运动信息中心的各信息台保持密切联系，并将每单元的比赛顺序和成绩及时通知运动信息中心的信息台。对所出现的问题要相互交流、及时解决。

三、赛　后

1. 认真做好每个比赛单元的工作小节，不断总结经验，及时调整工作进程，提高工作效率和质量。

2. 全部比赛结束后认真做好书面工作总结，并上交相关领导。

3. 认真清理各种资料和剩余文件。

4. 整理和归还各种物品。

第六节　工作要求

1. 所有上岗裁判员，要以高度的责任感和高水平的工作质量，尽心尽力地完成本职工作。

2. 所有裁判员必须熟悉竞赛规则、规程、竞赛指南和各国国旗及国家缩写。

3. 在国际比赛中，裁判员至少能够熟练地掌握一门外语，并能与外国的官员、教练员和运动员进行语言交流。

4. 在工作中服装整洁，仪表大方，精神饱满，服务热情。

5. 所有裁判员上岗时必须按照组委会的要求正确地佩戴各种裁判标志。

第七节　所需物品

竞赛秘书裁判所需物品见表4-7-1。

表4-7-1　竞赛秘书裁判所需物品

物品	数量	物品	数量
多层分格档案橱	8~10个	文件夹	10~12个
长方桌	16~18张	胶水、胶带、曲别针、大头针	若干
椅子	40把	记录本	10~12本
计算机终端、打印机、复印机	各1台	圆珠笔、签字笔、铅笔、橡皮、铅笔刀	若干
移动公告栏	4个	饮水机	1台
订书机	4个	垃圾桶	4个
		扫帚、簸箕、拖把	各1个

第八节　工作流程图

竞赛秘书裁判工作流程见图 4 －8 －1。

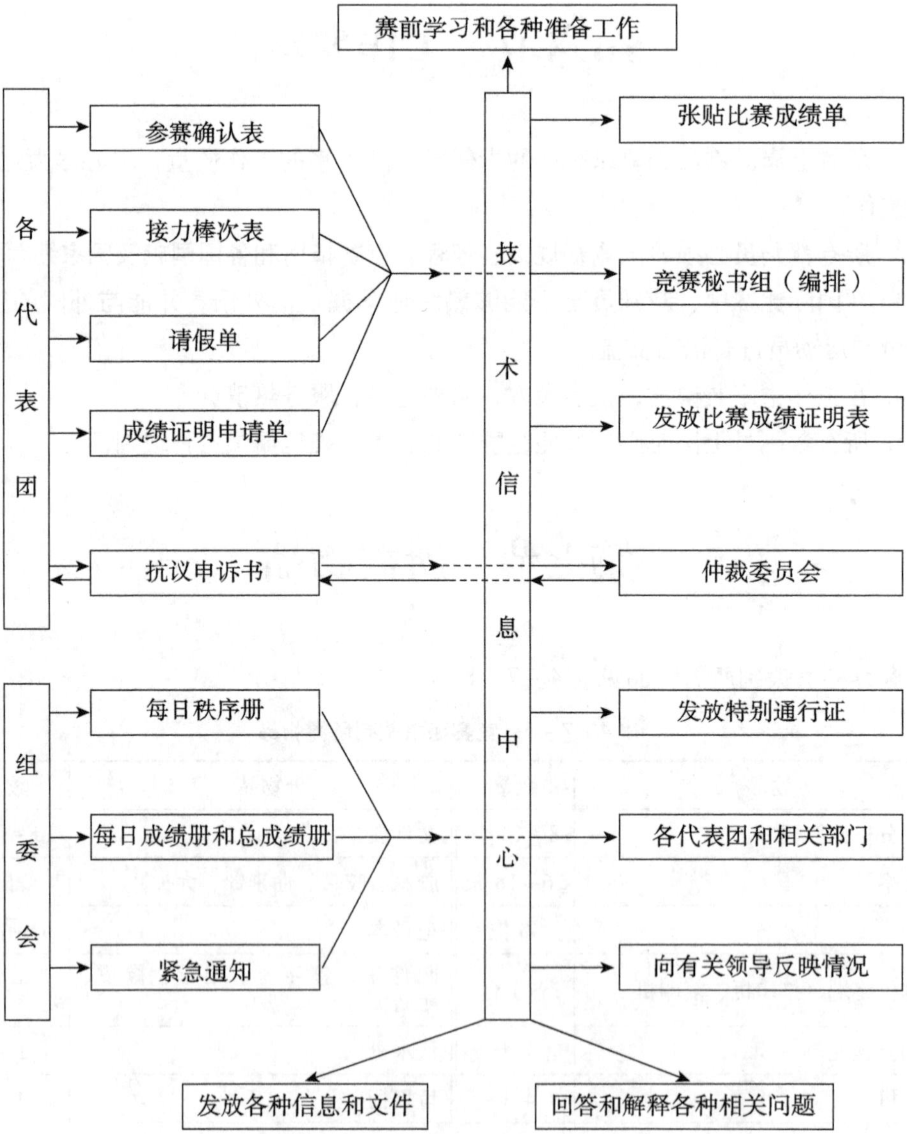

图 4 －8 －1　竞赛秘书裁判工作流程

第五章　场地器材

第一节　任　务

1. 根据田径规则对各项竞赛场地与器材的要求，于比赛前布置好场地，安排并检查器材，使之符合国际标准。

2. 安排赛前训练和准备活动的场地和器材，为运动员创造好成绩提供条件。

3. 场地布局合理，器材安放整齐，能烘托出赛场气氛。

4. 赛后及时回收器材，及时清理、保养，以便再次使用。

第二节　分工及职责

一、主裁判 1 ~ 2 人

1. 统管场地器材组的全部工作。

2. 充分调动本组人员的工作积极性、主动性和创造性，发挥主人翁的精神，保证各项工作的顺利进行。

3. 协调与各裁判组之间的工作。

4. 制订工作进程计划，确定工作目标，决定最佳实施方案。

5. 掌握场地器材组在赛前、赛中及赛后的全部工作进程，协调各环节，实行有效指挥。

6. 对临场发生的问题进行决策处理，若本人不能决定时，则立即汇报竞委会和有关部门。

二、裁判员20人，辅助裁判员28～54名

1. 协助主裁判以及各裁判组的协调工作，并负责外场裁判工作，2人。
2. 负责径赛项目的场地、器材和设备，4人。辅助裁判员16～32名。
3. 负责跳跃项目的场地、器材和设备，3人。辅助裁判员6名。
4. 负责投掷项目的场地、器材和设备，3人。辅助裁判员6名。
5. 负责外场比赛项目的场地、器材和设备，2人。辅助裁判员6名。
6. 器材设备保管组工作，6人。辅助裁判员4名。

第三节　工作方法

一、赛　前

1. 整理、检查、测量场地是否符合规则的要求。绘制田径场地平面图。

2. 制订各单元工作进程计划和实施细则，明确人员分工与工作要求。制定各种图表。

3. 检查场地布置及所需器材。根据规则的要求检查器材、设备，提供合格器材清单。

4. 按各裁判组主裁判赛前提交的所需器材、辅助器材和用品清单，逐项检查、造表登记、按组分类放好。保证供应，留有余地。准备接受有关裁判组的检查。

5. 利用裁判实习，在实际运用中进一步检查各类器材的数量和质量。如果不足，立即购置。

6. 比赛前三天将各种器材准备检查完毕登记造册，贴上标签，比赛使用器材封存，并报告总裁判长。

7. 运动员的自备器材由大会派人接收，场地器材裁判组协助并做好检测工作。

8. 做好各裁判工作试运转实习演练，以及运动员熟悉场地进行练习时所需器材的保证工作。

二、赛　中

1. 根据单元比赛秩序和时间，提前制订实施方案。田赛项目于比赛前 90 分钟布置好所有场地和设备，将各种器材运到比赛场地，要求符合国际田联手册的规定，而且整齐、美观。

2. 田赛项目比赛结束后，立即将器材收回仓库，按预定位置码放整齐。如果还需使用，要重新检查并贴上“合格”标记。

3. 径赛项目的器材，每个单元第一项径赛提前 1 小时准备到位。之后进行的径赛项目和各赛次，在前一个项目比赛完毕后，立即布置，由负责径赛项目的裁判组协同场地工作人员完成。比赛结束立即送回器材库。

4. 外场项目的器材和设备，由负责外场的裁判组协助场地器材工作人员在比赛前 1 小时全部布置完毕。比赛结束后，要及时撤回，运回器材库。

5. 长跑和竞走比赛时负责饮水站工作。

6. 对已用过的器材与设备要及时撤下来，检查、擦拭和维修，损坏的要补齐。

三、赛　后

1. 在主裁判领导下，各单元比赛后进行小结，改进工作。

2. 大会结束后进行本组的工作总结，并写成书面材料交总裁判长。

3. 分门别类清点各项器材和设备，使之归还原位，清点损失情况，并进行造册登记。

4. 归还借用器材和设备。

5. 自备器材由运动员凭收据领回。

第四节　工作要求

1. 思想重视，认真学习规则、规程，熟练掌握检测和仪器使用方法。

2. 统一要求、统一方法，遇事请示汇报。

3. 责任到人，加强岗位责任制，不擅自离岗。

4. 各裁判组根据大会比赛日程，精心制定各单元详细的时间表，做到忙而不乱，有秩序地完成各项任务。

5. 严守纪律，工作认真。积极主动，做到热情、及时、快速、准确，满足各裁判组提出的要求，确保比赛顺利、圆满地进行。

6. 加强团结，互相支持协作，相互学习，多提意见多补台，不断改进工作，提高工作效率。

第五节　场地器材组单元工作计划

根据竞赛日程的安排，场地器材组应按比赛单元编制工作计划，落实到各相应的小组，严格按计划时间执行。

第六节　田径项目场地和器材、器械的布置

一、田径场地

（一）标准半圆式田径场

国际田联《田径场地设施标准手册》规定标准半圆式田径场跑道全长为400米，由两个直道和两个弯道组成，弯道半径为35~38米是适宜的，目前使用较多的田径场地有以下几种。

1. 内突沿半径为36米的田径场

一分道计算半径为36.30米，一分道一个弯道计算线长114.04米，2个弯道计算线长为228.08米。一个直段长为85.96米，两个直段长为171.92米，一分道一圈计算线长度为400米。

2. 内突沿设计半径为37.898米的田径场

一分道计算半径为38.198米，一分道一个弯道计算线长为120米，2个弯道计算线长为240米。一个直段为80米，两个直段长为160米，一分道一圈计算线长度为400米。设计始于第24届奥运会韩国汉城（现首尔）田径场。

3. 内突沿设计半径为36.50米的田径场

一分道计算半径为36.80米，一分道一个弯道计算线长为115.61米，2个弯道计算线长为231.22米。一个直段为84.39米，两个直段长为168.78米，一分道一

圈计算线长度为400米。

4. 径赛跑道的宽度

径赛跑道宽9.76~10.00米（八条分道），每条分道宽1.22米（包括右侧分道线），分道线宽5厘米，所有分道宽应相同。跑道内侧应用合适材料制成的突沿加以分界，突沿高约5厘米，最小宽度5厘米。

5. 跑道的倾斜度

跑道的左右倾斜度最大不得超过百分之一（1∶100），向跑进方向总的倾斜度不得超过千分之一（1∶1000）。

6. 障碍赛跑道

障碍跑水池段在跑道内突沿内侧（半径36米、36.50米）或跑道外突沿外侧（半径37.898米、36.50米）均可，最好设在跑道外突沿外侧，但占地面积较大。

国际田联建议所有新建的跑道的半径最好是36.5米的，并被称为“400米标准跑道”。

（二）田径运动场地的基本结构

一个标准的田径场一般由外场、中场及内场三部分组成。

外场：径赛跑道外侧余地所占有的空间。一个大型田径运动场地在此部分要建筑看台或其他有关设施，它的大小是根据空地面积与设计要求来决定的。如一个仅供教学和训练的田径场外场仅占几米，而标准田径场四周要留有几十米的空间，跳远和三级跳远场地可修建在跑道外侧的直道空地上。

中场：径赛跑道所占有的空间。一个标准田径场一般要设8~10条分道，每条分道宽1.22米。

内场：供田赛或球类比赛使用的部分。一个标准的田径场内场，可修建一个标准的足球场。

标准半圆式400米田径场的跑道是有两个180度的半圆（弯道）和两个直段组成，半圆式田径场地有关名词说明如下。

1. 中轴线

此线也称中线，它把场地等分为东西两部分，在绘图和修建场地时必须以这条线为基线。

2. 圆　心

圆心在中轴线上。南北两端的弯道各有一个圆心，它是弯道内、外突沿和各条分道的圆心。

3. 内突沿、外突沿

内突沿与外突沿是跑道的内边与外边。田径规则规定内、外突沿的宽度均为5厘米，它们的宽度都不计入跑道的宽度之内。现在大多数塑胶跑道都没有外突沿。

4. 直、曲段分界线

直、曲段分界线把跑道的直段与曲段（弯道）分开，这两条线与场地的纵轴线垂直，相交于圆心。通常把终点线处的直、曲段分界线叫第一直曲段分界线，或称第一分界线；其余的直、曲段分界线，按逆时针方向排列，依次为第二、第三和第四直曲段分界线。这四条分界线作为测量跑道的基准线，应在跑道上用明显的标记标出它们的位置。通常把第一直曲段分界线前面的弯道叫作第一弯道，第三直曲段分界线前面的弯道叫作第二弯道。

5. 直段、直道

直段是第一、第二弯道之间的跑道，直道是直段和直段两端延长部分的总称。

6. 跑道宽、分道宽

跑道宽是指内突沿与外突沿之间的宽度，也称跑道总宽。分道宽是指各条分道的宽度。

7. 分道线

分道线宽5厘米，分别把跑道分为各条分道。分道线计算在内侧跑道的宽度之内，例如第一、第二道的分道线包括在第一分道宽度内。

8. 计算线

计算线只供计算跑道周长使用，故称计算线。跑道上看不到计算线。田径竞赛规则规定，第一条分道的计算线距跑道内突沿的外沿0.30米，第二至第八道的计算线距内侧分道线外沿0.20米。由于赛跑时运动员一般在这条未画出的线上跑，所以计算线也称实跑线。

400米标准跑道的优势在于建造简单，具有几乎相同长度的直道和弯道以及标准曲率，可最大限度地适应于运动员的跑步节奏。另外，跑道内可容纳所有的投掷项目，也可包括一个标准足球场（68米×105米）。

400米标准跑道包括了2个半径分别为36.50米的半圆和与之相连接的长度为84.39米的两个直段。跑道内边有一个高约为0.05米、宽至少为0.05米的突沿。（图5-6-1）

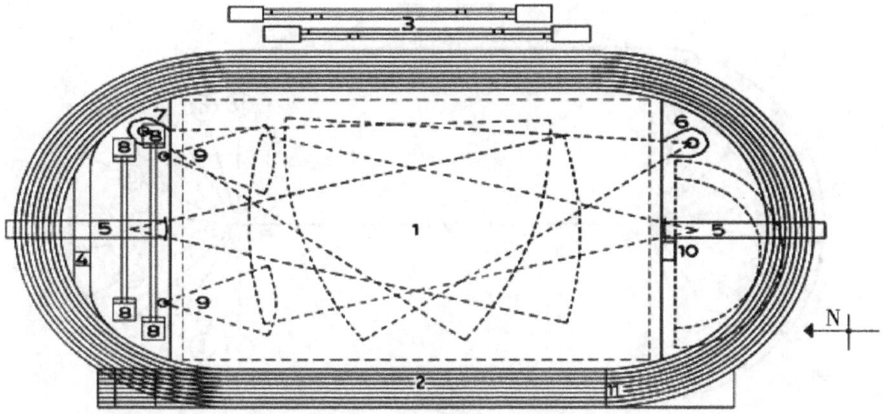

图 5－6－1　400 米标准跑道的布局

跑道内沿长度为 398. 12 米（36. 50 米 ×2 ×3. 1416 +84. 39 米 ×2），按跑道内突沿的外沿向外 0. 30 米处理论上的跑进路线（测量线）计算，长度为 400. 00 米（36. 80 米 ×2 ×3. 1416 +84. 39 米 ×2）。因此，内道（第一道）按理论上的跑进路线计算，长度为 400. 00 米（允许误差为 ±4 厘米，即应不少于 400. 00 米和不超过 400. 04 米）。其他跑道用距内侧分道线的外沿向外 0. 20 米处丈量理论跑进线。所有的分道宽为 1. 22 米 ±0. 01 米。

（三）跑道的精确丈量

对所有级别比赛精确的丈量要求是：下列确定值要达到内突沿外沿上的“28 个控制数”。（图 5－6－2）

●2 个直段分别为 84. 39 米 ±0. 005 米（2 个读数）。

●每一个半圆（包括突沿）弦上相距 10. 42 米的 12 个点为 36. 50 米 ±0. 005 米（24 个读数）。

●2 个直段区域内突沿的定线：偏差不超过 0. 01 米（2 个读数）。

必须执行 28 个点的控制测量并记录读数。偏差的平均值不超出 0. 04 米，也不能小于 0. 00 米。

这些控制读数是设计突沿布局和精确丈量 400 米标准跑道标记的基础。

如果其他 400 米椭圆形跑道需测量有关的直道和半径，也可用这些控制读数。

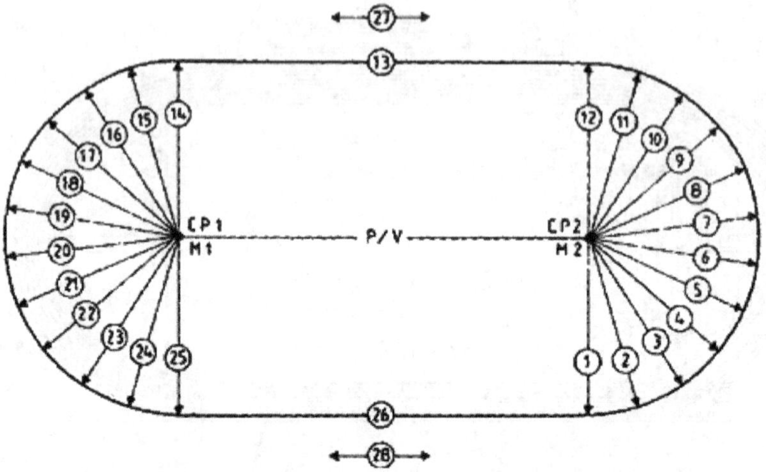

P/V = 先决条件：半圆圆心间距离（CP/M）：84.39 米（±0.005）

1～12 和 14～25 的测量结果：每一个都为 36.50 米（±0.005）

13 和 26 的测量结果：每一个都为 84.39 米（±0.005）

27 和 28 的测量结果：直道的定线（允许误差为 0.01 米）

图 5－6－2　400 米标准跑道的 28 个测量控制点

检查 1～12 和 14～27 与 28 个控制点记录的测量结果，必须是在相同的光线条件下跑道长度计算平均后，应不少于 400.00 米和不超过 400.04 米。

（四）径赛场地的画线标志

1. 分道跑，在直道上起跑的起跑线

直段、直道上的起跑线（包括栏架横木、接力区预跑线和前后沿的后缘）是从终点线靠近起点的一边（后沿），按项目的比赛距离到起点线远离终点的一边（后沿）丈量所得。应该与分道线（或外突沿）相垂直。

2. 分道跑，在弯道上起跑的起跑线（起点前伸数）

有弯道段落的分道比赛项目，由于终点线只有一条，而各比赛项目的距离都是以第一分道为基准的，其他各分道弧段与第一分道弧段长度各不相同，为使各分道运动员所跑的距离相等，其他分道起点比第一分道起点要前移一定距离，这就是起点前伸数。

分道跑的径赛项目，在弯道上的起跑线（包括栏架横木、接力区预跑线和前后沿的后缘）是以第一道起点线为基准，以各道相应的前伸数向前移动呈梯形位置，延长线必须通过圆心的梯形起跑线。

起点前伸数计算：

$$WX = m \cdot \pi \left[(n-1) \cdot d - 0.1 \right]$$

式中：W 为前伸数，m 为曲段数，d 为分道宽，n 为所处的道次。

这就是任意田径场地径赛项目前伸数的计算通用公式。由此公式可以计算出任意周长、任意分道宽和任意道次上的前伸数，同时可以看出前伸数与田径场地的内沿半径没有关系。

3. 部分分道跑，在弯道上起跑的起跑线（切入差与抢道线）

“800 米项目在第一个弯道末端的抢道线之前应为分道跑”“4×200 米接力和 4×400 米接力中，第一个整圈和第二圈的第一个弯道末端的抢道线之前应为分道跑”“在弯道结束处用一条 5 厘米宽的线横跨跑道做出标记（称为‘抢道标志线’），并在跑道两侧放置标志旗，表示运动员可以从此处离开各自的分道”。外道运动员往里道切入跑进就需多跑一定的距离，此多跑的距离叫切入差。

部分分道跑的径赛项目，各分道在弯道上的起点线，是以其跑过弯道数的正常前伸数加上对应的切入差，形成的梯形起跑线。

抢道标志线的画法，以前规则及有关文献上都将该线画成一条等半径的圆弧线。现根据对每位运动员所站的不同起跑位置的数学计算，发现运动员在弧线外侧起跑要比在内侧起跑少跑。按照竞赛规则，运动员必须在条件相同、机会均等的前提下比赛才是合理的。

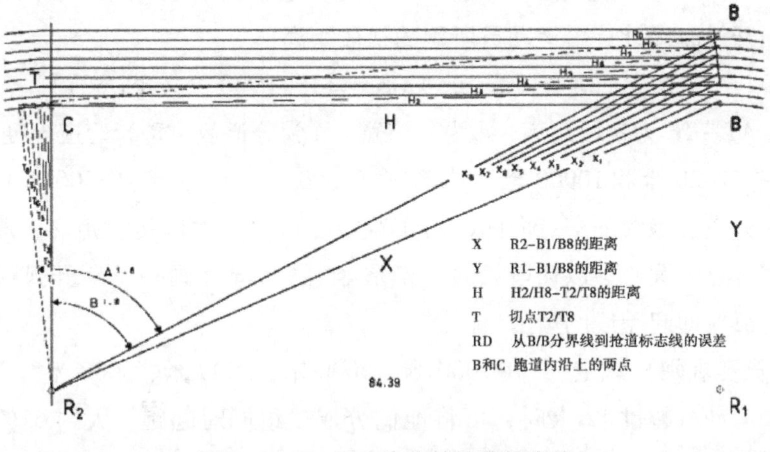

图 5-6-3　800 米跑的抢跑标志线

（取自《田径场地设施标准手册》图 2.2.1.6C）

《田径场地设施标准手册》，对 800 米抢道标志线画法的表述，已经由“圆弧线”改为“渐开弧线”（图5－6－3），与等半径圆弧线相比，运动员跑近距离的误差有了明显的减少，见表5－6－1。

表5－6－1　400米标准跑道的800米抢道标志线　　　　单位：米，度

道次	X R2～B	Y R1～B	A角	B角	A－B＝弧角	弧长	84.39＋弧长	斜边H	缩减
1	92.06	36.80	73.82	0	0	84.39	84.39	0	
2	92.5181	37.92	73.958	73.115	0.843	0.487	84.877	84.884	0.007
3	93.02	39.14	74.106	72.358	1.748	1.01	85.40	85.431	0.031
4	93.545	40.36	74.26	71.601	2.659	1.537	85.927	86.002	0.075
5	94.077	41.58	74.414	70.856	3.558	2.0567	86.447	86.581	0.134
6	94.623	42.80	74.569	70.118	4.451	2.573	86.963	87.174	0.211
7	95.18	44.02	74.728	69.389	5.339	3.086	87.476	87.778	0.302
8	95.75	45.24	74.886	68.672	6.214	3.592	87.982	88.396	0.414

注：取自《田径场地设施标准手册》表2.2.1.6b

4. 不分道跑的起跑线（渐开弧线）

800米以上的赛跑用曲线型（渐开弧）起跑线，不用分道。

（1）在弯道上起跑的起跑线：半圆式400米田径场的1000米、2000米、3000米、5000米和10000米跑的起点线都在弯道上。应根据场地内沿的半径和弯道的分道数，以渐开线原理计算出运动员所跑的初段距离：

AT－Tn＝π（R＋0.3）/180×arc COS［（R＋0.3）/（R＋nd）］

式中：AT－Tn为初段距离，d为分道宽，n为分道数，R为弯道半径。

从第一（2000米和10000米）或第三（1000米、3000米和5000米）直曲段分界线与第一分道实跑线的交点向前，沿实跑线在弯道上丈量初段距离，取得一固定点；以此固定点为圆心，以初段长为“渐展半径”，向外画一条渐开弧线与跑道外沿相接，此弧线即起跑线的后沿。

《田径竞赛规则》规定：“在1000米、2000米、3000米、5000米和10000米的比赛中，如运动员超过12人时，可将他们分成二组同时起跑。大约65%的运动员为第一组位于常规起跑线上，其余运动员为第二组，位于另一条画在外侧一半跑道上的弧形起跑线上。第二组运动员在外侧一半跑道上应跑至第一弯道末端。”而且，两组同时起跑的“所有运动员跑的距离相等”。根据这个规定，外侧一半跑道上的

弧形起跑线，同样应以第五分道的实跑线半径长和外侧弯道的分道数，用渐开线原理计算出第二组运动员所跑的初段距离；从第五分道 800 米起跑线与实跑线的交点向前，沿第五分道的实跑线在弯道上丈量初段距离，取得一固定点；以此固定点为圆心，以第二组的初段长为“渐展半径”，向外画一条渐开弧线与跑道外沿相接，此弧线即外侧一半起跑线的后沿。（图 5－6－4）

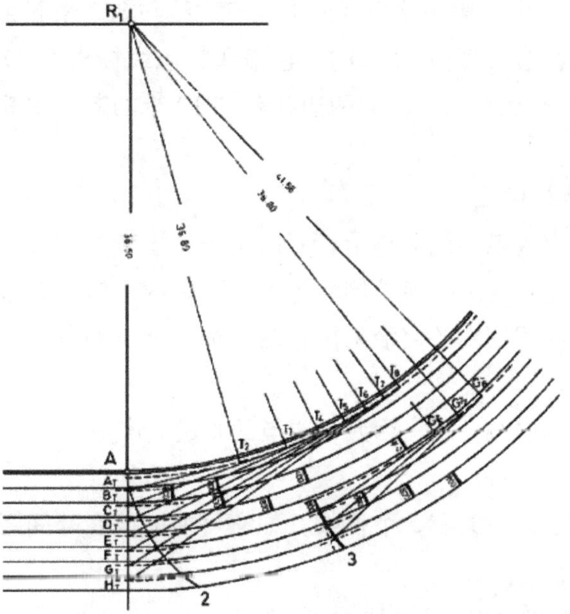

图 5－6－4　第一弯道上的起点与 2000 米和 10000 米分组起跑的标志

（取自《田径场地设施标准手册》图 2. 2. 1. 6b）

分组的弧形起跑线应该用标志使所有运动员能跑同样的距离。应将锥形物或其他明显的标志放置在外半部跑道的内侧线上直至直道的开始处，以用来提示外侧一组运动员什么地方被允许加入其他从常规起点起跑的运动员中。2000 米和 10000 米的这一点是与 800 米的抢道标志线重合的。

（2）在直道上起跑的起跑线：1500 米跑、2000 米障碍跑和 3000 米障碍跑等的起跑线，以前规则及有关文献上也与抢道标志线一样都是画成一条等半径的圆弧线。根据《田径场地设施标准手册》，对抢道标志线画法的表述改为“渐开弧线”画法，在直道上起跑的不分道跑项目的起跑线也应改为“渐开弧线”画法。因此，应该画成一条像弯道上起跑的起点线那样要求的渐开弧线，让所有运动员跑出的初段距离都相等。

5. 跨栏跑栏位与接力区

与分道跑在弯道上起跑的起跑线的计算相似，将弯道跨栏跑各栏架的位置及接力跑各接力区至终点的距离，计算出它们各自的前伸数。按栏架横木、接力区预跑线和前后沿的后缘，以各道相应的前伸数向前移动呈梯形位置，延长线必须通过圆心的梯形起跑线。

4×400 米接力跑中，第一接力区的中点标志线与 800 米起跑线相同。每个接力区都是以此中点向两边各延伸 10 米的蓝色箭头标志线标出的 20 米。第二和最后一个接力区应该以起/终点线为中心向两边各延伸 10 米的蓝色中断线做标记，并与终点线平行。

6. 障碍跑水池与栏位

水池建立在弯道内弧内侧的跑道，要以两个转换弧形跑道和一个转换直道与主跑道相连；水池建立在弯道外弧外侧的跑道，要以两个转换直道和一个转换弯道与主跑道相连。就不能用固定的突沿来做边沿，标准跑道的突沿将移放至水池跑道的转换开始与结束处。

水池跑道必须用白线标出，因此，跑道的丈量应该是在此线外沿向外 0.20 米的测量线上进行。

在障碍赛跑道上，一共有 5 个栏架，如有可能应放在等间距处，其中的一个是障碍水池的一部分。

（五）跑道画线的检测方法与步骤

1. 直接丈量方法

按有关的数据，用钢尺沿计算线直接丈量各种位置的方法。它不需要作复杂的换算，一般用于直段、直道上各种距离的丈量。

2. 经纬仪丈量方法

经纬仪丈量法是利用经纬仪来测量各条弯道上一定弧长的方法。测量时，用经纬仪测量弯道上一定弧长所对的角度，确定该弧长在弯道上所处的位置。这种方法的优点是计算简单，测量准确。但是受仪器精度的限制，操作时不如其他方法简便。这种方法画出的线准确，尤其是塑胶面层跑道的田径场，画线是一劳永逸的工作，为了保证画线的质量，必须用该方法。

由于经纬仪刻度盘读数是按顺时针方向排列，而且是以跑道两弯道的圆心轴线为背视 0 度的，而我们所测量的弧和角度是按逆时针方向计算的，所以要把所求角度数换算成测量角度。方法是用 270 度减去该计算角度数即可。

将经纬仪安放在弯道半径圆心 O 或 O′上，做好仪器的“对中”“整平”“对光”（即调整十字丝的清晰度）工作。固定水平度盘，调整好仪器，仪器平转到所测弯道弧长所对的测量角度。然后通过目镜挪动立在该分道线上的垂直标杆，使望远镜中的十字纵丝与标杆中心线相重合，这就是所需要的弯道弧长了。

为了保证测量准确，测量每一个角度均应进行“盘左观测”和“盘右观测”，若有误差，应取其平均值。

各分道宽和各条弯道上一定弧长所对的测量角度可列成表供使用，以免计算，该表可从有关田径场测画方法的书中查到。

3. 正弦丈量方法

正弦丈量方法又称直弦丈量法。它是根据各条分道弯道上各个位置之间的弧长所对的角度，运用正弦定理计算其所对应的弦长，以弦量弧的方法。

直弦丈量法的原理和计算方法比较简单，但是测量点过多，连续多次丈量，会造成较大的误差。实际测量时比较麻烦也不够准确。在分道线上丈量弦长时，钢尺（或皮尺）两端必须压在分道线外侧。当所测弦长过长时，钢尺（或皮尺）长度不够，还需要打接力，误差就更大了。因此，多是在曲段内突沿上，确定与基准点相对应的位置时采用此丈量方法。在实践中多采用放射式丈量法。

4. 余弦丈量方法

放射式丈量法属于余弦丈量法中的一种。它是由已知的基准点至圆心和由放射点至圆心的半径及其构成的夹角，利用余弦定理求出从基准点至放射点的放射线长度的一种丈量方法。这种方法是根据计算的结果，由某基准点向其他各分道做放射式丈量，比直弦丈量法省人力，功效高。它是目前绝大多数土质田径场地画线时及对塑胶面层跑道检测时采用的丈量方法。

用放射线进行丈量的方法也有多种，丈量时都把基准点选在跑道内沿，向各分道线做放射式丈量。目前常用的有固定基准点、相应基准点和移动基准点放射式丈量三种方法。我们建议采用固定基准点放射式丈量法为宜。

固定基准点就是基准点固定，如使用 4 个直曲段分界与内突沿的交点为基准点，利用余弦定理公式求出各固定基准点至弯道上各径赛项目位线的放射线长度。

这种方法的优点是：基准点固定且数量少，计算丈量简单方便且比较准确，省时省力，因而是较为普遍采用的丈量方法。但是，由于基准点少，由每个基准点引申出来的放射点就较多（包括了各种径赛的点位线），前后交错，容易造成紊乱。因此，在丈量前，必须熟悉各种径赛项目的要求，明确它们各自丈量的位线，以免出现丈量错误。

5. 检测的注意事项

(1) 各“放射线长度”所对应的角度均统一以“经纬仪量法”所计算的角度为准。

(2)“放射线长度”都是到“分道线”位置的长度，而不是到“实跑线”的长度，故丈量时，0 点一律是跑道内突沿外侧的固定基准点，止点则在各分道线的外侧。

第七节　田赛项目场地和器材、器械的布置

一、田赛场地的检测方法

(一) 跳跃场地的检测

1. 跳远、三级跳远场地的检测

助跑道从起点至起跳线的长度至多 45 米，助跑道宽 1.22 米 ±0.01 米。

落地区必须长 8 ~ 10 米，宽至少为 2.75 米。

起跳板的规格为 1.21 米 ~ 1.22 米 ×0.20 米（±0.02 米）×0.10 米（±0.01 米）。跳远起跳板应放在距落地区近端 3.00 米处，三级跳远的起跳板应安放在距落地区近端，男子为 13 米，女子为 11 米处。

2. 跳高场地的检测

半圆形助跑道的半径至少为 20 米，落地区应不小于 6 米 ×4 米。

3. 撑竿跳高场地的检测

跑道至少长 40 米，助跑道长度从零线开始丈量。助跑道宽 1.22 米 ±0.01 米。

插斗底部长度为 1 米，底部的宽度自后向前逐步变窄，后端为 0.60 米，至前壁底部为 0.15 米，插斗底部与前壁构成 105 度夹角，前壁长 0.224 米，插斗左右两壁向外倾斜，在靠近前壁处形成约 120 度夹角。

(二) 投掷场地的检测

1. 铅球场地的检测

圈内直径为 2.135 米 ±0.005 米。圈内地面比圈轮边低 0.014 ~ 0.026 米。圈箍

厚度至少0.006米，0.07～0.08米深。

落地区长度为25米。如果在离投掷圈圆心25米处，两条分界线的间距为15.00米，则表示获得了34.92度的扇形角。

2. 铁饼场地的检测

除投掷圈直径为2.50米±0.005米外，铅球投掷圈设施的内容都适用。

落地区长为80米，如果保持34.92度扇形角，则在离投掷圈圆心80米处，两条分界线间距48.00米。

3. 链球场地的检测

投掷圈直径为2.135米±0.005米，同铅球投掷圈设施的内容。

落地区长为90米，如果保持34.92度扇形角，则在离投掷圈圆心90米处，两条分界线间距54.00米。

4. 标枪场地的检测

助跑道长度为30～36.5米，助跑道由两条相距4米、宽0.05米的平行白线标出。

投掷弧宽0.07米，是一个圆心在助跑道中线上、半径为8米的朝投掷方向的圆弧，在助跑道标志线两侧外，垂直方向上延伸长0.75米、宽0.07米。

分界线在沿圆心与投掷弧和助跑道标志线交叉处的连线延长线上铺设。落地区长100米，在离起掷弧圆心100米处，两条分界线内沿连线长50米。

二、田赛场地的布置

（一）跳　高

跳高场地器材布置见图5－7－1。

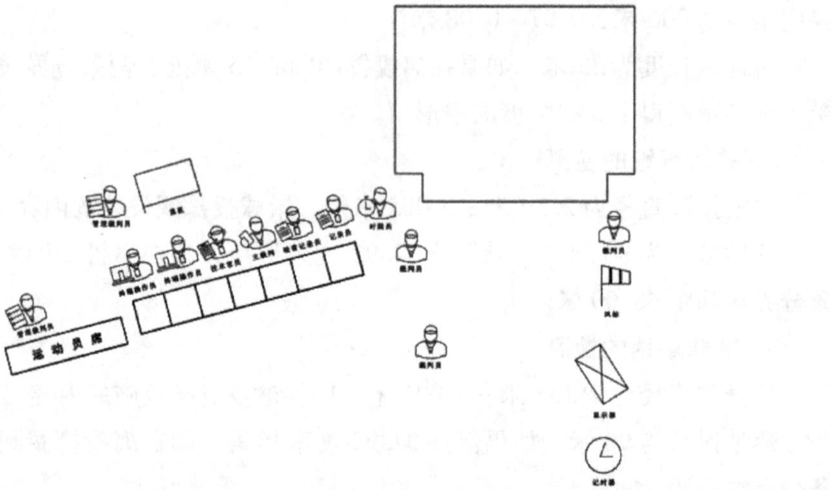

图 5 –7 –1　跳高场地器材布置

（二）撑竿跳高

撑竿跳高场地器材布置见图 5 –7 –2。

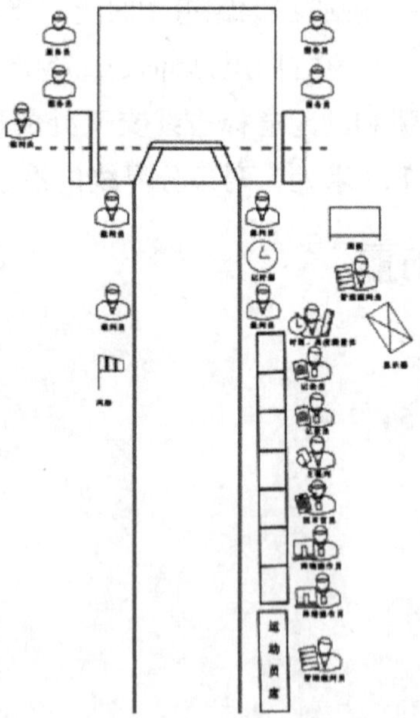

图 5 –7 –2　撑竿跳高场地器材布置

（三）跳远、三级跳远

跳远、三级跳远场地器材布置见图 5－7－3。

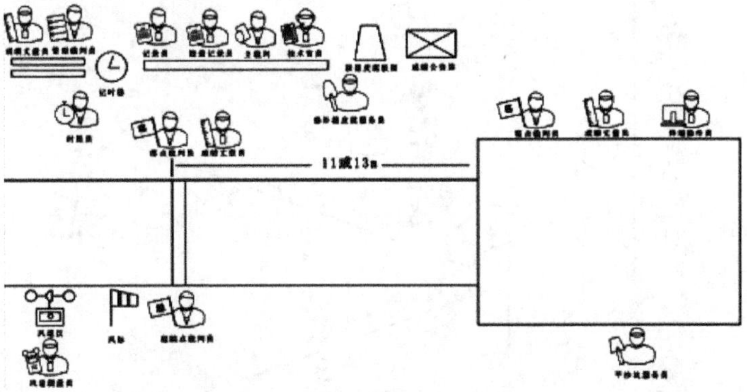

图 5－7－3　跳远、三级跳远场地器材布置

（四）铅　球

推铅球场地器材布置见图 5－7－4。

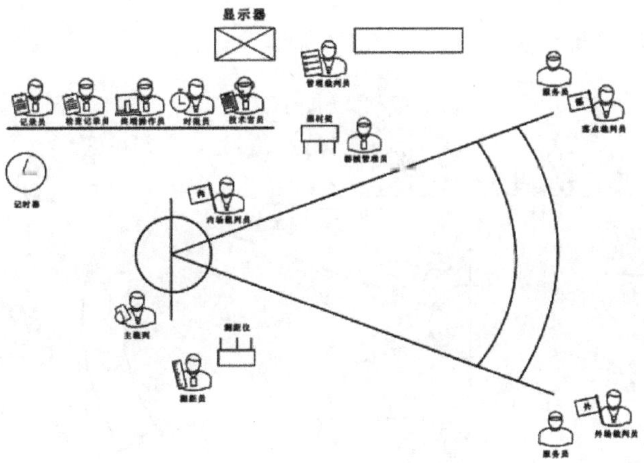

图 5－7－4　推铅球场地器材布置

（五）铁饼、链球

掷铁饼场地器材布置见图 5－7－5。

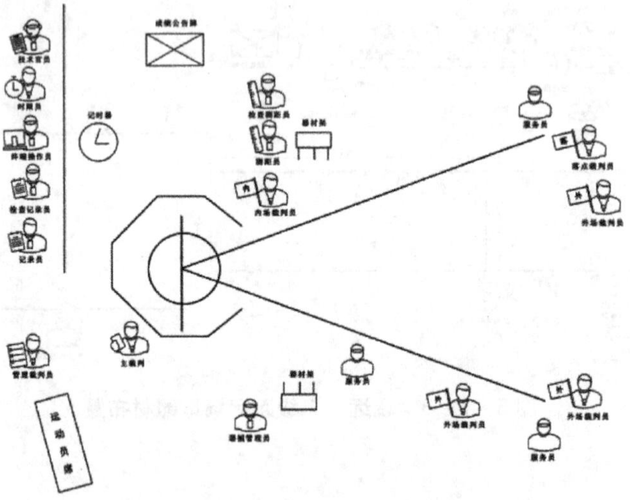

图 5－7－5　掷铁饼场地器材布置

掷链球场地器材布置见图 5－7－6。

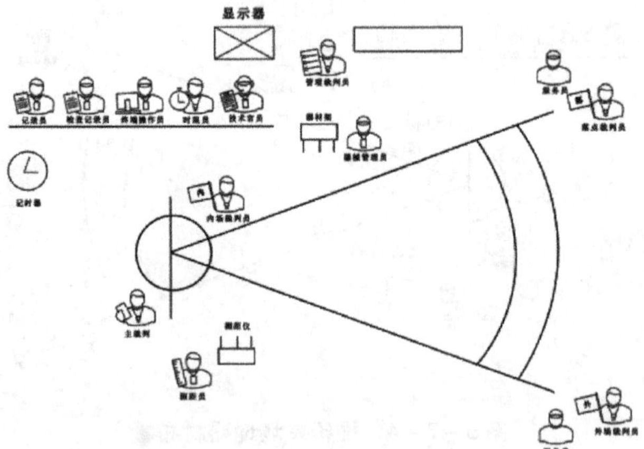

图 5－7－6　掷链球场地器材布置

（六）标　枪

掷标枪场地器材布置见图5－7－7。

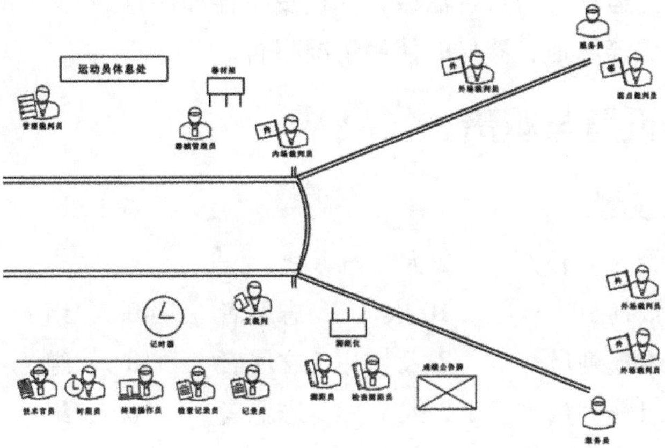

图5－7－7　掷标枪场地器材布置

第八节　外场比赛场地和器材、器械的布置

1. 根据比赛要求对场地进行布置，并按规定放置各种器械。

2. 赛前筹备比赛所需物品，检查比赛所需物品，熟悉比赛路线和物品摆放位置。并将比赛物品装车，装完后就地封存。

3. 开赛前将比赛所需物品器材如数送到比赛场地，比赛后将比赛物品如数运送回仓库。

第九节　场地器材组工作

一、任　务

1. 负责落实场地器材和辅助器材的运输，景观的设计和数量的确定。

2. 管理器材库房，负责各组申报的器材管理、准备、出借、运送和回收，确保所有器材的维护和安全。

3. 为比赛和训练时、场地和器材设备的使用提供服务。

4. 确保所有训练、比赛使用的器材完全符合 IAAF《田径竞赛规则》的规定。

5. 检查并标记运动员的自备器械，并负责封存和保管。

6. 提供每日比赛场地、器材的使用情况报告。

二、人员设置与职责

（一）人员设置

（1）技术主管（主裁判）	2 人		
（2）径赛组裁判员	10 人	志愿者	40 人/组
（3）田赛一组裁判员	2 人	志愿者	10 人/组
（4）田赛二组裁判员	2 人	志愿者	10 人/组
（5）热身场地组裁判员	2 人	志愿者	10 人/组
（6）器材组裁判员	4 人	志愿者	10 人/组

（二）职　责

1. 技术主管（主裁判）

领导本组工作，与其他有关组联系和协调，负责裁判员工作分工，以及制订详细工作计划，保证比赛的顺利进行。

（1）确保径赛项目的跑道和田赛项目的助跑道、投掷圈、投掷弧、扇形区、落地区，以及所有器材和器械符合规则。

（2）根据技术代表批准的比赛技术组织方案，放置、移动比赛器材和器械。

（3）保证比赛区域地的技术安排符合比赛技术组织方案。

（4）检查并标记所有按规则 187.2 允许使用的自备比赛器械。

（5）按照规则第 135 条，确保在比赛前拿到必要的比赛场地合格证书。

2. 径赛组裁判员

负责径赛项目比赛场地的器材与设施的运送与摆放。熟悉比赛中有关器材的摆放要求，按照比赛的规定时间摆放各类器材，保障比赛的顺利进行。

3. 田赛组裁判员

负责田赛项目比赛场地的器材与设施的运送与摆放。熟悉比赛中有关器材的摆放要求，按照比赛的规定时间摆放各类器材，保障比赛的顺利进行。

4. 热身场地组裁判员

负责热身场地的器材与设施的管理。

5. 器材组裁判员

负责检验与管理比赛使用器材、运动员自备器械，保证比赛使用的器材完全符合 IAAF《田径竞赛规则》的规定和竞赛规程的要求。

三、工作方法

(一) 赛　前

(1) 认真学习 IAAF《田径竞赛规则》和竞赛规程相关的条款，熟悉对比赛场地、器材的规定和要求。

(2) 制订详细工作方案，明确每名裁判员的职责与任务，协调与其他有关组的工作配合方法。

(3) 根据大会要求，制定各项的相关规定，器材管理规定、自备器械管理规定等。

(4) 根据 IAAF《田径竞赛规则》的规定，检验、测量所有比赛场地和器械，发现问题及时汇报解决。

(5) 按照现行规则规定和规程的相关要求，熟悉各项目场地布置的位置、器械放置的位置、运输的路线、摆放到位的时间、更换损坏器械的时间以及完成任务的时间，并做好示意图，核对各项目比赛器材清单。

(6) 对志愿者进行培训并分组、分工。

(二) 赛　中

1. 径赛项目

(1) 布置起跑器、起跑犯规监测仪和道次墩

400 米及 400 米以下的各项径赛（包括 4×200 米、异程接力和 4×400 米接力的第一棒）比赛前，均需布置起跑器、起跑犯规监测仪和道次墩。

400 米以上的各项径赛（除 4×200 米、异程接力和 4×400 米）比赛前只需布置道次墩。

技术主管（主裁判）带领 8 名志愿者在比赛前 20 分钟布置。首先布置各分道上的道次墩，放置在距起跑线约 3 米处的各分道中央，然后再安放各分道的起跑器于起跑线后约 0.2 米处，并与起跑犯规监测仪连接，接通电源。全部安装完毕后，请发令协调员检查。一切正常后，技术主管（主裁判）留在工作岗位，其他人员在附近看台下等候，如发生故障，立即更换。

每项比赛结束后，首先切断电源，拆除起跑器上起跑犯规监测仪的电缆，由志愿者将起跑器和道次墩运送至下一项目的起点或运送回仓库。

400 米、4 ×100 米、4 ×400 米比赛时，运动员起跑后，在技术主管（主裁判）的指挥下撤掉各（或部分）分道上的起跑器、起跑犯规监测仪和道次墩。如有 2 组或 2 组以上，待该组比赛结束后，即刻布置下一组各分道上的起跑器、起跑犯规监测仪、道次墩，并连接起跑犯规监测仪的电缆。

（2）放置栏架

100 米栏、110 米栏及 400 米栏比赛前 15 分钟（每单元第一项 1. 5 小时），按照比赛项目的规则规定，调整栏架的高度和配重，并摆放在栏架车上。

技术主管（主裁判）带领 10 名裁判员及 40 名志愿者（4 人 1 组）各推一辆栏架车，在赛前 15 分钟或前一项目比赛结束后进入比赛场地布置。

直道栏时，技术主管主裁判和 10 名裁判员及 40 名志愿者（4 人 1 组）各推一辆已装有 9 只栏架的栏架车，其中有 1 只为备用栏架，在看台下通道内等候。进入比赛场地后，匀速前进，前者为第十栏，后者为第一栏。每辆车距为下一栏位左右，沿跑道外侧，行至各栏位点后侧，人、车右转 90 度，人面向东站立，稍停顿，按照技术主管（主裁判）的手势，各组志愿者将车推至第二道，然后依次搬运栏架放置在第一至第八分道的栏位标记上，使栏板后沿与跑道上放置栏架的标记后沿重合，相邻分道的栏板之间相隔至少 1 厘米。在各分道上放置好栏架后，人面向东站立至车的右侧稍停顿，按照技术主管（主裁判）的手势，人、车行至看台。比赛时，如遇栏架损坏，负责该栏位的裁判员和志愿者应迅速更换栏架，损坏栏架送至备用栏架处。如遇数只栏架损坏，相邻裁判员应合力迅速将损坏栏架更换。

400 米栏时，技术主管（主裁判）和 10 名裁判员带领 20 名志愿者（2 人 1 组）各推一辆已装有 9 只栏架的栏架车，其中有 1 只为备用栏架，在技术主管（主裁判）下达入场手势后，兵分三路前往各栏位（绿色短线），由第一至第八分道放置栏架，使栏板后沿与跑道上放置栏架的标记后沿重合。在各分道上放置好栏架后稍停，按照技术主管（主裁判）的手势，人、车行至原看台下的通道口内。比赛时，如遇某栏位的栏架损坏，负责该栏位的裁判员和志愿者应迅速更换栏架。

如变换项目，应迅速、准确地调整栏架的高度及配重，按照技术主管（主裁判）的手势，立即前去本栏位进行调整。待全部比赛结束后，按照技术主管（主裁判）的手势，撤回栏架装车，按照规定路线运送回仓库。对撤回器材室的栏架应立即进行检查，如有损坏立即进行更换。

（3）放置锥形物或小旗

在1000米、2000米、3000米、5000米和10000米跑的比赛中如果运动员人数超过12人，可将他们分成两组同时起跑。第一组，在常规起跑线处起跑。第二组，在另一条弧形起跑线处同时起跑。第二组运动员应沿着外侧一半跑道跑至第一弯道末端，该段跑道将用规则160.1中所描述的旗子或锥形物标出，在上一项目结束后或比赛前10分钟布置。由1名裁判员带领2名志愿者，使用一辆车，由外侧起跑线至抢道线，沿着第四分道外侧线以内，锥形物的底座边沿或小旗的旗杆应与白线外沿（与跑道最近）重合。按照每3米布置一隔离旗，共38只，最后在抢道线上放置1只锥形物，在抢道点跑道外侧放置1面旗子，完毕后人车行至看台下就近等候。待运动员全部超过抢道线后，裁判员立即撤出锥形物或小旗，收回装车，沿跑道外侧运送回仓库。

（4）放置锥形物或棱柱体

在800米比赛前5分钟和4×400米比赛第一棒运动员均进入直道后，由1名裁判员带领2名志愿者（携带锥形物或棱柱体7只，应与抢道线和分道线的颜色不同），在各分道线与抢道线的交界处之后放置锥形物或棱柱体（50毫米×50毫米），技术主管（主裁判）迅速核查完毕后在看台下就近等候。待800米运动员越过第一个弯道末端的抢道线或4×400米比赛第二棒运动员越过抢道线后，立即撤出锥形物或棱柱体。全部比赛结束后，运送回仓库。

（5）布置3000米障碍赛道

在3000米障碍比赛前2小时（视情况而定），水池注水到位（水面应与跑道表面齐平，最多不能低于20毫米）。水池边栏架用蓝布或花束遮挡，在注水前把水池上的盖板掀开并装车运送回仓库，为考虑其他人员安全，布置完水池后，水池周围应先用隔离墩（或花束）进行围栏，比赛前再撤除。比赛结束后，安装跑道上已经撤下的内突沿。

技术主管（主裁判）和1名裁判员带领10名志愿者，将第三、第四障碍栏架装车，从入口进场，运至第三栏位，卸下3.94米栏架放在跑道内侧备用；行至水池边卸下3.66米栏架并安装。另3名裁判员带领10名志愿者，将第五、第一和第二障碍栏架（依次顺序从左至右）装车，从入口进场，运至第二栏位，卸下3.94米栏架放在跑道内侧备用；运至第一栏位，卸下5米栏架放在跑道内侧备用，运至第五栏位，卸下3.94米栏架放在跑道内侧备用，然后返回。

比赛前10分钟［或按照技术主管（主裁判）的指令］布置赛道，2名裁判员各带4名志愿者，负责摆放第一、第二障碍栏架；1名裁判员带领4名志愿者，比赛中当运动员起跑后，跑过第三障碍栏位和第五障碍栏位，立即摆放障碍栏架，然后退回通道内等待。

比赛结束后，安装东西两侧应经撤下的跑道内突沿。排空水池的水，拆下水池边的栏架，放到北弯道内侧。由裁判员带领志愿者将盖板送至水池边，用盖板将水池盖好。技术主管（主裁判）指挥裁判员和志愿者，分别将二栏、三栏、四栏、五栏和最长的一栏相继装车运送回仓库。

（6）布置场地饮水/用水站

在5000米及以上的径赛项目中，由4名裁判员和8名志愿者各推两辆车，装上4张桌子、饮水/用水用品，2只装水的水桶、瓶装水及纸杯若干、20块小海绵，垃圾桶2只等，运至200米起点向南20米、40米处，卸下2张桌子和瓶装水（大会提供专用瓶装水不得开启瓶盖）、垃圾桶放于20米处和30米处各放一个，此处为饮水站。在200米起点向南30米、50米处卸下另2张桌子和2只水桶及小海绵块、垃圾桶，此处为用水站。

比赛开始后，当运动员跑过以后，迅速将饮水、用水站的桌子和物品移至第四道摆放。饮水、用水站分别设置2名裁判员和4名志愿者，2名志愿者负责将运动员丢弃的海绵块以及纸杯捡起放入垃圾桶内。2名志愿者负责补充饮水、用水。待比赛结束后，立即装车运送回仓库。

（7）布置风速仪、风速显示仪、风向袋、标志旗和计算机终端机

100米、200米、100米栏、110米栏比赛前1小时进行布置。

技术主管（主裁判）带领3名裁判员，应将风速测量设备及器材分别送至西直道一侧、靠近第一分道、距终点线50米处。在200米比赛时，放置标志旗在西北角直曲段交叉点的内侧，离跑道约1米处。风速仪、计算机终端机和2米卷尺放在桌上，风向袋放置在一侧。待比赛结束后，拆卸设备和器材，运送回仓库。

（8）布置终点器材

由2名裁判员带领4名志愿者，在每单元比赛开始前60分钟，将终点组本单元比赛所需物品运送至终点，并按照主终点裁判的要求布置好。

（9）布置跑道突沿

每单元布置比赛场地、器材前，首先检查跑道突沿安装是否完好无缺。

在跳高和标枪比赛前50分钟，将相关区域弯道内突沿拆除，放置在就近看台下围栏边，用50毫米宽的白线标出原突沿位置，并在白线上放置锥形物或小旗，其高

度至少 0.20 米，间隔不超过 4 米，锥形物的底座边沿或小旗的旗杆应与白线外沿（与跑道最近）重合，以防止运动员在白线上跑（标志旗应朝向跑道内侧与地面成 60 度角）也可选择在直道上放置标志物，间隔不超过 10 米。比赛结束后立即安装已经拆下的内突沿。

2. 田赛项目

田赛项目多，设备和器材较复杂，必须严格、细致、安全地进行安装和布置，具体实施方法包括以下内容。

（1）在比赛前一天或单元比赛结束后，全体裁判员和志愿者在技术主管（主裁判）的指挥下完成安装大型器材的任务。当确定各项目比赛场地的位置后，再进行具体器材的布置。

①布置跳高场地

在前一单元比赛结束后或比赛前 2 小时，按照规定放置跳高落地区海绵包，每小块之间的搭扣完全搭齐、搭牢、扣紧，平坦、无凹凸现象，覆盖面盖（其落地区为 6 米 ×4 米 ×0.7 米），再用防护罩套好。然后放置跳高架（跳高架立柱与落地区之间至少应有 0.10 米的空隙），先调整好架子的水平及垂直角度，调试横杆升降良好后将横杆放在横杆架上。最后在起跳区前，应沿着两个立柱外 3 米处标出一条 50 毫米宽的白线（通常可用胶布或类似物质），该白线后沿应与横杆后沿垂直面在一条线上，并延伸至立柱以外 3 米处。运动员进入比赛场地后，由负责跳高区的场地裁判员和志愿者将防护罩撤掉，装车运送回仓库。

②布置撑竿跳高场地

在前一单元比赛结束后或比赛前 2 小时，按照规定首先将撑竿跳高架安放在一确定的位置上，在安装前调整立柱伸臂至横杆托之间的距离，将主柱的内沿与底座的内沿之间的距离记录下来，计算出两底座内沿之间的距离为：横杆伸臂至横杆托的距离减去立柱内边至底座内沿的距离，再乘 2 加 4.34 米，并测量两底后脚和前脚是否是等腰三角形。应画一条 10 毫米宽的颜色明显的线（“零”线），该线与助跑道的中轴线垂直，与插斗前壁顶端的内沿齐平。此线也要通过落地区的表面。尽量延伸到两侧立柱的外端，然后放置中间靠近插斗前的海绵块，落地区边沿距离应为 0.10 ~ 0.15 米。从插斗方向向外倾斜约为 45 度，依次从中间到两边（6 米长 ×6 米宽 ×0.8 米高）。再布置插斗两侧的护柱海绵包、覆盖面盖及防护罩，安装电动横杆升降系统，与撑竿跳高插斗前壁顶端的内沿齐平，与助跑道的中轴线垂直画一条长 6.5 米、宽 1 厘米的白线（用白色喷漆），最后将横杆放在伸臂的横杆托上（长度不超过55毫米）调试升降正常后，将横杆放在横杆架上。当运动员进入比赛场地后由负责撑竿跳高区的场地裁判员和志愿者将防护罩撤掉，装车运送回仓库。

③布置跳远与三级跳远场地

在前一单元比赛结束后，对比赛沙坑进行浇喷水，浸湿。在比赛前40分钟进行翻松，沙面与助跑道表面齐平，同时将橡皮泥显示板牢固地放在起跳板前端槽内。如果沙坑宽于落地区（宽度最小2.75米，最大3米），使落地区中心线与助跑道中心线不重合时，则应在落地区内布置一条或两条带子，使这2条线重合，用钉子钉牢，清扫干净，最后放置远度显示牌。

在此赛前1小时，技术主管（主裁判）带领3名裁判员，将风速测量设备及器材送至跳远或三级跳远比赛场地。风速仪应设置在距离起跳线20米处，距离助跑道不超过2米。测量跳远和三级跳远的风速标记应放置在距离起跳线40米（跳远）和35米（三级跳远）处。待比赛结束，一并运送回仓库。

④布置投掷项目场地

在比赛前2小时，根据比赛场地位置，安装铁饼、链球护笼，布置落地区角度线（铅球、链球、铁饼为34.92度，标枪约为28.96度）及米线。

在安装铁饼、链球护笼，布置落地区角度线之前，必须确定角度线的中心线，并从金属圈顶端和圈的两侧向外各画一条宽50毫米、长0.75米的白线，同时测量并埋下角度线的远端（落地区）和近端（圈前面）的U形钉作为标记。

在技术主管（主裁判）的带领下，首先布置角度线（已经测量并在近端和远端预埋U形钉做角度标记）。2名裁判员将布带拉直拉紧，由1名裁判员每间隔5米用U形钉固定布带，然后布置米线。

为了使裁判员能更快、更准确地在角度线处标设前3名运动员的成绩标志牌，在东侧角度线上放置5米间隔距离的彩色线带。若是及格赛，距离线只设一条黄色的及格线。若是决赛或全能项目的单项比赛，距离线应设置一条红色世界纪录线、一条白色全国纪录线和一条白色基本成绩线，并在角度线上用醒目的标志牌显示世界纪录和全国纪录，以及基本成绩线距离标志牌。

落地区角度线和米线布置后，裁判员收回钢尺等工具，打扫投掷圈内地面。工作完成后，各裁判员和志愿者返回仓库或到达另一赛区。

（2）在比赛前1.5小时裁判员驾车，运送桌子、椅子、运动员座椅、计算机终端机、电子显示屏、时限钟、激光测距仪、风向袋、成绩公告牌、铅球回收轨道、遥控运送器械车及裁判物品等器材到达各比赛场地。

（3）场地布置结束后，请各项目技术主管（主裁判）核准并在器材清单上签名，如有损坏情况，场地裁判员与有关技术主管（主裁判）商定为修复或更换，立即通知器材组，迅速解决。

（4）在比赛中，田赛一组裁判员负责跳部项目的裁判工作，田赛二组裁判员负责投掷项目的裁判工作。

（5）比赛结束后在技术主管（主裁判）的带领下，对下一单元没有比赛的场地，收回全部器材，对下一单元仍需进行比赛的场地，保留固定器材，如海绵包、角度线等。全体裁判员和志愿者将护笼的挡、挂网降下，海绵包罩上的防护罩，整理放在立柱旁，然后拆除落地区所有布带，将桌子、椅子、运动员座椅、布带、U形钉、木槌、比赛设备、器材和物品装车，一并运送回仓库。

（三）赛　后

（1）整理、登记入库器材。

（2）移交所有器材及物品。

（3）全部比赛结束后，撰写书面总结并上报竞赛主管。

第六章　田径竞赛组织

第一节　田径运动竞赛的意义及作用

一、举办基层田径运动会的意义

竞赛是体育运动的特点之一。在基层中，通过举办田径运动会，能够推动我国田径运动的开展，吸引广大的人民群众、青少年积极参加到田径运动的活动中来；能够检阅我国基层参加田径运动锻炼和训练的效果，促使田径运动的普及和提高；能够丰富人民群众和广大青少年的业余生活，向青少年进行思想品德教育，振奋精神，加强团结。

二、举办基层田径运动会的要求

举办基层田径运动会，属于群众体育比赛的性质，其要求如下。

1. 举办基层田径运动会要有大众的自身的特点，要坚持以“团结、奋进、文明、育人”为宗旨。

2. 在制定运动会方案和竞赛规程时，应考虑吸收更多的人民群众和青少年参加比赛，让他们在运动会中当运动员，而不是当观众。

3. 在项目设置上，要从人民群众和青少年体质和体育水平的实际情况出发，把一些《体育教学大纲》和《国家体育锻炼标准》规定的项目作为主要比赛项目。另外，也可设置一些集体项目和表演项目。

4. 在分组上，要尽量考虑群众及青少年的年龄和身体发育情况的差异，如在中学举行运动会时，最好按年级分组进行比赛。

5. 在比赛规则上，也应从实际情况出发，适当降低比赛规则的要求，制定符合大众或者学生的实际并能调动大家参加比赛积极性的规则。

6. 一般基层田径运动会是3天左右，如果是中、小学学校运动会，一般以一天到一天半为宜，以使运动会起到积极性休息的作用，不应给学生造成过度疲劳。

总之，基层举办运动会应有当地或者本校的自身的特点，要使运动会开得简朴、隆重有节日气氛，使大家兴高采烈，从而收到良好的教育效果。

第二节　田径竞赛的组织

一、田径运动竞赛的组织

田径运动竞赛是推动田径运动不断向前发展的有效力量，是检查教学、训练效果，衡量田径运动水平的主要途径，是推动全民健身活动广泛开展的重要方法，是学校体育工作的重要组成部分。竞赛的组织筹备工作对田径运动竞赛活动的成功与否起着重要作用。

田径运动竞赛的层次、规模、内容和形式是根据竞赛组织者目的、任务的不同而有所区别。高层次的国际比赛规模大、层次高、水平高、要求高。相反，一些基层田径活动则要突出群众性、业余性的特点。

随着现代田径运动和竞赛活动的发展，田径运动竞赛的形式不断多样化。主要有：田径运动会、多项比赛、分项比赛、单项比赛等。此外，还有根据不同目的进行的选拔赛、达标赛和测验赛。

无论田径运动竞赛的规模、形式、层次和内容如何，它们都具有共同的特点、规律和原则，作为竞赛活动的组织者必须学会用科学的方法做好竞赛组织工作，以高水平的要求使竞赛工作规范化、标准化。

二、田径运动会组织方案

田径运动会的规模大小、档次高低，都必须在赛前制订出一个完整的组织工作方案。省、市以上级别的田径运动会，其组织方案应包括以下主要内容。

（一）指导思想

明确举办运动会的性质、目的、意义，使运动会成为促进社会文化、经济发展的重要途径。

（二）组织机构

根据需要设立办事机构，提出由有关领导和相关职能部门负责人组成的运动会组织委员会。

（三）实施方案

运动会的实施方案一般包括以下主要内容。

1. 运动会名称、日期、地点。
2. 参加比赛办法。
3. 竞赛项目设置及比赛办法。
4. 录取名次及奖励办法。
5. 评选活动内容、标准及办法。
6. 运动会经费预算。
7. 开、闭幕式组织方案
8. 大型活动组织方案。

三、田径运动会组织机构、职责与基本程序

较大型的田径运动会的组织机构比较庞大、复杂和严密，各部门分工明确，而基层运动会可根据需要，参照大型运动会组织方案的基本精神设置组织机构和安排人员。

（一）国际国内大型田径运动会组织机构

1. 官员设置

组织代表；技术代表；医务代表；国际技术官员；国际竞走裁判员；国际公路赛丈量仲裁组员；国际发令员；国际终点摄像裁判员。

2. 工作人员设置

（1）行政管理官员：竞赛主任；赛事主管；技术主管；赛场展示主管。

（2）裁判人员。

裁判长：径赛裁判长；田赛裁判长；全能裁判长；外场裁判长；检录裁判长。

裁判员：若干。

（3）其他工作人员：若干。

（二）大型田径比赛中工作人员设置的中国特色

1. 设置“总裁判长”，行使“赛事主管”的职责。

2. 设置“场地器材组组长”，行使“技术主管（主裁判）”的职责。

3. 设立“赛后控制中心”，在总裁判长领导下对结束比赛的运动员进行管理，协助组织发奖、兴奋剂检查站和新闻中心的工作。

（三）基层田径运动会组织机构

基层田径运动会，通常不设置官员和行政管理官员，只设置裁判工作人员。在行政管理方面，通常设置几个行政管理组，比如：竞赛组、宣传组、场地器材组、医务组等。

这里着重介绍基层组织机构主要职责。

1. 运动会组织委员会及其职责

（1）确定组委组成人员名单。

（2）确定各职能部门及其负责人选。

（3）审查各职能部门工作实施方案。

（4）掌握经费收支原则和范围。

（5）裁决运动会组织过程中的重大问题。

2. 办公室及其职责

（1）草拟各种文件报告等。

（2）组织召开各种综合性会议。

（3）各种文件的收发管理。

（4）接待领导和来宾。

（5）与会人员食宿安排与接待。

（6）医疗卫生及卫生防疫。

（7）办公用品的提供与管理。

（8）财务管理。

（9）车辆调度与管理。

（10）各部门间的工作协调。

3. 竞赛处及其职责

（1）制定、印发竞赛规程。

（2）做好报名的接待和资格审查工作。

（3）组织编排秩序册。

（4）准备各种比赛用表。

（5）准备比赛奖品、奖章奖状及组织颁奖工作。

(6) 印发成绩公告。

(7) 聘请裁判员及组织业务培训工作。

(8) 召开相关技术会议。

(9) 竞赛的组织与管理。

(10) 编制印发成绩册。

4. 宣传处及其职责

(1) 做好宣传教育和新闻报道工作。

(2) 起草领导讲话稿件。

(3) 组织安排大型活动或表演。

(4) 负责体育道德奖项的评比。

5. 安全保卫处及其职责

(1) 住地、赛场的安全保卫。

(2) 住地、赛场交通秩序的维护。

(3) 比赛场地的秩序维护。

6. 场地器材处

(1) 提供比赛场地和维修服务。

(2) 比赛所需设备器材的准备与提供。

(3) 比赛的票务管理。

(四) 田径运动会竞赛组织工作的基本程序

田径竞赛组织工作基本程序见图 6－2－1。

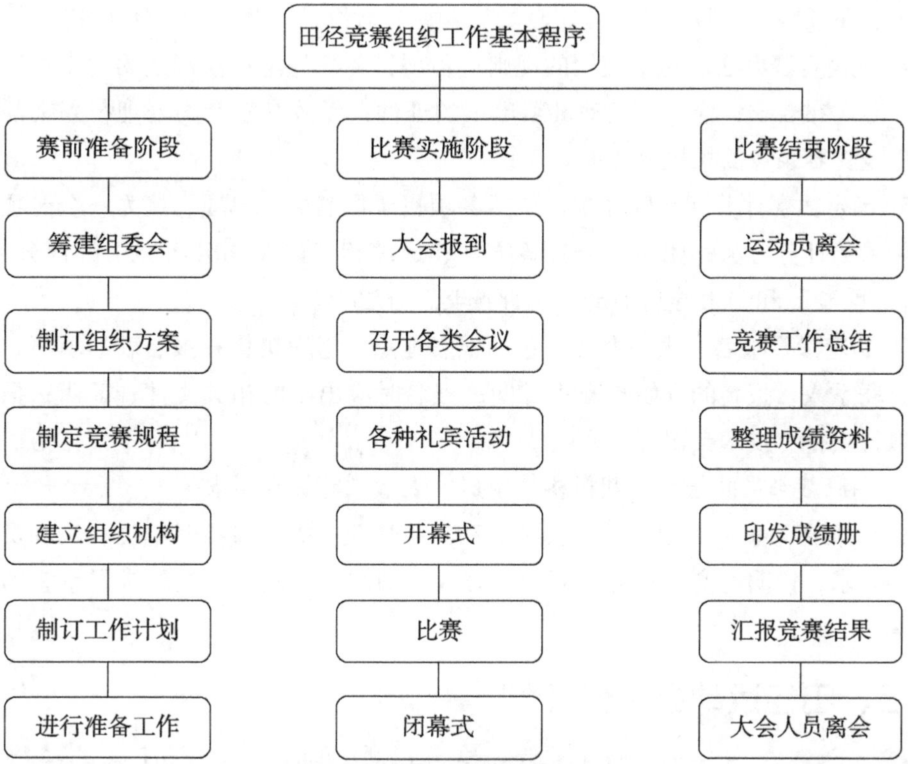

图6－2－1　田径竞赛组织工作基本程序

第三节　田径运动会竞赛规程

竞赛规程是田径运动会最重要的文件，它具有纲领性和法规性特征，对整个竞赛工作起着重要的规范和指导作用。竞赛规程应由运动会竞赛部门负责起草拟定，经组委会研究审定后，及时发放给各参赛单位和有关部门。

一、竞赛规程内容

1. 根据运动会组织方案，明确运动会名称、目的任务、主办与承办单位；比赛的日期、地点；参加单位与组别等。

2. 明确比赛项目、性别、年龄、组别；各有关项目的场地器械规格、要求等。

3. 规定参加比赛办法，包括参赛单位可报运动员组别、人数、队数；运动员资格要求；每项限制人数、每人限报项数；领队、教练员、队医和其他工作人员人数。

4. 规定竞赛办法，包括使用的规则；各项目赛次规定；器械使用规定；运动员服装、号码布要求；检录时运动员须出示的证件；无故弃权者的处理；兴奋剂的检查；以及比赛录像的拍摄等方面。

5. 确定比赛计分和奖励办法，包括各项目录取名额；单项、接力、全能项目以及破纪录的计分方法；团体总分计算方法；成绩相等以及同名次奖励的计分方法；“精神文明奖”和“最佳运动员”的评选奖励办法等。

6. 制定参赛报名、报到办法，包括报名地点、组织机构；报名表的填写、寄送方法、联系人；报名的开始与截止日期；报名时应出示的相关文件、证明；报到时间、接待安排、技术会议等。

7. 明确裁判员队伍和仲裁机构的组成、人数、等级和要求等。

8. 说明注意事项。根据运动会特点和具体情况，提出对参赛单位和运动员的其他一些要求；说明竞赛规程的解释权、修改权归属，以及竞赛规程未尽事宜的解决办法等。

二、田径运动会工作计划

制订田径运动会工作计划是实施运动会组织方案的重要途径和具体方法，因此，工作计划是否科学合理、周密细致、切实可行，对运动会有条不紊成功地举行起着关键的作用。

通常，从决定举办田径运动会开始，到整个运动会结束，组织承办者就应把运动会的所有工作按照时间先后，划分成若干个工作阶段，再就每个阶段的工作内容、责任人员、工作方法、完成时间、检查落实等事项制订出具体的工作日程计划。工作阶段的多少、时间长短应根据运动会的规模、层次、机构的多少、工作量的大小等具体情况来确定。一般来讲，大型田径运动会由于规模大、机构多、人员多、项目多、时间长、涉及方面多，准备工作需尽早开始，工作计划的阶段相对较多、时间也较长。相反，基层小型运动会工作计划的阶段应较少、时间也较短。然而无论如何，工作计划都应围绕运动会竞赛工作为中心进行，通常包括比赛之前、比赛期间和比赛之后 3 个方面来进行研究制订。

田径运动会的工作计划一般分为运动会组织委员会的整体工作计划和各职能部门或机构的部门工作计划两种。部门工作计划应由各办事机构根据本部门分担的工作任务和具体职责要求，认真分析、合理制订、逐步实施。组委会整体工作计划作为运动会的重要文件之应由办公室负责起草制订，制订计划时，应汇集各部门的工作计划，认真听取各部门的意见，认真研究、统筹安排、科学制订出运动会工作日程计划。经组委会领导研究审定后，积极组织落实。

第四节　田径运动竞赛的组织管理

主办田径运动竞赛是一项复杂而细致的组织管理工作，其组织管理的水平直接影响到整个田径竞赛的顺利进行。因此，根据现行的田径竞赛规则，编制竞赛规程，有计划、周密地组织好各种田径运动竞赛活动，对发挥各有关单位及人员的积极性、提高工作效率、达到田径运动竞赛的预期目的有着极为重要的意义。

一、田径运动竞赛的组织形式

（一）承办较高级别田径运动竞赛的组织形式

承办较高级别田径运动竞赛，应由主办单位提出基础方案（包括大会经费来源、竞赛规程、竞赛规模等），再由承办单位提出可行性意见，在征得有关主管部门的许可后，便可正式承接比赛。承办单位应在本单位主管负责人的主持下，召集与本次田径竞赛发生关联的有关部门负责人参加的运动会业务协调会，以便使比赛得到本地区各部门的支持，保证比赛的顺利进行。主办单位对运动会的组织工作应参与和指导，对各项工作实施管理和监督，并根据竞赛的性质和规模拨给一定的经费。另外，承办单位只负责执行或协助制定规程，规程的解释权和修改权均在上级主管部门。

（二）主办本地区或本单位田径竞赛的组织形式

由各级体育主管部门或工会、共青团等团体组织主办的本地区或本单位的竞技性或群众性田径比赛，均由各部门各单位的主管领导统一指挥，各具体职能部门负责协同工作。组织机构由本单位、本系统的各职能部门的人员组成，上级部门一般不参与组织工作。竞赛规程从制定到颁发实施及其修改、解释均由本部门或单位的竞赛主管部门负责。

二、田径运动竞赛的组织机构和职能

田径运动的组织与进行是一项复杂而细致的管理工作，为了统一领导，便于工作，必须建立一定的组织机构，其形式和规模根据实际需要确定。

（一）组织委员会

田径竞赛的组织工作是以体育主管部门为主，在其他有关部门密切配合下进行的领导机构为委员会制（以下简称组委会）。大中型田径运动会组委会一般设主任1人，副主任若干人，委员若干人。组委会主任一般由政府有关行政领导担任，副主任由主办单位和承办单位的有关领导担任，委员中包括体育部门各职能机构的领导，协作单位职能机构的领导及与本届运动会有关的新闻、服务、公安等单位负责人及部分有代表性的参赛单位的负责人等。委员会的成员人数视竞赛的性质和规模而定，没有具体的限额。小型竞技性和群众性田径竞赛的组委会人员构成与大型田径运动竞赛大致相同，但应简化。无论比赛规模大小，组委会均是全面领导运动会各项工作的最高机构。

（二）组委会下设机构

建立组委会下设的各专门职能机构是田径竞赛组织管理工作的关键，是保障田径比赛顺利完成的重要环节。因此，合理设置机构、划分明确职能、工作落实到人，对圆满完成竞赛任务至关重要。组织机构的设置一般为组织委员会或竞赛委员会，下设办公室、竞赛、新闻宣传、保卫、行政后勤等主要工作机构。另外，大型田径运动会根据其需要可设大会主席团、大型活动部、外事、工程、集资等机构。中小型运动会可根据实际需要设立工作机构。

三、田径运动竞赛的组织实施

运动会的组织实施一般分为赛前准备、比赛实施和赛后总结3个阶段。

（一）赛前准备阶段工作

1. 筹备并成立组委会。

2. 制订竞赛计划。

（1）竞赛目的与名称。

（2）比赛的规模、地点及举办日期。

（3）参赛人员的资格和数额。

3. 制订组织方案和竞赛规程，发送竞赛规程及报名。

大中型运动会应在赛前半年到1年发送；小型运动会可视具体情况而定，但至少要在赛前2个月发送。

4. 组织报名。

大中型运动会报名工作分两次进行：第一次是初步报名，赛前3个月截止；第二次是最后报名，赛前1个月截止；小型运动会一般只有1次报名，赛前20天截止。

5. 建立组织机构。

（1）设置有关职能机构。

（2）确定工作岗位和人员的分工职责。

6. 竞赛组织工作准备。

（1）组织编排、印刷、发放秩序册。

（2）选聘仲裁及裁判人员。

（3）确认报名单，制定各类表格。

（二）比赛实施阶段的工作

1. 确定大会报到日期，包括各机关人员、裁判员、工作人员、各参赛队等。

2. 召开各类会议，包括组委会（竞技委会）会议、技术会议、裁判员会、领队会等。

3. 开幕前的礼宾活动和开幕式。

4. 比赛。根据竞赛规则和规程，严格按照比赛日程组织比赛。

5. 闭幕式。

（三）比赛结束阶段的工作

1. 运动员、裁判员离会。

2. 竞赛工作总结。

3. 整理资料归档。

4. 编印、发放比赛成绩册。

5. 汇报组织竞赛结果。

（四）组织方案的内容

组织方案是田径运动会各项工作的依据，它包括以下内容。

1. 运动会的名称、目的和任务

根据体育运动的方针、任务、性质和其他特殊要求等确定。

2. 运动会规模

根据运动会的任务确定，应包括主办单位、参加单位、参加人数（运动员、裁判员、工作人员)、竞赛组别和项目、运动会的地址和日期等。

3. 运动会的组织机构

根据比赛等级和规模，其组织形式、工作人员名额、下设的主要工作部门及其负责人名单等都可根据实际工作需要确定。

4. 运动会经费预算

本着勤俭节约的精神，根据需要制订计划。一般包括会场布置、场地修建、器材奖品、交通、饮食、住宿、招待、大会工作人员的劳务费用、邮电、医药、印刷、文具费用等。

5. 工作步骤

主要说明大会筹备工作分为几个阶段进行，各阶段主要工作的安排。

第七章　田径英语基本词汇

第一节　田径英语相关简称

一、关于纪录

WR = World Record 世界纪录

OR = Olympic Record 奥运会纪录

CR = Championship Record 锦标赛纪录

GR = Games Record 运动会纪录

AR = Area（or continental）Record 地区或洲纪录

NR = National Record 国家纪录

MR = Meet Record 赛事纪录

= 意味着纪录未被承认

X = 意味着运动员赛后被取消资格（一般因服用禁药）

二、如果有“J”，则是青年纪录

WJR = World Junior Record 世界青年纪录

AJR = Area（or continental）Junior Record 地区或洲青年纪录

NJR = National Junior Record 国家青年纪录

三、含有“Best”的缩写

WYB = World Youth Best 世界少年最佳

WB = World Best 世界最佳（一般国际田联没有承认其为纪录，便用“最佳”）

PB = Personal Best 个人最佳

SB = Season Best 赛季最佳

WL = World Leading 世界本赛季最佳（也有 World Leader 一说）

四、一些比赛状况的标注

A = a mark set at altitude 意味着比赛是在高海拔举行（对短跨跳有利）

w = a wind – assisted mark 超风速

NWI = No Wind Information 无风速信息

m/s = 米/秒，用于指示风速

五、比赛成绩中常出现的标注

DNF = Did not finish 没有完成比赛

DNS = Did not start 退赛

DQ = Disqualified 取消资格

i = indoors 室内

Q = 凭借名次晋级

q = 凭借递补的成绩晋级

六、田径项目的指代

DMR = Distance medley relay 长跑异程接力

DT = Discus throw 铁饼

HJ = High jump 跳高

HM = Half marathon 半程马拉松

HT = Hammer throw 链球

JT = Javelin throw 标枪

LJ = Long jump 跳远

MH = meters hurdles ××米栏

PV = Pole vault 撑竿跳高

SMR = Sprint medley relay 短跑异程接力

SP = Shot put 铅球

st. / s'chase = Steeplechase 障碍赛

TJ = Triple jump 三级跳远

XC = Cross country running 越野跑

七、常见田径比赛的指代

AsC = Asian Athletics Championships 亚洲田径锦标赛

CWG = Commonwealth Games 英联邦运动会

EC/ECh = European Athletics Championships 欧洲田径锦标赛

OG = Olympic Games 奥运会

WC/WCh = IAAF World Athletics Championships 国际田联世界田径锦标赛

WIC = IAAF World Indoor Athletics Championships 国际田联世界室内田径世锦赛

WJC = IAAF World Junior Athletics Championships 国际田联世界青年田径世锦赛

WXC = IAAF World Cross Country Championships 国际田联世界越野世锦赛

WYC = IAAF World Youth Athletics Championships 国际田联世界少年田径锦标赛

PAG = Pan American Games 泛美运动会

第二节　国际官员及赛事官员

一、国际官员（International Officials）

1. Organizational Delegates 组织代表
2. Technical Delegates 技术代表
3. Medical Delegates 医务代表
4. Doping Control Delegates 兴奋剂检查代表
5. International Technical Officials 国际技术官员
6. Area Technical Officials 地区技术官员
7. International Race Walking Judge 国际竞走裁判员
8. Area International Race Walking Judge 地区竞走裁判员
9. International Road Race Judge 国际公路赛丈量员
10. International Starter（s）国际发令员

11. International Photo Finish Judge 国际终点摄影裁判员
12. Jury of Appeal 仲裁组
13. Jury Member 仲裁委员

二、行政管理员

1. Competition Director 竞赛主任
2. Tournament Director 赛事主任
3. Technical Manager 技术主管
4. Event Presentation Director 赛场展示主任

三、比赛裁判人员

1. Chief Referee 总裁判（赛事主管）
2. Assistant Chief Referee 副总裁判（赛事主管助理）
3. Referee for Track Event 竞赛裁判长
4. Referee for Field Event 田赛裁判长
5. Referee for The Call Room 检录裁判长
6. Referee for Combined Events 全能裁判长
7. Referee for Events Outside The Stadium 外场裁判长
8. Chief Track Events Judge 径赛主裁判
9. Start Coordinator 发令协调员
10. Starter 发令员
11. Starter's Assistant 助理发令员
12. Recaller 召回发令员
13. Chief Lap Scorer 记圈主裁判
14. Chief Time Keeper 计时主裁判
15. Chief Photo Finish Judge 终点摄影主裁判
16. Chief Judge for Jumping Events 跳跃主裁判
17. Chief Throwing Judge 投掷主裁判
18. Chief Umpire 径赛检查主裁判
19. Chief Judge for Walking Events 竞走主裁判
20. Chief Judge for Clerk of The Course 检录主裁判

21. Chief Judge at Post Competition Control 赛后控制中心主裁判
22. Chief Judge for Program, Record Announcement 编排记录公告主裁判
23. Chief Field Events Judge 田赛主裁判
24. Chief Judge for Marathon Race 马拉松主裁判
25. Head for Venue Equipment 场地器材组长
26. Announcer 宣告员
27. Statistician 统计员
28. Electronic Measurement Judge 电子测量裁判员
29. Finish Recorder 终点记录员
30. Lap Scorer 记圈员
31. Competition Secretary 竞赛秘书
32. Marn Venue Commander 主比赛场地指挥员
33. Wind Gauge Operator 风速测量员

四、径　赛

（一）项　目

1. One hundred meters 100 米
2. Two hundred meters 200 米
3. Four hundred meters 400 米
4. Eight hundred meters 800 米
5. Fifteen hundred meters 1500 米
6. Three thousand meters 3000 米
7. Five thousand meters 5000 米
8. Ten thousand meters 10000 米
9. One hundred meters hurdle 100 米栏
10. One hundred and ten meters hurdle 110 米栏
11. Four hundred meters hurdle 400 米栏
12. Three thousand meters steeplechase 3000 米障碍
13. Four by one hundred meters relay race 4 × 100 米接力
14. Four by four hundred meters relay race 4 × 400 米接力
15. Ten kilometers race walking 10 千米竞走

16. Twenty kilometers race walking 20 千米竞走

17. Fifteen kilometers race walking 50 千米竞走

18. Marathon race 马拉松赛跑

19. Road race 公路赛跑

20. Cross - country race 越野赛跑

（二）起　点

1. Starting position，set position 预备姿势

2. “on your mark”“set”“各就位”“预备”

3. Start 起跑

4. Starting block 起跑器

5. Crouch start 蹲踞式起跑

6. Running form，running style 跑步姿势

7. Stride 步幅

8. Stride frequency，speed cadence 步频

9. Length of stride 步长

10. Accelerate，pick up speed 加速

11. Float 惯性跑

12. False start 起跑犯规

13. Break，break start，jump the gun，beat the gun 抢跑

14. Recall 召回

15. Caution 警告

16. Re - run 重跑

17. Starting block 起跑器

18. Starting pistol 发令枪

19. Bend technique 弯道技术

20. Echelon starting position 梯形起跑点

21. False start 起跑犯规

22. Reaction time 反应时

（三）检　查

1. Caution 警告

2. Umpire 仲裁人

（四）终　点

1. Dash 冲刺
2. Last scorer 记圈员
3. Last lap 最后一圈
4. Last spurt 最后冲刺
5. Finish line 终点线
6. Final spurt，final sprint 最后冲刺
7. Come home，reach home，reach the finish line 到达终点
8. Breast the tape 胸撞线
9. Electronic timer 电子计时器
10. Shrug finish 肩撞线
11. Photo finish 终点摄影
12. Bulletin board，notice board 公告牌

（五）中长跑

1. Length of stride 步幅
2. Stride frequency 步频
3. Over stride 步子过大
4. Accelerate，pick up speed 加速
5. Lead，take the lead 领先
6. Leader，pace - maker，front runner 领跑者
7. Changing lead 领先的变化
8. Ahead by one lap，steal a lap 领先一圈
9. Cling to 紧跟
10. Hang on the opponent，cling to the opponent 紧跟对手
11. Overtake 赶上
12. Run at full speed，run at top speed 全速跑
13. Even pace 匀速跑
14. Jostle ，push 撞人
15. Break lane 抢道

16. Finish the full distance 跑完全程

17. Come home reach home，reach the finish line 到达终点

18. Last lap 最后一圈

（六）接　力

1. Relay race 接力赛跑

2. Relay team 接力跑队

3. Change – over area 接力区

4. Change – over mark 接力区标识

5. First runner 第一棒运动员

6. Second runner 第二棒运动员

7. Third runner 第三棒运动员

8. Outgoing runner 接棒人

9. Pass the baton 传棒

10. Take – over 接棒

（七）跨　栏

1. Hurdle step，hurdle stride 跨栏步

2. Steps between hurdles 栏间步

3. Attack the Hurdle 攻栏

4. Come up to the hurdle 上栏

5. Come off the hurdle 下栏

6. Lead leg 前腿

7. Trail leg 后退

8. Clear a hurdle 过栏

9. Hit a hurdle 踢栏

10. Clearance 越过

11. Clearance stride 过栏步

12. Closing finish 几乎同时到达终点

13. Low hurdle 低栏

14. Space between the hurdles 栏间距离

15. Base of hurdle 栏的底架

16. Number of hurdles 栏的数目
17. Height of hurdle 栏高
18. Top bar 栏架的横木

（八）竞　走

1. Race walking 竞走
2. Swing the arms 摆臂
3. Lock the knee 直膝
4. The knee must not bend 膝关节不能弯曲
5. Hip turning 转动臀部
6. Two feet must not leave the ground at the same time 两脚不能同时离地
7. Lifting 腾空
8. Yellow paddle 黄牌
9. Red paddle 红牌

五、田　赛

（一）项　目

1. High jump 跳高
2. Long jump 跳远
3. Triple jump 三级跳远
4. Pole vault 撑竿跳高
5. Shot put 掷铅球
6. Discus throw 掷铁饼
7. Javelin throw 掷标枪
8. Hammer throw 掷链球

（二）高度项目

1. 跳　高

（1） Run - up, Approach, Approach run 助跑
（2） Run through 量步点
（3） Run - up mark 助跑标志
（4） Check mark 步点

（5） Take－off leg 起跳腿

（6） Take－off foot 起跳脚

（7） Swinging arm 摆动臂

（8） Knee lift 提膝

（9） Flight 腾空

（10） Clear the bar 过杆

（11） Knock down the bar 碰掉横杆

（12） The first trial 第一次试跳

（13） The second trial 第二次试跳

（14） The last trial 最后一次试跳

（15） Cleared 试跳成功

（16） Missed 试跳失败

（17） Passed 免跳

（18） Competition area for high jump 跳高比赛场地

（19） Uprights，posts，high jump stand 跳高架

（20） Bar 横杆

（21） Runway and take－off area 助跑道和起跳区

（22） Commencing height 起跳高度

（23） Raise the bar 升高横杆

（24） Foam rubber 海绵垫（foam－rubber cushion）

（25） Landing area 落地区

2. 撑竿跳

（1） Run－up，Approach 助跑

（2） Hold the pole 持竿

（3） Plant the pole in the box，pole planting 插竿

（4） Pull up 引体

（5） Twist 转体

（6） Cross the bar ，clear the bar 越过横杆

（7） Push off the pole 推杆

（8） Landing 落地

（9） Competition area for pole vault 撑竿跳高比赛场地

（10） Runway 助跑道
（11） Pole vault stand 撑竿架
（12） Cross bar，bar 横杆
（13） Planting box，box 插斗（take - off box——必应）
（14） Pole，vaulting pole 撑竿
（15） Landing area 落地区
（16） Sponge rubber pad 海绵垫

（三）远度项目

1. Knee - tuck type 蹲踞式跳远
2. Hang style 挺身式跳远
3. Hitch kick style 走步式跳远
4. Flip jump 空翻式跳远
5. Run - up，approach 助跑
6. Distance of the approach 助跑距离
7. Run - up mark 助跑标志
8. Step，pace，stride 步
9. Run through 量步点
10. Accelerate 加速度
11. Hit the take - off board 踏中起跳板
12. Overstep the take - off board 越过（跨过）起跳板
13. Take - off 起跳
14. Stride in air 腾空步
15. Action in air 空中动作
16. Landing 落地
17. Competition area for long jump 跳远比赛场地
18. Runway 助跑道
19. Pit，landing pit 沙坑
20. Take - off area 起跳区
21. Take - off board 起跳板
22. Scratch line 起跳线
23. Landing area 落地区

（四）投掷项目

1. 推铅球

（1）Swing 摆动

（2）Preliminary swing 预摆

（3）Swinging leg 摆腿

（4）Turn 转体

（5）Put the shot，heave the shot 推铅球

（6）Angle of release 投掷角度

（7）Throwing position 出手姿势

（8）Face – putting 正面推掷

（9）Side – putting 侧面推掷

（10）Back – putting 背向推掷

（11）Standing shot – putting 原地推掷

（12）Shot put area 铅球投掷场地

（13）Putting area 铅球投掷区

（14）Shot circle，throwing circle 铅球投掷圈

（15）Stop board 投掷圈抵趾板

（16）Weight of the shot 铅球重量

2. 掷标枪

（1）Run – up，approach run 助跑

（2）Distance of the approach 助跑距离

（3）Carry 持枪

（4）Draw back the javelin 引枪

（5）Cross stride，cross – step 交叉步

（6）Throwing arm 投掷臂

（7）Throwing direction 投掷方向

（8）Release 出手

（9）Angle of delivery，angle of release 出手角度

（10）Release speed 出手速度

（11）Throwing position 出手姿势

（12）Reverse 投掷后换脚

（13） Javelin throw area 标枪投掷场地

（14） runway 助跑道

（15） Throwing sector 投掷区

（16） Sector flag 投掷区标志旗

（17） Tip of the javelin 标枪枪尖

（18） Grip，cord grip 标枪把手

（19） Javelin length 标枪长度

（20） Metal javelin 金属标枪

3. 掷铁饼

（1） Swing 摆动

（2） Turn 转体

（3） Rotate 旋转

（4） Throw the discus 投掷铁饼

（5） Angle of throw 投掷角度

（6） Discus throw area 铁饼投掷场地

（7） Discus cage 掷铁饼护笼

（8） Discus circle 铁饼投掷圈

（9） Landing sector 投掷铁饼落地区

4. 掷链球

（1） Swing the hammer around 转动链球

（2） Spin 旋转

（3） Throw the hammer 掷链球

（4） Hammer throw area 链球投掷场地

（5） Hammer circle 链球投掷圈

（6） Hammer cage 链球护笼

（7） Edge of hammer circle 投掷圈的边沿

（8） Hammer head 链球球体

（8） Hammer wire 链球链

（10） Hammer handle 链球把手

第三节　常用语句

一、大会广播

1. Ladies and gentlemen, the men's two hundred meters dash competition will begin a few minutes later . I'd like to introduce the competitors to you, lane one ××× (name) ××× (team), lane two ××× (name) ××× (team) ……

女士们、先生们，男子200米比赛即将开始了，现在介绍运动员：一道：（姓名）（代表队）；二道：（姓名）（代表队）……

2. Ladies and gentlemen, please pay attention! The result of women's one thousand meters final is displayed on the scoreboard!

女士们、先生们，请注意！屏幕上显示的是女子1000米决赛成绩！

3. Attention please, competitors of men's long jump final are ready for the competitions.

请注意！男子跳远的运动员现在准备开始比赛。

4. Ladies and gentlemen, attention please ! The awarding ceremony for men' long jump now begin .

女士们、先生们，请注意！男子跳远颁奖仪式现在开始。

5. The first place is ××× (name), ××× (country/region), ××× (result) .
The second place is ××× (name), ××× (country/region), ××× (result) .
The third place……

第一名（姓名），（国家或地区），（成绩）。
第二名（姓名），（国家或地区），（成绩）。
第三名……

6. Now let's invite Mr . ××× (position) to present prizes to the winning athletes.

请×××（职务）×××（先生）向获奖运动员颁奖。

7. Present flowers to the winning athletes.

向获奖运动员献花。

8. Now the flag raising ceremony begins . Please stand up.

现在举行升旗仪式，请起立。

9. Please sit down . Officials and winners march off the field, please.

请坐。颁奖官员、获奖运动员退场。

10. Ladies and gentlemen, × × × broke the world (national) record of × × × (event) in the competition just now, congratulations!

女士们、先生们，在刚才 × × ×（项目）的比赛中，× × ×（国家/地区）运动员 × × ×（姓名）以 × × ×（时间或距离）的成绩打破了世界（国家）纪录，表示祝贺！

二、检　录

1. The athletes of men's four hundred meters pay attention please! We'll begin to call the roll in five minutes.

参加男子 400 米比赛的运动员请注意，还有五分钟进行检录。

2. Attention please! This is the last call for qualifying round for the Women's shot put competition

请注意！女子铅球及格赛最后一次检录通知。

3. The athletes of men's four by one hundred meters relay race round one heat two , attention please ! This is the time for roll calling.

参加男子 4 ×100 米接力预赛的第二组的运动员请注意！现在开始检录。

4. Your attention please! Athlete No. 35 , please come to the call room immediately.

请注意！35 号运动员马上到检录处来。

5. Please show me your ID card!

请出示你的身份卡！

6. As you are not engaged in the present contest, you are permitted to go into the call room.

你与现在的比赛无关 ，不能入检录处。

7. You are not allowed to go out once you come in to the call room.

进入检录处后，不得随便出入。

8. No competitor is permitted to take any equipment into the arena.

运动员不得自带器械入场。

9. The roll – calling time is over , you are not allowed to come in.

这次检录已经结束，不得入内。

10. Come in , please! Wish you success.

请进，祝你成功！

11. Please sit down according to your lane (order) number.

请按各自道次号（顺序号）就座。

12. Show your number (gender certificate), please!

请你出示号码（性别卡）。

13. The identification tag on your chest (back) is missing.

你胸前（背后）的号码少了一个。

14. Please hang the lane – number tag on the right side of your shorts.

请将道次号戴在短裤右侧。

15. Since the number tag you are wearing is not clear, you are not allowed to take part in the competition.

你佩戴的号码不清楚，不能参加比赛。

16. Please open the bag and take out your shoes please. We are going to check them.

请拿出比赛用鞋（打开自己的包），现在开始检查。

17. Your spikes exceed (conform to) the limit.

你的钉鞋超过了（符合）规定长度。

18. Please hand in the final declaration form about your competition shoes to be worn.

请上交你最后决定的比赛用鞋表。

19. Line up please! Come with me to the competition arena.

请排好队跟我进入比赛场地。

20. Each team, pay attention! Please lane up according to the order.

请各队按棒次先后顺序排好队。

21. The first and the third runners, follow me please.

第 1、3 棒运动员，现在请跟我入场。

22. Attention! Right face! Left face! March at ease! Halt!

立定！向右转！向左转！便步走！立定！

三、径　赛

1. Assemble here form left to right, face the running direction and wait for the starter's

order.

大家在这里集合，面向跑道方向自左向右排好，等候发令员的口令。

2. Wait a moment here please and obey the starter's commands.

请在这里稍等片刻，听从发令员的召唤。

3. Chinese athlete No. 396, lane one.

中国运动员 396 号，一道。

4. On your mark . Set.

各就位。预备。

5. This is your first false start, warning once.

这是你第一次犯规，给予警告。

6. Runner No. 112 is disqualified for two fouls.

112 号运动员第二次抢跑，取消比赛资格。

7. All competitors, stand up please!

全体运动员请起立。

8. Relax , everyone.

大家放松些。

9. Start by the report of pistol（gun）. Don't beat the gun.

听枪声起跑，不要抢跑。

10. Let's go back to the assemble line, ready for a fresh start.

请回到集合线，准备再次起跑。

11. The member of the leading team takes the inside lane please.

领先的接力队站在里道。

12. Number 345, you have three more laps to go.

345 号还有三圈。

13. Assemble here please! Lane one Number 312, Lane two Number 456……

请集合，一道 312 号，二道 456 号……

14. Please take off your bib number and leave the track immediately!

请立即取下号码布，离开跑道！

15. Number 234, you are given a warning.（A yellow sign）

234 号，向你提出警告。

16. Chief judge, please give a red sign.

裁判长，请你出示红牌。

17. Athlete No. 42, You are disqualified because you accepted a soft drink offered by someone without permission.

42 号运动员你擅自接受别人的饮料，取消比赛资格。

18. Your legs are bending.

你屈腿了。

19. Your two feet are leaving the ground.

你腾空了。

四、田 赛

1. Attention please! Now the competition begins.

运动员请注意，现在比赛开始了。

2. Number 132, your turn please!

132 号，轮到你跳（掷）了。

3. Here is the trial order: No. 32, No. 54, No. 60……

宣布试跳顺序：32 号，54 号，60 号……

4. Now starts the trial jump practice.

现在可以练习试跳了。

5. You may have two practice trial in each competition.

每人可以试跳两次。

6. The practice trial jump is over.

练习结束（停止试跳）。

7. The commencing height and the plan of raising the crossbar will be as follow: the starting height is 1.80m; 5cm is to be raised after each round. After 2.00m has been cleared, 3cm is to be raised at the end of each round.

现在向运动员宣布起跳高度和提升计划。起跳高度是 1.80 米。每次提升 5 厘米。2 米后每次提升 3 厘米。

8. Jumper No. 21 delayed the competition unreasonably. A fault was recorded.

21 号无故延误比赛，判失败一次。

9. Please submit the position plan of the upright you want to use for your attempts.

请提交你试跳要用的撑竿跳架子的位置计划。

10. Line up please! Follow me to leave the competition arena.

请排队！跟我离开比赛场地。

11. The eight athletes for the final are as follow: No. ××; No. ××; No. ××……

现在宣布参加决赛的前8名运动员名单：××号、××号、××号……

12. What height do you want be bar to the raised?

你想要横杆升到多少？

13. Now the height of the bar is 2. 38 meters.

现在横杆高度2. 38米。

14. You have reached the qualifying standing and you don't need to take any more trial.

你已达到及格标准，无须再试（跳或掷）了。

15. Now you are in a tie. You shall have one more jump at this height.

你们的成绩相等，每个人在这一高度再试跳一次。

16. You have missed this round, but you may attend the next trial.

你已错过这一轮，但可以参加下一轮试投。

17. Why do you have the tape on your hand?

你的手上为什么贴胶布？

18. You're hampered in this trial and may have a substitute trail a few minute later.

你在这次试跳（掷）中受阻，几分钟后可以补一次。

19. Don't spray or spread any substance on the surface of the throwing circle.

不许在圈内喷洒任何物质。

20. The taping of fingers is not permitted.

用胶布把手指扎在一起是不允许的。

21. The competition has come to the end. Jumpers are requested to leave the arena.

比赛结束，请运动员退场。

五、全　能

1. Now, the score for each events and the total score of each athlete will be declared.

现在宣布运动员单项成绩和累计成绩。

2. Your attention please! The next event will begin after a twenty minutes rest.

运动员请注意，下一项大约休息20分钟后进行。

3. Now you may take the practice trial according you jumper order.

现在按试跳顺序练习。

六、赛后控制中心

1. Don't stay here. Follow me to the Control Center please!

不要在这里停留，请随我到赛后控制中心去！

2. Please sit according to your number and have a short rest.

请按你的道次号码坐下稍事休息。

3. Give me your lane number, please.

请把你的道次号码给我。

4. Check the clothes in front of you and take it back please!

请检查你前面的衣物并取回！

5. This way please! See you later.

请这边走！回头见。

6. No. 180, please sign your name on the form.

180 号，请在兴奋剂检查通知单上签名。

7. If you refuse signing your name, then your result is invalid.

如果你拒绝签名，你的成绩将无效。

8. Please wait a minute for the final result.

请等一会儿，等候决赛成绩。

9. Attention please! No. ×××, No. ×××, and No. ××× are the winners of the first please, the second place and the third place. Please follow me to the awarding ceremony waiting room.

请注意！×××号，×××号，×××号运动员，你们获得第1、2、3名，请随我到领奖休息室。

10. No. 170, please come here. A news reporter is waiting for you.

170 号运动员，请你到这里来，新闻记者在等你。

11. Congratulation on your great performance!

祝贺你取得优异成绩！

附录：模拟试题

2015年全国报考田径国家级裁判员试卷

一、是非题（每题0.5分）20题，共10分，在括号内，对画“+”，错画“-”。

1. 仲裁委员在涉及与自己国家或协会运动员有关的申诉过程中，必须回避。（ ）
2. 跳远、三级跳远和撑竿跳高运动员可以在助跑中跑出助跑道，不被判为犯规；标枪试掷过程中运动员跑出助跑道，则应判为犯规。（ ）
3. 技术代表应决定田赛项目的及格标准，径赛项目各轮录取原则。（ ）
4. 接力区后沿后10米的蓝色线段为接力区预跑线。（ ）
5. 铁饼比赛结束后，裁判员允许运动员在比赛赛场上就把自备器材取走。（ ）
6. 一名竞走裁判员有权对某一运动员相同的犯规出示第二次黄牌。（ ）
7. 链球比赛运动员持球旋转触地后终止已经开始的试掷，试图重新开始，裁判员判为犯规。（ ）
8. 田赛项目助跑道宽度为两条白线的内沿到内沿；落地区的宽度从角度线内沿到另一侧角度线内沿。（ ）
9. 跳远运动员比赛中，在第四轮次被取消了比赛资格，取消比赛资格前的成绩按无效处理。（ ）
10. 男子三级跳远比赛，第一轮有4人分别跳出15.60米、15.74米、15.68米15.88米，原纪录为15.54米；第二轮另一名运动员也跳出了15.88米，均应承认为创纪录。（ ）
11. 径赛裁判长有权决定在径赛中受到别人影响而受到损失的运动员，参加另一组的比赛或下一赛次的比赛，或令该组重赛。（ ）
12. 铁饼着地的最近点，必须落在投掷区角度线以内，其饼边虽压线，但成绩也应为有效。（ ）
13. 跳高运动员在一个高度上，第一次或第二次试跳失败后，均可请求免跳，但在下一个高度上试跳的次数，只能是在前一个高度上试跳失败后所剩余的未跳次数。（ ）
14. 在跳远及格赛中，A运动员在第一次试跳就达到了及格标准，但A运动员仍想继续比赛破纪录，裁判员不允许。（ ）

15. 链球手套上不能有胶皮或手套里不能使用有牛皮垫。（　　）

16. 在100米比赛中，运动员对起跑犯规的判罚立即做出口头抗议，径赛裁判长可以无条件地让该运动员“在抗议下”比赛，以便保留所有有关的权利。（　　）

17. 跳远运动员落地后，如自然走出落地区外的第一触地点比区内第一落地点离起跳线近，应判该次试跳失败。（　　）

18. 4×100米接力比赛时，接棒人未握紧棒，将棒掉地，传棒运动员迅速拾起又传给接棒运动员，裁判员判为犯规。（　　）

19. 标枪比赛时，运动员可在助跑道旁边或在助跑道内用白粉画印或用大会提供的标志物做记号。（　　）

20. 跳高决名次跳，运动员应在最后越过的高度的下一高度上进行。（　　）

二、选择题（每题1分）20题，共20分，在括号内填写英文字母。

1. 终点线与跑道线交叉点的黑色长方形最大为________。（　　）

A. 50毫米×30毫米　B. 50毫米×20毫米　C. 50毫米×25毫米

2. 接力比赛中，同组接力队使用的接力棒必须是________。（　　）

A. 彩色　B. 红白　C. 不同颜色

3. 所有抗议均应由运动员本人、运动员代表或运动队代表向有关裁判长口头提出。当裁判长不在或不能够即时向相关裁判长提出时，可以通过________向裁判长提出抗议。（　　）

A. TD　B. ITO　C. Referees　D. TIC

4. 接力赛中，运动员是否是在接力区内完成传接棒，是以什么位置为判定标准？（　　）

A. 运动员四肢　B. 接力棒　C. 运动员脚　D. 运动员躯干

5. 当接力的全程或第一棒为分道跑时，运动员可在自己分道内用胶布做一个标志，其最大尺寸为________，颜色应明显区别于跑道上其他永久性标志。不得使用其他标志物。（　　）

A. 5厘米×40厘米　B. 5厘米×45厘米

C. 5厘米×50厘米　D. 5厘米×60厘米

6. 4×400米接力第3、4棒的运动员，应在指定裁判员的指挥下按照同队传棒运动员进入________的先后顺序，由内向外排列各自的接棒位置。（　　）

A. 终点直道处　B. 最后一个弯道　C. 300米处

7. 径赛比赛的距离应________。 （ ）

A. 从起跑线的后沿量至终点线的前沿

B. 从起跑线的后沿量至终点线的后沿

C. 从起跑线的前沿量至终点线的后沿

D. 从起跑线的前沿量至终点线的前沿

8. 在接力比赛时，谁负责为第一棒的运动员准备接力棒？ （ ）

A. 检录员　B. 召回发令员　C. 助理发令员　D. 发令员

9. 场内竞走比赛时，通常应安排竞走主裁判 1 人，竞走裁判员________。 （ ）

A. 6 人　B. 4 人　C. 5 人　D. 9 人

10. 200 米至 1000 米各项目，在任一赛次的最后一组和后继赛次或决赛的第一组之间，比赛的最短间隔时间为________。 （ ）

A. 不同一天　B. 45 分钟　C. 90 分钟　D. 60 分钟

11. 在田赛比赛中，每次试跳（掷）的时限应从什么时候开始计取？ （ ）

A. 撤走“STOP”标志　B. 管理裁判通知

C. 显示屏显示号码　D. 记录员叫号码

12. 抢道标志物可在各分道线与抢道线的交界处________放置。 （ ）

A. 之前　B. 之上　C. 之后

13. 室内男子 60 米跨栏跑应设置多少个栏架？ （ ）

A. 4 个　B. 5 个　C. 8 个

14. 掷标枪比赛中未犯规，标枪在空中折断应判为________。 （ ）

A. 失败　B. 成功　C. 重新试投

15. 田赛比赛中运动员可以佩戴一块号码布的项目是________。 （ ）

A. 铅球与铁饼　B. 跳高与撑竿跳高

C．跳远与三级跳远　D. 标枪与链球

16. 取消起跑犯规运动员的比赛资格，应在运动员面前出示什么颜色的牌？ （ ）

A. 红牌　B. 红黑牌　C. 黄黑牌　D. 绿牌

17. 撑竿跳高比赛中，可以根据运动员的预先要求调整立柱，规定从插斗前壁顶端内沿向落地区方向能移动多少距离？ （ ）

A. 60 厘米　B. 40 厘米　C. 80 厘米　D. 50 厘米

18. 在投掷比赛中，下列哪些现象应判为犯规？ （ ）

A. 器械未落地走出圈外　B. 触及铁圈内沿

C. 鞋底擦拭镁粉　　　　　　　　　　D. 旋转掷标枪

19. 20 千米竞走的环形路线长度，每圈最多为________。　（　　）

A. 2 千米　　　　B. 2.5 千米　　　　C. 3 千米

20. 在铁饼比赛中，第一名出现成绩相等，而后在决名次赛的成绩超出原比赛成绩，如何判定最后的决定成绩？　（　　）

A. 按新成绩　　　　B. 按原成绩　　　　C. 成绩仅作判定名次

三、填空题（每题 1 分）10 题，共 10 分，在“________”上填写标准答案。

1. 应从径赛裁判长中指定 1 人作为________裁判长监督发令工作。当有关裁判员对名次有而不能判定时，径赛裁判长和外场裁判长有权判定________。

2. 链球比赛时左侧活动挡网适应于________旋转的运动员，右侧活动挡网适应于旋转的运动员。运动员用左手或右手从护笼中掷出链球的最大危险扇形区均为________度左右。

3. 投掷项目 34.92 度扇形落地区可用下列方法精确设置，在离投掷圈圆心________米处，两条落地区角度线相距________米，即每离开圆心________米，落地区角度线的横距增加________米。

4. 技术主管负责确保比赛的________________，以及所有设备与器材符合国际田联的规则。

5. 在跳高、撑竿跳高的决名次赛中，横杆每次升高或降低的高度分别为________和________厘米。

6. 室内运动场地包括一个________跑道，一个用于________的直道，用于________的助跑道和落地区，此外，应提供________使用的投掷圈和扇形落地区。

7. 铅球、链球投掷圈内沿直径为________米，投掷圆心夹角为________度；铁饼投掷圈直径为________米，投掷圆心夹角为________度；标枪投掷弧半径为________，落地区所对圆心夹角为________度。

8. 起跑时，如果有人犯规，起跑反应时在________毫秒以下将被罚下。

9. 在裁判长的允许下，运动员如在________比赛，那么这些运动员后续轮次的试跳（掷）顺序应排在其他继续比赛的运动员________。

10. 标准 400 米塑胶田径场二道和二道以外各道 400 米、800 米、4×400 米接力比赛各起点线的颜色是：白实线________；白绿白线________；白蓝白线________。

四、问答题共 7 题，总计 25 分。

1. 田赛远度项目和全能项目成绩相等时如何判定名次？（3 分）

   全能项目成绩相等时判定名次：

   田赛远度项目成绩相等时判定名次：

2. 男子撑竿跳高比赛，某运动员已开始助跑，时限计时已开始，但该运动员突然停止了助跑，走向记录台，要求重新改变架距，作为主裁判，应该如何处理？（2 分）

3. 跳远比赛仅有 8 人参赛，前三跳后，只有 4 人有成绩，应有多少人进入后三轮比赛？如只有 12 人参赛，前三跳后，只有 4 人有成绩，应有多少人进入后三轮比赛？（2 分）

4. 在全国男子跳高比赛中，一名运动员跳过了 1.90 米后，向裁判长请假去参加跨栏比赛，他要求 2.00 米免跳，当他回来后，横杆已经升到 2.05 米，而且已经是第二次试跳了，该运动员要求从这个高度继续试跳，如果你作为主裁判应如何处理？为什么？（3 分）

5. 全国田径锦标赛赛前对投掷器材应做哪些检查？有哪些具体检测内容和限制规定？对运动员的自备器材使用有何规定？（5 分）

6. 请判定和填写下面跳高的成绩和名次及运动员试跳时限。(5 分)

运动员	横杆高度（米）							失败次数	决名次高度（米）		最后决定成绩	名次
	1.80	1.85	1.90	1.95	1.98	2.01	2.04		2.01	2.03		
A	○	×○	×○	—	×○	—	×××		○	○		
B	—	○	×○	×○	×○	×××			○	×		
C	○	○	○	××○	×○	×××			×			
D	○	○	××○	×○	×○	×××						
E	—	×○	××○	○	×○	×××						
F	—	○	○	○	××○	×××						

(1) D 运动员 1.90 米高度的第二次试跳，时限：________分钟；理由：________。
(2) B 运动员 1.85 米高度的第一次试跳，时限：________分钟；理由：________。
(3) C 运动员 1.95 米高度的第三次试跳，时限：________分钟；理由：________。
(4) A 运动员 2.04 米高度的第一次试跳，时限：________分钟；理由：________。

7. 请根据以下男子跳远比赛成绩，排定后 3 次试跳的顺序、最后决定成绩与名次：（世界纪录：8.95 米　全国纪录：8.40 米）(5 分)

运动员	一	二	三	最好成绩	顺序	四	五	六	最好成绩	名次	备注
A	7.36	7.31	7.48								
B	X	7.60	8.21			X	8.67	8.48			
C	6.80	7.03	7.53								
D	7.70	7.69	X			X	7.56	7.72			
E	8.64	X	X			8.20	X	8.52			
F	8.32	X	8.36			8.12	X	8.18			
G	8.60	8.52	X			8.24	X	X			
H	8.13	8.30	X			8.16	8.07	X			
I	8.42	—	X			X	—	—			
J	X	7.70	7.69			7.54	7.76	X			
K	7.62	7.69	7.71			7.94	X	X			
L	7.20	7.60	7.39								

五、论述题共 20 分，答题可以不按顺序、不抄题，只写题号即可。

1. 全国田径锦标赛，女子200 米报名人数39 人，参赛确认后有8 人不参赛，比赛跑道8 道，请按规则规定进行所有赛次的编排。(8 分)

2. 全国大型田径比赛应设置哪些主要裁判组？其主要任务是什么？简述之。如你担任竞赛主管，你将采取哪些措施保证比赛的正确运行？(12 分)

六、英文题共 15 分。

1. Fill in the blank spaces in the following sentences with the correct answers. 0. 5 point for each question. Total 5 points (5 分)

If a section of the kerb has to be temporarily removed for field events, its place shall be marked with a white line ________ in width and by cones or flags, minimum height ________, placed on the white line so that the edge of the base of the cone or flag pole coincides with the edge of the white line closest to the track, and placed at intervals not exceeding ________ to prevent any athlete running on the line. (Flags shall be placed at an angle of ________ with the ground away from the track.) This shall also apply to the section of the ________ track where athletes divert from the main track to negotiate the water jump.

The Competition Secretary shall collect the full results of each event, details of which shall be provided by the Referee, the ________ or Chief Photo Finish Judge and the ________. He shall immediately relay these details to the Announcer, record the results and convey the result card to the ________.

Where a computerised results system is used the computer recorder at each Field Event site shall ensure that the full results of each event are entered into the computer system. The track results shall be input under the direction of ________. The ________ and the ________ shall have access to the results via a computer.

2 . Translation from English to Chinese, total 4 points (4 分)

TIC:

DNS:

DNF:

DQ:

NM:

RC:

3. Translation from English to Chinese , total 6 points (6 分)

(1) 2 分

Protests concerning the status of an athlete to participate in a competition must be made, prior to the commencement of such competition, to the Technical Delegate (s) . Once the Technical Delegate (s) make a decision, there shall be a right of appeal to the Jury of Appeal. If the matter cannot be settled satisfactorily prior to the competition, the athlete shall be allowed to compete "under protest" and the matter be referred to the Council of the IAAF.

(2) 2 分

Where these Anti – Doping Rules place the burden of proof on an athlete, athlete support personnel or other person alleged to have committed an anti – doping violation to rebut a presumption or establish specified facts or circumstances, the standard of proof shall be by a balance of probability.

(3) 2 分

The course must be designed on an open or woodland area, covered as far as possible by grass, with natural obstacles, which can be used by the course designer to build a challenging and interesting race course.

一级模拟试题

一级考试试卷（A）

姓名________　学号________　单位________　分数________

一、是非题（每题1分；共20分；对画“+”，错画“–”）

1. 掷链球时球体触地或触及铁圈上沿后，只要没有违反其他规则，运动员可以停止试掷，以便重新开始投掷。（　）
2. 跨栏比赛中，运动员只要碰倒栏架，均视为犯规。（　）
3. 运动员参加短跑比赛时，必须采用蹲踞式起跑，但可以不使用起跑器。（　）
4. 在推铅球的比赛中，为了防止受伤，运动员可在手腕处缠绕绷带。（　）
5. 跳远比赛中，最后三轮次的比赛顺序应与运动员前三轮比赛结束时运动员的成绩排序相同。（　）
6. 在女子标枪的比赛中，运动员破纪录的标枪最小重量必须是605克，否则不予承认。（　）
7. 室内100米比赛，每组最多可以安排6名运动员参加比赛。（　）
8. 全能比赛中，全能裁判员无须负责全能运动员的检录工作。（　）
9. 田赛比赛开始后，每名运动员均可在比赛区域内做热身练习。（　）
10. 除检查员外，其他任何人提供的运动员犯规的报告不能成为有关裁判长判定运动员是否犯规的依据。（　）
11. 奥运会的田径比赛，可以由主办国委派竞走裁判员。（　）
12. 如果发令协调员对已进行的起跑准备不满，有权命令所有运动员从起跑位置上撤回。（　）
13. 撑竿跳高比赛中，运动员助跑后试图停止助跑，以便重新助跑，但是，未能及时停住，致使撑竿在空中越过了“零”线，但未触及“零”线后的地面或落地区。裁判员应在该次试跳时限内允许运动员继续该次的试跳。（　）
14. 在塑胶跑道上举行的比赛，鞋钉的长度不能超过9毫米。（　）
15. 在投掷项目的比赛中，如果某运动员对主裁判的犯规判罚立即提出口头抗议时，该项目的裁判长可以在其权限内令测量并记录该次试掷的成绩，并登记在备注栏内，以便保留该运动员的权利。（　）
16. 跳高比赛运动员入场后，可以决定个人自身的练习试跳高度。（　）
17. 男子十项全能的第四项比赛是铅球。（　）

18. 在竞走比赛中，如果事先未任命竞走主裁判，可以在指派裁判员中选定一人为主裁判。 （ ）

19. 在 200 米、400 米比赛时，至少应安排 2 名召回员。 （ ）

20. 通常情况下，当使用 IAAF 批准的起跑犯规检测仪时，该设备提供的数据应被发令员认可为结论性的证据。 （ ）

二、选择题（每题 0.5 分；共 7 分）

1. 如抗议涉及某项目比赛成绩或进程，则应在正式宣告该项目成绩后的（ ）。 （ ）

A. 60 分钟内提出　　B. 50 分钟内提出

C. 30 分钟内提出　　D. 20 分钟内提出

2. 室内椭圆形跑道的弯道最多可以是（ ）。 （ ）

A. 4 条　　B. 5 条　　C. 6 条　　D. 7 条

3. 当运动员人数只有 8 人或少于 8 人时，每人均有（ ）试掷机会。 （ ）

A. 3 次　　B. 4 次　　C. 5 次　　D. 6 次

4. 跳远比赛中，应从运动员助跑到离起跳线（ ）时开动风速测试仪测试风速。 （ ）

A. 30 米　　B. 35 米　　C. 40 米　　D. 45 米

5. 在标枪比赛中，标枪枪尖应完全落在角度线（ ）以内，方为试掷成功。 （ ）

A. 线上　　B. 内沿　　C. 外沿　　D. 线外

6. 竞走比赛时运动员受到（ ）裁判的红卡警告时，将被取消该项目的比赛资格。 （ ）

A. 2 个　　B. 3 个　　C. 4 个　　D. 5 个

7. 当参加男子三级跳远比赛的人数为 9 人时，（ ）的运动员有 6 次试跳机会。 （ ）

A. 所有　　B. 排名前 6 名

C. 前 3 次有成绩　　D. 排名前 8 名

8. 某运动员参加铅球比赛时因兼项请假参加另外一项比赛，他想改变其试掷顺序，按规则规定，他每次请假最多可以改变其（ ）的试掷顺序。 （ ）

A. 一轮　　B. 二轮　　C. 三轮　　D. 六轮

9. 全能项目的跳远比赛时，每个运动员均有（ ）的试跳（掷）机会。 （ ）

A. 3 次　　B. 6 次　　C. 2 次　　D. 4 次

10. 全能项目的轮次和分组是由谁来决定？（　　）

A. 技术代表　　B. 全能裁判长

C. 径赛裁判长　　D. 技术官员

11. 径赛中，运动员的纪律性犯规（如运动员做好“各就位”姿势后无任何有效的理由的举手）应由（　　）裁判判罚。（　　）

A. 发令员　　B. 召回发令员

C. 助理发令员　　D. 径赛裁判长

12. 比赛开始前，每名标枪运动员投掷运动员均可在比赛区域练习试掷，练习时始终在（　　）监督之下按抽签的顺序进行。（　　）

A. 裁判员　　B. 技术官员

C. 裁判长　　D. 场地管理人员

13. 撑竿跳高单项比赛时，横杆升高的幅度不得少于（　　）。（　　）

A. 10 厘米　　B. 3 厘米　　C. 2 厘米　　D. 5 厘米

14. 跳高单项比赛中，运动员连续试跳的时限为（　　）。（　　）

A. 3 分钟　　B. 2 分钟　　C. 1.5 分钟　　D. 1 分钟

三、填空题（每空 1 分；共 13 分）

1. 跳高放置横杆时，应确保横杆与立柱之间留出________厘米的空隙。

2. 在径赛比赛的全程跑中，部分分道和部分不分道的比赛项目包括________和________。

3. 室内田径场直跑道分道宽是________米，椭圆形跑道分道宽是 0.9 米至________米。

4. 链球比赛时左侧活动挡网适应于________旋转的运动员，右侧活动挡网适应于________旋转的运动员。

5. 比赛中，全能裁判长应确保全能运动员前一项比赛结束到下一项比赛开始之间应至少有________的休息时间。

6. 在掷铁饼比赛中，成绩的测量是从铁饼的首次触地点取直线量至投掷圈________。测量线应通过投掷弧的________。

7. 跨栏跑的起跑线至第一栏距离，男子是________米，女子是 ________米。

8. 跳远比赛中，如果第一名出现两名运动员的所有 6 次试跳的成绩均相同时，应判定两名运动员的名次________。

四、问答题（55 分）

1. 用图画出 400 米比赛时起点裁判员的站位，并说明不同裁判员的职责是什么。（10 分）
2. 请列出世界性大赛中撑竿跳高比赛中裁判员设置与职责，并画出场地布置图。（10 分）
3. 简述掷链球记录裁判员的工作。（7 分）
4. 用图画出 100 米跨栏跑比赛时检查员的站位，并说明其工作职责。（10 分）
5. 试述标枪主裁判员比赛中的工作。（8 分）
6. 请完成以下的女子跳远比赛的成绩记录单。（10 分）

姓名	1	2	3	最好成绩	试跳顺序	4	5	6	最好成绩	名次	备注
A	X	5. 60	6. 21			X	6. 74	6. 48			
B	5. 16	5. 18	5. 69			5. 74	X	X			
C	6. 32	X	6. 36			6. 32	X	6. 18			
D	6. 64	X	X			6. 60	X	6. 52			
E	5. 18	5. 69	5. 16			X	5. 36	5. 72			
F	6. 13	6. 30	X			6. 56	6. 47	X			
G	6. 42	—	X			X	—	—			
H	6. 60	6. 52	X			6. 64	X	X			

五、英语（5 分）

1. DQ
2. Decathlon

一级考试试卷（B）

姓名________ 学号________ 单位________ 分数________

一、是非题（每题1分；共20分；对画“+”，错画“-”）

1. 国际竞走裁判员/地区竞走裁判员的人选由国际田联理事会从国际田联的国际竞走裁判小组的成员中确定。 （ ）
2. 跨栏比赛时运动员跨越其他分道内的栏架，且并未碰倒，可以不判运动员比赛犯规。 （ ）
3. 在推铅球的比赛中，为了防止受伤，运动员可在手腕处缠绕绷带。 （ ）
4. 撑竿跳高比赛中，当运动员推离撑竿后，为了保护运动员的撑竿，有关裁判员应及时接住撑竿。 （ ）
5. 同一天全能比赛中，运动员在上一项比赛结束到下一项比赛开始之间应有30分钟休息时间。 （ ）
6. 三级跳远起跳时，运动员起跳脚的部分踩在了起跳板两侧外的地面，虽未出现其他犯规现象，主裁判也应判定该次试跳失败。 （ ）
7. 在链球比赛时，某运动员试掷的链球拴在挡网上，主裁判判其可重新试掷一次。 （ ）
8. 在运动员起跑犯规被召回或被中止后，召回发令员有权决定是否给予警告并实施警告。 （ ）
9. 运动员自愿离开跑道后将不得继续参加该项目的比赛。 （ ）
10. 跳高比赛中，对于请假后回来的运动员，为了确保运动员的权益和公平，可以将已经升到下一高度的横杆放在前一个横杆高度上，以便运动员完成该高度的比赛。 （ ）
11. 全能项目的径赛项目比赛时，每名运动员均应有三名裁判员计取成绩。 （ ）
12. 在所有国际比赛中，只有持有国际田联批准的有效证书的器械方可使用。 （ ）
13. 竞走比赛时，裁判员可以借助摄影仪来确定运动员是否腾空犯规。 （ ）
14. 运动员参加短跑比赛时，必须采用蹲踞式起跑，但可以不使用起跑器。 （ ）
15. 如果链球链子在试掷时在空中断裂，只要试掷符合规则，不应判为一次试掷失败，也不用重新试掷。 （ ）
16. 跳远项目的风速测试时间应为10秒。 （ ）

17. 如果运动员对起跑犯规的判罚立即做出口头抗议，径赛裁判长对此存在疑问，可以让该运动员“在抗议下”比赛。（　　）

18. 所有抗议均应由由运动员本人向有关裁判长口头提出。（　　）

19. 除全能项目之外，任何对起跑犯规负责的运动员将被取消该项目的比赛资格。（　　）

20. 所有竞走裁判员均应独立行使其工作职责，以人眼观察为依据进行判罚。（　　）

二、选择题（每题0.5分；共7分）

1. 100米比赛，运动员做好“各就位”姿势后，有人举手或站立，应由（　　）判罚。（　　）

A. 助理裁判员　B. 检查裁判员　C. 发令员　D. 径赛裁判长

2. 某运动员参加铅球比赛时因兼项请假参加另外一项比赛，他想改变其试掷顺序，按规则规定，他每次请假最多可以改变其（　　）的试掷顺序。（　　）

A. 一轮　B. 二轮　C. 三轮　D. 六轮

3. 在标枪比赛中，标枪枪尖应完全落在角度线（　　）以内，方为试掷成功。（　　）

A. 线上　B. 内沿　C. 外沿　D. 线外

4. 100米比赛时运动员抢跑犯规，由（　　）决定是否给予警告并实施警告。（　　）

A. 发令协调员　B. 发令员　C. 召回发令员　D. 助理发令员

5. 400米比赛是男子十项全能的（　　）比赛项目。（　　）

A. 第三项　B. 第四项　C. 第五项　D. 第六项

6. 比赛开始前，每名标枪运动员投掷运动员均可在比赛区域练习试掷，练习时始终在（　　）监督之下按抽签的顺序进行。（　　）

A. 裁判员　B. 技术官员

C. 裁判长　D. 场地管理人员

7. 跳高单项比赛时，横杆升高的幅度不得少于（　　）。（　　）

A. 1厘米　B. 3厘米　C. 2厘米　D. 4厘米

8. 110栏比赛风速测量的时间是（　　）。（　　）

A. 5秒　B. 8秒　C. 10秒　D. 13秒

9. （　　）负责确保比赛的跑道、助跑道、投掷圈投掷弧、扇形落地区、跳跃项目

的落地区以及所有设备与器材符合国际田联的规则。（　　）

A. 技术主管　B. 主裁判　C. 裁判长　D. 裁判员

10. 当运动员人数只有8人或少于8人时，每人均有（　　）试掷机会。（　　）

A. 3次　B. 4次　C. 5次　D. 6次

11. 跳远比赛中，落地区的宽度应为（　　）。（　　）

A. 2.75米　B. 3.00米

C. 2.70~3.00米　D. 2.75~3.00米

12. 三级跳远比赛中，应从运动员助跑到离起跳线（　　）时开动风速测试仪测试风速。（　　）

A. 30米　B. 35米　C. 40米　D. 45米

13. 女子七项全能的第三项比赛项目是（　　）。（　　）

A. 跳远　B. 跳高　C. 铅球　D. 标枪

14. 女子400米栏栏架高度是（　　）。（　　）

A. 76.2厘米　B. 84厘米　C. 91.4厘米　D. 106.7厘米

15. 撑竿跳高单项比赛中，运动员连续试跳的时限为（　　）。（　　）

A. 3分钟　B. 2分钟　C. 1.5分钟　D. 5分钟

三、填空题（每空1分；共13分）

1. 4×100米接力比赛的接力区为________米，运动员可以在接力区后________米内的预跑区起跑。
2. 撑竿跳高比赛时，运动员可将立柱向________方向最大移动80厘米。
3. 链球比赛时左侧活动挡网适应于________旋转的运动员，右侧活动挡网适应于________旋转的运动员。
4. 男子3000米障碍跑的障碍栏架和400米跨栏跑的栏架高度是分别是________厘米________厘米。
5. 三级跳远的风速仪应放置距离起跳板________米处。
6. 三名计时员计取同一名运动员的成绩，如3块表所计时间各不相同则应以________，如果2块表所计时间相同，而第3块表不同时，则应以________。
7. 比赛开始前，每名标枪运动员投掷运动员均可在比赛区域练习试掷，练习时始终在________的监督之下按________的顺序进行。
8. 女子七项全能第六项比赛项目为________。

四、问答题（55 分）

1. 试述掷标枪主裁判员比赛中的工作。（8 分）
2. 用图画出 100 米跨栏跑比赛时检查员的站位，并说明其工作职责。（10 分）
3. 请完成以下的女子撑竿跳高比赛的成绩记录单。（10 分）

姓名	跳跃高度（米）							成绩	失败次数	决名次跳（米）			名次
	4.00	4.20	4.40	4.50	4.55	4.60	4.65						
A	O	XO	O	XO	X－	XX				X	O	X	
B	—	XO	—	XO	—	—	×××			X	O	O	
C	—	O	XO	XO	—	×××				X	X		
D	—	XO	XO	XO	×××								

4. 简述投掷项目运动员出现何种情况应判为试掷失败。（7 分）
5. 请列出世界性大赛中三级跳远比赛中裁判员设置与职责，并画出场地布置图。（10 分）
6. 用图画出 400 米比赛时起点裁判员的站位，并说明不同裁判员的职责是什么。（10 分）

五、英语（5 分）

1. DNS
2. Heptathlon

二级裁判考试试卷（A）

姓名________ 学号________ 院、系________ 分数________

一、是非题（每题 1 分，共 30 分；认为正确的在括号内打“√”，错的打“×”）

(　　) 1. 百米赛跑的距离应从起跑线的后沿（距终点线较远的边沿）量至终点线的前沿（距起跑线较远的边沿）。

(　　) 2. 两名运动员进行决名次跳，其中一人决定不进行试跳，则另一名运动员获胜。

(　　) 3. 400 米栏比赛，运动员在弯道上过栏时，摆动腿在栏的一侧低于栏顶的高度过栏，但其双脚在过栏后落在了自己的分道内，这种情况不算犯规，即其比赛成绩有效。

(　　) 4. 如果一名运动员同时参加一项径赛和一项田赛，有关裁判长允许该运动员在某一轮的比赛中，或在跳高和撑竿跳高的每次试跳中，以不同于赛前抽签排定的顺序进行试跳（掷）。

(　　) 5. 跳远比赛结束后决定名次，是以 6 次试跳中每人最好的一次作为决定名次的成绩。

(　　) 6. 全能项目的检录工作，每一天第一项由检录处进行检录，后继项目由全能裁判员自行检录。

(　　) 7. 径赛分组比赛时，同一单位的运动员尽量不安排在同一组比赛。

(　　) 8. 全能 110 米栏比赛中有运动员弃权应取消后续参赛资格，其所有成绩随即取消。

(　　) 9. 在塑胶跑道上举行的径赛，鞋钉在鞋掌或鞋跟外突出的部分，其长度不得超过 12 毫米。

(　　) 10. 在比赛中当起跑反应时大于 0.001 秒时，则视为该运动员起跑犯规。

(　　) 11. 800 米及 800 米以下各项径赛的起跑应使用起跑器。

(　　) 12. 检查员发现运动员离开自己的分道或在接力区外交接棒，应立即在材料上标出犯规地点。

(　　) 13. 跑道的终点线应用 50 毫米宽的白线标出。

(　　) 14. 在接力比赛时，接棒运动员为了更好地抓牢接力棒，可以戴涂有黏性物质的手套。

(　　) 15. 在全能运动员比赛时，对第二次起跑犯规负有责任的运动员，应取消其比赛资格。

(　　) 16. 比赛中当使用手计时出现成绩相等时，应根据判读的 1/100 秒成绩处理。

(　　) 17. 径赛项目判定名次时，应以运动员身体的躯干部位包括头部触及终点线前沿垂直面的先后为准。

(　　) 18. 一旦比赛开始，不允许运动员使用撑竿进行练习。

(　　) 19. 跳高、撑竿跳高项目放在托上的横杆，均应易于向前或向后掉落。

(　　) 20. 径赛分组比赛时，同一单位的运动员尽量不安排在同一组比赛。

(　　) 21. 跳高架在比赛进程中不应移动，除非裁判长认为该起跳区已不适于比赛，则在任何情况下均可移动。

(　　) 22. 在撑竿跳高比赛中第一名成绩相等，名次可以并列。

(　　) 23. 在全能跳高比赛中横杆的升高，自始至终一律按 2 厘米提升。

(　　) 24. 参加比赛的所有运动员，必须将大会提供的两块号码布，佩戴在胸前和后背的显著位置。

(　　) 25. 对运动员的参赛资格提出抗议，必须在运动会开始后向技术代表提出。

(　　) 26. 如果运动员随后在该项目中被取消比赛资格，那么他在该项目该轮次中取得的成绩被视为无效。此前取得的成绩被视为无效。

(　　) 27. 凡采用终点摄影装置，运动员必须在短裤侧面佩戴胶带式号码。不按规定佩戴号码者不得参加比赛。

(　　) 28. 如抗议涉及某项比赛的成绩或进程，则应在该项目成绩宣布后的 30 分钟内提出。

(　　) 29. 跳远运动员起跳时未越过起跳线，而脚的一部分已在起跳板的板外，此种情况不应判为犯规。

(　　) 30. 全能比赛最后一项的分组，应将倒数第二项比赛后积分领先的运动员分在一组。

二、填空题（每空 1 分，共 30 分）

1. 起点裁判员包括________、发令员、________和________。
2. 障碍跑栏架的高度男子为________，女子为________。
3. 径赛分组时，每组的运动员人数应尽量做到________，不应相差太大。同时要注意同一单位的运动员尽量避免____________。
4. 全能比赛凡需计风速的单项成绩，平均风速在每秒________以下者，其纪录可予承认。如风速超过每秒 4 米，仍可按总分计全能名次，但不能作为正式________。

5. 国际比赛中，标枪助跑道最长________，应不短于________。应用宽________厘米的两条平行白线标出助跑道，白线之间距离为________米。助跑道前端是半径为________米的一条弧线，投掷弧宽________厘米。
6. 全能比赛中，将对第一次起跑犯规负有责任的________警告，并在该运动员前举起________（用对角线分为两半），分别在各自分道的道次墩上做出相应的标志。
7. 全能比赛两项之间至少有________休息时间，第一天的最后一项和第二天的第一项开始之间时间最少间隔________。
8. 标枪投掷区域的角度为________。
9. 如果运动员对起跑犯规的判罚立即做出________，径赛裁判长可以让该运动员“在抗议下”比赛，以便保留所有有关的权利。但是，如该次起跑犯规是由经国际田联批准的起跑犯规监测仪检测到的，则________口头抗议，除非裁判长有理由认为该起跑犯规监测仪提供的信息明显不准确。
10. 成年男子标枪的重量为________克，并且标枪全长________毫米到________毫米之间。
11. 决名次跳时横杆提升或降低：跳高为________厘米，撑竿跳高为________厘米。
12. 跳高比赛使用的横杆长度为________米，横杆重量不得超过________千克。
13. 铅球抵趾板的长度为________。

三、问答题（共 40 分）

1. 高度项目的成绩排名（一个名次正确得 1 分，其他填空填写不得分）。(8 分)

序号	姓名	4.10	4.20	4.30	4.40	4.45	4.50	4.55	失败次数	成绩		名次
1	吴霞	0	0	0	0	× ×0	× ×0	× × ×				
2	李莉	×0	×0	0	×0	–	× ×0	× × ×				
3	李芳	×0	0	×0	0	×0	×0	× × ×				
4	张宁	0	0	× ×0	× ×0	×0	×0	× × ×				
5	赵莹	0	0	0	–	× ×0	×0	× × ×				
6	梁丹	×0	0	× ×0	0	× ×0	×0	× × ×				
7	高英	×	–	× –	×	–	–	–				
8	周杨	0	0	0	×0	0	× ×0	× × ×				

2. 全能比赛如果 1 名或多名运动员总分相等，该相等情况涉及任何名次，将按照什么程序判定名次？（10 分）

3. 图示 400 米栏比赛起点裁判员的站位及职责。（10 分）

4. 有裁判 8 人，如何对标枪项目比赛进行分工和职责？（12 分）

二级裁判考试试卷（B）

姓名________ 学号________ 院、系________ 分数________

一、是非题（每题1分，共30分；认为正确的在括号内打“√”，错的打“×”）

(　　) 1. 两名运动员进行决名次跳，其中一人决定不进行试跳，则另一名运动员获胜。

(　　) 2. 全能项目的检录工作，每一天第一项由检录处进行检录，后继项目由全能裁判员自行检录。

(　　) 3. 如果一名运动员同时参加一项径赛和一项田赛，有关裁判长允许该运动员在某一轮的比赛中，或在跳高和撑竿跳高的每次试跳中，以不同于赛前抽签排定的顺序进行试跳（掷）。

(　　) 4. 在塑胶跑道上举行的径赛，鞋钉在鞋掌或鞋跟外突出的部分，其长度不得超过12毫米。

(　　) 5. 撑竿跳高运动员在比赛中禁止使用手套。

(　　) 6. 凡采用终点摄影装置，运动员必须在短裤侧面佩戴胶带式号码。不按规定佩戴号码者不得参加比赛。

(　　) 7. 如抗议涉及某项比赛的成绩或进程，则应在该项目成绩宣布后的30分钟内提出。

(　　) 8. 跳高架在比赛进程中不应移动，除非裁判长认为该起跳区已不适于比赛，则在任何情况下均可移动。

(　　) 9. 竞走运动员在比赛中，前腿从着地过渡到垂直部位时出现了比较大的膝关节弯曲，这时应判运动员犯规。

(　　) 10. 接力比赛时，接棒运动员为了更好地抓牢接力棒，可以戴涂有黏性物质的手套。

(　　) 11. 全国田径比赛各代表队的比赛服装颜色、样式必须统一，否则不得参加比赛。

(　　) 12. 全能110米栏比赛中有运动员弃权应取消后续参赛资格，其所有成绩随即取消。

(　　) 13. 对运动员的参赛资格提出抗议，必须在运动会开始后向技术代表提出。

(　　) 14. 如果运动员随后在该项目中被取消比赛资格，那么他在该项目该轮次中取得的成绩被视为无效。但此前取得的成绩被视为无效。

(　　) 15. 跨栏比赛，运动员因起跨腿过栏时无意间将栏架挂倒，其比赛成绩仍然有效。

(　　) 16. “各就位”口令下达后，如运动员用声音或其他方式干扰比赛中的其他运动员，应以起跑犯规论。

(　　) 17. 在全能跳高比赛中横杆的升高，自始至终一律按2厘米提升。

(　　) 18. 百米赛跑的距离应从起跑线的前沿（距终点线较近的边沿）量至终点线的后沿（距起跑线较近的边沿）。

(　　) 19. 所有不分道跑的径赛项目，起跑线应为弧线。

(　　) 20. 跳远比赛结束后决定名次，是以6次试跳中每人最好的一次作为决定名次的成绩。

(　　) 21. 径赛所有项目均需要使用风速仪。

(　　) 22. 男子110米栏比赛测量风速的时间应设定为10秒。

(　　) 23. 一旦比赛开始，不允许运动员使用撑竿进行练习。

(　　) 24. 跳远运动员起跳时未越过起跳线，而脚的一部分已在起跳板的板外，此种情况不应判为犯规。

(　　) 25. 凡举办国内正式田径比赛的场地，必须获得中国田径协会批准的有效证书。

(　　) 26. 运动员在越过横杆时身体触碰横杆，导致横杆托滑落，横杆随之掉落，裁判员应判其失败。

(　　) 27. 10000米比赛时，发令员的口令是：“各就位”“预备”和鸣枪。

(　　) 28. 在运动员或接力队没有完成比赛情况下，检查员也应该将犯规情况报告裁判长。

(　　) 29. 在全能运动员比赛时，对第二次起跑犯规负有责任的运动员，应取消其比赛资格。

二、填空题（每空1分，共30分）

1. 女子100米跨栏跑栏架高度是________米，栏间距为________米。
2. 鞋钉在鞋掌或鞋跟外突出的部分，其长度不得超过________。跳高与掷标枪鞋钉的突出部分，长度不得超________。
3. 全能的任何一个单项比赛中，如果某运动员未能参加起跑或试跳（掷）则不能参加________的比赛，按放弃比赛处理，不能计算________。
4. 女子标枪的重量为________，并且标枪全长________米到________米之间。

5. 径赛跑道的左右倾斜度最大不得超过________，在跑进方向上的向下倾斜度不得超过________。
6. 高度项目记录的符号：成功________，失败________，免跳________。
7. 对运动员的参赛资格提出抗议，必须在运动会开始前向________提出。技术代表作出裁定后，相关人员有权向________提出上诉。
8. 女子链球比赛时制造商提供比赛使用的重量范围是________。
9. 径赛项目中风速的测量时限 100 米和 200 米为________；100 米栏和 110 米栏为________。
10. 全能运动中的径赛项目采用________或________均可，但不得混合使用，应分别设置纪录。
11. 链球投掷比赛中，最大危险的扇形投掷区域均为________。
12. 两名运动员进行决名次跳，其中一人决定不进行试跳，则另一名运动员______。
13. 如果运动员在跳跃时遇到________，裁判员可以判妨碍并给予________试跳机会。
14. 分道跑的径赛项目发令员的口令为：________、________和________。
15. 成年男子铅球和链球的重量________，重量均为________千克。

三、问答题（共 40 分）

1. 写出掷铅球过程中 8 种以上的犯规现象。（8 分）

2. 十项全能径赛项目的比赛与径赛单项比赛有哪些不同之处？对比赛休息时间有何规定？（10 分）

3. 全能比赛如果 1 名或多名运动员总分相等，该相等情况涉及任何名次，将按照什么程序判定名次？（10 分）

4. 试述投掷远度成绩的判定，并完成此表。（12 分）

女子铁饼比赛成绩（单位：米）

	1 次	2 次	3 次	成绩	排序	4 次	5 次	6 次	成绩	排名
1	57. 32	×	57. 01			×	57. 12	56. 21		
2	59. 75	58. 87	58. 43			58. 71	56. 34	58. 99		
3	60. 44	61	×			62. 77	61. 05	×		
4	58. 67	×	60. 98			×	62. 77	×		
5	53. 21	52. 67	54. 11							
6	51. 91	55. 60	56. 98			×	×	56. 90		
7	64. 45	65. 01	×			65. 97	—	64. 32		
8	×	×	×							
9	62. 07	—	—			60. 78	66. 21	×		
10	45. 31	53. 81	50. 23							
11	55. 78	55. 98	52. 76			×	×	56. 43		

三级裁判考试试卷（A）

姓名________ 学号________ 院、系________ 分数________

一、是非题（每题1分，共40分；认为正确的在括号内打“√”，错的打“×”）

(　　) 1. 跳高的及格赛成绩，可作为比赛的正式成绩。

(　　) 2. 技术代表认为客观条件证明有必要时，有权变更比赛场地或时间。

(　　) 3. 全能项目的检录工作，每一天第一项由检录处进行检录，后继项目由全能裁判员自行检录。

(　　) 4. 对运动员的参赛资格提出抗议，必须在运动会开始后向技术代表提出。

(　　) 5. 径赛项目判定名次时，应以运动员身体的任何部位触及终点线前沿垂直面的先后为准。

(　　) 6. 径赛分组比赛时，同一单位的运动员尽量不安排在同一组比赛。

(　　) 7. 一旦比赛开始，不允许运动员使用撑竿进行练习。

(　　) 8. 横杆用木料、金属或其他适宜材料制成均可，截面呈圆形。

(　　) 9. 跳高成绩相等时，决定第一名的最后高度，如破全国纪录应予以承认。

(　　) 10. 如抗议涉及某项比赛的成绩或进程，则应在该项目成绩宣布后的30分钟内提出。

(　　) 11. 全能比赛最后一项的分组，应将倒数第二项比赛后积分领先的运动员分在一组。

(　　) 12. 径赛所有项目均需要使用风速仪。

(　　) 13. 男子110米栏比赛测量风速的时间应设定为10秒。

(　　) 14. 竞走运动员在比赛中，前腿从着地过渡到垂直部位时出现了比较大的膝关节弯曲，这时应判运动员犯规。

(　　) 15. 除掷链球外，运动员均可在比赛中使用手套。

(　　) 16. 在塑胶跑道上举行的径赛，鞋钉在鞋掌或鞋跟外突出的部分，其长度不得超过12毫米。

(　　) 17. 凡采用终点摄影装置，运动员必须在短裤侧面佩戴胶带式号码。不按规定佩戴号码者不得参加比赛。

(　　) 18. 丈量高度时，应从地面丈量至横杆中间的上沿。

(　　) 19. 跳高运动员的起跳，采用单脚或双脚起跳均可。

(　　) 20. 在跑道上安放起跑器时，起跑器的任何部分不得触及起跑线或延伸至其他分道。

(　　) 21. 在运动员或接力队没有完成比赛情况下，检查员也应该将犯规情况报告裁判长。

(　　) 22. 撑竿跳高运动员比赛时，将撑竿折断不应判为一次试跳失败。

(　　) 23. 所有跳跃项目每人最多允许放置2个标志物。

(　　) 24. 试跳成功举红旗，失败举白旗。

(　　) 25. 全国田径比赛各代表队的比赛服装颜色、样式必须统一，否则不得参加比赛。

(　　) 26. 凡举办国内正式田径比赛的场地，必须获得中国田径协会批准的有效证书。

(　　) 27. 所有不分道跑的径赛项目，起跑线应为弧线。

(　　) 28. 运动员器械没有落地，就从后方离开投掷圈或助跑道，也可视为成功。

(　　) 29. 10000米比赛时，发令员的口令是："各就位""预备"和鸣枪。

(　　) 30. 在全能运动员比赛时，对第二次起跑犯规负有责任的运动员，应取消其比赛资格。

(　　) 31. 参加比赛的所有运动员，必须将大会提供的两块号码布，佩戴在胸前和后背的显著位置。

(　　) 32. 如果到时限时运动员已开始了试掷，则不允许其进行该次试掷。

(　　) 33. 径赛分组比赛时，同一单位的运动员尽量不安排在同一组比赛。

(　　) 34. 全能110米栏比赛中有运动员弃权应取消后续参赛资格，其所有成绩随即取消。

(　　) 35. 比赛中教练员在看台上指挥运动员比赛应取消该运动员的比赛资格。

(　　) 36. 在比赛中当起跑反应时小于0.001秒时，则视为该运动员起跑犯规。

(　　) 37. 接力比赛时，接棒运动员为了更好地抓牢接力棒，可以戴涂有黏性物质的手套。

(　　) 38. 跨栏比赛，运动员因起跨腿过栏时无意间将栏架挂倒，其比赛成绩仍然有效。

(　　) 39. 不允许运动员向圈内或鞋底喷洒任何物质，或使圈内地面粗糙。

二、填空题（每空1分，共30分）

1. 男子110米跨栏跑栏架高度是________米，栏间距为________米。

2. 全能比赛中，将对第一次起跑犯规负有责任的________警告，并在该运动员前举起________（用对角线分为两半），分别在各自分道的道次墩上做出相应的标志。

3. 全能运动中的径赛项目采用________或________均可，但不得混合使用，应分别设置纪录。
4. 接力比赛时，运动员要在________内完成交接棒，其区域为________米。
5. 跳远助跑道宽最少________米，长最少应为________米，条件允许应为________米。
6. 链球投掷比赛中，最大危险的扇形投掷区域均为________。
7. 跳高比赛使用的横杆长度为________米，横杆重量不得超过________千克。
8. 运动员在一高度上连续失败________次，即失去参赛资格。
9. 3000 米障碍比赛全程应越过________栏架、________水池。
10. 全能比赛两项之间至少有________休息时间，第一天的最后一项和第二天的第一项开始之间时间最少间隔________。
11. 鞋钉在鞋掌或鞋跟外突出的部分，其长度不得超过________。跳高与掷标枪鞋钉的突出部分，长度不得超过________。
12. 跳远、三级跳远和投掷项目的比赛，参加比赛的运动员超过________名时，每人可先试跳________次，成绩最好的前名运动员再试跳________次。
13. 所有高度项目的丈量，均以________为单位，从地面量至横杆上沿的________。
14. 径赛分组时，每组的运动员人数应尽量做到________，不应相差太大。同时要注意同一单位的运动员尽量避免________。
15. 200 米比赛的手计时成绩为 24.02，应记录成绩为________。

三、问答题（每题 10 分，共 30 分）

1. 跳远、三级跳如何进行成绩丈量？（10 分）

2. 分别写出男子和女子全能比赛的顺序。（10 分）

3. 男子 100 米有 40 人参加第一轮比赛，按名次和成绩取 24 人参加半决赛，根据运动员的比赛名次和成绩已排列好序号 1 ~ 24，请将运动员依照规则编入各个组次。（A、B、C 三组的比赛顺序后期将按抽签排定）（10 分）

三级裁判考试试卷（B）

姓名________　学号________　院、系________　分数________

一、是非题（每题 1 分，共 40 分；认为正确的在括号内打“√”，错的打“×”）

（　）1. 跳高成绩相等时，决定第一名的最后高度，如破全国纪录应予以承认。

（　）2. 如抗议涉及某项比赛的成绩或进程，则应在该项目成绩宣布后的 30 分钟内提出。

（　）3. 凡采用终点摄影装置，运动员必须在短裤侧面佩戴胶带式号码。不按规定佩戴号码者不得参加比赛。

（　）4. 丈量高度时，应从地面丈量至横杆中间的上沿。

（　）5. 撑竿跳高运动员比赛时，将撑竿折断不应判为一次试跳失败。

（　）6. 跳高运动员的起跳，采用单脚或双脚起跳均可。

（　）7. 接力比赛时，接棒运动员为了更好地抓牢接力棒，可以戴涂有黏性物质的手套。

（　）8. 跨栏比赛，运动员因起跨腿过栏时无意间将栏架挂倒，其比赛成绩仍然有效。

（　）9. 不允许运动员向圈内或鞋底喷洒任何物质，或使圈内地面粗糙。

（　）10. 跳高的及格赛成绩，可作为比赛的正式成绩。

（　）11. 技术代表认为客观条件证明有必要时，有权变更比赛场地或时间。

（　）12. 全能项目的检录工作，每一天第一项由检录处进行检录，后继项目由全能裁判员自行检录。

（　）13. 全能比赛最后一项的分组，应将倒数第二项比赛后积分领先的运动员分在一组。

（　）14. 径赛所有项目均需要使用风速仪。

（　）15. 所有跳跃项目每人最多允许放置 2 个标志物。

（　）16. 试跳成功举红旗，失败举白旗。

（　）17. 径赛分组比赛时，同一单位的运动员尽量不安排在同一组比赛。

（　）18. 比赛中教练员在看台上指挥运动员比赛应取消该运动员的比赛资格。

（　）19. 在比赛中当起跑反应时小于 0.001 秒时，则视为该运动员起跑犯规。

（　）20. 在跑道上安放起跑器时，起跑器的任何部分不得触及起跑线或延伸至其他分道。

(　　) 21. 10000 米比赛时，发令员的口令是："各就位""预备"和鸣枪。

(　　) 22. 竞走运动员在比赛中，前腿从着地过渡到垂直部位时出现了比较大的膝关节弯曲，这时应判运动员犯规。

(　　) 23. 如果到时限时运动员已开始了试掷，则不允许其进行该次试掷。

(　　) 24. 全能 110 米栏比赛中有运动员弃权应取消后续参赛资格，其所有成绩随即取消。

(　　) 25. 男子 110 米栏比赛测量风速的时间应设定为 10 秒。

(　　) 26. 除掷链球外，运动员均可在比赛中使用手套。

(　　) 27. 在塑胶跑道上举行的径赛，鞋钉在鞋掌或鞋跟外突出的部分，其长度不得超过 12 毫米。

(　　) 28. 参加比赛的所有运动员，必须将大会提供的两块号码布，佩戴在胸前和后背的显著位置。

(　　) 29. 一旦比赛开始，不允许运动员使用撑竿进行练习。

(　　) 30. 横杆用木料、金属或其他适宜材料制成均可，截面呈圆形。

(　　) 31. 所有不分道跑的径赛项目，起跑线应为弧线。

(　　) 32. 运动员器械没有落地，就从后方离开投掷圈或助跑道，也可视为成功。

(　　) 33. 对运动员的参赛资格提出抗议，必须在运动会开始后向技术代表提出。

(　　) 34. 径赛项目判定名次时，应以运动员身体的任何部位触及终点线前沿垂直面的先后为准。

(　　) 35. 径赛分组比赛时，同一单位的运动员尽量不安排在同一组比赛。

(　　) 36. 在运动员或接力队没有完成比赛情况下，检查员也应该将犯规情况报告裁判长。

(　　) 37. 全国田径比赛各代表队的比赛服装颜色、样式必须统一，否则不得参加比赛。

(　　) 38. 凡举办国内正式田径比赛的场地，必须获得中国田径协会批准的有效证书。

(　　) 39. 在全能运动员比赛时，对第二次起跑犯规负有责任的运动员，应取消其比赛资格。

二、填空题（每空 1 分，共 30 分）

1. 全能比赛两项之间至少有________休息时间，第一天的最后一项和第二天的第一项开始之间时间最少间隔________。

2. 跳高比赛使用的横杆长度为________米，横杆重量不得超过________千克。
3. 径赛分组时，每组的运动员人数应尽量做到________，不应相差太大。同时要注意同一单位的运动员尽量避免________。
4. 男子 110 米跨栏跑栏架高度是________米，栏间距为________米。
5. 3000 米障碍比赛全程应越过________栏架、________水池。
6. 所有高度项目的丈量，均以________为单位，从地面量至横杆上沿的________。
7. 链球投掷比赛中，最大危险的扇形投掷区域均为________。
8. 运动员在一高度上连续失败________次，即失去继续参赛资格。
9. 鞋钉在鞋掌或鞋跟外突出的部分，其长度不得超过________。跳高与掷标枪鞋钉的突出部分，长度不得超过________。
10. 200 米比赛的手计时成绩为 24.02，应记录成绩为________。
11. 接力比赛时，运动员要在________内完成交接棒，其区域为________米。
12. 跳远、三级跳远和投掷项目的比赛，参加比赛的运动员超过________名时，每人可先试跳________次，成绩最好的前________名运动员再试跳________次。
13. 全能运动中的径赛项目采用________或________均可，但不得混合使用，应分别设置纪录。
14. 全能比赛中，将对第一次起跑犯规负有责任的________________警告，并在该运动员前举起________（用对角线分为两半），分别在各自分道的道次墩上做出相应的标志。
15. 跳远助跑道宽最少________米，长最少应为________米，条件允许应为________米。

三、问答题（每题10分，共30分）

1. 男子100米有40人参加第一轮比赛，按名次和成绩取24人参加半决赛，根据运动员的比赛名次和成绩已排列好序号1～24，请将运动员依照规则编入各个组次。（A、B、C 3组的比赛顺序后期将按抽签排定）（10分）

2. 掷铅球过程中5种以上的犯规现象？（10分）

3. 跳远、三级跳如何进行成绩丈量？（10分）